KB153836

조국이
버린
사람들

조국이 버린 사람들

재일동포 유학생 간첩 사건의 기록

초판 1쇄 발행 2015년 8월 15일
개정판 1쇄 발행 2021년 10월 30일

지은이 김효순
펴낸이 이영선

편집 이일규 김선정 김문정 김종훈 이민재 김영아 김연수 이현정 차소영
디자인 김회량 이보아
독자본부 김일신 정혜영 김민수 박정래 손미경 김동욱

펴낸곳 서해문집 | 출판등록 1989년 3월 16일(제406-2005-000047호)
주소 경기도 파주시 광인사길 217(파주출판도시)
전화 (031)955-7470 | 팩스 (031)955-7469
홈페이지 www.booksea.co.kr | 이메일 shmj21@hanmail.net

ISBN 979-11-90893-95-4 03910

조국이 버린 사람들

재일동포 유학생 간첩 사건의 기록

김효순 지음

서해문집

개정판 서문

재일동포 유학생 간첩 조작 사건을 다룬 이 책은 오래전에 절판이 됐는데도 생명력이 끈질긴 것 같다. 일반 독자들이 선뜻 다가서기가 쉽지 않은 주제여서 대중적 화제를 불러일으킨 적은 없지만 여파는 여전히 진행형이다.

2015년 8월 초판 1쇄본이 나오자마자 나는 10여 권의 책을 들고 오사카와 도쿄로 향했다. 누구보다도 먼저 조작 사건의 피해 당사자와 일본인 구원활동가들에게 나눠주고 싶었다. 내가 인터뷰 등 기초 취재를 마치고 본격적으로 원고를 쓰기 시작한 전년 여름 스스로 설정한 목표는 '11·22사건' 40주년을 맞기 전에 이들에게 '위로의 선물'을 내놓는 것이었다. '11·22사건'이란 박근혜 정권의 실세였던 김기춘이 1975년 11월 22일 중앙정보부 대공수사국장 재직시 발표했던 대규모 유학생 간첩 조작 사건이다. 한국에서는 이 사건의 의미를 되새겨보는 모임이 존재하지도 않았지만, 일본에서는 피해 당사자들 중심으로 해마다 조촐한 행사가 열렸다.

책 출간 1년 뒤인 2016년 8월 서울 서대문형무소 역사관에 재일동포 양심수들의 고난을 담은 전시실이 문을 열었다. 책에 등장하는 피해 당사자들은 물론이고 다수의 일본인 구원활동가들이 개막일에 현장을 찾아 한국의 변화 실상을 눈으로 확인했다. 구원운동의 주역이었던 다무라 고지田村幸二는 거동이 불편한 몸인데도 동료들의 도움으로 휠체어를 타고 와 전시물을 둘러보았다. 나는 전시실 입구에 걸린 목판에 새겨진 소개글을 썼다.

다시 2년이 지난 2018년 11월 일본어 번역판이 나와 도쿄와 오사카에서 출판기념회가 열렸다. 일본에서 동원 가능한 최상의 학자와 연구자들이 편집위원회와 번역진에 참여해 이뤄낸 성과로 생각된다. 한반도의 양쪽을 헐뜯고 코리안을 조롱하는 '혐한' 서적이 베스트셀러에 오르는 일본의 해괴한 출판풍토에서 번역판을 낸다는 것은 쉽지 않은 일이다. 많은 이들의 간절한 소망이 합쳐진 결과이다. 나는 출판기념회의 강연에서 박정기란 이름을 찾아내 남긴 것에 큰 의미를 두고 있다고 말했다. 박정기는 1970년대 중반 서울대 유학생으로 왔다가 중앙정보부에 연행돼 혹독한 고문을 당하고 풀려났다. 일본에 돌아갔지만 정신이상으로 사회에 적응하지 못하고 고독사로 생을 마감했다. 일본에서 책을 낼 때 성가신 일 중의 하나는 모든 인명, 지명의 한자 표기를 일일이 확인해야 하는 것이다. 나는 지인들의 도움을 얻어 박정기의 한자 이름을 찾아낼 수 있었다. 그래서 누군가는 사실상 굶어 죽은 그의 외로운 최후를 상기해주기를 바랐다.

번역판 편집자는 한반도 문제 베테랑인 세키 마사노리關正則였다. 오랜 출판인 생활에서 그는 원고를 보고 운 적이 두 번 있었다고 했다. 하나는 2001년 11월 나온 〈왜 계속 써왔는가, 왜 침묵을 지켜 왔는가 제주도 4·3사건의 기억과 문학〉을 만들 때였다. 김시종 시인과 김석범 작가를 대담시키면 좋은 기획이 될 것 같아서 여관방에 자리를 마련했는데 두 문인은 맨정신으로는 얘기할 수 없었던지 첫 마디가 "소주를 사 갖고 오라"였다. 후반부에 가면 녹음한 내용을 알아들을 수 없을 정도로 두 사람은 만취했다. 두 번째로 보면서 운 원고가 〈조국이 버린 사람들〉이었다.

우연하게도 국내에서 책이 나오고 3년 뒤 일본어 번역판이 나왔고 다시 3년 뒤 공영방송 KBS에서 다큐 〈스파이〉로 만들어져 전파를 탄 데 이어 유튜브로 전편이 공개됐다. 영상의 즉흥적 호소력과 유튜브의 전파력이 상승작용을 일으켰는지 나에게도 숱한 감상들이 SNS로 쏟아져 들어왔다. 일본인 기자나 교수들에게서도 바로 반응이 왔다. 몇 개만 추려 소개하면 "보는 내내 흐르는 눈물을 주체할 수 없었고 고문 가해자에게 분통이 터졌다" "화자는 피해자들을 따듯하게 껴안았는데 국가는 왜 그렇게 못했나" "그 시절에 구원활동을 벌인 일본인들이 있었다는 사실 자체를 몰랐던 자신이 부끄럽다" "피해자들의 고통을 알게 된 사람으로서의 책임을 기억하고 활동해 나가겠다"는 등의 소감이었다.

영상을 본 일반 시민들의 감상도 크게 다른 것 같지는 않다. 갑자기 책을 찾는 사람이 늘어났는지 중고책 가격이 터무니없게 오르는 기현상이 벌어지고 도서관으로 발길을 돌린 이들도 적지 않았다고 들었다. 이런 과정을 거쳐 이례적으로 절판된 책의 복간본을 찍게 됐으니 또다시 많은 이들의 간절함이 모인 것이리라. 그 간절함은 무엇일까? 나는 수많은 사람들의 모진 희생과 고난 끝에 힘들게 달성한 민주화의 토대가 흔들려서는 안 된다는 위기의식의 발로로 생각한다. 또한 고초를 겪었던 피해자들을 뒤늦게나마 제대로 위로해야겠다는 도덕적 의무감이 작동했다고 본다. 민주화가 없었다면 서대문형무소 역사관의 재일동포 양심수 전시실이 생겨날 리 없고, 김시종과 김석범의 모국 방문은 이제껏 불가능했을 것이다. 불법 연행과 무자비한 고문이 횡행하고 정치적 반대자를 가차없이 제거해버리던 암흑의 시절로 되돌아가지 않으려면 가혹했던 탄압의 진상을 밝히고 후세에 교훈으로 삼도록 하는 작업이 잠시도 느슨해져서는 안 된다.

2021년 8월 27일 서울대 후기졸업식에서 전례 없는 일이 있었다. 코로나 여파로 온라인으로 진행된 행사에서 유학생 사건으로 고초를 겪었던 재일동포 5명에게 명예졸업증서가 수여됐다. 수십년 전 강제로 학업을 중단했다가 명예졸업장을 받게 된 이들 가운데 고인이 된 사람이 포함됐다. 서울대에 유학 왔다가 체포된 김승효는 수감생활 중 정신착란을 일으켜 모진 고생을 했다. 그는 일본의 가족 품으로 돌아간 뒤에도 거의 정상적 사회생활을 하지 못하다가 2020년 12월 말 한 많은 세상을 떠났다. 업무 처리가 보수적일 수밖에 없는 서울대 행정당국이 서울대민주동문회, 서울대민교협 지부, 교수노조의 끈질긴 요구를 받아들여 유학생 사건 희생자들에게 명예졸업장을 수여한 것은 큰 진전이다. 아직은 한 특정 대학의 조처에 머물고 있지만 다른 대학으로 확산되기를 기대한다.

끝으로 다시 책을 찍어 원하는 사람들의 손에 닿게 해야 한다고 목소리를 높여준 시민단체의 많은 활동가들, 영업상의 부담을 안고 기꺼이 복간을 결정한 출판사의 관계자들에게 감사의 마음을 전한다.

차례

들어가는 글

1990년 6월 일본 도쿄 프레스센터에서 열린 국제학술회의에 취재하러 갔다가 희한한 경험을 했다. 당시만 해도 한반도 문제를 폭넓게 논의하는 자리가 드물었기 때문에 일본의 '환태평양문제연구소'가 주관하는 학술회의가 제법 관심을 끌었다. 북한이나 중국 등 공산권을 자유롭게 오고갈 수 있는 한국계 미국인 학자들이 자신의 접촉 경험을 토대로 북한의 실상이나 속내를 전하며 회의장 분위기를 주도하곤 했다. '탈북자'란 용어조차 없었던 시절에 국무부 등 미 당국의 위탁을 받아 북한을 드나들던 이들의 발언은 제약이 많은 국내 학자에 비해 거침이 없었다.

이틀간 열린 '한반도 통일문제에 관한 6차 국제학술심포지엄'의 주제는 한반도의 군축과 군사대치 해소였다. 한국, 미국, 일본 학자 외에도 콘스탄틴 사르키소프 소련과학아카데미 동양학연구소 일본연구센터 소장, 다오빙웨이 중국국제연구소 아·태연구실 주임 등 8개국에서 150여 명의 학자가 참석했다. 북한 쪽에서는 평화군축연구소의 최우진, 이형철 등이 참석한다고 했다가 개막 며칠 전 갑자기 취소했고, 총련에서는 신희구 조선문제연구소 소장이 모습을 나타냈다.

학술회의가 끝난 뒤 나카야마 타로中山太郎 외상이 주최하는 리셉션이 열렸다. 장소는 프레스센터 건너편 히비야 공원 안에 있는 유서 깊은 레스토랑 마쓰모토루의 연회장으로 기억한다. 한쪽 구석에서 옆에 선 사람과 얘기하고 있는데 갑자기 앞에서 섬광이 터졌다. 내가 있던 쪽을 향해 카메라 플래시가 터진 것이다. 순간 뭔가 이상하다는 직감이 들었다. 나는 학술회의의 발표자나 토론자가 아니었고, 뉴스 가치가 있을 만한 존재도 아니었다. 일본 언론의 사진기자가 나를 굳이 찍어야 할 이유가 있을 리 만무했다. 플래시가 터진 방향을 쳐다보니 20대 후반으로 보이는 젊은 남자 두 명이 플래시가 부착된 큰 카메라를 들고 서 있었다. 내가 빠른 걸음으로 다가가자 그들은 뒷걸음질하더니 연회장 밖으로 뛰어서 달아났다.

안면이 있던 자들이었다. 학술회의 개막 전 그들이 접수처 앞에서 명함을 내밀며 인사하기에 의례적으로 주고받았다. 넥타이를 맨 정장 차림에 머리를 짧게 깎은 그들은 한국과 연관 있는 한 외국어학원의 이름이 찍힌 명함을 주었다. 외국어학원 직원이 이런 데 왜 왔을까, 라는 생각이 스쳤지만 특별히 의아심이 든 것은 아니었다. 그들이 연회장에서 사라진 뒤 어이가 없어 주최 쪽 실무자에게 카메라를 들고 다니던 젊은이의 정체에 대해 물었다. 그랬더니 자신들도 이상한 사람으로 생각했다고 말했다. 접수처에서 등록한 뒤 발표나 토론은 듣지도 않고 방명록에서 참석자, 그것도 한국인의 이름만 적어가곤 했다는 것이다.

나는 지금도 그들의 정체를 알지 못한다. 안전기획부(국가정보원의 전신) 요원이었을까? 설마 대한민국 대표 정보기관이 그렇게 서투르게 행동할까? 혹시 보안사령부 요원? 그렇다면 보안사가 일본에 요원을 상주시키고 있던 걸까? 그것도 아니면 정보기관의 프락치나 끄나풀? 내가 연회장에서 잠시 얘기 나누던 사람이 혹시라도 총련이나 일본 내 '반정부단체'와 연계가 있다고 하면 무슨 공작이라도 벌어졌을까?

그때 일이 여전히 내 뇌리에 남아 있는 것은 그런 막연한 불안감 때문이 아니다. 내가 충격받은 것은 일본 외상이 자국 영토에서 주최하고 있는 리셉션 자리에서 대한민국의 정보기관과 연계된 것으로 보이는 자들이 공공연히 사찰한다는 점이었다. 그것도 전두환의 폭압통치가 겉으로는 끝나고 노태우의 '6공화국'이 들어선 시점이었다. 그러니 박정희와 전두환의 독재가 기승을 부리던 시절에는 프락치나 이중 첩자나 일본 공안기관 관련자 등을 통해 전해진 '첩보'가 침소봉대돼 얼마나 많은 사람이 무고한 희생을 치렀을까를 생각하면 가슴이 막막해진다.

그 시절에는 법률 전문가인 변호사조차 간첩 혐의자나 민주화운동 활동가를 법정에서 변호하거나 옹호했다는 이유로 정보기관에 끌려가 구타를 당하거나 심지어 구속돼 재판에 회부되는 일까지 벌어졌다. 하물며 국내에 아무런 연고가 없고, 물정도 어둡고, 우리말도 서툰 재일동포 유학생이 어느 날 갑자기 정보기관에 끌려가 지하실에서 생전 경험해보지 못한 '원시적 폭력'에 노출되면 어떤 일이 벌어졌을까?

올해(2015년)는 '11·22사건'이 일어난 지 40년이 된다. 이 사건은 발생 당시 재일동포 사회를 공포와 충격 속에 몰아넣었고, 그 상처는 지금도 온전히 아물지 않은 채 봉합돼 있다. 하지만 2010년대를 사는 한국인에게 '11·22사건'이 무엇인지 아느냐고 물으면 제대로 답할 수 있는 사람은 세대를 불문하고 거의 없을 것이다. '11 · 22사건'은 한국인의 기억에서 지워져 있다. 아니 애초부터 입력돼 있지 않았으니 지워졌다는 표현도 적절하지 않을 것이다.

사건 이름은 중앙정보부가 사건을 대대적으로 발표한 날짜에서 유래한다. 박정희 정권이 유신독재에 저항하는 민주화운동을 진압하기 위해 긴급조치 9호를 발동한 해인 1975년 11월 22일 중앙정보부는 "모국 유학생을 가장해 국내 대학에 침투한 재일동포 간첩 일당 21명을 검거했다"고 언론에 공표했다. 당시 일본에서 구원운동을 벌이던 사람들은 '11 · 22 재일한국인 유학생 · 청년 부당체포 사건'이란 긴 이름을 쓰기도 했다.

어마어마한 혐의가 씌워진 이들은 '주범'이라고 해봐야 20대 중반에서 후반 사이의 젊은이였다. 중앙정보부는 혐의가 있으면 남녀를 가리지 않고 잡아넣었다. 구속 기소자 21명 가운데 5명이 여성이었다. 이 가운데 일부는 극형인 사형선고를 받고 교도소에서 10여 년 수감돼 있다가 감형 · 특별사면 조처 등을 받아 풀려났다. 한국과 전혀 다른 사회 · 문화 분위기에서 자라 말도 잘 통하지 않는 모국에 온 재일동포 유학생 사회는 발칵 뒤집혔다. 혐의자와 교분이 있었다는 이유만으로 수사기관에 끌려가 문초를 당하는 일이 비일비재했고, 그중에는 겁에 질려 학기 도중 짐을 싸서 일본으로 돌아가 아예 모국과 등지고 살아가는 사례들도 적지 않았다.

불행히도 '11 · 22사건'은 단막극으로 끝나지 않았다. 유사한 사건이 꼬리를 이었다. 국가정보원의 전신인 중앙정보부와 기무사령부의 전신인 보안사령부는 경쟁적으로 재일동포 유학생 간첩단 사건이라는 작품을 지속적으로 선보였다. 발표 시점도 미묘했다. 독재체제에 대한 국민적 저항이 거세져 정국이 불안해지거나, 대학가에서 반정부 시위가 활발해질 조짐이 보이면 마치 주문생산이라도 하듯 어김없이 나타났다. 그렇다고 재일동포 간첩단 사건이 속속 발표된 것은 아니다. 나중에 주범으로 몰린 사람이 사형 확정판결을 받은 사건조차 전혀 발표하지 않은 것들이 상당수 있다. 일본 여론의 악화를 고려한 것인지, 일본의 구원회 조직이 혐의 내용을 면밀히 분석해 반박자료 수집활동에 나서는 것을 원천적으로 차단하려는 것인지, 수사보안 유지 때문인지 그것도 아니면 수사 내용이 함량 미달이라고 스스로 판단한 때문인지 비공개로 한 연유를 알 수는 없다. 1심부터 상고심까지 사형선고의 행진이 계속된 사건조차 재판 과정이나 선고 내역이 전혀 보도되지 않았다. 그래서 20대 젊은이들이 감옥에서 수갑을 찬 채 언제 처형될지 모르는 불안에 떨고 있어도 국내에 있는 사람들은 그들의 존재조차 알지 못했다.

재일동포 관련 간첩 사건 중에는 물론 북한과 연결된 사람들이 있다. 북한에 갔다 왔다고 인정한 유학생도 있다. 북한의 대남공작기관이나 총련 내의 관련 조직이 마냥 손을 놓고 있었다고 볼 수도 없다. 도쿄대학 법학부를 나온 재일동포 강신자가 쓴 《아주 보통의 재일한국인》(1987년)에는 일본의 좌파 학생 운동권 일각에서 북한을 비밀리에 왕래하고 있었다는 얘기가 나온다. 강신자는 1981년 대학에 들어가 선배의 권유로 '일조日朝문제연구회'에 들어갔다. 고마바 캠퍼스의 기숙사에서 주1회 독서회를 갖고 토론을 벌였다. 재일동포가 아니라 일본인 학생들로 구성된 동아리였다. 한 일본인 선배는 "비공개 루트로 북조선에 다녀왔는데 반 년 정도 공안의 미행을 당했어"라고 말했다고 한다. 강신자는 "모임에 나오는 사람은 모두 공안의 '블랙리스트'에 올랐다고 생각하는 것이 좋다"는 선배의 얘기를 듣고 이제 한국에 갈 수 없다는 공포감에 사로잡혔다. 그래서 3학년이 되어 혼고 캠퍼스로 올라오면서 발을 끊었다고 한다. 그가 나중에 한국 땅을 밟기 전에 정말 괜찮을지 여기저기 알아보며 초조했으리라는 것은 충분히 상상이 간다. 강신자의 기술에 당시 도쿄대 학생운동 사정에 정통한 일본인들은 신뢰성에 의문을 제기하기도 한다.

공무원의 부패·비리를 엄단한 특수통 검사로 이름을 떨쳤던 함승희 변호사의 저서 《성역은 없다》는 1995년에 나왔다. 나중에 정치인으로 변신해 '칼잡이'로서의 평판에 흠이 가기는 했지만 그의 책에는 검사 시절의 활약이 생생하게 기술돼 있다. 법원과 검찰청사가 서울 서소문에 있던 무렵 그는 한 무리의 비위 공무원을 잡아넣자마자 다음 작업을 구상했다. 자신의 집무실에서 서울시 청사를 내려다보며 저 '복마전'에 있는 공무원들이 "오늘은 또 무엇을 해 처먹고 있을까"를 생각하며 새로운 수사 실마리를 찾아냈다는 것이다. 그의 글에는 공무원 비리를 발본색원해야 한다는 집념이 드러난다.

정보기관의 대공수사관도 간첩 검거의 집념에 사로잡혀 있다는 점에서 심적 구조가 별로 다르지 않았을 것이다. 그 집념의 원천이 안보의식이건, 애국심의 발로이건, 포상·승진 등의 개인적 욕망이건, 조직의 강박적 문화이건, 정보기관끼리의 유치한 '실적' 경쟁이건 결과물은 마찬가지다. 함승희가 검사로서 성공했다면 그만큼 공무원 부패가 심했다는 반증으로도 해석할 수 있겠지만, 대공 수사관이 빛나는 성과를 올렸다면 재일동포 유학생 중에 그 정도로 간첩이 우글우글했다는 증좌라고 말할 수 있을까?

정보기관은 1972년의 7·4 공동성명 등의 영향으로 북에서 직파되는 간첩 수가 눈에 띄게 줄자 일본을 경유한 '우회 침투' 가능성에 주목했다. 그래서 재일동포 유학생 속에 잠입 간첩이 우글거린다는 전제 아래 유학생 명부를 놓고 혐의 대상자를 압축한 뒤 '작전'에 들어갔다. 동포 유학생은 어항 안에 갇혀 언제 낚일지 모르는 물고기 신세에 불과했다. 불시에 수사기관에 연행돼 고립된 상태에서 조사받은 재일동포의 처지는 국내 일반 형사 피의자와 비교가 되지 않았다. 함승희 검사 앞에 불려온 피의자라면 대체로 연행 사실이 바로 근무처나 가정에 알려지고 변호인의 조력을 받을 수 있었을 것이다.

그러나 유학생은 수사보안 유지라는 명목으로 수십 일씩 외부와 완전 고립된 채 혹독한 고문을 당하며 틀에 맞춘 진술을 강요당하는 사례가 많았다. 이들은 변호인의 조력을 받을 권리는 완전히 박탈당하고 그저 수사기관의 '자비'에 자신의 운명을 맡겨야 했다. 구치소에 수감된 뒤에도 일본에 있는 가족과 연락이 되지 않아 내의 한 벌 없이 한겨울을 보내야 했거나, 법정에 처음으로 출정하던 날 아침 공소장을 전달받아 자신의 '범죄 행위'가 무엇인지도 모르고 판사 앞에 선 사람도 있다.

재일동포 유학생이 간첩 사건에 휘말린 것은 물론 '11·22사건'이 처음은 아니다. 재일동포 모국유학제도는 1962년 11명이 '초청 장학생'으로 입국하면서 시작됐다. 1965년 한일협정 체결을 거쳐 점차 늘어나 1970년 대통령령으로 서울대학교에 재외국민교육연구소(재외국민교육원, 국제교육진흥원으로 거쳐 현재는 국립국제교육원)가 발족하면서 본격화됐다. 혁신계인 미노베 료키치美濃部亮吉 도쿄도 지사가 1968년 4월 일본 정부와 민단의 반대를 무릅쓰고 총련이 운영하는 조선대학교를 '각종학교'로 정식인가한 데 따른 대책으로 재일동포 학생의 교육을 강화할 필요성이 제기됐기 때문이다. 동포 유학생의 수가 늘어나면서 간첩 사건이 띄엄띄엄 발표됐다. 그 중에서도 가장 널리 알려진 것이 1971년 4월 대통령선거 직전 발표된 서승·서준식 형제 사건이었다. 형제가 함께 구속된 데다 가혹한 고문 의혹이 제기돼 일본 사회에 엄청난 반향을 몰고 왔다. 서승의 화상으로 일그러진 얼굴, 서준식의 목숨을 건 옥중 전향공작 고문 폭로와 장기간의 보안감호처분으로 지금도 사람들의 기억 속에 남아 있는 사건이다.

그러나 재일동포 사건은 유학생이 전부가 아니다. 학자, 교수, 기술자, 언론인 등 다양한 배경을 가진 사람들이 사건에 연루됐다. 시기를 거슬러 올라가면 멀리는 1961년 민족일보 사건, 집권당 국회의원이 간첩으로 구속된 1969년 김규남 사건은 물론이고, 2014년 봄 〈상처꽃〉이란 연극 상연으로 다시 조명을 받은 1974년 울릉도 사건도 다 일본과 연관이 있다. 또 사건의 내용을 보면 북한과 아무런 연결 고리 없이 민단 내의 비주류 모임을 '반국가단체'로 만들어 철퇴를 가한 것이 적지 않다.

1961년 5·16 쿠데타 때 민단 내에서는 군부독재에 반대하고 본국 집권세력과의 유착에 반대하는 집단이 있었다. 1965년 한일협정 체결에 따른 국교 수립으로 외교관 신분으로 일본에 들어간 정보부 요원에게 이들은 눈엣가시였다. 정보부 요원은 이들을 민단에서 몰아내기 위해 집요한 공작을 벌여 결국 민단을 완전 장악했다. 1980년 서울의 봄을 짓밟고 권력을 장악한 신군부가 김대중을 계엄군사재판에 회부해 사형선고를 내린 구실은 김대중과 접촉한 재일동포 인사 중심으로 구성된 '한국

민주회복통일촉진국민회의(한민통)'가 '반국가단체'라는 유신시대의 판결이었다. 그러니 넓게는 김대중도 재일동포 사건의 피해자에 들어가는 셈이다.

간첩 사건에 연루돼 수감된 재일동포의 수에 대한 정확한 통계는 없다. 일본과 연관된 간첩 사건에 연루된 사람은 약 150여 명이다. 이 가운데 유학, 사업 또는 친지 방문 목적으로 일본에 갔다가 구속된 이들을 제외하면 재일동포는 80여 명으로 추정된다. 이들은 과연 북한의 지령을 받고 국내에 잠입해 구체적인 스파이 행위를 하다 적발된 것일까? 재일동포 사건은 오랜 기간 국내에서 제대로 검증되지 않았다. 1970, 80년대 한국 법정에서 진행된 공판 과정을 취재한 일본 기자들이 남긴 기록에는 한국 기자의 모습을 현장에서 볼 수 없었다는 표현이 제법 나온다. 일본 사회에서 큰 반향을 일으킨 서승·서준식 형제 사건도 그랬으니 다른 사건은 말할 것도 없을 것이다.

국내 언론은 정보기관에서 요란하게 발표한 혐의 내용을 앵무새처럼 나열했을 뿐이고, 중형이 선고되면 공소장과 다름없는 판결 내용을 간략히 전한 정도다. 독재정권의 철저한 통제 아래 있던 당시 언론 상황으로는 충분히 이해가 가는 일이긴 하다. 국내에서도 간첩단 사건이 터지면 가까운 친지조차 얼굴을 돌리는 판이었으니 재일동포 사건의 피의자에게 위로의 말을 건네줄 사람은 국내에 없었다. 그들은 법정에서도, 언론에서도 외면받았고, 옥중에서도 국내의 '민주인사'와 분리돼 고립됐다. 바다 건너 힘들게 면회 오는 그들의 가족이 느낀 절망감이나 모멸감을 달래줄 수 있는 국내 인사도 아주 드물었다. 서 형제의 모친 오기순이

1980년 5월 두 아들의 석방을 보지 못하고 숨을 거두었을 때 일본의 많은 지식인이 애도의 뜻을 표했지만, 국내에서는 그를 기억하는 사람조차 없었다. 그의 이름은 6·10민주대항쟁의 결과 새로운 매체가 나타나기 전에는 국내 신문에 언급되지도 않았다.

오랜 군부독재가 끝나고 김대중·노무현 정권에서 과거사 진상규명 작업이 진행된 결과 2000년대 들어 재일동포 사건에도 뒤늦게나마 햇볕이 들기 시작했다. 재심을 통해 무죄가 선고되는 사례가 더디기는 하나 꾸준히 나오고 있다. 수십 년 전 밀실에서 작성된 수사기관의 조서를 거의 그대로 인정하던 사법부의 행태를 생각하면 상전벽해 같은 변화라고 할 수 있다. 하지만 재심을 통해 사법구제가 이뤄졌다고 해서 피해자의 망가진 인생이 복원되지는 않는다. 청운의 꿈을 품고 고국을 찾았던 이들 중 대부분이 이제 영락한 노인 대열에 들어섰다. 이미 세상을 떠난 사람도 있고 고문 후유증으로 시달리는 이도 적지 않다.

이 책은 2010년부터 재심을 통해 피해자의 무죄판결과 명예회복이 서서히 진행되고 있는 '역사적 변화'를 계기로 재일동포 사건의 실체를 재조명하기 위해 쓰였다. 수많은 재일동포 사건을 나열하기보다는 재일동포의 수난이 어떤 시대적 맥락, 역사적 배경에서 전개됐는지를 입체적으로 드러내 보이고자 한다. 그러기 위해서는 재일동포의 특수한 처지와 성장환경, 한반도의 분단 상황, 남과 북의 재일동포 정책, 모국 정권과의 관계 정립을 둘러싼 민단 내부의 오랜 갈등, 한일 공안기관의 연계, 한국 정보기관의 협력망과 수집된 정보의 신뢰도, 김대중의 해외 기반을 제거하려는 당국의 집착, 모국의 민주화운동에 소극적이나마 동참하고 싶었던 동포청년의 의식, 구속된 유학생 가족들의 고통, 정치범 구원활동을 통한 한일 시민사회의 만남, 전향공작 제도와 폐지 운동 등 다양하게 접근할 필요가 있다.

재일동포로서의 정체성, 조국의 분단 현실, 한국의 민주화투쟁에 아무런 고민이 없던 사람이 어느 날 갑자기 정보기관에 끌려가 하루아침에 간첩으로 '조작'된 사례는 적을 것으로 생각한다. 예를 들어 1970, 80년대 양산된 '재일동포 유학생 간첩' 가운데 '재일한국학생동맹(한학동)'과 연관된 동아리 '한국문화연구회(한문연)'에 참여한 사람들이 많다. 총련계열에 '재일본조선유학생동맹(유학동)'이 있다면 민단에는 한학동이 있었다.

민단 계열의 대학생으로 구성된 '한학동'이 '재일한국청년동맹(한청)'과 함께 민단의 산하 단체에서 축출된 것은 1972년 7월이다. 한학동과 한청이 박정희 독재정권을 지지하는 민단 지도부를 비난하고 민단 자주화 운동에 적극 나서자 민단 지도부가 중앙정보부와 합작해 이들을 쫓아냈다. 국내에서도 유신체제에 대한 대학생의 저항운동이 거세게 타올랐던 점을 생각하면 한문연에 속한 민단계 대학생이 일본에서 김대중, 김지하 등의 구명운동을 벌이고 유신독재를 규탄하는 시위를 벌인 것은 자연스런 흐름이었을 것이다. 하지만 한문연 등에 참여한 동포학생이 모국에 유학하기 위해 입국하면 언제라도 간첩 용의자로 만들어질 수 있었다.

현재 재일동포 가운데 일본 사회에서 가장 널리 알려진 사람으로는 강상중을 꼽을 수 있다. 그에게는 재일동포로서 처음 도쿄대학 교수로 임용된 사람이라는 수식어가 따라다닌다. 와세대대학 정치경제학부를 나와 대학원 과정을 마치고 독일 에르랑엔대학으로 유학한 그는 국제기독교대학 준교수를 거쳐, 1998년 도쿄대학 사회정보연구소 조교수로 옮겼다. 이후 도쿄대학대학원 정보학환情報學環 교수로 승진하고 도쿄대학 부설 현대한국연구센터 센터장을 맡았다. 2013년에는 정년을 3년 남기고 퇴직해서 세이가쿠인聖學院대학으로 옮겨 학장으로도 있었다.

1950년 8월 규슈의 구마모토에서 재일동포 2세로 태어난 그가 화려한 경력을 갖추게 된 이유는 무엇일까? 끝없는 노력과 남다른 재능의 결과겠지만, 그에 못지않게 중요한 전제 조건이 있다. 유학의 대상지로 한국을 선택하지 않은 점이다. 와세다대학 재학 중이던 1972년 여름 그는 서울에서 변호사를 하던 작은아버지의 초청으로 후쿠오카에서 부산 김해공항으로 가는 비행기를 탔다. 김해공항에 도착해 수하물 검사를 받을 때 뜻하지 않은 일이 터졌다. 그가 갖고 있던 주간지 〈선데이 마이니치〉에 공교롭게도 김일성 사진이 화보로 실려 있었던 것이다. 그는 공항 청사의 한 사무실에 끌려가 신문을 받았다. 어찌할 바를 모르던 그는 다행히 숙부와 전화로 연결돼 별 탈 없이 풀려났다. 당시 벤츠 승용차를 자가용으로 굴렸다는 그의 숙부가 요로에 부탁한 덕분일 것이다.

모국 동포들의 다양한 삶을 보고 돌아가는 비행기 안에서 그는 그때까지 편하게 사용하던 일본식 이름 '나가노 데쓰오永野鐵男'를 버리고 '강상중'으로 살기로 결심했다. 와세다대학의 '한국문화연구회'를 찾아가 동포학생과 고민을 나누고 활동에도 열심히 참가했다. 1973년 여름 나가노현 우쓰쿠시가하라에서 열린 하계 수련회를 마치고 시골집에 내려가 있던 그에게 긴급연락이 왔다. 1972년 10월 유신정변이 선포되자 해외 망명을 택한 김대중이 8월 8일 대낮에 도쿄의 한 호텔에서 중앙정보부 요원에게 납치되는 사건이 벌어진 것이다. 강상중은 그의 회고록인 《재일在日》에서 당시 느꼈던 분노에 대해 "대통령 선거에 입후보한 유력한 정치가조차 이렇게 취급 당한다면 이름도 없는 '자이니치(재일동포)'는 불면 날아가 버리는 쓰레기 취급을 받지 않겠는가"라고 썼다.

서둘러 도쿄로 올라온 그는 박정희 정권의 폭거를 규탄하는 시위에 참가했다. 1974년 7월 민청학련 사건으로 구속된 시인 김지하 등이 '비상보통군법회의'에서 사형판결을 받자 한학동 등 민단의 비주류는 도쿄 도심의 스키야바시數寄屋橋 공원에서 텐트를 치고 단식투쟁을 벌였다. 재일동포 작가인 김석범, 이회성뿐만 아니라 후에 노벨문학상을 받은 오에 겐자부로大江健三郎 등 일본의 저명인사도 농성에 참여했다. 한학동 대학생들은 주일 한국대사관 앞으로 몰려가 시위를 벌였다. 당시 〈마이니치신문〉에 실린 사진에는 울부짖는 듯한 청년 강상중의 모습도 선명하게 나온다. 강상중의 기술에 따르면, 일본 경찰 기동대원이 학생보다 세 배나 많았고, 한국대사관 안에서는 데모하는 사람을 카메라로 일일이 찍었다.

이 시절의 강상중은 극렬한 '반한反韓분자'였을까? 재일 북한공작원이나 총련 활동가의 교양 지령을 받아 본국 정부를 규탄하는 '반국가적 행위'를 벌인 것일까? 아닐 것이다. 그와 함께 행동을 같이 한 대다수의 동포 대학생도 마찬가지일 것이다. 당시 일본 언론에는 박정희 독재정권의 악행이 비교적 상세히 보도됐다. 여과 없이 전달되는 뉴스를 통해 모국의 실상을 접하던 동포 대학생들이 규탄 시위에 나선 것은 당연한 분노의 표출로 봐야 타당할 것이다.

만일 젊은 시절의 강상중이 유학 행선지로 독일이 아니라 한국을 택했다면, 현재의 강상중이 있을 수 있을까? 그도 어느 날 무시무시한 기관에 끌려가 호되게 당하고 드넓은 세계로 도약할 수 있는 날개가 팍 꺾였을 가능성이 높다. 역으로 숱한 간첩단 사건의 희생물이 됐던 동포 유학생이 그 시기에 다른 곳으로 떠났다면 제2, 제3의 강상중이 계속 나오지 않았을까.

우리 사회는 희망을 찾으러 모국에 왔다가 가혹하게 버림받은 재일동포 정치범 희생자에게 따듯한 손길을 내민 적이 없다. 이 책이 그들의 수난 배경을 이해하고 재일동포 문제에 대한 사회적 관심을 높이는 데 도움이 됐으면 좋겠다.

1

학자, 작가, 변호사의 삶으로 본 1970년대 재일동포

”

재일동포 사회에도 분단선이 그어지는 것을 원치 않거나, 분단체제를 인정해 어느 한 쪽에 서고 싶지 않다는 이유에서 굳이 한국으로 바꾸지 않은 이들이 꽤 있었다. 총련 산하의 문화단체에서 일하다 교조주의적 행태에 불만을 품고 뛰쳐나온 지식인들이 상당기간 조선 국적을 유지한 것은 그런 이유 때문이다.

외국인등록증의 '조선'은 북한이 아니다

1970년대는 재일동포 '유학생 간첩' 사건이 폭증한 시기다. 1971년 4월 7대 대통령 선거 직전에 발표된 서승·서준식 형제 사건에서 시작해 1970년대 중반부터는 간첩 혐의자가 무더기로 나왔다. 대표적인 사례가 1975년의 '11·22사건'이다. 이들은 어떤 삶을 살았기에 호된 시련을 겪어야 했을까? 이들의 가혹한 운명을 이해하기 위해서는 당시 재일동포 1, 2세가 놓인 시대 상황을 들여다 볼 필요가 있다. 비교적 이름이 알려진 인사들을 통해 재일동포의 처지와 한반도의 분단 상황을 어떻게 인식했는지를 살펴본다.

〈아사히신문〉 1971년 9월 29일 자 독자투고란에는 한 재일동포의 글이 실렸다. '기쁜 남북회담, 모두의 힘으로 촉진바란다'라는 제목이 달린 글이다.

> 피를 나눈 부모형제가 인위적인 국토 분단 때문에 가까이 살고 있으면서 만나는 것은 말할 것도 없고 편지 한 통 주고받을 수 없고, 생사의 소식조차 파악할 수 없는 채 26년간 처박혀 있는 조선민족의 비원은 세계에 예가 없다. 그것이 최근에야 겨우 이산가족찾기를 위한 남북적십자회담에 의해 해결 조짐이 보이기 시작한 것은 얼마나 기쁜 일인가. 이것을 기회로 남북통일의 대화에서 실현으로 나아가지 않으면 안 된다고 간절히 생각한다.
>
> 나도 26년 전 부모형제와 헤어졌다. 그 사이 부모는 돌아가셔서 다시 만날 수도 없지만 꼭 성묘를 하고 싶다. 또한 형제들과도 만나 육친의 정을

나누고 싶다. 고향산하도 만져보고 싶다. 나는 국적이 조선이기 때문에 고향이 있는 '한국'에 가고 올 수가 없고, 일본에서 한 발자국만 나가면 되돌아올 수가 없다. 허가를 받아 자유롭게 남북 조선을 왕래하고 싶은 것은 재일조선인 모두의 바람이다.

나는 남북적십자회담을 성공시켜 다시 남북통일회담이 열릴 수 있도록 개인적 입장에서 '남북회담지지·촉진회의'(가칭)를 제안하고 싶다. 소속단체, 사상, 종교, 기타의 차이는 민족통일의 비운을 달성하는 데 장해가 될 리가 없다. 한 사람이라도 더 많은 사람들의 분기奮起를 바라마지 않는다. 또한 일본의 양식 있는 사람들의 협력을 바라마지 않는다.

게재된 시점은 얼어붙었던 한반도에도 해빙의 기운이 찾아와 이산가족 상봉을 위한 남북적십자 첫 회담이 열린 때였다. 1971년 9월 20일 판문점 중립국감시위원회 사무실에서 상설회담 연락사무소 설치 등 3개항의 합의가 이뤄진 뒤 흥분이 지속되던 무렵이다. 당시 〈동아일보〉 사설은 "국토가 분단된 뒤 실로 초유의 성사盛事라고 말하지 않을 수 없다"고 썼다. 다섯 차례 접촉한 끝에 실현된 이 예비회담은 남북이 주도적으로 추진했다기보다는 미-중 접근의 충격에서 나온 것이다. 그해 4월 일본 나고야에서 열린 세계탁구선수권대회에 참가한 미국 대표단이 갑자기 중국을 방문해 '핑퐁 외교'가 화제의 시사용어가 됐고, 3개월쯤 뒤에는 리처드 닉슨 미국 대통령이 외교관계 정상화를 위해 적성국가인 중국을 방문하겠다고 발표해 전 세계를 놀라게 했다.

투고자 이름은 박경식, 직업은 전 대학교수, 48세로 나와 있다. 1965년 《조선인 강제연행의 기록》이란 책을 내 일본 지식인 사회에 충격을 준 사람이다. 1922년 경북에서 태어나 일곱 살 때 부모를 따라 일본에 건너간 그는 도요東洋대학 사학과를 나와 도쿄조선중·고급학교 교원과 조선대학교 역사지리학부 교수를 했다. 그의 훈도를 받은 제자 가운데 민족교육에 투신한 젊은이가 많았다. 그는 일제강점기 일본에 끌려왔다가 희생된 조선인의 유골이 곳곳에 방치돼 있는 현실에 분노해 학생들과 답사를 다니며 조사했다. 면밀한 실증적 연구를 거쳐 나온 성과물이 《조선인 강제연행의 기록》이다.

징병, 징용 등과 관련해 강제연행이라는 말이 정착된 것은 오로지 그의 노력 덕분이다. 선행 연구가 거의 없는 분야를 개척한 그는 일본의 많은 학자가 아시아, 미국, 라틴아메리카를 연구하면서 정작 절실하게 반성해야 할 과거 식민지인 조선은 소외시키고 있다고 지적하고 "진보적이라는 사람조차 국제연대는 강조하면서도 조선에는 별 관심이 없다"고 꼬집었다.

박경식의 지적에 자극받아 강제연행 실태 연구에 나선 일본인 학자가 제법 있다. 하지만 박경식은 총련 중앙의 비판을 받고 종파분자라는 오명까지 쓰고 조선대학에서 쫓겨났다. 총련은 《조선인 강제연행의 기록》의 출판을 중지시키려 했다가 박경식이 거세게 반발하자 축출해버린 것이다. 〈아사히신문〉에 전 대학교수로 소개된 것은 그 때문이다. 그는 여러 대학에서 시간강사를 하면서 강제연행과 재일조선인 운동사를 계속 연구했다. 차비가 없어 도서관까지 10킬로미터건, 15킬로미터건 걸어 다닌 얘기는 유명하다. 총련이 강제연행 문제에 관심을 갖고 유골 조사에 나선 것은 1972년 이후의 일이며, 민단은 별로 관심이 없었다.

투고에 나오듯 박경식의 국적은 조선이다. 이것은 단순히 남북의 어

1990년 8월 강제연행연구 교류집회에 나온 박경식(가운데)

느 한 쪽을 가리키는 것은 아니다. 일본의 패전 이후 일본 국적을 일방적으로 박탈당한 재일동포는 외국인 등록증에 일률적으로 '조선'으로 표기됐다. 해방 직후 미·소 점령군의 군사분계선으로 갈라진 한반도와 달리 재일동포 사회의 편 가르기가 본격적으로 시작된 것은 한일협정 체결 이후다. 한국 정부가 주일공관을 총동원해 협정영주권을 인정받으려면 조선적에서 한국적으로 바꾸라고 재일동포에게 계속 압력을 가했기 때문이다. 한국 정부가 독려하는 데도 변경하지 않은 동포가 상당수 있었는데 이들 모두가 북한을 지지해서 거부한 것은 아니다. 조선 국적을 그대로 유지했다고 해서 총련의 열성적 활동가로 단정해버리는 것도 맞지 않다.

재일동포 사회에도 분단선이 그어지는 것을 원치 않거나, 분단체제를 인정해 어느 한 쪽에 서고 싶지 않다는 이유에서 굳이 한국으로 바꾸지 않은 이들이 꽤 있었다. 총련 산하의 문화단체에서 일하다 교조주의적 행태에 불만을 품고 뛰쳐나온 지식인들이 상당기간 조선 국적을 유지한 것은 그런 이유 때문이다. 조선 국적이면 당연히 한국 여권을 받을 수가 없고 해외여행을 떠날 수도 없다. 자신의 뿌리가 되는 나라를 방문하는 것은 그야말로 모든 사람의 기본적 권리지만, 그들에게는 인정되지 않았다. 그들이 일본 땅을 떠날 수 있는 것은 범죄 혐의로 강제 추방되거나 북한에 정착하기 위해 '귀국선(북송선)'을 타는 것뿐이었다. 그것도 아니면 밀선이나 공작선을 타는 비합법적 방법밖에 없었다.

첫 방한 후 26년 만에 국적을 바꾼 이회성

1972년 소설 〈다듬이질하는 여인〉으로 재일동포로서는 처음으로 아쿠다가와 문학상을 받은 소설가 이회성은 오랜 기간 조선적을 버리지 않았다. 그는 1998년 김대중 정권이 성립된 후에야 한국으로 바꿨다. 일제강점기인 1935년 사할린(가라후토)에서 출생한 그는 와세다대학 노어과를 나와 총련 기관지인 〈조선신보〉 등에서 일하다 전업 작가의 길로 들어섰다. 아쿠다가와 상 수상으로 일약 유명인사가 된 그는 1972년 6월 13일 한국일보사 초청으로 입국해 2주 동안 문학 강연, 문인 좌담회를 하며 포항, 울산, 부산, 부여 등지를 돌아봤다.

그의 모국방문 소감이 〈동아일보〉 7월 13일 자에 특별기고 형태로 실렸다. '자주 평화통일 민족대단결'의 7·4남북공동성명이 발표된 직후여서 그런지 벅찬 감격의 표현이 서두에 넘쳤다. "무언지 감개무량하였다.

그리고 가슴이 푸근해지는 것을 느꼈다", "역시 우리 민족은 죽지 않고 살아있구나 하는 긍지감을 받게 되었다"고 썼다. 중간에 이런 단락이 나온다.

> 나는 한국에서 보낸 15일 동안을 돌이켜 보았다. 서울에서 나는 긴장된 매일을 보냈다. 같은 5천만 민족의 한 사람으로서 한국 땅을 찾아온 나였지만 분단된 조국의 체제와 현실이 나로 하여금 저절로 그런 심경에 빠트려 넣었던 것이다. 그러나 나는 민족의 한 사람으로서 내 나름으로 이제까지 품어온 민족관 문학관을 솔직히 드러내고 싶었으며 또 어느 정도라도 소견을 펴놓았던 것이다. 아마 당시의 나는 한국에서 누구보다도 자유언론을 소유한 사람이었을 것이다. 이것이 기쁜 일인지 슬픈 일인지 잘 모를 일이다. '조건' 속에 묻혀 있는 국내 사람들의 안타까움을 느끼기 때문이다.

그가 한국에서 누구보다도 자유언론을 소유했다고 말한 이유는 뭘까? 그를 안타깝게 한, 국내 사람들이 묻혀 있다는 '조건'은 무엇인가? 그의 첫 모국방문 일정은 순탄하지 않았다. 당국은 그의 언동을 면밀히 감시했다. 옛 동숭동 캠퍼스에서 진행된 그의 서울대 강연은 시작하자마자 중단됐다. 그가 한국 학생운동의 성지인 이곳에서 강연하게 돼 영광이라는 취지로 말하자 당국이 강연을 막은 것이다. 그는 서울대보다 앞서 한국일보 소극장에서 한 강연에서도 자신의 '민족문학론'을 거침없이 쏟아냈다. 그는 분단 현실을 인정하기보다는 자신의 나라가 5천만 민족 전체라고 당당히 주장했다.

> 나는 문학자이기 전에 민족주의자라고 자인한다. 민족주의자란 내 나라를 사랑하는 정신이며 여기서의 내 나라는 5천만 전체를 가리킨다. 체제가 다른 두 국가가 현실상으로 존재하지만 민족은 하나며, 국가는 인공적 일시적인 것이지만 민족은 자연적 존재로서 영원하다. 민족이 있음으로 해서 국가가 있고 민의를 반영하는 국가는 오래 살 수 있다. 오늘의 현실은 국가의 견지에서 바라보되 '같은 민족'이란 시각은 잊고 있다. 나 자신은 민족적 입장을 취하려고 노력하고 있다. 우리나라는 남북으로 분단되었지만 꼭 통일될 날이 있으리라고 기대하고 있으며 따라서 작가와 시인은 그날을 위해 기여할 과제가 있지 않는가 하고 자문해본다.

이회성

이회성이 격정을 토로할 때 국내 작가들은 용어의 선택에 신중을 기하며 말했다. 이회성이 그런 분위기의 차이를 놓칠 리가 없었다. 그가 최대의 자유언론을 누렸다고 하는 것은 분단의 멍에 아래 놓인 국내 지식인의 처지를 역설적으로 표현한 것이다.

일본에 돌아온 이회성을 기다리고 있는 것은 총련의 제명 조치였다. 총련 중앙위는 6월 27일부터 30일까지 9기 3차 중앙위원회를 열고 "분파주의자 불평불만분자 변절자는 가차 없이 숙청한다"며 간부급 13명을 쫓아냈는데 소설가 김달수와 이회성이 포함됐다. 〈태백산맥〉 등을 쓴 김달수는 재일동포 1세대를 대표하는 작가다. 이회성은 박정희 유신독재를 비판하고 김대중 김지하 구원운동이나 재일동포 정치범 항의집회에 자주 모습을 드러냈다. 일본의 유명 작가들과 함께 단식투쟁을 벌이기도 했다.

'순화되지 않은' 이회성을 한국 정부는 더 이상 받아들이려 하지 않았다. 그가 다시 서울에 돌아온 것은 1995년 11월 '동북아시아의 평화와 한·일협력체제의 모색'이란 세미나에 참석하기 위해서였다. 한국 국적으로 바꾸지 않아 임시 여권증명서를 받아 들어왔다. 그는 "조선 국적을 고집하는 것은 분단 조국의 재결합에 대한 염원을 담고 있다고 믿기 때문"이라고 말했다. 그가 시대가 바뀌었으니 한국으로 바꾸겠다고 선언한 것은 1998년 5월이었다. 그는 변경 이유에 대해 이제 한국이 "독재정권도, 불완전한 문민정부도 아닌 진정한 국민정부의 시대가 됐기" 때문이라고 설명했다.

사법연수소 국적 조항의 장벽을 뚫은 김경득

이회성이 동포 1세의 정서를 갖고 있다면 귀화하지 않은 채 처음으로 변호사가 된 김경득은 고된 심적 갈등을 거쳐 동포 2세로서의 열등감을 극복한 사람이다. 그는 1976년 10월 사법시험에 합격한 뒤 최고재판소(대법원)로부터 일본 국적이 아니면 사법연수소에 입소할 자격이 없다며 귀화를 권유받았다. 그는 청원서를 여섯 차례나 최고재판소에 제출하며 한국 국적을 포기할 수 없는 사연을 밝혔다. 재일외국인의 사법연수소 입소 자격을 둘러싼 논란이 커지자 최고재판소는 결국 그에게 입소를 허용했다. 그가 당시 제출한 청원서에는 이런 내용이 있다.

> 나는 어릴 때부터 조선인으로 태어난 것을 원망해 나의 몸에서 일체의 조선적인 것을 배제하려고 애썼다. 소학교에서 대학교에 이르는 동안 일본인처럼 행동하는 것이 습성이 됐다. 그러나 일본인의 차별을 피하기 위해 일본인처럼 가장하는 것은 대단한 고통을 동반하는 것이었다. 대학교 졸업이 가까워지면서 나는 조선인이라는 것이 드러나지 않도록 주변에 신경을 쓰며 소심하게 살아가는 것의 비참함을 참을 수 없게 됐다.

1949년 와카야마에서 태어난 김경득은 왜 자신의 태생 근원을 미워했을까? 그의 부친은 도금 기술자였지만 가난을 면치 못했다. 김경득이 자란 조선인 마을 사람들은 모두 빈곤했다. 안정된 직업이 없으니 대낮부터 술 마시고 길거리에서 싸우는 것이 일상다반사였다. 어린 시절의 그에게 희망이란 조선인 사회에서 무조건 탈출하는 것이었다. 그는 소학교부터 대학교까지 일본학교를 다니며 일본식 이름인 '통명通名'을 사용했다. 같은 세대의 동포 젊은이가 대학에 입학하고 나서 본명을 쓰기 시작한 사람들이 제법 있었던 것과 비교하면 그의 민족적 열등감은 아주 심했던 것 같다.

와세다대학에서 법학부를 다녔지만 처음부터 사법시험 공부를 생각하지는 않았다. 사법시험에 합격하더라도 사법연수소에 들어가지 못해 변호사가 될 수 없기 때문이다. 1972년 졸업을 앞두고 대학의 취업 지원부서에 상담하니 증시 1부 상장회사의 99.9퍼센트는 조선인을 받지 않

김경득

는다는 절망적인 답변을 들었다. 2부 이하 회사라도 사장이 '좋은 사람'이라면 혹시 받아줄지도 모르겠다고 했다. 일본 사회에서 차별하는 자와 차별당하는 자가 있는데 왜 어느 한 쪽이 모든 잘못을 뒤집어쓰고 살아야 하는지 납득할 수가 없었다. 그는 번민 끝에 졸업하면서 본명을 쓰기로 하고 외국인등록증에서 통명을 지웠다.

그는 자신을 용서할 수가 없었다. 많은 동포가 민족적으로 살려고 했는데도 혼자 대열에서 떨어져 나와 살아왔다고 자책했다. 그는 차별과 싸우기 위한 방편으로 사법시험을 선택했다. 시험에 통과하면 싸워서 장벽을 뚫겠다고 스스로 다짐한 것이다. 원칙적으로 일본인에 한해 공무원으로 임용하는 '국적 조항'이야말로 민족차별의 전형이라고 생각했다.

뒤늦게 자신의 정체성을 회복한 김경득은 법률서보다는 재일조선인의 역사, 인권, 차별문제 등에 관한 책을 닥치는 대로 읽었다. 돈이 없어 공사판에서 막노동하며 시험 공부를 계속해 사법시험에 최종 합격했다. 그리고 최고재판소의 귀화 권유를 뿌리치고 줄다리기를 한 끝에 마침내 차별의 장벽에 큰 구멍을 내는 데 성공했다. 그는 사법연수소 과정을 마치고 1979년 변호사 등록을 해 재일동포의 지문날인 거부나 강제동원 희생자의 전후보상 관련 재판 등에서 활약했다. 하지만 험로를 뚫고 새로운 길을 내는 과정에서 심신을 혹사한 탓인지 2005년 12월 쉰여섯이라는 한창 나이에 타계했다.

그는 떠났지만 그의 도전에 용기를 얻어 변호사 자격을 취득한 재일동포가 이제는 160명을 돌파했다. 일본변호사연합회에 등록된 외국인 변호사 177명 가운데 한국 또는 조선적 변호사는 164명이다. 일본에는 '재일코리안변호사협회(LAZAK, Lawyers Association of Zainichi Koreans)'라는 단체가 있다. 그곳에 소속된 사람 가운데 한국 이름을 일본식 발음으로 사용하거나 아예 일본 이름을 쓰는 사람도 있어 코리안으로서의 정체성 규정이 다양·복잡해졌다. 일본 전체 변호사는 약 3만 명이다.

분단 상황을 바라보는 재일동포 2세의 시선

동포 2세 청년들이 한반도를 바라보는 시선은 대체로 우울했다. 남북은 갈라져 서로 헐뜯기만 하는 것으로 비쳤고, 재일동포의 삶에 실질적으로 도움을 주는 것은 별로 없었다. 그나마 북한은 장기간에 걸쳐 민족교육을 지원하기 위해 상당한 액수의 보조금을 꾸준히 보내왔지만 남한의 지원은 재일동포가 체감할 수 있는 것이 거의 없었다.

이런 상황에서 한국에 유학 온 청년들은 나름 고민 끝에 자신의 정체성을 되찾기 위해 모국으로 발길을 돌린 사람이다. 물리적 군사분계선이 없고 사상의 자유가 용인된 일본에서 자란 이들은 민단계라고 해도 북한은 배제하고 남한만이 자기 조국이라는 생각은 그다지 하지 않았다. 통일에 대한 열망이나 문제의식은 본국의 동년배보다 높았고, 접근방법에서도 당연히 차이가 있었다.

〈아사히신문〉 1971년 10월 11일 자에 작가로서의 위상을 다져가던 이회성의 기고문이 실렸다. 남북적십자예비회담이 순조롭게 진행되는 것에 고무된 인상이 담겨 있다. '조선 통일과 재일 2세 청년'이라는 제목이 달린 이 글은 재일동포 2세 가운데 일부가 열등의식, 민족허무주의에 빠져 일본에 귀화하고 있는 현상을 인정하면서도 "조국의 운명과 자신의 청춘을 일체화해서 조국통일의 담당자가 되자"는 새로운 움직임이 있다고 주목했다. 이런 단락이 나온다.

> 나는 재일조선인 2세가 조국통일의 가장 싱싱한 시대에 살고 있다고 생각하지 않을 수 없다. 또한 기민棄民 의식에 괴로워하는 청년도 조국통일의 희망이 넓어져 오는 오늘의 조국 정세 속에서 서서히 자기회복을 이루고 있는 게 틀림없다고 생각한다. 38도선을 넘어가는 기관차의 기적 소리를 울리는 것이 노련한 1세라고 한다면, 힘이 있는 2세는 우선 보일러를 때는 사람이다. 남북의 대화는 요즘 나에게 긴장감과 함께 즐거운 상상을 안겨주고 있다.

재일동포 유학생 간첩단 사건 당사자 가운데 실제로 평양에 갔다 온 사람들이 소수이긴 하지만 있다. 한국에서 월북이라고 하면 있어서는 안 될, 중대한 범죄라는 인식이 정착돼 있지만 이들에게는 또 하나의 조국을 육안으로 보고 싶다는 호기심에서 간 것일 수도 있다. 평양을 갔다 왔다고 해서 바로 간첩으로 낙인찍는 게 능사가 아니다. 판단을 내리기에 앞서 그들이 실제로 공작원 교육을 받고 돌아왔는지, 한국으로 들어와 실질적인 간첩행위를 했는지, 이들이 수집했다고 하는 정보의 알맹이가 과연 무엇이었는지도 냉정히 따져 볼 필요가 있다.

'북한'보다는 '북괴'라는 표현이 더 익숙하고 '괴집' '괴뢰집단'이란 용어로 교육을 받아온 국내 학생들과 달리 그들이 1960년대, 70년대의 일본에서 접한 북한의 인상은 일방적으로 매도당하는 대상이 아니었다. 주류 언론에서도 '주체'의 길을 가는 북한을 호의적으로 묘사하는 보도가 드물지 않던 시절이다.

〈아사히신문〉 1971년 9월 27일 자를 예로 들어보자. 김일성 인터뷰를 1면 머리기사로 쓰고 4면 전체를 털어 상보詳報 등으로 채웠다. 당시 도쿄 본사의 편집국장인 고토 모토오後藤基夫가 기자들을 이끌고 방북해 황해북도 사리원에서 김일성과 오찬을 겸해 5시간 반 동안 만났다. 김일성에 대한 호칭은 '조선민주주의인민공화국의 지도자, 김일성 수상'이다. 김중린 조선노동당 중앙위원회 정치위원회 위원과 정준기 조선기자동맹 중앙위원회 위원장이 배석한 회견에서 김일성은 일본 기자와 처음 회견한다면서 기자회견이 아니라 친구로서 대화하는 것이라고 말했다고 한다.

첫 단독 회견이어서 그런지 지면에 흥분된 표현이 눈에 띈다. "회견기 원고가 약 4시간에 걸쳐 평양-아사히신문 도쿄 본사를 잇는 국제전화로 보내졌는데 이것은 전후 첫 기록이고 평양 당국의 호의에 의해 베이징 경유로 행해졌다"고 송고 방식에 대한 설명도 1면에 나온다. 놀라운 것은 1면 머리기사에 김일성이 '핸섬'하다는 묘사까지 있다.

김일성 수상은 소년시대부터 항일빨치산 운동에 투신해 그 지도자로서의 지위에 올라 항일독립-조선전쟁과 공화국의 운명을 한 몸에 짊어지어 왔다. 내년 60세의 환갑을 맞는 수상은 빨치산 시대의 젊고 핸섬한 풍모를 남긴, 극히 장건壯健하고 원숙한 정치 지도자다. 강력한 바리톤으로 말을 하며, 시종 웃음을 띠고 때로는 제스처나 기지를 섞어가며 열의를 갖고 어떤 문제에도 답했다.

4면에는 김일성의 사람됨과 업적을 다룬 별도 기사가 실렸는데 "59세로 사회주의권에서 쿠바의 카스트로와 함께 가장 젊은 지도자의 하나"라고 돼 있다. 그의 업적을 기록한 전기가 바로 조선민주주의인민공화국의 역사라고 말할 수 있다는 표현도 있다. 한참 세월이 흐른 뒤에야 김일성에 대한 '아부 기사'가 아니냐는 비난을 받았지만 당시로서는 별로 논란거리가 되지 않은 것 같다.

이런 환경에서 자란 동포 유학생이 어느 날 갑자기 정보기관에 끌려가 밀실에 갇힌 채 이제까지의 삶을 낱낱이 고백하라고 닦달당하면 정보기관의 눈에 꼬투리가 되는 게 반드시 나온다. 그 꼬투리가 수십 일에 이르는 신문 과정에서 갈수록 확대돼 나중에는 어마어마한 간첩 사건이 된다.

2

두 재일동포 여성의 용감한 폭로

”

고순자는 더 이상 모국 유학을 계속할 의미가 없다고 판단했다. 조국을 찾았다가 간첩으로 조작되는 비극이 유학생에게 더 이상 일어나지 않도록 피해 당사자가 나서서 폭로해야 한다고 결심했다.

방에 남긴 메모로 '간첩 조작' 면한 고순자

도쿄 지요타千代田 구의 '나가타초永田町'는 일본 정치의 중심지다. 1932년 국회의사당이 완공되면서 일본 정치의 대명사가 됐다. 총리 관저, 중·참의원 의장 공관, 각 정당의 중앙당사, 의원회관, 국회도서관 등이 이곳에 몰려 있다.

1984년 12월 19일 중의원 제2의원회관에서 20대 재일동포 여성이 기자회견을 열었다. 사회당의 '재일한국인 정치범을 지원하는 국회의원 간담회' 대표인 이나바 세이치稲葉誠一 중의원 의원 등이 자리를 같이 했다. 그는 3개월 전쯤 아무 영문도 모른 채 보안사령부 요원에게 끌려가 고문당한 뒤 '운 좋게도' 풀려난 자신의 체험을 얘기하며 동포 유학생을 상대로 한 간첩 조작 실태를 폭로했다. 비슷한 시기에 보안사령부에 연행된 동포 유학생 가운데 몇몇은 그가 조사받는 동안 유학생 간첩단 사건으로 대대적으로 발표됐다.

고순자는 히로시마 현 구레 출생으로 덴리天理대학 외국어학부 조선학과를 나왔다. 그는 우리말을 더 익혀서 재일동포 아이들을 위한 민족교육에 투신하기 위해 1980년 4월 모국 유학길에 나섰다. 서울대 재외국민연구소에서 교육과정을 마치고 주한 일본대사관에서 일본어 강사 아르바이트를 하면서 1982년 고대 대학원 국문학과에 들어가 한국현대문학을 연구했다. 평온한 유학생활은 1984년 9월 21일 오전 학교 기숙사로 이상한 전화가 두 차례 걸려오면서 끝장났다. 한 번은 남자, 또 한 번은 여자 목소리였다. 동포 유학생이 연루된 사건들이 빈발하던 때라 뭔가 이상한 예감이 들었다. 아니나 다를까 기숙사 지하식당에서 점심을 먹고 방으로 돌아오는데 수상한 남자 두 사람이 있었다. 한 사람이 다가와 대공수사관이라고 밝히고 두세 가지 물어볼 것이 있으니 가자며 팔을 잡아끌었다. 고순자가 옷을 갈아입고 나올 테니 잠깐 기다려달라고 하자 그는 금방 끝나니 이대로 가자며 끌었다.

그날 오후 4시께 도착한 곳은 과천의 한 아파트였다. 무슨 일이냐고 물어도 말해주지 않았다. 방에 들어가자 바로 취조가 시작됐다. 그들은 두 사람의 이름을 대며 아느냐고 물었다. 처음 듣는 이름이어서 고순자가 모른다고 하자 그들은 방 밖으로 나가 몽둥이를 가져왔다. 고순자를 일으켜 세우고는 허벅지 장딴지를 때리기 시작했다. 주먹으로 머리를 쥐어박고 발로 차기도 했다. 다시 앉으라고 해놓고 일본의 대학에서 서클 활동으로 무엇을 했는지 등을 물었다. 대답이 마음에 들지 않으면 세워놓고 마구 때렸다.

그가 재일한국학생동맹(한학동)에 관여했다고 말하자 수사관들은 기대하던 답을 얻었다는 듯이 "다른 데로 옮기자"고 말했다. 다시 이동한 것은 숲으로 둘러싸인 건물이었다. 고순자는 마치 교도소 같은 건물의 소재지가 성남시였다고 기억하고 있는데 아마도 장지동 보안사 대공분실로 추정된다. 요원들이 집중적으로 캐묻는 것은 두 가지였다. 북한 방문 여부와 총련계 인사와의 접촉 여부를 반복해서 물었다. 솔직하게 인정하면 형을 가볍게 해준다고 달래기도 했다.

연행된 날로부터 6일 동안은 아예 잠을 자지 못하도록 했다. 그 후에는 동이 틀 무렵부터 아침밥을 먹을 때까지 길어야 3시간 정도 잠을 재웠다. 첫날 아파트에서 몽둥이로 난타당해 걷기조차 힘들었지만, 그들은 원하는 답이 나오지 않으면 앉았다 섰다를 계속 반복시켰다. 피멍이 든

다리로 고통을 참아가며 그들이 시키는 대로 해야만 했다.

재일동포가 일본에 살면서 총련계 동포와 접촉이 없다는 것은 불가능한 일이다. 친지의 결혼식이나 제사에서 만날 수 있고 지역 행사에서 마주칠 수도 있다. 고순자가 재일동포의 현실을 누누이 설명하려 해도 수사관들은 들으려 하지도 않았다. 그들은 두려움에 떠는 젊은 동포여성을 상대로 "발가벗겨서 고문하겠다", "이곳의 젊은 애들은 무슨 짓을 할지 모른다" "산속에 들어와 있으니 아무리 비명을 질러도 밖으로 들리지 않는다"고 협박했다. 고순자가 일본의 대학시절 한학동 활동을 했다는 것은 요원들에게 더할 나위 없이 좋은 '요리 자료'였다. 배후 조종 인물을 만들어 내면 그럴듯한 유학생 간첩단 사건으로 포장할 수 있기 때문이다.

고순자 자신도 쉽게 풀려나지 못할 수도 있다며 체념하기도 했다. 보안사 분실에서 10월 6일까지 취조받다가 다시 처음 연행된 아파트로 옮겨졌다. 무슨 까닭인지 알 수 없지만 분위기가 달라졌다. 10월 13일 밤 수사관들이 그에게 밤 9시 티브이 뉴스를 꼭 봐야 한다고 말했다. 그날 재일동포 대학생 간첩단 사건이 대대적으로 발표됐다. 보안사가 6개 망의 간첩 6명을 검거했는데 그중 4명이 모국 유학생을 가장한 간첩이었다는 내용이었다. 뉴스가 끝난 후에는 간첩 검거에 관한 특별편성 프로그램까지 나왔다. 고순자는 멍하니 간첩이 된 동포 유학생들의 모습을 쳐다보았다.

간첩망 검거 발표 3일 뒤 그는 석방됐다. 풀려나기 전에 '자백 진술서'에 서명해야 했다. 임의로 수사기관에 동행했으며 취조받은 내용을 외부에 일절 발설하지 않는다는 서약서도 썼다. 다른 사람에게 얘기하면 국가기밀과 군사기밀 누설죄와 국가보안법상의 이적행위로 엄벌에 처해진다는 위협도 받았다. 10월 16일 기숙사로 돌아왔지만 그걸로 모든 게 끝은 아니었다. 다음날 보안사 요원들이 기숙사 근처로 찾아왔다. 그들은 기숙사에서 별다른 일이 없는지 물었다. 일본에 있는 부모가 걱정해서 가봐야겠다고 하니 출국이 규제되고 있다는 말을 들었다. 고순자는 잘못되면 일본에 돌아가는 길이 막히는 것이 아닌지 대단히 불안했다.

고순자는 26일간이나 불법구금돼 고초를 겪었지만 간첩으로 만들어지는 신세는 면했다. 그나마 불행 중 다행이었다. 보안사는 왜 그에 대한 수사를 종결하고 훈방했을까? 혐의가 가벼워서 사건이 되지 않는다고 판단한 것일까? 그의 운명은 연행되던 날 방안에 남겨 놓은 메모 한 장으로 갈린 것으로 보인다. 수상한 전화를 두 차례 받고 불길한 예감이 든 그는 3일이 지나도 자신이 나타나지 않으면 일본 나라奈良의 본가에 연락해달라고 부탁하는 메모를 썼다.

연락을 받은 가족은 고순자의 행방이 묘연해지자 정보기관에 끌려간 것으로 짐작했다. 가족은 고순자의 친구, 지역의 노동조합, 시민단체 활동가 들과 상담했다. 유학생 간첩단 사건이 터질 때마다 큰 충격을 받은 동포 사회는 나름 대응하는 방안을 익혔다. '고순자씨 신변안전을 지키는 모임'이 결성됐다. 고순자의 언니 고열자와 텐리대학 친구들은 오사카변호사회에서 기자회견을 열고 고순자의 행방을 찾아달라고 호소했다. 일본 언론도 기자회견 내용을 보도하며 관심을 보였다. 가와카미 다미오河上民雄 사회당 의원은 외무성에 고순자의 안전보호를 한국 정부에 요청하도록 했고, 일본기독교교회협의회는 한국기독교교회협의회에 조사를 의뢰했다.

보안사는 뜻하지 않은 사태가 벌어지자 고순자를 풀어주고 사태를 수습하는 쪽으로 방향을 잡았다. 그가 11월 4일 일본으로 돌아가는 것도 허용했다. 수사기관에 끌려갔던 것이 아니라 혼자 여행을 다녀온 것으로 둘러대도록 입막음했다. 당초 연행된 사실이 없었던 것으로 은폐하려 한 것이다.

일본에 돌아온 고순자는 더 이상 모국 유학을 계속할 의미가 없다고 판단했다. 조국을 찾았다가 간첩으로 조작되는 비극이 유학생에게 더 이상 일어나지 않도록 피해 당사자가 나서서 폭로해야 한다고 결심했다. 그는 수사기관에서 당한 일을 다른 사람에게 얘기하면 징역 10년 이상의 중벌에 처해질 수 있다는 위협에 굴하지 않기로 했다. '고순자씨 신변안전을 지키는 모임'은 11월 19일 나라부락해방센터에서 해산 집회를 열고 그의 무사귀환을 기뻐했다. 고순자는 집회에서 "여러분의 따듯한 지원으로 무사히 석방됐다"고 고마움을 표시했다.

재일동포 정치범 구원운동의 흐름을 보면 한 개인을 위해 결성된 후원 모임은 당사자가 돌아오면 대체로 활동을 종료하고 해산했다. 그러나 고순자 후원 모임의 경우는 '이변'이 발생했다. 그가 침묵을 거부하고 폭로하겠다는 결의를 굳히자 '고순자씨와 함께 싸우는 모임'으로 조직을 개편해 뒷받침하기로 한 것이다. 그해 연말 도쿄 의원회관에서 열린 기자회견도 그 과정에서 나왔다.

그는 유엔인권위원회 소위원회 등 국제무대에도 나가서 자신의 체험담을 밝혔다. '재일한국인 정치범을 구원하는 가족·교포의 모임'이 1985년 7월 23일부터 8월 18일까지 11차 대표단을 주네브, 런던 등에 파견해 국제캠페인을 벌일 때 그도 대표단의 하나로 참석했다. 대표단은 유엔인권위원회 소위에 참석하고 국제사면위원회(앰네스티 인터내셔널) 본부(런던), 마이노리티 라이츠 그룹(런던), 국제여성법률가연맹, 반고문위원회 등지를 방문해 재일정치범 문제를 호소했다. 국제여성법률가연맹의 슈라이버가 인권위원회 소위에서 고순자의 고문 증언을 소개했다고 한다.

중앙정보부에서 성폭행당한 권말자

고순자보다 9년 전에 똑같은 자리에서 기자회견을 한 재일동포 여성이 있었다. 〈아사히신문〉 1975년 12월 24일 자 사회면에 기자회견 내용이 'KCIA에 폭행당했다. 재일한국여성이 호소하다'는 제목으로 1단 기사로 실렸다. 기사에 따르면 서울교육대에 유학 중이던 이 여성은 12월 23일 중의원 제2의원회관에서 기자회견을 갖고 "서울 체류 중 중앙정보부에 영장도 없이 연행돼 폭행당했고 억지 자백을 강요당했다"고 말했다. 그는 자신이 이름을 댄 친구 두 사람이 이번 간첩 사건으로 체포돼 있다고 밝히고 "사건은 조작"이라고 주장했다. 그가 조작됐다고 말하는 것은 이른바 '11·22사건'이다. 중앙정보부는 1개월 전에 유학생으로 위장해 대학에 침투한 재일동포 간첩 21명을 검거했다고 대대적으로 발표했다.

회견을 한 여성은 일본에서 태어나 자란 권말자다. 그는 호세이法政대학 영문과를 졸업한 뒤 도쿄에 있는 민단계 학교인 한국학원 초등부에서 교원으로 근무하다 모국 유학길에 올랐다. 1974년 3월 서울교육대에 들어가 다니다가 졸업을 포기하고 중앙정보부에 정면으로 맞선 것이다. 그가 기자회견을 결심한 것은 체포자 명단에 그와 가깝게 지내던 두 사람이 있었기 때문이다. 한 사람은 와세다대학을 나와 모국의 재외국민 연구소에서 교육 중이던 최연숙이고, 또 한 사람은 호세이대학 2년 후배로 서울대 사회대학원 경제학과 1학년에 다니던 김원중이었다. 회견장에 같이 나온 다나카 스미코田中壽美子 사회당 참의원 의원은 여성 의원들이 국경을 넘어 실태를 추궁해가겠다고 말했다.

〈아사히신문〉의 기사에서 눈길을 끄는 대목은 이원홍 주일 한국대사관 수석공보관의 논평이다. 이원홍은 한국일보 주일특파원, 편집국장 출신으로 주일공보관장에 기용됐다가 청와대 민정수석을 거쳐 전두환 정권 때 한국방송공사 사장, 문공부장관을 지낸 사람이다. 관운이 좋은 것인지 문공부장관을 그만둔 후에도 무역진흥공사 이사장, 간행물윤리위위원장 등을 역임했다. 그의 말은 이렇게 인용돼 있다.

> 아주 저열한 각본이다. 정숙해야 할 여성에게 일신상의 희생을 강요하고 대한對韓 모략 공작의 주역으로 내세워 특정 정치세력을 배경으로 한국을 부당천만하게 비방하려 하는 몸부림은 인간성의 이름으로 규탄되지 않으면 안 된다.

이원홍이 구사한 표현은 아주 자극적이다. '정숙해야 할 여성에게 희생을 강요하고'라든지 '인간성의 이름으로 규탄'한다든지 하는 말은 한 나라를 대표하는 대사관의 대변인이 공개적으로 사용하기에는 적절하지 않은 단어다. 〈아사히신문〉의 기사에는 이원홍이 왜 이렇게 흥분했는지를 설명해주는 단락이 없다.

권말자의 기자회견에는 신문이 그대로 옮기기가 부담스러웠을 것으로 추정되는 내용이 있었다. 권말자는 중앙정보부 요원들에게 끌려가 구타와 함께 성폭행까지 당했다고 폭로했다. 그 기사에는 권말자의 이름, 나이, 주소까지 나와 있다. 스물여섯의 젊은 여성이 자신의 치욕스런 경험을 만천하에 낱낱이 공개한다는 것은 웬만한 각오로는 불가능한 일이다.

권말자는 자신이 중앙정보부에서 겪은 일을 장문의 수기로 남겼다. 피해자의 육성이 그대로 드러나 있는 이 글이 당시 상황을 판단하는 데 도움이 될 것으로 생각해 간추려 소개한다. 일부 오자로 보이는 부분은 수정했다.

KCIA의 고문에 대한 나의 회고록

권말자 1975년 12월

나는 현재 일본 사이타마현 우라와시 벳쇼초町 3-32-25에 양친과 함께 살고 있다. 나의 이름은 권말자이며 26세다. 나는 서울교육대학 2학년에 적을 두고 있다.

졸업 수개월을 남겨두고 있으므로 고국에서 열심히 공부하여야 하지 않겠느냐는 생각들을 할 것이다. 하지만 그곳에 가지 못하고 어느 누구도 이해할 수 없는 복잡한 감정 속에서 이러한 회고록을 쓰지 않을 수 없다. 고국에서 지난여름에 공부하고 있을 때 나는 갑작스럽게 KCIA에 끌려가 처녀성을 잃었다. 너무 수치스러워 내 희망이 사라지고 내 운명이 종지부를 찍었음을 느꼈다. 그 짐승 같은 사람들에 대한 억누를 수 없는 분노 때문에 나는 이 회고록을 쓰고 있다.

이런 일이 출판된다면 나는 유망한 남자를 남편으로 맞을 기회를 갖지 못함으로써 내 생도 파멸로 이끄는 결과를 잘 알고 있지만, 나는 KCIA가 내게 행한 그 모든 것을 폭로하기로 작정했다. 그 증오스런 여름 이후 수개월을 괴로워하면서 내가 이런 결심을 하게 된 까닭은 재일교포 학생 다수가 아무 근거 없이 KCIA에 구속되었다는 소식을 듣고 분노와 양심의 가책이 너무 큰 때문이었다. 그 중에는 나의 가장 친한 친구도 끼어 있었다.

나는 1949년 11월 우라와시의 한 가난한 가정에서 태어났다. 내 부모는 나를 무척이나 사랑했고, 나는 초등학교에서 대학교까지 일본에서 체계적인 교육을 받았다. 공부를 더 하고 싶어서 나는 고국에 가게 된 것이다. 나는 외국에서 태어난 2세이기 때문에 한국에 대해서 아는 것이 아무것도 없었고 조국에서 무엇이 일어나고 있는지를 잘 몰랐다. 고국에 가기 위한 마지막 준비로써 나는 도쿄의 한국인학교에서 2년을 공부했다. 이 학교 교장은 나에게 필요한 충고를 해주었다. 결국 나는 서울교대에 들어갔다.

1974년 3월 나는 새로운 희망에 가득 차 배로 부산에 도착했다. 그 이후 1년 반 동안 나는 교사가 되기 위한 수업을 열심히 쌓았고 대학생활을 만끽했다. 이런 행복한 생활은 내가 KCIA에 끌려갔을 때 갑자기 중단되었다.

8월 5일 11시 30분경 같은 방을 쓰는 친구가 학교에 간 후 조용히 책을 읽고 있을 때 이상한 한 사람이 갑자기 들이닥쳐 KCIA의 신분증을 제시하면서 KCIA로 동행할 것을 요구했다. 나는 개 끌리듯 남산 KCIA 본부 근처 평범한 2층집으로 끌려 들어가 거실과 한 방으로 인도되었다. 점심 식사 후 몇 사람이 나를 심문하기 시작했다. "넌 왜 여기에 온 줄을 알지!"

라고 물었고 나의 대답은 "모릅니다"였다. 똑같은 질문과 대답이 잠시 동안 계속되었다. 그들이 벼락같은 소리로 협박했다. "넌 왜 네가 여기 와 있는지를 알고 있어. 너는 우리 손에 달려 있다는 사실을 명심해! 사실대로 불어!"

그들은 내가 일본에서 친하게 지낸 친구 중에 현재 남한에서 공부하고 있는 학생들의 이름을 대라고 했다. 나는 몇 사람의 이름을 댔다. 그러자 그들은 내가 그들과 함께 정치활동에 가담했다는 진술을 하라고 명령했다. 사실 그럴 일은 하나도 없었다. 그들은 내 진술서를 보고는 완전히 실망하여 소리를 꽥 질렀다. "이 쌍년이 바른대로 대지 않고 있군. 건방진 년 같으니라고!" 그러면서 전혀 무방비 상태의 내 뺨을 후려갈겼다. 잠시 멍해졌다. 그들은 자백을 받기 위해 모든 고문을 다 사용할 수 있다고 위협했고, 지하 고문실이 어떤지를 내게 상기시켰다. 전문적인 고문 기술자들이 나를 살려 보내지 않을 것이라고 그들은 말했다. 이름 모를 희생자가 그의 의지를 담은 시를 쓴 것을 읽어주며 나를 그에게 비유했다.
나는 놀라 정신을 잃었다. 현재로서는 그 후 10일간 고문당할 동안 내가 무엇을 어떻게 지껼였는지 확실히 기억할 수가 없다. 그들은 내가 일본과 한국에서 여행했던 일, 대학에서의 클럽활동, 서울에서 공부하고 있는 목적, 도쿄 한국인학교에 있을 때의 직업, 두 나라에서 사귄 친구 등등에 대해 끈질기게 질문을 해댔다. 나는 그들이 만족해할 때까지 진술서를 반복해서 몇 번씩 고쳐 쓰도록 강요당했다. 밤낮 쉴 새 없이 고문이 계속되어 나는 일종의 몽유병자처럼 되었다.
지쳐 내가 거의 잠에 빠져 들었을 때 나는 우연히 KCIA 요원들이 자기들

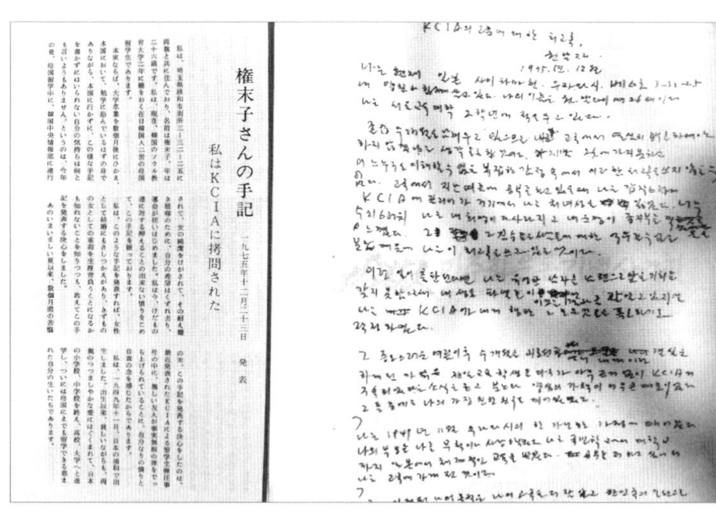

権末子さんの手記

私はKCIAに拷問された

一九七五年十二月二十三日 発表

私は、埼玉県浦和市別所三－三二－二五に両親と共に住んでおり、名前は権末子、年は二十六歳です。私は、現在、韓国のソウル教育大学二年に籍をおく在日韓国人二世の母国留学生であります。

本来ならば、大学卒業を数個月後にひかえ、本国において、勉学に励んでいるはずの身でありながら、本国に行かずに、この様な手記を書かずにはいられない自分の気持ちは何とも言いようもありません。というのは、今年の夏、母国留学中に、韓国中央情報部に連行されて、女の純潔をけがされて、その耐え難き屈辱のために、自分の希望はくずれ去り、運命が狂いはじめました。私は今、けだもの達に対する抑えることの出来ない憤りをこめて、この手記を綴っております。

私は、このような手記を発表すれば、女性として結婚にもさしつかえがあり、きずものの女としての重荷を生涯背負うことになるかも知れないことを知りつつも、敢えてこの手記を発表する決心をしました。

あのいまいましい夏以来、数個月間の苦悩の末、この手記を発表する決心をしたのは、最近発表されたKCIAによる留学生弾圧事件の中に、親しい友人が事実無根の罪をでっち上げられていることに、自分なりの憤りと自責の念を感じたからであります。

私は、一九四九年十一月、日本の浦和で出生しました。出生以来、貧しいながらも、両親のつつましやかな愛にはぐくまれて、日本の小学校、中学校を終え、高校、大学へと進学し、ついには母国にまでも留学できる恵まれた自分の生いたちであります。

중앙정보부 요원들로부터 성폭행을 당했다고 폭로한 권말자의 수기

끼리 하는 이야기를 들었다. "이 년을 도구로 사용하자. 그러나 만약 너무 고집이 셀 경우 죽여 버리자." 죽음이 시시각각 나를 기다리고 있었다. 눈물이 펑펑 쏟아졌고 공포가 나를 사로잡았다. 갑자기 내 부모형제, 친구들이 생각났다.

절망에 빠져 나는 내가 알지 못한 것, 사실이 아닌 것들을 그들이 부른 대로 쓰겠다고 승낙했다. 그들은 내가 순순히 따르는 것이 현명할 것이라고 했다. 그들은 음탕한 말을 하기를 좋아했고 밤에 나를 수사할 때 술을 마시라고 했다.

어느 날 밤 나는 남자 손이 내 몸을 만지고 있음을 느끼고 깨어났다. 그 남자는 소리 없이 방을 나갔다. 내가 석방되기 전날인 8월 14일 밤, 기억하기로는 아마 자정쯤 됐을 것이다. 한 남자가 내 방에 침입하여 나를 강간하려 했다. 필사적인 저항으로 그 기도를 저지했다. 남자들끼리 무어라고

소곤거리는 소리가 옆방에서 들렸다.

내가 석방된 다음날 KCIA 사람들이 내 아파트에 찾아와 나를 또 다시 구속하고 여권을 빼앗겠다고 위협하면서 나의 정조를 요구했다. 그들은 미친 짐승처럼 나를 범했다. 나는 처녀성을 상실했고 견딜 수 없는 수치를 당했다. 나는 정신을 잃었고 정신착란 상태에 빠졌다.

8월 15일 석방되기 전 나는 어느 누구에게 KCIA 사무실에 내가 구금되었고 조사를 받았고 고문당했다고 말하지 않을 것이며 그런 말을 입 밖에 낼 경우 다시 연행되어 엄벌을 받아도 좋을 것이라는 각서에 서명하도록 강요당했다. 나는 애국청년단의 열렬한 회원이 되어 유신체제를 위해 활동하겠다는 맹세를 하지 않을 수 없었다.

석방된 후인 8월 18일에도 나는 KCIA 짐승들에게 아스토리아호텔에, 8월 21일에는 프린스호텔에 불려가 거기에서 또다시 윤간을 당했고, 언제 일본으로 떠나느냐는 질문을 받았다. 8월 21일 KCIA 고위층이 내게 전화해서 "우리는 네가 다시 서울에 오면 너를 만나야 하며 앞으로 할 일을 의논해야 하겠다. 우리는 네가 대학을 잘 다니도록 보장하겠으며 졸업 후 직장도 알선해주겠다"고 말했다. 그는 그런 말을 할 정도로 수치를 모르는 사람이었다.

나는 새로운 희망에 뛰는 가슴을 안고 서울에 갔지만 몸을 버리고 비참하게 일본으로 돌아왔다. 돌아온 후 나는 일본에 잘 돌아왔노라고 엽서를 KCIA에 보냈다. 나는 그 짐승들의 지시에 따른 것이다. 다행스럽게도 나는 집에 왔지만, 그때 일이 생각나면 분노를 누를 길이 없었다. 나는 내 불운을 부모와 오빠들에게 이야기할 수가 없었고, 날이 갈수록 박정희 정권과 KCIA에 대한 증오는 커갔다. 나는 더 이상 학교에 갈 기분이 나지 않았다. 나는 미래에 대한 특별한 계획 없이 빈둥거리며 시간을 보냈다. 9월 말경에 나는 KCIA요원들로부터 빨리 비행기로 서울에 오라는 편지를 받았다. 그들은 일본의 동료들이 서울에 오는 일로 도와줄 것이라고 했다. 또다시 분노와 함께 일본에 있는 KCIA의 희생물이 되지 않을까 하는 공포가 밀려왔다.

나는 가까운 친구에게 내가 당한 일을 털어놓았고, 또다시 수치를 당할 수밖에 없는 KCIA 앞잡이가 되는 것을 의미하는 서울에서의 대학생활을 포기했다. 나는 결혼할 수 없으리라는 것을 뚜렷이 느꼈다.

그때 KCIA는 소위 '재일교포학생 간첩단 사건'을 발표했다. 나는 KCIA건물에서 조사받는 동안 이야기한 사람들의 이름이 구속자 명단에 들어가 있는 것을 보고 깜짝 놀랐고, 큰 충격을 받았다. 그들이 구속된 책임이 내게 있다는 죄의식이 나를 사로잡았다. 내 경험으로 판단한다면 맹세컨대 '대학생 간첩단 사건'은 완전히 조작이라고 말할 수 있다.

나의 폭탄 같은 이 성명이 내 부모에게 어떤 충격을 줄 것인지는 쉽게 상상할 수 있을 것이다. 이것을 발표하게 된 동기는 고국에 있는 학생들에게 안전하게 공부할 수 있는 환경을 마련하고 남한에 민주주의가 회복되기를 바라는 나의 간절한 소망 때문이다. 박 정권이 빨리 무너지기를 바라면서 나는 내 불명예를 감춘 비밀을 폭로하는 것이 나에게 있어서 얼마나 불이익한 것이라는 사실을 잘 알고 있다. 나는 남한의 젊은 세대가 수모당하는 것을 방지하고 우리 고국이 가능하면 빨리 통일되기를 바라는 마음에서 이 글을 싣는다.

3

학문의 자유와 김원중

”

김원중은 호세이대학에서 마르크스 경제학을 공부했고, 진술서에서도 사회주의 사상을 갖고 있다는 것을 숨기지 않았다. 사상의 자유가 있는 일본에서 태어나 민주주의와 자유의 가치에 대해 교육받고 자란 그는 '경제학도로서' 마르크스나 레닌의 경제 이론을 인정하는 게 도대체 무슨 문제가 되느냐고 항변한 것이다.

"경제학도로서 마르크스와 레닌을 존경한다"

1976년 4월 13일 서울 서소문 법원청사에서 재일동포 유학생 김원중의 3차 공판이 있었다. 김원중은 '11·22사건' 구속자의 한 사람으로, 당시 서울대 사회대학원 경제학과 1학년이었다. 이날 공판은 일주일 전의 공판이 검사 쪽 요구로 연기되는 바람에 실제로는 2차 공판인 셈이다. 김종길 변호사의 신문이 끝난 뒤 황진호 서울지검 공안부 검사가 반대신문에 나섰다. 황 검사는 평양에 갔다 오면 사형까지 당한다는 사실을 아느냐, 북한에 북송된 친척이 있느냐 등을 묻고 나서 느닷없이 "피고인이 국내외를 통틀어 존경하는 인물이 누구냐"고 물었다. 김원중은 드디어 올 것이 왔구나, 하면서도 마르크스와 레닌이라고 답변했다. 그는 이 터무니없는 재판에서 자신이 할 수 있는 최소한의 반격이라고 생각했다. 황 검사는 기다렸다는 듯이 "그럼, 피고인은 공산주의자군요"라고 추궁했다.

반공이 '국시'로 강요되던 시절에, 국가보안법상의 간첩 혐의로 재판을 받고 있으면서 공산주의 양대 인물인 마르크스와 레닌을 존경한다고 법정에서 공언하는 이 사람은 과연 제정신인가? 그는 도대체 무슨 사연이 있기에 본국인이라면 결코 하지 않을 발언을 태연히 하게 된 걸까?

김원중이 올 것이 왔다고 생각한 것은 중앙정보부에서 '전사前史'가 있었기 때문이다. 수사가 사실상 끝난 피의자가 서대문구치소로 수감되기 전에 의례적으로 작성해야 하는 서류가 있었는데 조사 항목 가운데 '존경하는 인물'을 묻는 칸이 있었다. 그는 별 고민 없이 그냥 마르크스와 레닌이라고 적었다. 앞에 앉아 있던 수사관들은 서로 얼굴을 마주보며 '이 자식이 돌았나'하는 표정을 지으면서도 아무 말을 하지 않았다. 검사는 송치서류에 붙어 있는 그 기록을 보고 회심의 카드라고 생각한 듯 네 입으로 직접 말해보라고 다그친 것이다.

그렇지만 김원중은 자신이 검사의 덫에 걸렸다고는 생각하지 않았다. 공판정에는 그가 다녔던 호세이法政대학 경제학부의 동창들을 비롯해 구원활동에 나선 일본인들이 앉아 있었다. 그는 호세이대학에서 마르크스경제학을 공부했고, 진술서에서도 사회주의 사상을 갖고 있다는 것을 숨기지 않았다. 사상의 자유가 있는 일본에서 태어나 민주주의와 자유의 가치에 대해 교육받고 자란 그는 '경제학도로서' 마르크스나 레닌의 경제이론을 인정하는 게 도대체 무슨 문제가 되느냐고 항변한 것이다. 일본이라면 아무런 얘깃거리조차 되지 않는 것이 한국에서는 무시무시한 범법행위로 재판에 회부돼 엄벌에 처해진다는 현실을 주한 일본인 특파원이나 구원회 관계자에게 전하려고 한 것이다. 김원중은 경제학을 배우는 사람으로서 사회주의 경제이론을 연구하는 것과 사회주의 사회를 건설하기 위해 행동이나 운동에 나서는 것에는 현격한 차이가 있다고 믿었다. 그래서 전자와 후자를 같다고 생각하는 한국 사회의 후진성에 대해 그 나름으로 의문을 제기한 것이다.

사상의 자유를 기본적으로 인정하지 않는 분단국가의 척박한 지적 풍토는 1심 재판장인 허정훈 판사가 직접 신문한 내용 중에도 나온다. 허 판사는 "피고인은 대한민국의 국시가 반공인 것을 모르고 있냐"고 물었다. 김원중은 예상하지 못한 신문에 잠시 당황했지만, 한국의 국시는 민주주의라고 생각한다고 말했다. 그가 일본에서 대학 다닐 때 한국 국회에서 국시를 둘러싼 논쟁이 벌어졌던 것이 떠올랐기 때문이다.

1971년 9월 13일 8대 국회 들어 처음 맞는 정기국회의 대정부 질의에서 신민당의 윤길중 의원이 첫 질문자로 나섰다. 자유당 정권 말기 진보당 탄압 때 구속된 바 있던 윤 의원은 "국시가 민주주의냐 반공이냐"고 추궁하고 국가보안법, 반공법을 개정할 용의가 없는지를 물었다. 5·16 쿠데타의 주역인 김종필 총리는 "민주주의란 우리의 바람직한 수단이기는 하나 국시가 될 수는 없다"면서 "민주주의다 자유다 하는 것은 북괴의 위협을 배제하지 않는 한 안 되기 때문에 반공을 국시의 제일의第一義로 정한 것"이라고 주장했다. 김 총리는 현재도 반공이 국시인가라는 물음에는 "현재도 반공은 소홀히 할 수 없는 것"이라며 비켜갔다. 반공을 국시로 여기는 듯한 김 총리의 발언에 대해 다음날 같은 신민당의 초선의원인 조홍래 의원이 물고 늘어졌다. 그는 "민주주의가 국시가 아니라 반공이 국시라면, 반공을 위해 어떤 것도 감행하겠다는 것으로써 역설적으로 표현하면 파쇼나 철권통치를 하겠다는 것이냐"고 추궁했다. 그러자 김 총리는 "5·16 당시 가장 시급한 문제를 반공체제 강화로 믿어 혁명공약에 반공을 국시로 밝혔으나 이는 헌법에 명시된 국시는 아니다"로 후퇴했다.

김원중은 김종필의 발언이 머릿속에 떠올라 민주주의가 국시라고 당당히 밝혔으나, 1심 재판부는 그의 의견에 귀 기울이지 않고 1976년 4월 30일 징역 10년을 선고했다. 공판 개정에서 선고까지 1개월밖에 걸리지 않았다. 항소심에서는 양형부당 이유가 받아들여져 징역 7년이 됐고, 그해 12월 말 대법원에서 상고가 기각돼 그대로 형이 확정됐다. 그가 감옥에서 풀려나 해방된 것은 1982년 12월 19일이다. 유기형을 받은 재일동포 유학생 가운데 만기를 꼬박 채우고 석방된 경우는 그가 유일한 사례로 알려져 있다. 유기형이 선고된 대부분은 가석방, 형집행 정지 등의 특사로 중도에 석방됐으며, 극히 일부는 비전향을 이유로 청주보안감호소로 이송돼 확정형기보다 더 긴 세월을 감옥에서 보내야 했다.

평화헌법 강좌 들으러 다니던 중학생

김원중은 1951년 도쿄에서 태어나 자랐다. 4남 1녀 가운데 3남으로, 부모의 고향은 제주도다. 부친이 애월읍, 모친은 조천읍 함덕이었다. 초등학교를 나온 부친은 일제 때 오사카에 가면 상점의 사환을 하면서 야학에 다닐 수 있다는 소문을 듣고 일본으로 건너갔다. 하지만 학교는 다니지 못하고 장사를 하다가 일본 패전 후 오사카에서 도쿄로 가 정착했다. 김원중은 어렸을 때부터 자신이 일본인이 아니라는 것을 알았다. 부모가 자신이 전혀 알아듣지 못하는 말로 대화를 나누거나 치마저고리 차림으로 집을 드나드는 친척 아주머니들이 있었다. 모친도 친척의 제사에 갈 때는 치마저고리를 입고 나갔다.

김원중은 소학교 1학년 말에 분쿄文京구 센다기의 주택가로 이사하는 바람에 전학했다. 2학년에 올라갔을 때 일생 잊을 수 없는 광경을 우연히 목격했다. 반 아이들이 교실 한가운데 한 아이를 세워놓고 손가락질하며 "야, 이 조선 놈아"라고 놀리고 있었다. 그 아이는 이나다稲田라는 일본 이름을 쓰고 있었는데도 조선인이라는 것을 다 알고 있었던 것이다. 김원중이 원래 살던 동네는 가난한 사람들의 주거지여서 그랬는지 조선인이라고 특별히 차별하거나 구박하는 일은 없었다. 충격을 받은 그는 절대 남에게 손가락질당하지 않도록 조심해야겠다고 속으로 다짐했다. 어느 누구하고도 거리낌 없이 어울려 놀아야 할 나이에 '자기 방어'의 절박성을 의식한 것이다. 당시 그가 쓰던 '통명'은 가네다였다. 반에서 자치회 활동을 열심히 해 주변에서 '예의바른 가네다 군'으로 불렸다.

소학교 때의 유별난 경험 탓인지 그의 민족의식은 중학교 시절부터 형성되기 시작했다. 재일동포 2세로서 언제든지 험한 꼴을 당할 수 있다는 생각이 마음속에 자리 잡았기 때문이다. 일본에서 5월 3일은 헌법기념일이다. 패전 후 점령체제 아래서 제정된 새 헌법이 1947년 이날을 기해 시행됐기 때문에 제정된 경축일이다. 중학교 3학년 무렵 헌법기념일에 그는 우연히 광고를 보고 분쿄구 공회당으로 기념강연을 들으러 갔다. 마르크스경제학의 원로학자인 오우치 효에大內兵衛, 헌법학자 미야자와 도시요시宮澤俊義 등 권위 있는 출판사인 이와나미서점의 필진들이 연사로 나섰다. 중학생인 그가 모두 이해할 수 있는 내용은 아니었지만, 그의 탐구욕은 큰 자극을 받았다.

1967년 도립 오야마大山고등학교에 진학하고 나서는 도쿄의 유명한 헌책방 거리인 간다神田 주변을 배회하는 일이 잦아졌다. 그해는 마침 《자본론》 제1부가 출간된 지 백년이 되는 해였다. 간다에서 멀지 않은 구단九段회관(옛 군인회관)에서 이와나미서점과 사회당 사회주의청년동맹의 공동주최로 열린 자본론 출판 백주년 강연회에 쟁쟁한 경제학자들이 연사로 나온 것이 그의 기억 속에 남아 있다. 경제학자인 미노베 료키치美濃部亮吉가 도쿄도지사 선거에 당선돼 '혁신 도정都政'을 시작한 것도 그 무렵이다. 헌법학자로 일제 때 '천황기관설'로 탄압받았던 미노베 다쓰키치美濃部達吉의 장남인 미노베 료키치는 1967년 4월부터 1979년 4

월까지 도지사를 세 차례 연임했다. 미노베 지사도 오우치 효에의 영향을 받아 마르크스경제학이 전공이었다.

김원중의 고등학생 시절 체험은 유별난 것이었을까? 그는 당시 시대 분위기를 생각하면 아니라고 말한다. 요즈음의 고등학생은 상상도 할 수 없는 시대였다는 것이다. 1968년 5월 파리대학에서 대학의 자치 확대와 개혁을 요구하는 학생들의 시위가 벌어졌다. 당국의 진압으로 충돌이 빚어지자 학생들의 시위는 전국으로 퍼졌고, 노동자가 가세해 총파업으로 이어졌다. 동서 진영의 권위주의 체제를 함께 비판하던 프랑스의 '5월혁명'은 독일, 이탈리아 등으로 확대돼 유럽 전역으로 퍼졌다. 미국의 베트남전 개입과 소련의 '프라하의 봄' 진압을 규탄한 이 운동이 '68혁명'이다. 운동을 이끌던 층은 '68년 세대'라고 불렸다.

68혁명의 파도는 일본에도 거세게 밀려왔다. 대학가는 물론이고 일부 고등학교에도 바리케이드가 등장했다. 베트남 반전시위나 오키나와 미군기지 철폐운동에 참여하는 고등학생들이 적지 않았다. 고등학교에는 학생 자치활동의 하나로 '사회과학연구회(사연社硏)'가 있었고, 일교조 소속의 교사들이 동아리 고문을 맡아 학생들을 지도했다. 한국에서는 《도이치 이데올로기》처럼 금서 목록에 올라 있어 출판조차 되지 않았던 사회과학 서적을 일본에서는 고등학생들이 자연스럽게 읽었다.

민족일보 조용수 추모식 참가한 대학시절

68혁명의 분위기로 정신적 세례를 받은 김원중은 1970년 4월 호세이대학 경제학부에 진학했다. 그는 대학생이 되면서 본명으로 대학에 등록했다. 입학 후 얼마 되지 않아 재일유학생동맹(유학동) 관계자가 연락해와 대학 근처의 다방에서 만났다. 유학동은 대학교 학생과를 통해 신입생 명단을 확보해 재일동포로 보이는 1학년 새내기에게 가입을 권유했다.

김원중은 등산을 좋아해 학교에 가기보다는 산에서 지낼 때가 많았다. 한국학생동맹(한학동)은 유학동보다는 훨씬 늦게 찾아왔다. 집안이 민단 쪽이라 개인적으로 한학동에서 하는 한국문화연구회(한문연)에 친근감을 느꼈으나, 유학동의 조선문화연구회(조문연) 학습회에도 나가곤 했다. 하지만 김일성 찬양 분위기가 감돌고 있어 조문연 모임은 수개월 만에 끊었다.

재일동포 단체는 크게 나눠 민단, 총련 그리고 양쪽에 거리를 두는 제3의 집단이 있었다. 이승만 정권 때 농림부장관과 국회 부의장을 한 조봉암의 비서를 하다가 일본으로 망명한 이영근이 제3의 집단에서 지도자 구실을 했다. 일본에서 〈통일조선신문〉(후에 통일일보로 개명)을 창간한 이영근은 1960년대 중반 '한국민족자주통일동맹(한민자통)'과 '한국민족자주통일청년동맹(한민자청)'을 잇달아 결성해 청년들을 끌어들이려 했다.

김원중은 대학교 1학년 시절 한민자청의 서명운동에 참가하고, 이영근의 통일운동 강연도 몇 차례 듣기도 했다. 1학년 말인 1970년 12월 한문연의 1년 선배인 최강훈이 어디 갈 곳이 있다고 그를 데리고 갔다. 5·16쿠데타 뒤 혁신계 탄압 때 처형당한 조용수 민족일보 사장의 9주기 추도식이었다. 행사를 주도한 쪽은 〈민족통일신문〉 계열이었다. 〈통일조선신문〉에서 중견 간부로 있던 박덕만, 김중태, 윤수길 등이 이영근이 박정희와 타협하려 한다며 불만을 품고 뛰쳐나와 1968년 3월 새로

民族統一新聞

1971年 12月25日

朴政権打倒と 故趙鏞寿 民族日報社長 第10周忌 統一達成誓

栄光の殉節たたえ朴一派を断罪

追悼の辞

民族民主

조용수 10주기를 다룬 민족통일신문 98호(1971년 12월 25일)

만든 신문이다. 이들은 4·19혁명 뒤 민단 간부인 조용수를 한국에 보내 결과적으로 죽음에 이르게 한 당사자인 이영근이 박정희 군사정권 지지로 돌아서는 움직임을 보이며 '변절'했다고 비판하고 따로 나선 것이다. 김원중은 조용수 추도식 참가를 계기로 〈민족통일신문〉 계열의 인사들과 가까워졌다. 반독재통일운동을 벌이기 위해 '민주주의민족통일위원회(민민통)'라는 정치결사를 만들려고 준비 작업을 하던 이들에게는 젊은 활동가가 절실했다. 그래서 호세이대 한문연의 새내기인 김원중을 적극 끌어들인 셈이다.

이들의 열정에 공감한 김원중은 1971년 5월께부터 민족통일신문사에서 일했다. 사무실은 신주쿠구 요쓰야의 민가에 있었다. 신문은 한 달에 세 번 순간旬刊 형식으로 발행했다. 사무실에는 〈조선일보〉, 〈동아일보〉, 〈중앙일보〉 등 국내 신문이 들어왔고, 배동호가 발행하는 〈한국통신〉이 날마다 배달됐다. 김원중은 우리말이 서툴러 편집보다는 주로 발송 작업을 도왔지만, 때로는 작은 기사를 쓰기도 했다. 일본 신문에 나온 한국 관련 기사를 정리하는 것도 그의 일이었다. 신문사에서 1973년에 낸 〈조선통일문제자료집-민족통일을 위해〉의 편집 일도 거들었다.

그는 대학 4년 동안 신문사에서 일하면서 장래 통일운동에 투신하겠다는 막연한 동경심을 가졌다. 신문 구독료를 수금하거나 자료집을 파는 일도 열심히 했다. 신문 대금을 받기 위해 등록된 주소로 독자들 집을 찾아가면 자연스레 동포 1세와 만나 대화를 나누게 된다. 동포 1세들은 젊은 대학생이 통일운동을 한다니 기특하다며 우리말을 할 줄 아느냐고 물었다. 못한다고 대답할 때마다 그는 마음 한구석이 허전했다. 그래서 우리말을 제대로 익혀야 되겠다고 생각했다.

마침 민족통일신문사에서 일하던 한 젊은이가 모국 유학생으로 서울에 가 재외국민교육연구소에서 1년간 교육받고 돌아왔다. 그는 본국의 신문을 읽고 기사를 쓰는 데 큰 어려움이 없었다. 4학년이 되서 진로를 고민하던 김원중은 아무래도 한국에 가서 우리말을 제대로 배워야겠다고 생각했다. 그의 부모는 살림살이가 넉넉한 편은 아니었지만 자식들에게 민족교육을 시키지 못했다는 부채감이 있어서인지 흔쾌히 동의해주었다. 모국유학 결심이 서자 그는 한학동에서 주최하는 시위에 참가를 하더라도 몸조심을 했다. 1973년 김대중 납치 항의시위에는 아예 가담하지 않았다. 베트남전 반전시위에는 몇 번 참여했으나 항상 뒤쪽 대열에 섰다. 혹시 한국에 갈지도 모르는데 구류 체포 경력이 기재돼 있으면 곤란하다고 생각했기 때문이다.

서울로 떠나기 전 서승·서준식 사건의 여파로 집에서 염려하는 분위기도 있었으나 그는 공부만 하고 돌아올 생각이어서 개의치 않았다. 1974년 3월 호세이대학을 졸업한 그는 바로 입국해 재외국민교육연구소에 들어갔다. 그해 12월 우리말 교육과정을 마친 그는 일본에 돌아가서 대학원 과정에 들어갈지 아니면 한국에서 대학원에 다니며 우리말 실력을 더 닦을지 고민하다가 후자를 선택했다. 당초 1년 예정으로 들어왔으나 우리말과 한국 사회를 더 알 필요가 있다고 생각해 계획을 바꾼 것이다. 1975년 3월 서울대 사회대학원 경제학과에 들어간 그는 강의 내용을 따라가기에 급급했다. 산업혁명사 등 경제사는 큰 어려움이 없었으나 마르크스경제학을 전공한 그에게 거시경제학, 미시경제학, 화폐금융론 등은 낯설었다. 게다가 대학원 동급생들은 영어 원서를 척척 읽어나가는 것 같은데 자신은 날마다 영어사전과 씨름하며 해독해야 하니 아주 힘들었다.

동포 유학생은 방학이 되면 대부분 일본 집으로 돌아간다. 김원중은 대학원 1학년 1학기 과정을 마치고 여름방학 때 일본에 돌아갔다가 호세이대학 한문연 2년 선배인 권말자가 중앙정보부에서 심하게 조사받았다는 얘기를 어렴풋이 들었다. 여름방학 때 농촌 봉사활동에 참여하려고 서울에 남았다가 연행된 권말자는 한학동 관련 활동을 집중적으로 추궁받았고, 같이 활동하던 사람들의 이름을 댔다는 것이다. 김원중은 자신도 끌려가 조사받을 가능성이 있다고 생각했지만 크게 걱정하지는 않았다. 서울에 와서 오로지 공부만 했으니 설사 민족통일신문사 관련 일이 나왔다 하더라도 좀 혼나고 나오지 않겠는가,라고 단순하게 생각했다.

약품 설명서조차 소중한 읽을거리였던 구치소 생활

2학기 개강을 앞두고 그는 서울로 들어와 서울의대 구내에 있는 왕룡사에 입소했다. 동포 학생들의 기숙사인 왕룡사에서는 이따금 단체 야유회를 갔다. 9월 말쯤 가을 소풍을 갔는데 아무개 아무개가 어디론가 끌려가서 돌아오지 않고 있다는 흉흉한 소문이 돌았다. 김원중은 내심 불안하기도 했지만 도망갈 수 있는 것도 아니었다.

그는 10월 17일 왕룡사로 나타난 중앙정보부 수사관들에 의해 영장 없이 연행됐다. 지하실로 끌려가 태어나서 이제까지의 행적을 전부 쓰라는 지시를 받았다. 고심 끝에 써서 내면 수사관들은 여러 군데를 지적하며 더욱 상세히 쓰라고 명령했다. 그래서 비슷한 내용을 몇 차례나 다시 썼다.

소문으로나 듣던 중정 지하실에 끌려가서 견디기 어려웠던 것은 아예 잠을 자지 못하게 한 거였다. 머릿속은 점점 몽롱해지고 낮과 밤을 분별할 수 없었다. 김원중은 자신이 무엇을 써냈는지도 가물가물해졌다. 그의 자술서를 검토한 수사관들은 거짓말을 하고 있다며 본격적인 가혹행위에 나섰다. 팬티만 남기고 옷을 전부 벗게 한 뒤 무릎을 구부린 엉거주춤한 자세로 벽을 마주보게 했다. 10분 정도 지나자 온몸이 땀으로 범벅이 됐다. 그들은 자술서 가운데 몇몇 내용을 들먹이며 곤봉으로 마구 찌르면서 거짓말이라고 다그쳤다. 사실이라고 말하자 팔 다리를 사정없이 두들겨 팼다. 맞은 부위는 빨갛게 부어올랐다. 몸의 균형을 잃고 쓰러져 벽에 부딪쳐도 엄살을 피운다고 구타했다.

매 타작은 계속됐다. 그는 도저히 안 되겠다 싶어 말할 테니 때리지 말라고 외쳤다. 완전히 정신을 잃으면 무슨 말을 할지 모르니까 차라리 정신 있을 때 얘기하는 게 낫겠다는 생각이 순간적으로 들었다. 수사관은 정말 얘기할 거냐고 확인하더니 그를 일단 방구석에 있는 침대로 데리고 가 자도록 했다. 처음 잠을 잘 수 있었던 것이다. 그는 담요를 머리에 덮어씌우고 조이면 이 고통에서 벗어나지 않을까 생각해 시도해 봤지만 목숨이 그렇게 간단히 끊어질 리가 없었다. 몇 시간이나 눈을 붙였을까, 수사관은 그를 깨워 다시 자술서를 쓰라고 했다. 그는 앞에서 쓰지 않은 민족통일신문 관련 사실을 밝히지 않을 수 없었다. 조용수 추도식에 간 게 계기가 되어 민족통일신문 정치결사의 구성원이 됐다고 밝혔다. 신문사에서 나온《조선통일문제 자료집》말미에는 그의 이름도 편집진의 하나로 올라 있었다. 우리말을 배우기 위해 모국 유학을 결정하고 나서는 모든 조직 활동을 그만두었다고 밝혔다.

김원중은 이제 털어놓을 만한 것은 다 얘기해 조사가 마무리될 것으로 생각했는데 전혀 오산이었다. 수사관은 너 정도 비중 있는 사람이라면 평양에 갔다 오지 않을 수 없다며 옷을 벗으라고 했다. 고문이 다시 시작된 것이다. 그가 한사코 그런 일이 없다고 하자 수사관도 더 이상 입북 여부에 집착하지 않았다. 지하실에서 1주일 정도 혹독하게 당한 그는 지상의 조사실로 옮겨져 본격적인 조서 작성에 들어갔다. 그래서 평양의 공작원과 직접 연결시킬 수 없으니 민족통일신문사 기자인 김중태의 지령으로 한국에 잠입해 학원에 침투한 간첩이라는 시나리오가 그려졌다.

그는 11월 7일에야 영장이 집행돼 서대문구치소 독방에 수감됐다. 마루 밑바닥에서 올라오는 싸늘한 냉기도 견디기 어려웠지만, 그보다 더

김원중

고통스러웠던 것은 하루 종일 우두커니 앉아 무료하게 시간을 보내는 일이었다. 재판이 시작되기 전에는 외부의 책 반입이 전면 금지됐다. 책 읽는 것을 유달리 좋아하던 그는 거의 '활자 기아증'을 앓았다. 약이 들어오면 깨알 같은 작은 글씨로 쓰인 약품 설명서를 게걸스럽게 되풀이해서 읽었다. 국민교육헌장도 질리도록 들여다봤다. 어느 날 구세주가 나타났다. 한 젊은 출역수가 혼자서 심심할 테니 이거라도 몰래 읽으라며 책을 던져주고 사라졌다. 신약성서였다. 독서가 금지된 상태였으니 낮에는 보지 못하고 희미한 전등이 비치는 밤에 이불 속에 감추고 마태복음부터 읽어나갔다. 그에게는 너무나 귀중하고 은밀한 독서시간이었다.

성경은 독방에 처넣어진 그에게 큰 위로가 됐을 뿐만 아니라 재판을 대하는 자세에도 영향을 끼쳤다. 그는 4대 복음서보다 사도 바울의 행적에 더 마음이 끌렸다. 바울이 총독 앞에서 예수 가르침에 귀의해 단지 진실을 가르치고 있을 뿐이며, 아무 죄를 지은 게 없다고 당당하게 말하는 것을 보고 감명받았다. 성경을 보기 전에는 그저 잘못했다고 고분고분 인정해 형을 조금이라도 적게 받는 것이 좋지 않을까 하는 마음의 갈등이 있었지만, 법정에서 당당하게 할 말은 해야겠다고 마음을 정한 것이다. 재판이 모두 끝나 형이 확정된 후에도 성경은 그의 애독서가 됐다.

공판 첫날에 받은 공소장

서대문구치소에 수감되고 나서 몇 달 지나 서울에 사는 친척이 소개한 김아무개 변호사가 접견을 왔다. 30대 후반으로 보이는 변호사는 맥 빠지는 얘기를 했다. 사건이 사건이니 만큼 법정에서 '순진한 마음'으로 재판을 받아서 동정을 얻어야 한다고 말했다. 법정에서 결백을 주장하며 사건이 조작됐음을 밝히려고 했던 김원중은 이런 변호사하고 어떻게 해야 하나 불안했다. 2주 정도 지나서 새 변호사가 접견을 왔다. 일본에서 구성된 구원회가 제대로 된 변호사에게 맡겨야 한다며 다시 선임한 김종길 변호사다. 그는 박정희와 대구사범 동기생으로 동베를린 사건, 인혁당 재건위 사건 등 숱한 보안법 위반 사건을 맡아 경험이 풍부했다. 군법회의에서 졸속으로 진행된 인혁당 재건위 사건의 공판 기록이 변조된 것을 밝혀내기도 했다.

김종길 변호사는 공소장이 곧 올 테니 잘 읽어보고 다음 접견 때 어떻게 재판을 받을지 얘기해보자고 말하고 돌아갔다. 그러나 11·22사건으로 구속된 동포학생들의 재판이 시작됐다는 소문이 돌았는데도 그에게는 공소장이 오지 않았다. 너무 사건이 가벼워서 그냥 내보내주는 게 아닌가 하는 헛된 꿈까지 품기도 했다.

기다리던 공소장은 1976년 3월 30일 그가 처음 출정하는 날 아침에야 비로소 교도관한테서 전달받았다. 호송버스를 타고 서소문 법원에 도착해 '비둘기장'으로 불리는 대기실에서 찬밥을 먹으며 공소장을 읽는데 눈에 들어오지도 않았다. 분량이 상당히 길었고 그가 이해하기 어려운 용어가 많았다. 독방에 계속 수감돼 있어서 재판이란 것이 어떻게 진행되는지 가르쳐주는 사람도 없었다. 검사는 공소장을 낭독하지 않고 바로 신문에 들어갔다. 김원중은 기소 내용도 잘 모르는 상태에서 신경을 곤두세워가며 한 마디 한 마디 답변하느라 정신이 없었다.

김원중은 1심 공판에서 민족통일신문 관련 일을 한 것은 인정했지만 재일공작원으로부터 교양, 지령을 받고 입국해 간첩행위를 했다는 혐의는 강력히 부인했다. 결심공판이 있고 나서 가족과의 면회가 허용됐다. 변호사의 요청으로 허용된 것인지 검사실에서 모친과 만났는데 "대한민국 법정이 어디라고 신성한 법정을 더럽히는 말투를 했다"고 검사가 호통을 쳤다. 1심 선고는 구형량보다 제법 차이가 나는 징역 10년이었다. 무기는 벗어났으니 그나마 다행이라는 생각이 스쳐가기도 했다.

항소심의 검사는 전두환 정권 때 검찰총장, 노태우 정권에서는 중앙정보부 후신인 안전기획부 부장을 지낸 서동권이었다. 그는 간략하게 신문을 끝냈는데 오히려 재판장이 마르크스 경제이론을 신봉하느냐고 물었다. 마르크스, 레닌을 존경한다고 했으면 공산주의자가 아니냐는 추궁이었다. 김원중의 답변이 길어졌다.

> 대학교에서 마르크스경제학을 전공했으니 경제 이론가로서 마르크스와 레닌을 존경한다고 한 것이다. 공산주의자는 정치적 실천 활동을 해야 한다. 내가 앞으로 공산주의자가 될지도 모르지만 안 될 가능성도 있다. 지금은 단지 경제학도로서 마르크스와 레닌을 존경하고 있다고 말한 것뿐이다. 여기 독실한 기독교 신자가 있는데 호세이대학에서 마르크스경제학을 공부했다고 하면, 사회과학 이론으로서 마르크스경제학이 옳다고 인식해 마르크스와 레닌을 존경하게 됐다면, 그 사람은 크리스천인가 공

재판장은 김원중이 도리어 반문하자 북유럽에는 기독교사회주의가 있지만 한국에서는 인정되지 않는다고 잘라 말했다. 2심 재판부는 기소사실을 대체로 인정하면서도 형량은 3년을 줄여 징역 7년으로 했다. 대법원에 상고했지만 1976년 12월 28일 기각돼 징역 7년형이 확정됐다.

수감생활에서 큰 위안이 된 일본 구원회 활동

11·22사건 관련자 가운데 김동휘(당시 가톨릭의대 1년), 강종건(고대 법대 3년) 등 형이 확정된 10여 명과 함께 대전교도소로 옮겨져 특별수용사동(특사)에 수용됐다. 혹독한 전향공작의 태풍이 일단락된 때라 교도소 안에서 심하게 고문당하지는 않았다.

면회 때 가족들이 꺼내는 전향 얘기를 듣는 것은 그로서는 참으로 고역이었다. 그는 전향제도 자체를 인정할 수 없었다. 사상이나 양심의 자유를 근본적으로 부정하는 것이기 때문이다. 그래서 가능하다면 전향서를 쓰지 않겠다고 마음먹었다. 1978년 5월 서준식은 징역 7년형이 만기가 됐으나 비전향을 이유로 석방되지 않고 보안감호처분을 받았다. 11·22사건의 한 사람인 강종건도 같은 이유로 5년 만기를 살고 청주보안감호소로 이송되는 것을 보았다.

1979년 10월 말 박정희가 갑자기 사망했다는 소식이 특사의 수용자에게도 전해졌다. 김원중은 독재자가 사라졌으니 군사독재도 더 이상 계

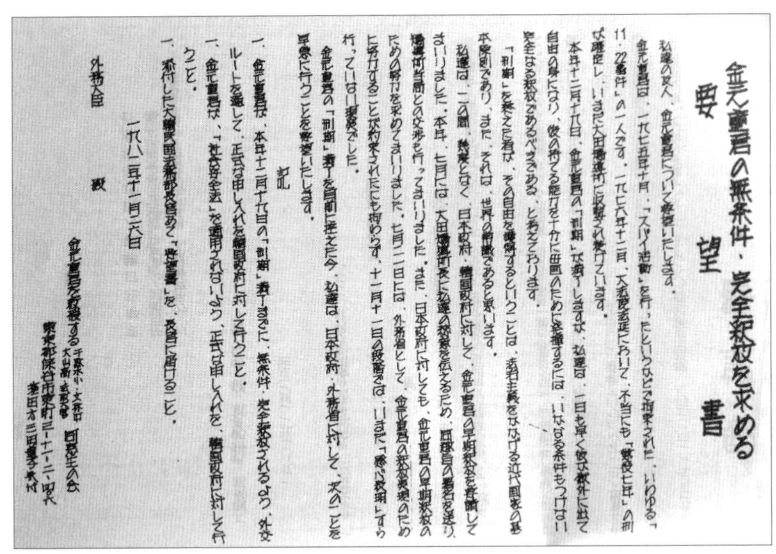

金元重君の無条件、完全釈放を求める
要望書

私達の友人、金元重君について要望いたします。
金元重君は、一九七五年十月、「スパイ活動」を行ったということで拘束された、いわゆる「11・22事件」の一人です。一九七六年十二月、大法院法廷において、不当にも「懲役七年」の刑が確定し、いまだ大田矯導所に収監され服役しています。
本年十二月十九日、金元重君の「刑期」が満了しますが、私達は、一日も早く彼が獄外に出て自由の身になり、彼の持てる能力を十分に母国のために発揮するには、いかなる条件もつけない完全なる釈放であるべきである、と考えております。
「刑期」を終えた者は、その自由を保障するということは、民主主義をかかげる近代国家の基本原則であり、また、それは、世界の常識であると思います。
私達は、この間、絶え間なく、日本政府・韓国政府に対して、金元重君の早期釈放を要請してまいりました。本年、七月には、大田矯導所長に私達の要望を伝えるため、面会の要望を送り、矯導所当局との交渉も行ってまいりました。また、日本政府に対しても、金元重君の早期釈放のための努力を求めてまいりました。七月二十日には、外務省として、金元重君の釈放実現のために努力することが約束されたにも拘わらず、十一月十一日の段階では、いまだ「努力表明」すら行っていない現状でした。
金元重君の「刑期」満了を目前に控えた今、私達は、日本政府・外務省に対して、次のことを早急に行うことを要望いたします。

記

一、金元重君は、本年十二月十九日の「刑期」満了までに、無条件・完全釈放されるよう、外交ルートを通して、正式な申し入れを韓国政府に対して行うこと。
一、金元重君は、「社会安全法」を適用されないよう、正式な申し入れを、韓国政府に対して行うこと。
一、添付した大韓民国法務部長官あて「要望書」を、長官に届けること。

一九八二年十一月二六日

外務大臣 殿

金元重君の釈放を要求する [illegible] 同窓生の会
東京都保谷市東町三-十一-二-四〇六 [illegible]

1982년 11월 김원중의 형기 만료를 앞두고 초·중·고·대학교 동창회가 공동으로 발표한 무조건 석방 요망서

속될 수가 없다고 생각하고 만기가 되면 비전향이라는 이유로 다시 구금되는 일은 없으리라고 예상했다. 하지만 그런 낙관적 예측은 오래가지 못했다. 얼마 뒤 '광주사건'이 벌어져 엄청난 희생이 있었다는 소식이 들려왔다. 대학살을 저지른 군부가 강압적 통치를 계속하리라는 것이 일반적인 판단이었다. 교무과에서는 만기 석 달 전까지 전향서를 쓰지 않으면 자신들의 손을 떠나서 정보기관의 관할이 된다고 오래 전부터 예고해왔다. 그는 체력적으로 3~5년 정도는 더 버틸 수 있다고 생각했지만 출소를 학수고대하고 있는 부모를 생각하니 고민하지 않을 수 없었다.

결국 전향서를 쓰고 출소하는 것으로 마음을 정했다. 1982년 12월 19일 그는 마침내 대전교도소 옥문을 나왔다. 7년 2개월여 만에 자유의 몸

이 된 것이다. 그렇지만 완전히 해방된 것은 아니었다. 교도소를 찾아온 형사들과 함께 대전의 한 경찰서로 가서 간단히 조사받았다. 다음날에도 서울의 한 경찰서에 출두해 다시 조사받아야 했다.

오랜 수감생활 동안 그에게 큰 버팀목이 되어준 것은 일본에서 구원 활동을 벌인 사람들이었다. 소학교부터 대학교까지 학교 동창생들이 여러 구원회를 결성해 격려하는 엽서를 보내주거나 재판 방청, 면회를 위해 바다 건너 한국을 찾았다. 구원회 관계자의 면회는 다섯 차례 오면 한 번 정도 허용이 됐다. 오야마고등학교 재학시절 은사인 교사들도 구원회에서 활동했다. 세계사 담당으로 사회과학연구회 고문을 맡았던 오카 유리코岡百合子 선생, 도서관 사서였던 미타 선생이 애를 썼다. 오카 선생은 저명한 재일동포 작가 고사명의 부인이다. 독자인 아들이 열두 살 되던 해인 1975년 7월 투신자살을 한, 비극적인 가정사를 겪은 사람이다. 오카 선생은 남편과 함께 아들이 일기장 등에 써놓은 시를 모아서 시집 《나는 열두 살》을 출간하기도 했다.

"시대의 아픔에 동참, 후회하지 않는다"

김원중이 일본으로 다시 돌아온 것은 1983년 2월 말이다. 오랜 감옥생활을 한 그에게 가족들은 취업을 강요하지는 않았다. 30대 초반에 들어섰지만, 그는 공부를 더 해야겠다고 생각했다. 집안 형편이 당장 돈을 벌어 와야 할 정도로 어려운 것이 아니어서 호세이대학 대학원 경제학과에 들어갔다. 마르크스경제학이 여전히 강했지만 학부시절에 비해 근대

경제학도 많이 다뤄 시대가 달라졌다는 것을 느꼈다. 교수들은 모국에 갔다가 고난을 겪고 들어온 '늙은 대학원생'을 호의적으로 대했다.

모교 대학원에서 석사, 박사 과정을 마친 그는 8, 9년 동안 시간강사 생활 끝에 니가타新潟산업대학의 전임강사로 채용됐고, 현재 지바千葉상과대학 교수로 있다. 간첩 혐의로 국내에서 재판에 회부돼 수형생활을 한 사람 가운데 정규과정을 이수하고 교수로 채용된 사례를 찾기 힘들다. 박사과정을 마친 사람이 있기는 하나 시간강사를 하고 있는 정도다. 무기징역을 받아 19년간 수감됐던 서승은 리쓰메이칸대학에 '특임교수' 형태로 임용됐다.

김원중은 유학생 정치범 가운데 운이 좋은 편이기는 하지만, 일흔 살 정년까지 현직을 유지해도 연금 수급 자격이 되지 않는다. 연금을 받으려면 25년을 부어야 하는데 그는 쉰 가까이 되어서 전임이 됐기 때문이다. 미혼인 그는 건강 악화에 시달리고 있다. 시력이 아주 나빠졌고 목디스크에 걸려 오른손도 제대로 못 쓴다. 젓가락을 제대로 잡지 못해 식사하기가 힘들고 수업할 때 칠판에 판서하는 데도 애를 먹는다. 수시로 글을 써야 하는데 컴퓨터 자판을 두드리는 것도 예전 같지 않다. 오랜 수감생활에서 나온 후유증이다.

대학생 시절 분단과 통일문제를 남달리 고민하던 그는 환갑이 된 2011년 4월 28일 재심을 청구했다. 그에 앞서 진실화해위원회에 '재일한국인 양심수 동우회'의 한 사람으로 간첩 조작 사건의 진실규명을 요청했지만, 활동 시한에 쫓긴 진실화해위원회는 그의 사건을 마무리하지 못하고 문을 닫았다. 재심은 장경욱 변호사가 맡았다. 서울고등법원 5형사부는 재심신청으로부터 반 년 지난 2011년 11월 10일 재심결정을 했고, 2012년 3월 29일 고법 5형사부 재판부는 원심판결을 파기한다며 무죄를 선고했다.

재판부(재판장 김기정 부장판사)는 판결문에서 "1975년 당시 중앙정보부에 연행된 후 장기간 영장 없이 불법 구금된 상태에서 고문 폭행 및 가혹행위 속에서 자백하거나 진술한 것은 임의성을 인정할 수 없다"고 판시했다. 재판부는 또 그가 탐지 수집했다는 '재외국민교육연구소의 재일교포 유학생 인원'이나 '중랑교 근처 판자촌 실태' 등에 대해 "누구에게나 공개돼 쉽게 알 수 있는 사실로 간첩죄에서 말하는 국가기밀로 볼 수 없다"고 밝혔다. 서울고법의 재심 무죄판결은 검찰이 상고하지 않아 바로 확정됐다.

우리말을 제대로 배우겠다고 모국에 왔다가 간첩 혐의로 장기간 투옥돼 건강까지 해친 그는 자신의 인생을 어떻게 정리하고 있을까? 모국을 찾았다가 인생이 망가졌다고 생각하느냐고 묻자 이런 답이 돌아왔다.

> 유학 간다고 결심했을 때 상당히 위험하다는 것은 인식했다. 너무 쉽게 생각한 점은 있지만 터무니없는 운명을 짊어지게 된 것은 아니었다. 모국에 있는 동 세대의 젊은이가 시대의 아픔에 동참하던 현실에서 내가 허송세월을 보냈다거나 괜히 모국에 가서 인생을 망쳤다거나 하는 생각은 하지 않는다. 그렇다고 자랑할 만한 일은 아니지만 모국 유학을 간 것을 후회한 적은 없다.

4

'조선기자' 무라오카와 민족일보 사건

무라오카는 1959년 말 재일동포의 북한 귀환을 현장에서 취재한 기자 가운데 한 사람이다. 민단이나 남한에서는 '북송'이라고 하고, 총련이나 북한에서 '조국귀환사업'이라 한 사건이다. 그의 오랜 재일동포 취재 경력은 1973년 8월 8일 김대중 납치 사건 때도 빛났다.

1960년 안보투쟁 시위에서 울려 퍼진 '옹헤야'

무라오카 히로토村岡博人의 별명은 '조센기샤'다. 우리말로는 '조선기자朝鮮記者'가 된다. 오랜 기자 생활 동안 재일동포와 관련된 문제를 지속적으로 취재해온 데서 나온 별명이다.

1931년 도쿄의 한 교육자 집안에서 태어난 그는 축구 국가대표팀의 문지기를 한 독특한 전력을 갖고 있다. 부친은 도쿄고등사범의 영어 교수였고, 모친은 고등여학교에서 가정과 교사였다. 도쿄고등사범부속중학교에 들어간 그는 부친의 권유로 검도부에 들어갔다. 운동신경이 뛰어난 그가 축구선수가 된 것은 일본 패전 후 점령군사령부의 명령으로 학교에서 무도武道 교육이 금지돼 축구부로 옮겼기 때문이다. 오른쪽 발을 다친 후에는 골키퍼로 자리를 굳혔다.

도쿄고등사범의 후신인 도쿄교육대학으로 진학한 그는 1953년 7월 서독 도르트문트에서 열린 유니버시아드대회(당시 국제학생스포츠주간으로 불렸다)에 축구대표선수로 참가했고, 그해 9월 교도통신 기자직 시험에 응시했다. 면접 때 편집국장이 "대학에서 운동을 했나"라고 묻자 "예, 볼을 찼습니다"라고 답변해 편집국장을 놀라게 했다는 일화가 있다. 편집국장은 대학교에서 학생운동을 했는지를 물은 건데 그가 스포츠에 대한 질문으로 받아들인 것이다. 그는 본격적으로 기자 생활을 하기 전인 1954년 3월 스위스월드컵 지역예선으로 도쿄 메이지신궁 경기장에서 열린 한일전 축구경기에도 대표로 뛰었다.

무라오카는 1991년 9월 만 60세로 정년퇴직하기까지 간부 보직을 받지 않고 노동조합원 신분을 유지하며 현장기자로 있었다. 그것도 노조

전임을 한 1년과 짧은 운동부(체육부) 근무를 제외하면 34년을 사회부 현장기자로 있었다. 그가 저널리스트로서 평생 매달린 과제는 재일동포 인권문제, 북·일 국교 정상화, 부패정치의 단죄였다.

그는 1959년 말 재일동포의 북한 귀환을 현장에서 취재한 기자 가운데 한 사람이다. 민단이나 남한에서는 '북송'이라고 하고, 총련이나 북한에서 '조국귀환사업'이라 한 사건이다. 북한을 새로운 정착지로 삼은 재일동포를 수송하는 첫 '북송선'은 소련 선박 크릴리온호, 트볼스크호였다. 3497톤급 두 선박은 1959년 12월 11일 니가타에 입항해 238세대 975명을 태우고 12월 14일 청진으로 떠났다. 당시의 시대 상황에서 조국의 '사회주의 국가' 건설에 동참하겠다는 동포사회 일각의 열기는 대단했다. 배가 부두를 서서히 떠나기 시작하자 수천 명의 환송객 사이에서 만세 소리가 울려 퍼졌다. 광장에 모인 재일동포들은 경상도 지역에서 보리타작을 할 때 불리던 민요 '옹헤야'를 부르며 춤을 췄다. 지리적 인접성 때문에 재일동포 가운데 경상도 출신이 유달리 많았다.

일본인은 옹헤야의 역동적인 리듬과 끊임없이 반복되는 입타령에 감명받았다. 1960년 미·일 안보조약 갱신 여부를 놓고 전국적으로 벌어진 안보투쟁에서 반대 진영은 옹헤야를 시위나 농성에서 분위기를 띄우는 데 활용했다. 도쿄 시부야의 난페이다이에 있던 기시 노부스케岸信介 총리의 사저 앞에서 벌인 항의시위 등에서 시위대는 옹헤야로 기세를 올렸다고 한다.

평양에서 재일동포 귀국을 취재한 무라오카

첫 북송선을 타는 재일동포들은 도쿄 시나가와 역, 오사카 역에서 전용 열차를 타고 니가타 역으로 집결했다. 일본 언론들은 이 엄청난 이주를 취재하기 위해 대규모 취재진을 편성했다. 교도통신도 도쿄본사, 오사카 지사, 니가타지국 등에서 기자를 차출해 40명의 취재팀을 구성했다.

약 한 달 동안 니가타에서 취재하던 무라오카는 갑자기 북한 출장 지시를 받고 북송선이 떠나는 당일 여권과 홍콩 비자를 받아서 비행기 편으로 하네다를 출발했다. 전후 처음으로 북한 땅을 밟은 일본 기자단은 5개 언론사의 기자 7명으로 구성됐다. 12월 18일 평양에 들어간 일본 기자들은 이틀 뒤 청진항에서 열차로 평양역에 도착한 재일동포 귀국자들이 15만 군중의 환영을 받는 행사를 취재했다. 기자단은 19일간 체류하면서 '북한식 사회주의 생산 현장'을 돌아보고 1960년 1월 초 귀국했다.

이들의 북한 방문기는 《북조선의 기록 방조訪朝기자단의 보고》(1960)라는 단행본으로 나왔다. 아사히신문 소속을 제외한 4개사 기자 5명이 분담 집필했다. 이 책은 수십 년이 지나 북한 체제를 미화했다는 비난의 대상이 됐으나, 시대적 배경을 무시한 비방은 온당치 않다는 반론도 강하게 제기되고 있다. 그 무렵 재일동포의 평균적 삶은 탈출구를 찾기 힘들 정도로 아주 비참했고, 규슈의 가난한 탄광촌에 살던 재일동포 소녀의 일기 《니안짱》(1958)이 베스트셀러이던 시대였다. 이 일기는 이마무라 쇼헤이今村昌平 감독에 의해 영화화됐고, 티브이 드라마로도 만들어져 일본 전역에 알려졌다.

'조선기자'로 불린 무라오카 히로토(2008년). 나비넥타이는 그의 상징처럼 됐다.

사람 사귀기를 좋아하는 무라오카는 '정보'를 물어오는 데 귀재였다. 그의 남다른 정보력은 숱한 특종기사의 바탕이 되었다. 그가 직접 기사로 쓰거나 아니면 담당 기자나 부서에 전달돼 공동작업 형식으로 작품이 나왔다. 그가 재일동포 문제와 관련해 남긴 취재 기록은 후에 잡지 등 다른 매체에서 빈번히 인용됐다고 한다.

유명한 배우 겸 연출가인 센다 고레야千田是也가 1923년 간토대지진 때 조선인으로 몰려 간신히 죽을 고비를 넘긴 사연을 널리 알린 것도 무라오카였다. 센다는 와세다대학 독문과 청강생으로 있다가 연극에 뛰어들었고, 1927년 독일로 가 라인하르트연극학교에서 공부했다. 졸업 후 독일 공산당에 입당하기도 했던 그는 1931년 귀국해 연극 활동을 하다가 치안유지법 위반 혐의로 체포됐다. 그는 프롤레타리아 작가로 활약하다가 특별고등경찰(특고)에 체포돼 고문으로 숨진 고바야시 다키지小林多喜二의 주검을 인수해 '데스마스크'를 만들기도 했다. 당시 특고의 보복을 두려워해 고바야시의 주검을 인수해서 검시하려는 병원이 단 한 곳도 없었던 것을 감안하면 대단히 용기 있는 행위였다.

센다 고레야는 본명이 아니라 예명이다. 1904년생인 그가 '센다'라는 예명을 쓰게 된 것은 간토대지진의 조선인 학살과 직접 관련이 있다고 한다. 그 얘기를 무라오카가 1959년께 본인한테서 직접 들었다. 대지진이 있고 나서 며칠 뒤 그는 센다가야 역 부근에서 군중 속에 둘러싸였다. 거리에는 사회주의자와 조선인이 습격해온다는 소문이 퍼지고 있을 때다. 흥분한 군중이 그를 조선인으로 지목했다. 그는 일본인이라고 외치며 학생증까지 내보였으나 군중은 "역대 천황의 이름을 말해 봐라"고 다그쳤다. 공포에 떨고 있을 때 근처 술집의 사환 애가 달려와 "이토 댁의 도련님"이라고 증언해주었다. 이토는 원래 그의 성이다. 예명 센다 고레야는 센다가야의 코리아를 뜻한다고 한다.

경찰보다 먼저 김대중 납치 현장에 달려간 '조선기자'

무라오카의 오랜 재일동포 취재 경력은 1973년 8월 8일 김대중 납치 사건 때도 빛났다. 그는 납치 현장인 도쿄 그랜드팔레스호텔에 일본 경찰 순찰차보다 먼저 달려갔다. 김대중은 그날 방일 중인 통일당 당수 양일동과 만나고, 오후 2시부터는 자민당 내 리버럴 모임인 '아시아·아프리카연구회'의 기무라 도시오木村俊夫 의원(1974년 외상 취임)과 아카사카도큐호텔에서 회동하기로 약속이 돼 있었다. 당시 일본에서 김대중의 신변 경호는 재일한국청년동맹(한청동) 소속 청년들이 맡았다. 그랜드팔레스호텔에 도착한 김대중은 경호청년들을 호텔 1층 로비에서 기다리게 한 뒤 22층 면담 장소로 혼자 올라갔다. 경호팀의 지휘자는 김대중이 내려오지 않고 뭔가 낌새가 이상하자 자신들이 올라갈 수 없으니 무라오카에게 와 달라고 급히 도움을 요청한 것이다. 무라오카가 현장에 직행해 22층으로 올라갔을 때 김대중의 행방은 이미 묘연했다.

무라오카는 일본 공안경찰과 우익세력의 유착 의혹에 대해서도 감시의 눈길을 거두지 않았다. 1960년 10월 12일 도쿄 히비야공회당에서 열린 연설회에서 아사누마 이네지로淺沼稻二郎 사회당 위원장이 우익 청년이 휘두른 칼에 찔려 살해되는 충격적 사건이 발생했다. 도쿄도선거관리위원회가 중의원 선거를 앞두고 자민당, 사회당, 민사당 3당의 당수를 초청해 마련한 자리다. 니시오 스에히로西尾末弘 민사당 위원장, 아사누마, 이케다 하야토池田勇人 자민당 총재이자 총리의 순으로 연설하기로 정해졌다. 공회당에는 정사복 경찰관이 배치됐고, 연설회는 공영방송 NHK의 라디오를 통해 전국에 중계됐다.

니시오 민사당 위원장의 연설이 끝나고 아사누마 위원장이 등단해 연설을 시작하자 청중석에 앉아 있던 우익 인사들이 전단을 뿌리며 '중공의 앞잡이'라고 야유했다. 장내 혼란이 진정된 뒤 아사누마가 다시 연설을 시작했을 때 갑자기 한 청년이 연단에 뛰어올라 아사누마를 총검으로 두 차례 찔렀다. 대동맥이 절단된 아사누마는 출혈과다로 바로 사망했다. 놀랍게도 범인은 '대일본애국당'이란 우익단체 활동을 하던 17세 소년 야마구치 오토야山口二矢였다. 도쿄소년감별소에 수용된 야마구치는 재판이 시작되기 전인 그해 11월 2일 벽에 치분으로 '천황폐하 만세, 칠생보국七生報國'이라는 유서를 써놓고 자살했다. 시트를 찢어 천정의 전구 소켓에 걸어 목을 매단 것이다.

다음 달 우익 정치테러의 현장인 히비야공회당에서 소년 테러리스트의 '위령제'가 우익 60개 단체의 주최로 약 2300명이 모여 개최됐다. 경시청을 출입하던 무라오카는 현장에 취재하러 갔다가 놀라운 광경을 목격했다. 경시청 공안3과 계장들이 조문록에 이름을 쓰고 조의금을 낸 뒤

행사장에 들어선 것이다. 그는 기자실에 돌아와 테러리스트 위령제와 경찰 간부 조문을 기사로 써서 송고했다. 기사 내용이 논란을 일으키자 경시청 공안부는 조문 사실이 없다고 부인했고, 타사 기자들도 그의 기사를 뭉갰다. 분노한 무라오카가 조문록을 확인하러 가보자고 따지고 나서야 공안부는 마지못해 조문 사실을 인정했다. 무라오카는 당시 '동업자'(기자들을 지칭) 가운데 꼬리를 흔들며 '권력의 애완견'이 되고 싶어 하는 자가 있다는 것을 알고 실망했다고 한다. 일본의 우익은 그 후에도 해마다 '야마구치 열사 위령제'를 개최했다.

한적한 요정에서 조봉암 구명운동 모임

'조선기자' 무라오카를 2014년 5월 프레스센터빌딩 안에 있는 일본기자클럽에서 만났다. 왕년의 축구 국가대표선수도 세월의 무게를 어찌할 수 없는 듯 기력이 많이 떨어져 있었다. 정기적으로 투석한다고 했다. 그래도 예전의 기억을 더듬는 감각은 민완기자 시절의 면모를 보여주었다. 그는 일본기자클럽의 창립멤버였다. 당시 사무실은 데이코쿠호텔의 한쪽 구석에 있었다고 했다. 그가 일선기자로 활약할 때는 민단중앙본부도 현재의 아자부麻布가 아니라 혼고本郷에 있었다.

무라오카는 '자이니치 문제'를 평생 취재 주제로 삼게 된 연유에 대해 대통령 선거에 나선 야당 정치인을 재판에 회부해 사형시키는 나라가 있다는 뉴스를 듣고 너무 놀란 것이 계기라고 말했다. 누구를 가리키는 것이냐고 묻자, 그 정치인의 이름을 바로 기억해내지 못했다. 김대중을 말하느냐고 하자 그보다 훨씬 전이라고 했다. 다시 조봉암이냐고 묻자 고개를 좌우로 흔들었다. 그가 80대 고령임을 감안해 일본식 한자 발음으로 '소호간'이냐고 하자 그렇다고 답했다. 그러고는 그가 자이니치 관련 첫 기사를 쓴 사연을 설명했다.

진보당 사건 재판이 한창 진행 중이던 1958년 10월 무렵 교도통신 본사의 한 구석에 사무소를 두고 있는 신아新亞통신 대표 이상권이 무라오카에게 취재를 해줬으면 좋겠다고 상담해왔다. 신아통신은 한국 관련 뉴스를 배포하는 소규모 매체였다. 재일한국인 유지들이 이승만 독재정권과 싸워온 조봉암의 구명운동을 벌이기로 했다는 것이다.

전형적인 용공 조작 야당탄압 사건인 진보당 사건은 1958년 1월 진보당 간부들이 일제히 검거되면서 시작됐다. 조봉암이 북한 간첩과 접선했고, 진보당의 평화통일 주장은 북한공산집단의 통일방안이라고 뒤집어씌운 것이다. 검찰은 조봉암과 '북한 간첩'이라는 양명산(실제로는 특무대 이중 공작원)에게 사형, 윤길중, 박기출, 김달호, 김기철, 이동화에게는 무기에서 20년의 중형을 구형했다. 그러나 1심 재판부(재판장 유병진)는 1958년 7월 기소 내용을 대부분 인정하지 않고 조봉암과 양명산은 징역 5년, 나머지는 대부분 무죄나 집행유예의 가벼운 형을 선고했다. 그러나 항소심은 공판 분위기가 확 달라졌다. 재판장인 김용진 부장판사는 1958년 10월 결심공판에서 피고들의 최후진술이 끝난 뒤 1심에서 무죄를 받아 보석으로 석방됐던 사람까지 모두 법정구속을 지시했다. 그러고는 조봉암, 양명산에게 사형을 선고하는 등 21명 모두에게 유죄판결을 내렸다.

조봉암에게 극형이 선고되자 본국의 정세를 우려하던 재일한국인 유지들의 마음이 급해졌다. 2심 판결 직후인 10월 말 무라오카는 도쿄 도

고이시카와 공원 입구에 있는 간도쿠테이(함덕정)

심에 있는 공원인 고이시카와고라쿠엔小石川後樂園에 있는 한 요정으로 와달라는 부탁을 받았다. 프로야구팀 요미우리 자이언츠의 본거지로 사용되고 있는 도쿄돔이 이 공원 근처에 있다. 원래는 1630년대부터 도쿠가와德川 가문의 정원으로 조성된 것으로, 지금은 특별사적·특별명승으로 지정돼 관리되고 있다. 재일동포 유지 10여 명이 모여 한국 정부에 보낼 탄원서 작성을 논의한 요정의 이름은 간도쿠테이涵德亭다. 공원의 출입구 매표소 바로 옆에 자리 잡고 있으며, 지금도 모임의 장소로 사용되고 있다.

무라오카는 간도쿠테이가 당시는 아주 한적하고 공안기관에서 도저히 도청기를 설치할 수 없는 데였기 때문에 모임의 장소로 정해졌다고 설명했다. 그는 그곳에서 배동호를 처음 만났다. 나중에 일본에 파견 나온 한국의 정보기관과 계속 부딪히는 인물이다. 무라오카는 이 모임을 통해 '재일 민주화운동'의 지도자들과 만나 교분을 쌓아가게 된다. 한 요정에서 은밀하게 진행된 조봉암 구명운동이 그가 기자로서 재일동포 문제와 관련해 처음 작성한 기사였다.

재일동포 유지들의 조봉암 구명운동은 1959년 2월 27일 대법원에서 사형이 확정되고 나서 더욱 긴밀하게 전개됐다. 당시 국내신문에도 움직임이 작은 기사로나마 보도됐다. 〈동아일보〉 1959년 5월 18일 자 조간 1면에는 '재일동포 호소장 곧 전달', '사형수 조봉암의 구명 요청'이란 제목으로 짤막한 외신기사가 실렸다.

> 〈도쿄17일발UPI=동양〉 현재 사형선고를 받고 있는 한국의 한 정치 지도자였던 조봉암의 구명을 요청하는 8천 명 이상의 재일한국인에 의해서 서명된 호소장이 18일 이승만 한국 대통령에게 전달될 것이다. 동 호소장은 재일 남한교포 19명으로 구성된 한 위원회에 의해서 보내질 것이다.

이승만 정권의 치안기관은 일본에서의 조봉암 구명운동에 상당히 촉각을 곤두세웠던 것으로 보인다. 〈동아일보〉가 관련 움직임을 보도한 5월 18일 검찰은 즉각 논평을 내고 구명운동의 배후를 좌익으로 몰아붙였다. 조봉암구명위원회는 배정을 대표위원으로, 강위전, 이강훈, 김삼규, 이천추, 김성규, 양조한, 김종재, 양승호, 이영근, 원심창, 김봉진 등 12명의 원로급으로 구성됐다. 무라오카가 지목한 배동호는 당시 민단 간부로서 실무 역할을 한 것으로 보인다.

원심창, 이강훈은 중국에서 정화암, 백정기, 이회영 등과 무정부주의

자연맹을 만들어 활동한 독립운동가다. 두 사람은 1933년 3월 백정기와 함께 상하이에서 주중 일본공사 아리요시 아키라有吉明 암살을 기도하다가 거사 직전 정보가 누출되는 바람에 체포됐다. 이들은 나가사키로 압송돼 일제 법정에서 백정기와 원심창은 무기, 이강훈은 징역 15년형을 선고받았다. 백정기는 1934년 6월 옥사했고, 원심창과 이강훈은 일제가 패망한 후에야 감옥에서 풀려났다. 두 사람은 박열과 함께 초기 민단을 정착시키는 데 핵심 구실을 했다. 원심창은 가나자와에서 총살당한 윤봉길 의사의 유골을 찾는 데도 결정적 역할을 한 것으로 알려져 있다. 이영근은 5·16쿠데타 뒤 군법회의에서 사형선고를 받고 처형된 민족일보 사장 조용수의 배후로 지목됐던 사람이다.

조봉암에 대한 재심청구는 1959년 7월 30일 기각됐고, 바로 다음날 사형이 집행됐다. 그리고 그가 형장의 이슬로 사라진 지 거의 52년이 되어가는 2011년 1월 20일 대법원은 대법관 13명 전원일치 의견으로 재심을 통해 무죄를 선고했다.

민족일보 사건, 이영근과 조용수

5·16쿠데타로 장면 정권을 무너트리고 권력을 장악한 박정희 군사정권은 통상적인 입법 절차를 무시하고 포고령식의 무단통치를 시작했다. 군사정권은 1961년 6월 22일 '특수범죄처벌에 관한 특별법'을 만들어 그날 밤 11시 중앙방송을 통해 내용을 발표하며 공포했다. 전문 7조와 부칙으로 이뤄진 이 특별법은 공포 즉시 발효됐다. 부칙에는 공포일로부터

3년 6개월 전까지 소급적용한다는 규정이 담겨졌다. 반공태세의 재정비 강화를 '혁명 공약' 1호로 내세운 쿠데타 세력의 노림수는 '특수반국가 행위'에 대한 처벌을 규정한 6조에 있었다.

> 정당 사회단체의 주요 간부의 지위에 있는 자로서 국가보안법의 제1조에 규정된 반국가단체의 이익이 된다는 정情을 알면서 그 단체나 구성원의 활동을 찬양 고무, 동조하거나 또는 기타의 방법으로 그 목적수행을 위한 행위를 한 자는 사형 무기 또는 10년 이상의 징역에 처한다.

4·19혁명 뒤 남북화해 평화통일을 주창하며 정치무대에서 공개적으로 활동하던 혁신계는 특수범죄처벌특별법 6조의 적용을 받아 철퇴를 맞았다. 한국전쟁을 전후해 억울하게 학살당한 희생자의 명예회복을 외치던 유족이나 교원노조 관련자도 모두 이 법으로 고초를 겪었다. 쿠데타 지도부는 특수범죄처벌특별법을 공포하기 하루 전 '혁명재판소 및 혁명검찰부 조직법'을 공포했다. 군사정권이 단죄 대상을 신속하게 기소해 일사천리로 처리하려는 법적 장치를 마련한 것이다.

조용수 사장 등 민족일보 관련자들이 체포된 것은 쿠데타 직후인 5월 18일이다. '민족일보 사건' 구속자의 기소장은 1961년 7월 29일 오전 9시 서울 필동의 '혁명재판법정' 2호법정에서 열린 첫 공판에서 공개됐다. 조용수에 대한 기소사실의 뼈대는 일본에 있는 간첩 이영근의 지령과 자금 지원을 받아 국내에 잠입해 활동했으며, 이영근의 배후에는 북한 사회안전성 고위간부가 있다는 것이다.

조용수가 사형선고를 받고 집행된 지 28여 년이 지나서 이영근 통일

독립운동가 혁신계 원로들과 민족일보사 앞에서 기념촬영을 한 조용수(앞줄 가운데). 신숙, 김재호, 이종율, 안신규, 조규택, 유병묵 등의 얼굴이 보인다

일보 회장이 1990년 5월 14일 도쿄의 국립암센터에서 간암으로 숨졌다는 부음이 국내신문에 단신으로 보도됐다. 그리고 노태우 정부는 10일 뒤인 5월 24일 국무회의를 열어 국민훈장 무궁화장을 추서하기로 의결했다. 무궁화장은 국민훈장 5등급 가운데 가장 격이 높은 1등급 훈장이다. 국무회의에 첨부된 제안 이유는 "1958년 12월 조선신문(현 통일일보)을 창간, 재일동포사회의 민족지로 발전시키는 한편 재일동포의 법적지위 향상과 화합도모는 물론 평화통일을 위한 정부시책을 적극 홍보하는 등 국가사회발전에 기여한 통일일보 회장 고 이영근에게 국민훈장 1등급을 추서하려는 것임"으로 돼 있다.

이승만 정권에서는 간첩 혐의로 구속기소됐고, 5·16쿠데타 후에는 혁신계 박멸을 위해 본보기로 처형된 조용수의 배후로 지목된 이영근과 사후 훈장이 추서된 이영근은 같은 사람인가? 그렇다. 한 사람을 놓고 정부의 공식 평가가 이렇게 달라진 배경은 무엇인가? 그것은 파란만장한 그의 인생역정을 빼고서는 설명할 수가 없다.

이영근은 1919년 충북 청원의 지주 가문에서 태어났다. 청주고보 재학 때 일본상품 불매운동을 주도했고, 연희전문을 나와 몽양 여운형의 건국동맹에 관여했다. 해방 후에는 여운형이 이끈 건국준비위원회 치안대 창설에 실무를 맡았다. 대한민국 정부수립 후 이승만 초대 내각에서 농림부장관인 조봉암의 비서로 일하며 농지개혁을 도왔다. 그의 형 이만근은 청주고보, 도시샤대 법경과를 나와 청원에서 무소속으로 제헌의원으로 당선됐으나 한국전쟁 때 납북됐다.

이영근은 조봉암 국회부의장 비서를 하던 1951년 12월 육군특무부대 부산파견대로 연행돼 간첩 혐의로 구속됐다. 이영근이 조봉암 중심으로 정당을 결성하려고 '신당준비 사무국' 책임자로 일하던 때였다. 이영근뿐만 아니라 신당을 준비하던 관련자들이 줄줄이 특무대로 연행됐다. 새해 들어 이기붕 국방장관은 느닷없이 이영근이 북한괴뢰집단 치안안전성의 지령을 받고 1951년 2월경 월남하여 대구에서 미군 관계 모 정보기관에 잠입한 후 미군을 비롯하여 한국의 기밀을 탐지했다고 주장했다. 이후 이영근은 '괴뢰 안전성 대남간첩단 사건'의 '괴수'로 기소됐는데 1952년 3월 첫 공판이 열리기까지 가족 면회가 모두 금지됐다. 4월 말 2차공판에서 이영근은 간첩 혐의를 전면 부인했다. 그는 1950년 9월 서울에서 인민군에 체포돼 이북으로 끌려갔지만, 그들에게서 탈출하기 위해 '정보수집 공작원'이란 명목으로 대구에 왔다고 말했다. 이 사건의 재판은 김용식 부산지방법원장이 맡았다.

1심 선고공판은 1952년 5월 26일 열렸다. 전시하의 재판인데도 김용식 재판장은 검찰이 사형, 무기 등을 구형한 9명 전원에게 무죄를 선고했다. 검찰은 크게 반발해 당일 즉각 항소했다. 이영근은 2심인 대구고법에서 유죄로 징역 5년을 선고받았으나 대법에서 파기환송됐고, 1958년 1월 23일 서울고법에서 다시 징역 5년을 선고받았다. 병보석으로 나와 있던 그는 해외 망명을 결심하고 있었다. 통일운동가인 박진목의 회고록에는 당시 정황에 부합되는 부분이 나온다. 1958년 1월 초순 이영근이 찾아와 죽산(조봉암)과 진보당 지도부가 구속된다는 정보를 입수했다고 귀띔하면서 인도 같은 나라에 망명이라도 하자고 말했다. 이틀 후 체포령이 떨어져 진보당의 주요간부들이 줄줄이 잡혀 들어갔다. 이영근은 바로 일본으로 떠나겠다고 하면서 박진목에게 도움을 요청했다는 것이다.

판사 김용식

'괴뢰 안전성 대남간첩단 사건'의 1심 공판에서 전원 무죄를 선고한 김용식 재판장은 청렴강직한 법조인으로 기억되고 있다. 일제강점기 독학으로 조선변호사 시험에 합격한 그는 부산지방법원장에서 이어 대구고법원장으로 승진했으나, 1958년 12월 퇴임했다. 당시 법관 임기 10년이 만료돼 대법원에서 연임을 제청했으나 이승만 대통령이 거부했다. 총선이나 대선에서 경북의 개표관리 책임을 맡은 그는 부정개표를 용인하지 않았다고 한다. 4·19혁명 뒤에는 대구고검장으로 복귀했고, 1961년 1월에는 3·15부정선거의 주모자를 처벌할 혁명검찰부장으로 발탁됐지만 5·16쿠데타로 구금됐다가 병보석으로 풀려났다. 이후 생계조차 꾸려가기 어려운 생활을 하다가 1963년 5월 유산이라곤 손목시계 하나를 남겨놓고 스스로 목숨을 끊었다.

이영근의 일본 망명 후

1958년 4월 일본으로 망명한 이영근은 밀입국 혐의로 재판에 회부됐다. 그는 8월 10일 도쿄지방재판소에서 징역 4월 집행유예 2년의 형으로 가석방된 직후 도쿄 니시칸다에 '조선통일문제연구소'를 설립했다. 그는 바로 동포사회의 유력인사들과 진보당 사건으로 구속된 조봉암의 구명운동 방안을 모색했다. 이영근이 일본에서 가장 정력을 쏟은 것은 평화통일운동을 벌이기 위한 언론활동이었다. 그는 1958년 12월 조선신문사를 설립하고 다음해 1월 1일자로 〈조선신문〉 창간호를 냈다. 한 달에 세 번 내는 순간旬刊 체제였다. 1959년 10월에 〈통일조선신문〉으로 제호를 바꿨고, 4·19혁명 후 본국 정세가 긴박하게 돌아가던 1961년 3월에는 주간으로 전환했다. 1963년 5월에는 2면에서 4면으로 증면했다. 그리고 1973년 9월 제호를 다시 〈통일일보〉로 바꾸고 일간지로 대전환을 꾀했다.

그는 자신이 만든 매체를 통해 기명, 무기명, 익명 등으로 수많은 논설, 평론, 논문을 쓰면서 통일이론가로서의 면모를 다졌다. 《통일조선연감》 같은 자료집을 발행하고, 월간 영문지 〈원 코리아〉를 내 국제여론에 호소하는 방식에도 남달리 애착을 가졌다. 그가 쓴 '창간에 즈음하여 동포에게 고함'이란 〈조선신문〉 창간사에는 분단조국에 대한 비탄과 함께 평화통일에 대한 갈망이 녹아 있다. 그의 문재文才를 보여주는 일부 대목을 인용한다.

> 눈에도 보이지 않는 38선-조선 사람 거의 모두가 그것이 자기 나라의 어디쯤에 있는지조차 몰랐던 38선은 바로 민족 최대의 비극의 선, 저주의 선이 되었다. 패전 후의 일본군 처리를 위해 미·소 양국이 잠정적으로 협정한 데 불과한 이 위도선은 쌍방 악수의 접선이 되지 않고 아시아 최첨단에 있어서의 대결선이 되어버렸다. 그리고 "고래 싸움에 새우 등 터진다"는 조선 속담 그대로 이 대립선에서 으르렁거리고 있는 양대 진영에 희생돼 등 터질 지경에 있는 것이 새우 아닌 아름다운 우리 조선이다.
>
> (6·25동란의) 최대 피해는 무어라고 해도 단일민족인 동족끼리 그토록 잔인하게 서로 살상했다는 씻을 수 없는, 그리고 끔찍한 사실과 체험이 민족

의 심리에 끼친 충격, 그것이 하나의 민족 감정으로까지 응고되고 나아가서 우리 동족 사이의 도랑을 깊게 판 일이며 우리 개개인의 마음을 좀먹는 일이다. 남·북의 전재戰災 그 자체는 앞뒤 차이는 있을지언정 10년이면 대충 복구된다고 한다. 그러나 정신적 피해는 뜻을 같이하는 사람들의 열화와 같은 애족심과 불굴의 노력 없이는 그 회복을 바랄 수도 없다.

우리는 국내외 모든 애국 동포에 대해 우리 조국의 평화통일을 위해 다시 한 번 결의를 새로이 하고 조선인민의 올바른 목소리를 하나로 결집할 것을 호소한다. 그 호소를 하기 위해 우리 신문, 이 〈조선신문〉은 태어났다.…

이영근은 〈조선신문〉 1959년 5월 11일 자에 실린 '평화통일운동의 전진을 위해'란 글에서는 민족통일의 원칙과 당면 목표를 나열하고 있다. 통일은 민족자결의 원칙, 자주독립의 원칙, 민주혁신운동을 내포해야 한다고 주장했다. 그는 구체적 투쟁 목표로 조선민족의 총력을 평화통일사업에 집중시키고, 조선의 평화통일에 대한 세계의 관심을 높이기 위해 여론을 환기시키는 것이 중요하다고 밝혔다. 나아가 평화통일을 반대하는 세력이나 분자들에 대해 과감하게 투쟁해야 한다며 우선 이승만 정권 타도에 전력을 집중해야 한다고 촉구했다. 그러고는 국내외 활동가의 규합을 강조했다. 민단에서 조봉암 구명운명에 참여한 조용수가 4·19혁명 뒤 국내로 들어와 혁신계 운동에 참여하고 〈민족일보〉 창간을 주도한 것은 이영근의 평화통일운동가 규합 주장과 밀접한 관련이 있을 것이다.

민족일보 사건에 대한 군사재판은 일사천리로 진행돼 1961년 8월 28

일 선고공판에서 사장 조용수, 감사 안신규, 언론인 송지영에게 사형이 선고되자 이영근은 일본에서 필사적으로 구명운동을 벌였다. 이 운동에는 일본의 지식인이 대거 참여해 국제적인 쟁점으로 부상했다. 나중에 노벨문학상을 받은 작가 가와바타 야스나리川端康成, 기도 마타이치城戶又一 도쿄대 신문연구소장 등 많은 지식인이 서명에 참가했으며, 무라오카는 당시 일본 펜클럽 사무국장 마쓰오카 히로코松岡洋子 등과 함께 막후에서 실무자로 활동했다. 하지만 국제적인 구명운동도 헛되이 조용수는 1961년 12월 21일 사회당 조직부장인 최백근과 함께 사형이 집행됐다. 안신규와 송지영은 장기간의 수형생활 끝에 풀려났다.

갈라서는 일본 망명객들

평화통일운동과 언론활동에 분주하던 이영근은 1962년 8월 '재일한국정치난민대책위원회'를 결성해 일본 사회에서 처음으로 정치난민 문제를 본격적으로 제기하기 시작했다. 다름 아닌 그 자신이 바로 정치난민이었기 때문이다. 이영근은 일본 정부에 망명신청을 했지만 1961년 8월 2일 오히려 강제퇴거명령을 받았다. 그는 조용수가 처형된 직후인 1962년 1월 12일 귀국하면 학살을 면할 수 없다는 소명자료를 첨부해 재심을 신청했으나 받아들여지지 않았다. 그는 병원에 입원해 매달 입원진단서를 제출하면 1개월씩 '가방면假放免'되는 불안한 생활을 지속해야 했다.

1963년 6월 13일 중의원 법무위원회에서 이노마타 고조猪俣浩三 사회당 의원이 한국에서 정치적 이유로 밀항해온 사람들의 정치적 망명 심사가 지연되고 있는 이유를 따졌다. 인권침해, 오직사건 추궁에 열의를 보였던 이노마타는 1970년 앰네스티 일본지부가 설립됐을 때 이사장을 맡았다. 다음은 이노마타의 질의 내용이다.

> 입국관리국에 묻는다. 실제로 한국의 정치망명자 사안과 관련해 입국관리국과 때때로 절충하고 있고 중의원 법무위원회, 혹은 참의원 법무위원회에서도 질의하고 있지만 아직 명확한 선이 표명되지 않고 있어 상당히 걱정스러워 나에게 진정하러 오는 사람이 아주 많다. 특히 지난번 가석방된 손군(손성조)이 매달 한 차례 (체류자격) 갱신을 위해 나왔다가 체포돼 억류된 일이 있었다. 그는 공황에 빠져서 매월 체류 갱신 때 본인이 가지 않고 대리인을 보낸다고 할 정도로 경계하기에 이르렀다. 상당히 불안, 노이로제 기미를 보이고 있는 사람들이 많이 있다. 이들은 상당히 교양이 있고, 그래서 현재의 박 정권과 세계관이나 민주정치에 대한 이해를 달리하고 있기 때문에 한국으로 가면 여러 법률에 걸리는 무리가 많은 것이다. 이 가운데 대표라 할 수 있는 사람이 이영근으로, 상당한 인물이다. 거기에 김중태, 박덕만, 이 3인의 상신서를 여러 증거를 첨부해 입국관리국에 제출했다. 이들의 상신서 정치망명 소명서가 제출돼 있을 텐데 입국관리국은 심사하고 있는지 묻고 싶다.

답변에 나선 입국관리국 차장 도미타 마사노리富田正典는 신중히 검토하고 있으나 아직 결론을 내지 못하고 있다고 말한 뒤 정치망명에 대해 학설이나 정의가 확정돼 있지 않다는 일반론을 장황하게 나열했다.

이노마타 의원이 상당히 교양 있는 인물이라고 거명한 이영근, 손성조, 김중태, 박덕만은 모두 이영근의 〈통일조선신문〉에서 일한 사람들이다. 김중태와 박덕만은 11·22사건의 관련자로 간첩 혐의로 구속된 김원중의 배후 공작원으로, 한국 정보기관에서 지목한 사람이다. 현재 유일하게 남아 있는 조용수의 옥중 서신으로 추정되는 엽서에도 김중태의 이름이 기재돼 있다. 서대문구치소에 수감돼 있던 조용수가 구속된 지 4개월 만에 서신 제한이 풀려 1961년 9월 27일 일본으로 보낸 엽서다. 수취인이 당시 한청동 위원장과 부위원장인 곽동의와 김중태 두 사람으로 돼 있다.

박덕만은 일본에서 '씨알의 힘'을 운영하며 문필활동을 한 정경모의 회고록에 등장한다. 박정희 정권이나 일본의 대한정책을 날카롭게 비판하는 신문(〈민족통일신문〉으로 추정됨) 기사를 읽고 신문사를 그냥 찾아가 만난 사람이 박덕만이었다고 한다. 박덕만의 소개로 배동호를 만났고, 그런 인연으로 나중에 한민통(한국민주회복통일촉진국민회의)의 기관지 〈민족시보〉 주필로 일하게 됐다는 것이다.

국내에서 혁신계 활동가들이 군사정권에 의해 철퇴를 맞고 조용수가 처형된 후에도 이영근의 필봉은 무뎌지지 않았다. 〈통일조선신문〉 1962년 4월 19일 자에 실린 '통일문제의 본질과 그 방법'은 통일운동을 독려하는 열기로 가득 찼다. 서두는 이렇게 시작한다.

> 지난해 1961년 5월, 한국군의 일부에 의해 쿠데타가 발생한 이래 조선의 통일운동은 사그라지고 따라서 통일의 실현이 멀어지고 있다고 한다. 과연 한국 측에서는 군사정권에 의해 수많은 통일운동가들이 체포·구금·학살되고, 통일운동은 참혹하게 탄압당해 현재 통일운동을 입에 올리는

사람조차 없는 것처럼 보인다. …… 실제로는 한국의 통일운동은 마치 해빙기의 초봄에 밟힌 밀처럼 더 강하게, 더 깊게, 더 넓게 한국 국민 사이에 뿌리박고 있다. …… 통일운동이 한반도에서 무성하게 번지고 그 소리가 조선 전역을 뒤흔들 날이 가까이 다가오고 있다.

이영근은 통일의 개념을 규정해야 할 필요성을 강조하고 첫째 국토의 통합, 둘째 정치권력의 단일화, 셋째 사회의 동질화를 내세웠다. 논설의 말미에서는 '통일을 촉진시키기 위한 당면한 최대임무'를 열거했다.

- 한국에서의 통일운동을 탄압하고 조선 통일을 저해하고 있는 한국의 군사정권을 타도할 것
- 모든 장벽을 뛰어넘고 곤란을 극복해서 조선의 남·북, 좌·우익 인민의 접촉, 교류를 추진하여 통일에 대한 조선민족의 결의를 더 한층 강화해서, 그것을 내외에 선명宣明할 것
- 조선통일 문제에 관한 국제적 인식을 올바르게 하며, '제네바정치회의'의 성과를 계승해서 조선통일 문제를 해결할 '관련국 회의'를 열게 할 것
- 한국에 주둔하고 있는 주한유엔군을 국제보안군으로 교체시킬 것
- 조선의 분할상태를 이용하려고 하는 외세의 야망을 분쇄할 것

조용수가 형장의 이슬로 사라지고 나서 4개월 뒤에 실린 이 글은 군사정권을 타도 대상으로 명시하고, 주한유엔군의 체제 변화를 촉구하고 있다. 통일문제를 논의하기 위한 국제무대의 중요성을 강조하는 그의 인식도 그대로 드러나 있다.

조봉암 비서로 있다가 일본으로 망명해 통일일보를 세운 이영근(가운데). 왼쪽은 독립기념관장을 한 안춘생, 오른쪽은 손기정

그러나 1960년대 후반에 들어서면 박정희 정권에 대한 이영근의 투쟁 의지는 상당한 변화를 겪는다. 이영근이 1958년 초 일본에 망명해 언론활동을 시작했을 때는 재일동포 청년층 사이에 추종자가 많았다. 해방 이후 다양한 운동을 경험한데다 '자주적이고 독자적인 혁신세력의 결집'을 촉구하는 그의 논리가 호소력이 있었기 때문이다. 〈통일조선신문〉은 5·16쿠데타에 대해 바로 반대 입장을 분명히 했다. 그러다가 박정희 정권에 대한 그의 인식은 1967년 대선 총선이 끝난 뒤부터 현실 용인 쪽으로 나갔다. 신문사 내부에서는 당연히 격렬한 논쟁이 벌어졌다. 비판하는 쪽은 '통일 없이 사회 발전이나 민주주의 성숙이 있을 수 없다'는 대전제를 이영근이 스스로 포기했다고 주장했다. 김중태, 박덕만 등은 〈통일조선신문〉에서 떨어져 나와 〈민족통일신문〉을 따로 만들었다. 이영근의 현실론 수용을 인정해 그대로 남은 이승목, 손성조, 황영만, 김총령 등이 후에 〈통일조선신문〉의 주역이 됐다.

이영근이 1965년 7월과 1966년 8월 결성한 '한국민족자주통일동맹일본본부(한민자통)'와 '한국민족자주통일청년동맹(한민자청)'은 권일이 민단중앙의 단장인 시절 민단의 '적성단체'로 규정됐다. 한민자통은 1971년 4월 원심창 대표위원 명의의 탄원서를 이희원 단장 앞으로 보내 적성단체 해제를 요구했다. 원심창이 그해 7월 4일 사망한 이후에는 이영근 명의로 탄원서를 제출해 "대한민국의 입장을 고수, 즉 국시에 의거해 민단 육성에도 노력하기 때문에 적성단체 규정을 해제할 것을 요청한다"고 밝혔다. 다시 그해 11월 24일에는 한민자통의 확대위원회를 열어 1965년 발족 때 채택한 결성선언을 폐기하기로 결의했다. 당시의 활동방침에는 △통일을 저해하는 한일협정 반대 △반민족적 베트남 파병

반대 △분열주의자 박정희 타도 등이 포함돼 있었다. 1972년 4월 13일 민단 중앙본부는 긴급집행위원회를 열어 민단의 정식 규약 절차를 밟지 않고 한민자청과 한민자통 등에 대한 적성단체 규정을 해제했다. 이 조치는 도쿄에 파견 나와 있는 중앙정보부 요원의 승인이 없으면 이뤄질 수 없는 것이었다.

이영근의 변신 배경을 일간지 〈통일일보〉의 등장과 연관시켜 거론하는 사람들이 많다. 주간으로 발행되던 〈통일조선신문〉은 1973년 9월 15일 〈통일일보〉로 제호를 바꾸면서 일간지로 전환했다. 통일일보는 대중적으로 잘 팔리는 신문이 아니다. 구독료 수입 증가가 크게 기대되지 않는 상황에서 일간지 전환에 소요되는 엄청난 자금의 출처가 시빗거리가 됐다. 〈통일일보〉는 1998년 다시 주간으로 돌아갔다.

11·22사건의 무죄판결 허경조와 장영식

이영근의 노선 전환은 1975년 11·22사건으로 구속됐던 동포 유학생 사건에도 영향을 끼쳤다. 〈민족통일신문〉 쪽의 사람들과 일한 서울대 대학원생 김원중은 징역 7년형을 받아 꼬박 수감됐고, 이영근의 '한민자청'에 관계한 서울대 의대생 허경조는 3년 만에 무죄판결로 나왔다. 오사카대학을 졸업하고 같은 대학원에서 제어공학이론을 배우던 허경조는 의학을 공부하려고 서울 유학을 왔다가 간첩 혐의로 체포됐다. 그 혐의는 총련과 연계돼 자금지원을 받고 있는 한민자청에 가입해 구성원의 지령을 수수하고 국내로 잠입해서 국가기밀을 수집했다는 것이다. 그가 체포돼 기소된 시점은 한민자청이 민단의 공식단체로 인정된 지 3년여가 지난 뒤였다. 그런데도 허경조는 1심에서 징역 3년 6개월의 형을 받고, 2심에서는 항소가 기각됐다. 문인구 변호사의 끈질긴 노력으로 대법원에서 파기환송됐고, 서울고법은 1977년 2월 그를 보석으로 석방하고, 1979년 1월 7일 무죄를 선고했다.

또한 11·22사건 구속자 가운데 서울대 대학원 1학년에 다니던 장영식도 1979년 1월 14일 서울고등법원 파기환송심에서 무죄판결을 받았다. 그는 주오대 다닐 때 코리아문화연구회에 관여했던 것이 총련계 공작원에게 포섭된 것으로 날조돼 간첩 혐의로 재판에 회부됐다. 두 사람은 운 좋게도 무죄를 받았지만 혐의를 벗기까지 3년여 동안 고초를 겪었다.

일본에서 출간된 손성조의 '망명기'

1965년 일본에서 《망명기, 한국 통일운동가의 기록》이라는 책이 출간됐다. 이영근이 발행하던 〈통일조선신문〉에 '쿠데타 망명기'라는 제목으로 연재한 것을 묶어서 미스즈서방書房에서 낸 것이다. 일본어로 쓰인 이 책은 민족일보 기자로 있다가 5·16쿠데타 직후 잠적해 수개월 동안의 피신생활을 거쳐 부산에서 밀항선을 타고 일본으로 극적으로 탈출하기까지의 생생한 체험담을 담고 있다.

필자 손성조는 책의 말미에 "동지들과 만나고 싶은 것도 그렇지만, 국민의 궁핍 상황을 보면 하루라도 빨리 귀국하고 싶다. 귀국한 그날에는 우선 조용수 사장의 묘소 앞에서 실컷 울고 싶다"고 쓴 것으로 보아 조용수와 남다른 인연이 있는 사람으로 보인다. 그는 1932년 밀양에서 출생했다. 조용수보다 두 살 밑이다. 자신을 조용수의 중학교, 대학교 2년 후배로 소개하고 있다. 중학교는 대구 대륜중학교, 대학교는 일본의 메이지대학을 말한다.

그는 한국전쟁 때 임시수도인 부산에서 공부를 제대로 하지 못했다. 수시로 휴전협정 반대, 북진통일 요구 시위에 동원되고 군사훈련까지 받아야 했기 때문이다. 그는 고등학교 3학년 무렵부터 일본으로 건너가 공부하는 것을 생각했다. 한국수산대학 2학년을 중퇴한 그는 1954년 7월 세 번째 도전 끝에 일본 밀항에 성공했다. 다쿠쇼쿠대학을 거쳐 메이지대학에서 정치학을 전공해 졸업했다.

그는 4·19혁명 후 '통일운동가'로 살기 위해 1960년 5월 28일 귀국해 〈민족일보〉 창간 후 정치부에서 기자생활을 했다고 했으나 책에서는 그 전말을 상세히 밝히지는 않았다. 민족일보 이전에는 언론사에서 기자를 한 경험은 없다. 당시 민족일보에 근무한 동료들은 그를 기자라기보다는 조용수 사장의 측근으로 생각했다고 한다. 그가 일본에서 온 데다 조용수와 동지적 관계에 있던 것으로 여겼기 때문이다.

그의 책에서 흥미로운 부분은 쿠데타 직후의 민족일보 내부 움직임과 피신과정이다. 그는 종로구 당주동의 하숙집에서 동생과 둘이 살고 있었다. 5·16 새벽 하숙집에서 총성을 들은 그는 불길한 예감에 책과 자료 등을 정리하고 동생에게 앞으로 돌아오지 않겠다고 말하고 하숙집을 나섰다. 민족일보 사옥(현재 조선일보사 뒤편 오양수산빌딩 자리)으로 가서 신문사 차로 조용수 사장 집으로 갔다. 군 병력이 이미 대로 곳곳에 배치돼 교통을 차단했다. 조용수 사장이 신문사에 나와 한 첫마디는 "CIA의 짓이다"였다고 한다. 조용수는 긴급간부회의 편집회의를 열어 가령 쿠데타가 성공하더라도 신문사가 폐쇄될 때까지는 계속해서 신문을 발행한다고 재확인했다. 조용수는 닥쳐올 위기를 각오하고 통일운동의 이름으로 최후까지 회사를 지킨다는 결심을 굳혔다.

손성조는 회사 밖으로 나가 혁신계 청년단체인 '통민청(통일민주청년동맹)' 사람들과 만났다가 헤어졌다. 이들은 만일의 사태에 대비해 맹원 명부와 모든 서류를 처분하고 동맹을 일시적으로 해산해 잠적하기로 했다. 그날 오전 10시 마샬 그린 주한 미국 대리대사와 카터 맥그루더 8군사령관 겸 유엔군사령관이 장면 내각을 지지하고 쿠데타 가담군에게 원대 복귀를 촉구하는 성명을 발표했다. 손성조는 성명 발표 소식을 접하고 전문을 입수하기 위해 동양통신사로 달려갔다. 정치부장의 도움을 얻어 전문을 옮겨 쓸 수 있었으나 편집국장이 외부 유출을 막았다고 한다.

쿠데타 당일 오후부터 민족일보사를 감시하는 움직임이 나타났다. 17일에는 오전부터 정체를 알 수 없는 사람들이 신문사 주변에 우글거렸다. 20대 후반의 한 청년이 신문사로 손성조를 찾아왔다. 시골 출신의 순박한 모습을 한 청년은 자신을 동생의 친구라고 소개하면서 하숙집 주소를 물었다. 손성조는 평소 하숙집 주소를 신문사 동료 한 사람을 제외하고는 누구에게도 가르쳐 주지 않았다. 동생에게도 자신이 민족일보사에 근무한다는 사실을 외부에 발설하지 않도록 철저히 입단속을 시켰다. 그뿐만 아니라 대부분의 동지들이 '만일의 사태에 대비해' 주소를 비밀로 했다고 한다. 첩자임을 직감한 손성조는 엉터리 주소를 입에서 나오는 대로 말해줬다.

민족일보 사원에 대한 일제 검거는 18일 낮 편집 마감 시간 직전에 실시됐다. 민족일보 내부에서는 17일 밤이나 18일 새벽에 들어올 것으로 예상했다고 한다. 18일 오전 11시 반께 두 사람씩으로 구성된 체포팀 4개조가 들어왔다. 조용수 사장 등 간부들과 편집국에서 지목된 기자들은 바로 연행됐다. 손성조는 기관원이 민족일보를 급습한 날 외부에 있었기 때문에 체포를 모면했다. 그는 지인들의 주선으로 고급주택가의 한 양옥집으로 옮겨 2개월 가까이 살았다.

그는《망명기》에서 자신이 피신했던 집이 동네에서 '장군댁'으로 불리고 있어 경찰의 수색을 받을 위험이 없었다고 썼다. 그 집에는 주인 부부와 여자아이, 그리고 할머니가 살고 있었다. 주인 부부와 할머니는 손성조의 처지를 이해해서 그가 불안해하지 않도록 최대한 배려해주었다고 한다. 밖으로 나다닐 수 없는 손성조는 배달되는 신문의 행간을 읽으면서 정세 파악에 골몰했다. 장군댁에는 어렵게 연락이 된 동지들이 이따금 찾아와 정세 전망에 대해 의견을 나눴다. 가장 우려되는 것은 조용수 재판의 향배였다. 쿠데타 세력이 '평화통일세력'의 책임자로 최소한 한 사람은 처형하려 하고 있어 조용수가 사형을 면하기 어려우리라는 게 중론이었다. 조용수가 외부에서 들어온 데다 국내외적으로 많이 알려진 사람이 아니어서 희생양이 될 가능성이 크다는 이유에서였다.

손성조는 6월 중순께부터 혼자서라도 외국에 나가 군정 반대운동을 해야겠다고 생각했다. 그는 7월 11일 장군댁을 떠나 서울역에서 야간열차를 타고 부산 친구집에 피신했다. 브로커를 통해 무역선의 밀실에 숨어서 규슈의 고쿠라에 도착한 것이 그해 10월 중순이었다.

김자동과 '장군댁'의 주인 최덕신

손성조가 《망명기》를 출판했을 때 직책은 〈조선통일신문〉 편집위원이었다. 그는 5·16 쿠데타 직후부터 일본으로 탈출하기까지 자신을 숨겨주었거나 도피자금을 제공하는 등 도와주었던 사람들을 모두 익명으로 처리했다. 박정희 정권의 보복이 미칠 것을 우려했기 때문이다. 부산으로 도피하기 전 서울에서 오래 머물던 '장군댁'에 대해서도 아예 설명하지 않았다.

장군댁의 실체를 가장 잘 아는 사람은 '임시정부기념사업회' 회장을 하는 김자동이다. 그가 바로 그 집의 '주인'이었기 때문이다. 하지만 그가 소유자는 아니었다. 그가 어머니를 모시고 임시로 거처하던 집이었다. 내막을 이해하려면 임시 거주자와 소유자의 집안 내력을 설명해야 한다.

김자동은 1928년 중국 상하이에서 태어났다. 조용수보다는 2년, 손성조보다는 4년 연상이 된다. 김자동 가문은 한국에서 손꼽히는 독립운동가 집안의 하나다. 조부 동농 김가진은 조선 말기 외무대신 등의 고위직을 지냈고, 강제병합 후에는 독립운동단체 대동단을 만들어 초대 총재를 맡았다. 그는 1919년 10월 아들 의한을 데리고 상하이로 망명해 임시정부 고문 등으로 활약했다. 김의한은 임시정부에서 이동녕, 김구 등을 보좌하며 광복군 양성에 힘썼고, 한독당 감찰위원·상무위원 등을 맡았다. 그는 1948년 4월 한독당 대표로 남북협상회의에 참석했으며, 한국전쟁 때 납북됐다.

《망명기》에서 할머니로 나오는 사람은 김자동의 모친 정정화다. 열 살에 혼인한 그는 시아버지와 남편이 상하이로 망명하자 조선 말기 수원유수를 지냈던 부친 정주영한테서 자금 800원을 얻어 1920년 상하이로 갔다. 임시정부의 안살림을 맡았던 그는 임시정부의 비밀연락망인 연통제를 이용해 몇 차례 국내로 잠입, 독립운동 자금을 걷어가는 위험한 임무도 마다하지 않았다. 손성조는 할머니가 '장군댁'에서 《양키 고 홈》의 번역본을 읽고 있었다고 썼다.

장군댁의 실제 주인은 최덕신이다. 그의 부친은 천도교 지도자로서 만주에서의 항일투쟁에 참가했고, 임시정부에서 국무위원을 지낸 최동오다. 최덕신은 중국 국민당 정권의 사관학교인 황푸군관학교를 나와 중국국 장교로 항일전쟁에 참가했고, 해방 후 귀국해 한국전쟁 때는 사단장으로 활약했다. 육군 중장으로 예편한 그는 베트남 공사로 임명됐고, 5·16쿠데타 후에는 외무장관, 서독대사 등을 지냈다. 후에 박정희 정권과 사이가 틀어져 천도교에서 실권을 박탈당하고 미국으로 이주했다가 1986년 평양으로 들어가 조국평화통일위원회(조평통) 부위원장, 천도교 청우당 위원장 등을 지내기도 했다. 최동오, 최덕신 부자는 평양의 '애국열사릉'에 함께 묻혀 있다.

김자동과 최덕신은 중국에 체류하던 때부터 집안끼리 교류가 있어 가까운 사이였다. 김자동은 열네 살 위인 최덕신을 중국말로 '꺼꺼哥哥(형)', 부인을 '제제姐姐(누나)'로 불렀다. 최덕신의 부인은 독립운동가로 해방 후 창군 때 초대 통위부장을 지낸 류동열의 딸 류미영이다.

최덕신의 집은 신당동 김종필 집 바로 위쪽의 언덕 위에 있었다. 원래 왜식인 가옥을 사서 2층 양옥으로 지었다. 김자동은 어머니한테서 그 집이 비어 있다는 얘기를 듣고 돈암동의 전세를 빼서 옮겼다. 최덕신 쪽에서는 돈은 상관없으니 그냥 들어와 살라고 했다. 최덕신은 당시 지금은 망한 '월남(사이공 정권)'의 초대 대사로 있었다. 한국은 월남과 1955년 10월 외교관계 수립에 합의함에 따라 최덕신이 1956년 4월 초대 공사로 부임했으며, 2년 뒤 외교관계가 격상돼 현지에서 대사로 임명됐다. 장군댁으로 옮기고 나서 김자동의 마음은 편했다. 정세가 불안하더라도 경찰이 찾아올 우려가 없었기 때문이다.

김자동은 중국에서 태어나 청소년기를 보냈기 때문에 같은 세대 한국인이 하는 일본어를 구사하지 못하는 대신 중국어와 영어는 능숙했다. 1949년 서울

1947년 중국에서 귀국한 지 1년을 기념한 독립운동가 김의한 일가. 왼쪽부터 정정화, 김자동, 김의한

대 법대에 입학한 그는 한국전쟁이 터지자 수년간 주한미군 통역관으로 근무하다가 1954년 〈조선일보〉 기자모집에 응시했다. 외국어 시험은 3개 언어 가운데 하나를 고르게 돼 있어 그는 가장 자신 있는 중국어를 선택했다. 영어 필기시험 점수가 없자 조선일보 간부진은 그의 영어 실력을 따져보려고 대한공론사가 내던 영자지 〈코리아 리퍼블릭〉(코리아 헤럴드의 전신)의 편집국장 고정훈에게 도움을 요청했다. 당시 조선일보 주필 홍종인과 편집국장 성인기는 내부에서 영어 면접을 감당할 인력이 없다고 판단했는지 영자지 편집국장에게 면접을 부탁한 것이다. 고정훈은 미국인 두 명을 데리고 와 면접을 시켰다. 합격한 김자동은 외국어 능력을 인정받아서인지 외신부로 발령받았다.

외신부에는 부장, 차장 없이 후에 〈한겨레신문〉 초대 사장을 지낸 송건호가 혼자서 앉아 있었다. 미국 통신사 UPI 기사만 텔렉스로 들어왔고 신문 지면 자체가 적었을 때라 별로 할 일도 없었다. 서울법대 입학 1년 선배인 송건호는 신문사에 근무하면서 대학을 다녔다. 김자동은 졸업장을 따놓는 게 좋으니 복학하라는 송건호의 권유를 받았지만 내키지 않았다. 그는 외신부 일이 따분하다고 생각해 국방부 출입기자가 주로 담당하는 판문점 회의도 자진해서 맡았다. 나중에 정치부 일도 겸하게 됐지만, 외교 분야 기사는 모든 신문이 정부 방침을 앵무새처럼 되풀이해서 아무런 차별성이 없었다. 신문기자 일에 별로 재미를 붙이지 못한 그는 4년 만에 조선일보를 그만두고 나와 개인사업을 했다.

4·19혁명 후 세상이 바뀌자 신문사 복직을 생각하던 그에게 〈민족일보〉 창간 소식이 들려왔다. 이종율 편집국장이 그에게 정치부장을 맡아달라고 제의했지만, 그 자리는 경력 있는 사람이 맡아야 한다고 고사했다. 결국 민족일보 정치부에서 외무부, 공보처, 경무대를 함께 출입하는 일을 맡았다. 그는 손성조와 정치부에 함께 있었지만 가깝게 지내지는 않았다. 사장 친구로 와 있던 사람이라 별로 할 얘기도 없어 인사만 하고 지내던 정도였다. 쿠데타 나고 나서 이틀 뒤 기관원들이 신문사로 들어와 간부와 기자 들을 연행할 때 운 좋게도 그는 신문사에 없었다. 그 무렵 뭔가 의견 차이가 있어 회사에 사표를 낸 상태였다. 일은 하지 않으면서 출근했는데 5월 18일은 마침 회사에 있지 않았다.

신문사는 폐쇄되고 서로 신변을 걱정하며 불안하게 지내고 있을 때 민족일보 조사부에 근무하던 정삼성이 찾아와 뜻밖의 얘기를 꺼냈다. 손성조를 아느냐고 묻더니 그가 머물 수 있는 데를 알아봐줄 수 있겠느냐고 말을 이었다. 일본에서 온 사람은 잡혀 들어가기만 하면 두들겨 패서 간첩으로 만들던 시절이었다. 손성조의 고향은 경남 밀양, 정삼성은 마산이었다. 같은 경상도 사람이이

서 그런지 두 사람은 사내에서 친하게 지냈다.

정삼성한테서 은신처를 알아봐달라는 부탁을 받은 김자동은 모친과 아내에게 의논을 했다. 독립운동가인 그의 모친 정정화는 어려운 처지에 있는 사람을 못 본 체하는 기질이 아니어서 바로 숨겨주라고 말했다. 쫓기던 손성조는 김구로부터 '한국의 잔 다르크'로 불리던 독립운동 여걸의 보호를 받은 것이다.

손성조가 장군댁으로 피신처를 옮겨왔을 때 김자동도 무직이어서 생활 형편이 어려웠다. 나다니기도 어려우니 집에서 세끼 밥을 같이 먹고 바둑을 두는 것으로 소일했다. 민족일보 사건 이후 언론계로 돌아가는 것을 포기한 김자동은 고철 무역에 손을 댔다. 손성조를 다시 만난 것은 1960년대 후반이다. 그가 〈통일조선신문〉에서 일한다는 소식을 듣고 베트남에 출장 갔다 돌아오는 길에 일부러 일본에 들렀다. 신문사에 전화를 걸어 손성조를 만나고 싶다고 용건을 말했다. 전화를 받은 쪽에서 누구냐고 물어 "서울에서 온 사람인데 만나면 안다"고 말했다. 다시 이름을 밝히라고 재촉받았지만 전화로 이름을 대기는 곤란하다며 응하지 않았다. 당시는 박정희 정권을 반대하는 입장의 신문이어서 도청될 것을 우려했기 때문이다. 그러자 어느 공중장소 앞으로 오라고 해서 찾아가 기다리니 두 사람이 나타나 손성조를 만나러 왔냐고 물었다. 그들을 따라가는데 얼마 뒤 손성조가 나타났다. 길가에 숨어서 누군지를 확인한 후에 나타난 것이다. 김자동과 손성조는 민족일보 인사들의 근황과 밀항 뒷얘기 등을 나누며 재회의 기쁨을 나눴다.

교류의 폭이 아주 넓었던 이영근

김자동은 도쿄에서 손성조와 재회했을 때 그의 소개로 이영근을 만났다. 얘기를 주고받으면서 이영근이 사람 사귀는 폭이 무지 넓다는 점에 큰 인상을 받았다고 한다. 이영근은 독립운동가 박찬익의 아들로 한전 초대사장을 지낸 박영준, 안중근 의사의 조카 안춘생, 노백린 장군의 아들 노태준 등을 잘 알고 있었다. 이 독립운동가 2세들은 중국에서 광복군 활동을 하던 사람들이다. 이영근은 김자동이 자신의 부친 김의한에 대한 얘기를 꺼내자 역시 잘 알고 있다고 답했다. 그런 연유로 시작된 김자동과 이영근의 교류는 오래 지속되지 못했다. 김자동은 1970년대 전반 이영근이 박정희 정권과 '야합'했다는 소문을 듣고서는 발을 끊었다고 한다. 김자동은 그후 손성조를 우연히 조용수 묘소 입구에서 만난 적이 있다. 조용수의 동생 조용준과 함께 갔다가, 박진목과 함께 참배하고 내려오던 손성조와 조우한 것이다. 통일일보 상무로 근무하던 손성조는 1980년대 사업가로 변신해 큰 성공을 거두고 도쿄한국학원 이사장을 지내기도 했다.

이영근이 독립운동가 선배들을 깍듯이 예우했다는 것은 언론인 남재희의 증언에서도 나온다. 신문을 내느라 어려운데도 유석현, 김재호, 송남헌 등 국내의 독립운동가 10여 명을 일본에 초청해 융숭히 대접했다고 한다. 남재희 증언에서 흥미로운 것은 이영근이 1970년대 후반 김재규의 동서로, 일본에 정보공사(중정 소속)로 나와 있던 최세현을 통해 외치와 내치를 나누는 내각책임제 개헌운동을 국내에서 추진했다는 것이다. 이영근은 국내 정치위기를 해소하는 방안으로 이원집정부제 구상을 김재규 중정부장과 박정희 대통령에게 전하려 했지만 실패했다고 한다.

5

유학생 사건 재심
무죄 1호 이종수

"

시나리오의 큰 틀이 꾸려지자 수사관들은 거기에 담을 세부내용을 짜맞추기 위해 고문의 강도를 높였다. 전기 고문, 물 고문이 계속됐다. 시간관념이 마비되니까 정확히 알 수 없으나 일주일에서 열흘 정도 계속됐던 것으로 기억한다. 가혹행위의 절정은 성기 고문이었다.

생일날 보안사 '호텔'로 끌려가다

그는 악몽이 시작된 날을 평생 잊지 못한다. 자신의 생일날 악명 높은 보안사 분실로 연행됐기 때문이다. 1982년 11월 6일 고려대 국문과에 다니던 재일동포 유학생 이종수는 수강을 마치고 학교 문을 나오면서 고민에 빠졌다. 책을 읽고 리포트를 내라는 과제가 주어졌는데 주머니 안에는 만 원밖에 없었다. 다른 날이라면 그다지 갈등을 느낄 것도 없었겠지만 세상에 나온 날이었다. 책을 사면 수중에 3000원 정도만 남게 돼 생일을 자축할 돈이 없어지는 셈이다. 잠시 망설이다가 미련을 버리고 책을 사서 자취집으로 발길을 돌렸다.

고대 후문 쪽에 있는 그의 자취집은 학교 친구들이 심심하면 들리던 곳이었다. 일본인의 예법에 익숙해 있던 그에게 한국인 친구들은 거칠게 느껴졌다. 피곤해서 혼자 자고 있는데 그냥 문을 열고 들어와 깨우는 것은 보통이었다. 거리감이 좁혀지다보니 그의 조그만 자취방은 가까운 친구들에게 쉼터가 됐다. 시위하다가 경찰에 쫓겨 도망쳐온 친구들이 주위가 잠잠해질 때까지 몇 시간이고 머물다 가기도 했다.

누군가 와서 술이라도 한 잔 사주었으면 하고 속으로 기대했는데 그날따라 찾아오는 친구도 없었다. 아, 이번 생일은 이렇게 지나가는구나 하던 차에 주인집 아주머니가 누군가 아는 사람이 찾아온 것 같다고 알려주었다. 잘 됐다 싶어 나갔더니 양복 차림의 두 남자가 서 있었다. 그들은 "당신 친구가 데모하다 우리에게 왔는데 이종수란 이름을 댔다"며 "참고로 확인할 게 있으니 2시간 정도만 시간을 내달라"고 정중하게 말했다. 그들은 기관에서 왔다고 밝혔으나 이종수는 그 말의 의미를 이해하지 못했다. 당시 데모하다가 두들겨 맞고 자취집으로 도망쳐온 친구가 가끔 있어 속으로 그 자식이 사고를 쳤나, 하고 생각해 별달리 의심하지 않았다. 여권만 챙겨가지고 나오라고 해 그저 따라나섰다.

그를 태운 승용차는 도심을 지나 이태원 방향으로 달렸다. 대학교 인근에 경찰서가 있는데 왜 이렇게 멀리 가지, 하는 의아심이 들 때 기관원들은 그의 머리를 눌러 숙이게 했다. 도착해보니 경찰서가 아니고 군인들이 총을 들고 서 있었다. 한 수사관이 방으로 끌고 가더니 솔직히 얘기하라고 위압적으로 말을 건넸다. 도대체 무슨 소리지 어리둥절해하고 있는데 두 명이 더 들어오더니 다짜고짜 "너 언제 이북 갔다 왔어"라고 고함을 질렀다. 그때는 이북이라는 말뜻도 몰랐다. 이북이 뭔데요, 라고 되물으니 "이 새끼가"하면서 윽박질렀다. 이종수는 생각지도 않은 엉뚱한 단어가 나오자 머릿속이 멍해졌다. 보안사 요원들은 이종수에게 군복으로 갈아입게 했다. 본격적인 시련이 시작된 것이다. 그날부터 서울구치소에 수감되는 12월 14일까지 38일간 그는 불법구금됐다.

대학생이 되면서 쓰기 시작한 본명

1958년 교토에서 태어난 이종수는 주로 할머니 박분석 밑에서 자랐다. 그의 할아버지는 일제 말기 부인과 아들을 두고 필리핀으로 징용에 끌려갔다. 전쟁이 끝난 후 일본에서 기반을 닦은 할아버지는 가족을 데려오려고 향리인 충북 괴산으로 돌아갔으나, 처의 행방을 알 수 없었다. 그는 친척집에 맡겨져 있던 아들과 함께 일본으로 와 동포여성과 재혼했다. 그 여성이 이종수의 인생에 큰 영향을 준 할머니다. 전후 일본에 남은 동포들이 생계를 잇기 위해 할 수 있는 직업은 아주 제한돼 있었다. 할아버지는 아들과 함께 고물상을 했다. 이종수가 세 살 때 아버지가 갑자기 숨졌고, 다음해에는 할아버지마저 세상을 떠났다.

교토지역에서 자란 그는 초등학교부터 쭉 일본학교를 다녔다. 학교에서는 일본식 이름인 '통명通名'을 썼기 때문에 그가 조선인임을 아는 학생은 거의 없었다. 성격이 쾌활하고 낙천적이어서 그랬는지 '이지메(집단 따돌림)'를 당하지도 않았다.

교우관계가 비교적 원만하긴 했지만 고등학교 2학년 무렵부터 일본사람 행세를 하며 살아가는 처지가 거북하게 느껴졌다. 마치 이중인격이 자신의 내면에 떡 버티고 있는 듯했다. 유명한 재일동포 작가인 이회성의 작품들을 읽어보았지만, 정신적으로 성숙하지 못한 탓인지 그가 찾고자 하던 답을 얻지는 못했다. 고민 끝에 1977년 교토의 세이카精華단기대학 영문과에 입학하면서 본명을 쓰기 시작했다. 일본에서 한국인으로 살아가려면 각오를 분명히 해야 하고, 그 토대가 되는 것이 자신의 이름을 쓰는 것이라고 생각했기 때문이다. 집에서 항상 우리말로 얘기하던 할머니가 던진 한 마디가 자극이 됐다. 어렸을 때는 한국말로 해도 알아듣더니 커서는 하나도 알아듣지 못한다고 서운한 감정을 토로한 것이다.

자신의 가족관계에서도 영향을 받았다. 교토집은 2층집이었다. 아래층에는 둘째고모 부부가, 할머니와 그는 2층에서 살았다. 고모부 조창순은 교토대학 농학부를 다녔고, 한학동(재일한국학생동맹) 교토지부 초대 위원장을 지냈다. 한학동은 원래 민단 내 공식 산하단체였다. 총련의 대학생 조직으로 유학동(재일본조선유학생동맹)이 있다면, 민단의 상응하는 조직이 한학동이었다. 일본이 패망한 직후인 1945년 9월 동포 유학생들은 와세다대학 오쿠마 강당에 모여 '재일본조선유학생동맹'을 결성했으나 좌우 대립으로 결국 갈라진 것이다.

조창순은 1969년부터 교토의 민단계 한국중·고등학교를 운영하는 학교법인 교토한국학원의 사무장을 10여 년 지냈다. 교토한국학원의 뿌리는 1947년 동포들의 힘으로 수립된 교토조선중학교다. 1958년 교토한국학원이 설립되면서 교명의 조선을 한국으로 바꿨다. 산하의 교토한국중학교는 1961년, 교토한국고등학교는 1965년에 각기 본국 정부의 인가를 받았다. 2004년 학교 이름을 교토국제중·고등학교로 바꾸면서 일본의 정식학교(일조교一條校)로 인정받았고, 법인 이름도 교토국제학원으로 변경됐다. 이종수는 조창순의 삶을 보고 일본 사회에서 민족적으로 살아가는 게 중요하다고 생각했다. 보안사에 연행됐을 때 그의 이런 가족관계가 간첩으로 만들어내는 데 빌미로 이용됐다.

우리말에 서툴렀던 유학 초기

대학생이 되면서 그는 교토지역 한학동 동아리에 나갔다. 무엇보다도 동포학생들과 만나 교류할 수 있었기 때문이다. 한학동에서는 우리말, 우리 역사를 학습하고 남북관계 등을 주제로 토론했지만, 당시는 박정희 유신독재시대라 반정부적 성향이 있었던 것도 사실이다. 그는 다른 대학에 다니던 동포학생들과 함께 도쿄까지 가서 한일각료회담 반대시위에 참가하기도 했다. 그렇다고 그가 특별히 관심을 갖고 활동했다기보다는 동포학생들이 있으니까 어울린 것이다.

그는 본래 문학을 좋아했다. 그래서 한국 문학을 배워 재일동포에게 우리말과 문학을 가르치고 싶었다. 그게 자신의 삶에서 의미를 찾는 길이라고 생각했다. 그냥 한국말만 가르치는 것은 우리말에 능숙한 일본 사람이 할 수도 있지만 우리의 역사 문화를 잘 아는 재일동포가 재일동포를 가르치는 게 더 중요하지 않을까, 라는 생각이 들었다. 한학동 모임에 나가서 뭔가 공허하다는 느낌이 들기도 했다. 혈기왕성한 젊은 나이의 대학생들이 당시 한국 사회문제를 진지하게 생각한 것은 사실이지만, 어디까지나 그럴싸한 책에서 얻은 정도의 지식을 바탕으로 얘기하는 정도였다. 그래서 한국 사회를 직접 경험해봐야 한국 사람으로 당당히 살아갈 수 있을 것 같아 모국 유학을 결심했다. 막내고모가 한국에서 유학을 마치고 돌아와 교토한국학교에서 국어 강사를 하고 있는 점도 그의 마음을 기울게 했다.

이종수

이종수는 2년제인 세이카대학 과정을 마치지 않고, 1980년 3월 서울로 떠났다. 그가 서울에서 순조롭게 정착할 수 있도록 도와줄 수 있는 연고자는 없었다. 마침 막내고모가 동료 교사와 결혼하고 한국으로 신혼여행을 가기로 해서 따라 나선 것이다. “안녕하세요”라는 인사말 외에는 우리말을 거의 못하던 때였다. 자기 이름도 제대로 쓰지 못했다. 막내고모가 하숙집을 구해주고 떠나자 그는 홀로 남았다. ‘재외국민교육원’으로 가는 버스 번호를 메모해서 찾아갔다. 재외국민교육원은 정부가 재일동포 등 해외동포 유학생 교육을 위해 1970년 서울대학교 부설기관으로 설치한 재외국민연구소의 후신이다.

우리말 학습을 본격적으로 받은 지 두 달이 됐을 때 신군부는 전국으로 계엄을 확대하고 민주인사들을 일제히 검거하기 시작했다. 서울 시내 곳곳에도 무장한 군인이 배치됐고, 부쩍 강화된 검문검색은 그를 짜증나게 했다. 전경들은 지나가는 그를 불러세워 가방을 뒤졌다. 가방 안에 든 공책에는 교육원에서 내준 숙제를 하려고 써놓은 글들이 있었다. 전경들은 초등학생 수준도 되지 않는 문장을 읽다가 키득거리곤 했다. 이종수는 지금도 그 광경을 생각하면 화가 치민다.

가혹행위의 절정은 성기 고문

보안사 수사관들은 일본에서의 교우관계를 집중적으로 캐물었다. 친하게 지낸 재일동포 친구는 누가 있느냐, 가입해 활동한 동아리는 무엇이 있느냐, 동아리에서 무슨 일을 했느냐고 추궁했다. 이종수는 말꼬리를 잡히지 않으려고 바싹 긴장했다. 교토집에 가끔 놀러오던 조신부의 이름을 댔다. 교토의 리쓰메이칸대학에 다니던 조신부는 고모부 조창순의 조카였다. 고모부한테 인사하러 왔다갈 때마다 나이가 서너 살밖에 차이 나지 않는 이종수와 스스럼없이 어울렸다. 조신부는 모국의 상황에 관심이 많았고, 독서를 좋아해 아는 것이 많았다.

보안사 요원들은 조신부가 조창순의 조카라는 사실을 알게 되자 쾌재를 불렀다. 뭔가 '작품'이 나올 듯한 예감이 든 것이다. 조창순은 수사기관에서 주시하던 인물이었다. 교토대학 재학 중 모국의 군사정권 비판에 앞장섰고, 한학동 교토지부 초대위원장을 했기 때문이다. 큰 그림이 바로 그려졌다. 조신부는 재일공작 지도원 조창순의 배후조종을 받아 이종수를 포섭해 교육을 시킨 뒤 한국으로 잠입시켰다는 시나리오가 짜인 것이다.

시나리오의 큰 틀이 꾸려지자 수사관들은 거기에 담을 세부내용을 짜 맞추기 위해 고문의 강도를 높였다. 전기 고문, 물 고문이 계속됐다. 시간관념이 마비되니까 정확히 알 수 없으나 일주일에서 열흘 정도 계속됐던 것으로 기억한다. 가혹행위의 절정은 성기 고문이었다. 처음에는 양손 엄지손가락에 전선을 연결해서 전기 고문을 하더니 나중에는 그의 성기에 전선을 감았다. 그러고는 언제 이북에 갔다 왔는지 솔직히 얘기하라며 다그치더니 평생 불구가 될 것이라고 위협했다. 피부가 예민한 그곳에 찢어지는 듯한 고통이 왔다. 그는 도저히 안 되겠다 싶어 북에 갔다 왔다고 말했다. 수사관들은 원하던 답이 마침내 그의 입에서 나오자 입북과정 등 구체적인 내용을 캐내려 했다. 하지만 억지자백을 한 이종수는 더 말할 것이 없었다. 도저히 바로 말할 기운이 없다고 하자 수사관들은 그를 조사실로 옮기고 달래기 시작했다. 그들은 문초의 고비를 넘겼다고 판단했는지 "술 마실래, 커피 마실래"라고 묻기도 했다. 커피를 주고 나서 다시 추궁이 시작됐다. 그는 허위자백을 뒤집으면 또 고문이 시작될 것 같아 억지문답에 응할 수밖에 없었다.

수사관들은 이종수의 진술이 전혀 아귀가 맞지 않자 그 다음부터는 밀입북 얘기를 더 이상 묻지 않았다. 그러고는 조창순, 조신부와 나눈 얘기에 초점을 맞춰 심문했다. 조서 작성 단계에 들어가서는 연행 초기와 같이 심한 고문을 당하지는 않았다. 그들이 의도하는 방향대로 답변하지 않으면 구타를 당하기는 했지만, 강도는 많이 약해졌다.

전기 고문이 가해진 성기의 그 부분은 상처가 나서 곪았다. 수사관들이 연고를 가지고 와 발라주었다. 일주일 정도 지나니 아물기는 했지만 정신적 상처는 오래 지속됐다. 그는 10여 년의 세월이 지나 진실화해위원회의 조사관을 만났을 때도, 재심을 신청하기 위해 담당 변호사를 만났을 때도 차마 그 얘기는 꺼낼 수 없었다고 한다.

성고문의 생생한 증언

보안사에 연행돼 간첩으로 조작됐다가 협박에 못 이겨 보안사 요원으로 근무한 김병진이 일본에 돌아와 폭로한 수기 《보안사》에는 한 재일동포에 대한 성고문 상황이 생생하게 묘사돼 있다. 김병진이 직접 목격한 것을 쓴 것이어서 이종수가 당한 고문이 아주 예외적 사례가 아니라는 점을 알 수 있다. 보안사 요원들은 1985년 5월 단체여행의 하나로 입국한 재일동포 유아무개를 연행해 '엘리베이터실'에서 고문했다. 이들은 민단 오카야마 현 본부의 총무부장인 그를 알몸뚱이 상태로 의자에 앉힌 뒤 양손과 양발을 끈으로 묶었다. 이들은 영문도 모르고 끌려온 그의 몸에 물을 뿌리고 야전용 수동발전기에서 코일을 풀어내 손가락에 감았다. 발전기의 손잡이를 돌리면 그는 신음 소리를 내며 펄쩍펄쩍 뛰었다. 수사관들이 원하는 자백이 나오지 않자 코일 한 가닥을 성기에 얽어 놓았다. 김병진은 차마 더 이상 볼 수가 없어 밖으로 뛰어나갔다고 썼다.

유학생을 프락치로 만들어 정보 수집

건국 이래 특무부대, 방첩부대, 보안부대 등을 거치면서 국가 발전의 초석을 쌓아왔다고 자부하는 보안사령부는 조직의 성과를 과시하기 위해 자료집 《대공30년사》와 《대공활동사1》를 냈다. 전자는 진종채가 보안사령관으로 재직하던 1978년 10월, 후자는 12·12군부반란을 주도한 하나회의 핵심 중 하나인 고명승이 사령관이던 1987년 3월에 나왔다. 《대공활동사》는 아마도 시리즈물로 기획된 것으로 보이나, 그해 있었던 6·10민주대항쟁으로 군부의 위세가 팍 꺾이면서 중단된 듯하다. 《대공30년사》는 보안사 요원의 활약을 이렇게 기술했다.

> 자신의 안락을 추구하는 이기주의를 버리고 오직 혼신을 다 바쳐서 공산당을 때려잡아야겠다는 집념과 타인에 비해 아무런 특혜도 없이 밤을 낮삼아 밤새기를 다반사로 하면서 뼈를 깎는 고통스러운 활동을 통해 국가에 몸을 바친 것이다. 보안사 대공요원들은 애국충성의 결정이라고 해도 과언은 아닐 것이다.

두 자료집에는 보안사 요원의 시각으로 본 수많은 대공사건의 해설이 가득 실려 있다. 사건 개요, 수사 경위, 범죄 사실, 공판 등의 순으로 정리돼 있는데 기술 내용의 신뢰성은 물론 면밀히 따져봐야 할 문제다. 이종수의 경우는 《대공활동사1》에 '학원침투간첩 이종수 사건'으로 수록돼 있다. 수사경위에 대해서는 이렇게 쓰고 있다.

사령부 수사과에서는 81년도 중점사업으로 재일교포 유학생 중 유학을 가장하여 학원에 침투한 간첩을 색출할 목적으로 수사근원 발굴에 착수했으며 그 결과 총 430명의 유학생 중 40명을 중점 대상자로 선정했는데 그 중의 한 사람이었다.

수사근원 발굴은 북한에서 직파 간첩을 눈에 띄게 줄이자 보안사가 일본을 경유한 우회 침투 간첩을 적발하기 위해 마련한 대책이다. 보안사는 1971년께 공작과를 부활하고 대일공작계를 신설하여 간첩으로 포섭될 가능성이 있는 용의자 명단을 작성해 내사에 들어갔다. 보안사는 대상자의 용의점을 찾기 위해 광범한 협조망을 운영했다. 보안사의 협조자들은 '망원網員'으로 불렀다. 동네 복덕방, 우편배달부, 하숙집 주인들도 다 망원으로 활용될 수 있는 범주에 들어갔다. 이종수 사건 기술을 보면 보안사 요원들이 대학 지도교수를 만나 동태를 탐문하거나 하숙집 주인의 '협조'를 얻어 불법으로 용의자 방에 들어가 수색을 벌이는 행위가 나온다.

이종수는 자신을 곤경에 빠트린 장본인으로 재외국민교육원에서 우리말 교육을 같이 받은 동포 유학생 박아무개를 의심한다. 이태원에는 이종수가 유학생활의 따분함을 달래기 위해 이따금 가던 술집이 있었다. 분위기가 색달라 동포 유학생들이 제법 몰리던 곳이다. 친구와 함께 둘이서 갔는데 박아무개가 혼자서 술을 마시고 있었다. 친한 사이가 아니어서 따로 앉아 술을 마시고 있는데 박아무개가 다가와 합석하게 됐다. 이런저런 잡담을 하는데 그가 갑자기 한국은 데모하는 학생들 때문에 골치가 아픈데 너는 어떻게 생각하냐고 물었다. 친구는 아무 대꾸를 하지 않고 무시했으나 이종수는 그냥 평소의 생각을 말했다. 학생들이 '김일성 만세' 하는 것도 아닌데 학생보다는 최루탄을 마구 쏘는 경찰이 너무한 것 아니냐고 한 것이다. 보안사에 끌려간 시점은 그로부터 한두 달 지난 뒤였다.

이종수가 박아무개를 밀고자로 확신하는 것은 보안사에서 취조받을 때 수사관들이 "너 이런 말 했잖아"라며 다그쳤기 때문이다. 처음에는 기억이 나지 않아 그런 말 한 적이 없다고 했는데 나중에 곰곰이 생각해보니 박아무개에게 한 말이었다. 이종수는 그를 프락치로 생각하지만 크게 원망하지도 않았다. 그도 누군가에게 희한한 말을 해서 보안사에 연행됐다가 별 게 없으니까 협조하라는 협박을 받고 풀려났을 것으로 추정한다. 그래서 '수상한 말'을 하는 유학생이 있으면 신고해 약간의 금품을 받는 보안사의 '망원'인 된 것이다. 그러니 유학생 모두가 보안사가 쳐놓은 덫에 노출돼 있었던 셈이다.

재일동포 유학생이 한국에 들어오면 거의 거치게 돼 있는 재외국민교육원도 사실상 정보기관의 하수인 구실을 했다. 재외국민교육연구원은 유학생에게 한국의 실정을 알리기 위해 안보시설이나 군부대 견학 등을 주선하고 참가학생에게 감상문을 내도록 했다. 정보기관의 요청이 있으면 이런 자료는 통째로 제공됐다. 유학생들이 아무런 경계심 없이 쓴 글들이 개개인의 '사상'을 판정하는 자료로 활용된 것이다. 이종수는 연구원이 마련한 제3땅굴 견학을 다녀왔다. 소감을 써서 내라고 해 제3땅굴을 직접 언급하기보다는 우리 민족이 백두산을 거점으로 살아온 배경 등을 써서 제출했다. 보안사에서 취조받을 때 수사관들은 그 글을 보여주며 의도를 물었다. 북한의 남침 야욕 운운하는 모범답안에서 벗어나

 있었기 때문일 것이다.

고문 사실 얘기하자 방에서 나가버린 검사

보안사가 서울지검에 송치한 것은 그해 연말인 12월 22일이었다. 수사관들은 송치하기 전에 검사 앞에서 다른 말을 하지 못하도록 입막음을 했다. 이들은 "너 가서 다른 말하면 여기에 다시 와야 하는데 그러면 우리도 고생이고 너도 고생하니까 시키는 대로 얘기하라"고 위협했다.

담당 검사는 최병국이었다. 검사 취조를 받기 위해 검사실에 들어갔는데 그 방안에 보안사 수사관 두 명이 앉아 있었다. 보안사에서의 '자백'을 인정할 수밖에 없었다. 최병국 검사는 조서 내용에 알맹이가 없다고 생각했는지 "너 정말 적화통일을 위해 목숨을 바치겠다고 생각했냐"고 물었다. 그렇다고 하자 "너 나쁜 놈이구나"라고 말했다. 검사 취조가 순조롭게 진행됐다고 생각했는지 세 번째 취조를 받을 때 보안사 수사관들이 나타나지 않았다. 이종수는 기회가 왔다고 생각해 "이제까지 말한 것은 다 거짓이다. 고문을 심하게 받아서 억지로 그렇게 말했다"며 사실을 밝히자, 검사는 옆에서 타자 치는 사람에게 "얘 얘기 들어줘라"라고 한 뒤 방을 나가버렸다. 타자 치는 사람은 아무것도 묻지 않았고, 검사는 이종수를 더 이상 부르지도 않았다. 최병국 검사는 영화 〈변호인〉에서 다뤄진 부림사건(1981), 함주명 조작 간첩 사건(1983)을 담당했고, 한나라당 국회의원을 지내기도 했다.

검찰에 송치하기 전 겁주기와 검사 피의자 신문조서 작성 때 보안사 요원의 '입회'는 다른 재일동포 간첩 사건에서도 반복해서 나타나는 하나의 패턴이다. 검사 피의자 신문조서는 일반적으로 법정에서 증거 능력을 갖는다. 그러니 유신과 5공시대의 법정에서 대부분의 재판부는 간첩으로 몰린 재일동포 피고들이 혹독한 고문에 견디지 못해 허위 자백했다고 호소해도 들으려 하지 않았다. 1심 공판에서 최 검사는 이종수가 부인하면 "이런 말을 검사에게 진술한 것은 사실이지요"하고 넘어갔다. 이런 식이다

- 4월 중순 일자 미상 17시경 자취방에서 조신부로부터 일본어판 북괴의 괴수 김일성을 찬양 선전하는 서적 《김일성 전기》를 읽어보라는 권유를 받고 김일성 전기 책자 1권을 받아 탐독한 일이 있는가요?

"그런 책을 보지 못했습니다."

- 김일성 전기라는 책을 읽어본 일이 있는가요?

"없습니다."

- 검사 앞에서는 이런 책을 탐독했다고 진술한 것은 사실이지요?

"예."

보안사는 이종수를 송치한 후에도 일본에 있는 가족에게 구속 사실을 통지해주지 않았다. 다른 사건에서도 수사 보안을 유지한다는 명분으로 피구속자 가족에게 알려주는 일이 거의 없었다. 그나마 가족이 알게 되는 것은 수사기관이 대대적으로 발표해 일본의 언론매체에 보도됐을 때가 고작이었다.

보안사는 이종수 사건을 공식 발표하지 않았다. 단독범인데다 내용도

별 것이 없어 선전가치가 없다고 판단했는지 모른다. 이종수는 다른 재일동포 유학생과 마찬가지로 방학이 되면 일본으로 돌아가 가족과 지냈다. 2학기가 끝나면 대체로 12월 23, 24일께는 돌아갔다. 그는 외아들이어서 신년 설에는 차례를 주관해야 했다. 가족들은 12월이 다 지나도 별다른 의심을 하지 않다가 설에도 아무런 연락 없이 나타나지 않자 불안해졌다. 그래서 서울에 사는 막내고모의 친구에게 자취방을 찾아가 어떻게 된 영문인지 알아봐달라고 부탁했다. 자취방 주인은 여행을 간다고 나갔는데 돌아오지 않았다고 말꼬리를 흐렸다. 고모 친구는 주인이 말하는 태도가 이상하다고 느껴져 다시 캐물었다. 연탄가스로 죽는 사고도 있다던데 제대로 말하지 않으면 경찰에 신고하겠다고 압박하자 그제야 "신사복 입은 남자 둘이 와서 데리고 갔다"고 말했다.

할머니가 부랴부랴 입국하자 보안사 요원이 나타나 손자의 '간첩 행위'를 알려주었다. 놀란 할머니가 검사실로 찾아가자 최병국 검사는 "너무 낙심하지 마라. 잘 될 것"이라고 '위로'했다. 국내 법조계에 아무런 연줄이 없던 할머니는 누군가의 소개로 김아무개 변호사에게 변호를 의뢰했다. 하지만 그 변호사는 보안사와 검찰 공안부의 작품을 정면으로 다툴 생각이 없었다. 도리어 이종수에게 그냥 공소사실을 시인하면 재판부에서 봐줄 것이라고 말했다.

이종수는 이런 변호사로는 불안하다고 생각했지만 어쩔 수 없었다. 그는 처음부터 공소사실을 부인했다. 검사는 아주 교활하게 간첩행위를 부인한다며 무기를 구형했다. 1983년 5월 18일 1심 선고공판에서 재판부는 징역10년을 선고했다. 김 변호사는 고등법원에서 7년 나오게끔 해주겠다며 법정에서 '반항'하지 말라고 충고했다. 할머니는 그 말에 화가 나서 다른 변호사를 물색했다.

대법원의 파기환송과 보안사의 반격

11·22사건 때 구속된 유학생 허경조를 맡아 이례적으로 무죄판결을 이끌어 낸 문인구 변호사가 새로 선임됐다. 재일동포 사건에 경험이 많은 문 변호사는 이종수의 배후 공작원으로 지목된 조창순과 조신부가 총련이 아니라 민단 소속이라는 점을 부각시키기 위해 교토지역의 민단계 유력인사들을 증인으로 세웠다. 최영오 교토한국학원 이사장과 하병욱 교토 민단본부 단장은 오사카총영사관에서 확인받은 진술서를 제출하고 1983년 9월 27일 항소심 2차 공판에 출석했다.

다카야마물산주식회사를 경영하고 있는 최 이사장은 변호인 신문에서 조신부를 직원으로 채용할 때 총련계가 아니라는 것을 확인했으며, 조창순의 '사상'에 대해서도 민단에서 일하는 사람과 똑같다고 증언했다. 하병욱 단장은 조창순이 재일한국인 법적 지위향상 요구와 영주권 신청운동을 위해 많이 활동했으며, 한국을 지지하는 교육자의 한 사람으로 확신한다고 답했다. 하 단장은 우토로 문제를 해결하기 위해 노력했고, '교토보호육성회' 이사장으로서 감옥에서 나온 출소자나 보호관찰 처분 대상자의 사회 복귀에 기여한 공로를 인정받아 2001년 일본 정부 훈장을 받은 사람이다. 문 변호사의 노력에도 불구하고 항소심 재판부의 김석수 판사는 항소를 기각했다 .

그러나 대법원에서 반전이 벌어졌다. 대법원은 1984년 2월 7일 이종수의 검찰 자백 내용과 변호인이 제출한 자료에 서로 다른 내용이 있는데도 충분히 사실심리를 하지 않았다고 하급심에 파기환송을 했다. 재일동포 간첩 사건으로는 의외의 사태였다. 비상이 걸린 것은 보안사였다. 《대공활동사1》에는 이종수 사건에 대한 교훈이라며 이렇게 기술하고 있다.

> 이 사건은 최종 단계에서 대법원이 파기환송 판결을 내려 우리에게 커다란 충격과 실망을 안겨 주었으며 지금까지의 노고는 모두 수포로 돌아가고 앞으로의 대책이 막연했다. 더욱이 이종수의 활동 무대가 국내도 아닌 일본이기에 새로운 증거와 소명자료를 수집한다는 것은 더욱 어려운 일이었다. 그러나 담당수사관들은 좌절하거나 포기하지 않고 꼭 이겨야 한다는 강한 신념과 끈질긴 근성으로 모든 고난을 극복하고 충분한 자료를 수집하여 제기함으로써 대법원의 판결을 번복하고 부대의 명예를 회복했다.

보안사는 꼭 이겨야 한다는 신념에서 무엇을 했을까? 보안사는 대책회의를 열고 하병욱과 최영오의 증언 효력을 떨어트리기 위해 이들의 '신원 탄핵'에 나섰다. 민단 내에서 반한활동을 주도하고 있는 '불순분자'로 몰아붙이는 전술을 썼다. 보안사 재일협조망의 하나인 한태웅이 재항소심 공판에 검찰 쪽 증인으로 나왔다. 조선대학을 나와 총련에서 활동하다가 민단으로 전향했다는 한태웅은 최영오가 한민통(한국민주회복통일촉진국민회의)의 골수분자로 자금을 지원하고 있으며, 하병욱은 최의 지원을 받아 교토 민단 단장에 당선된 '베트콩파' 핵심이라고 주장했다. 한민통은 김대중이 해외 망명 중이던 1973년에 결성한, 유신독재 반대와 김대중 구명운동에 앞장섰던 단체다. '베트콩파'는 정보기관이 민단 내에서 군사독재 반대운동을 벌이던 사람들을 매도하기 위해 즐겨 사용하던 호칭이다. 보안사는 또 다른 한학동 사건으로 구속됐던 서성수나 보안사 협력자로 일하도록 강요당한 김병진 등을 검찰 쪽 증인으로 억지로 법정에 세워 이종수 집안이 빨갱이라는 취지로 진술토록 했다. 서성수는 고베대학에서, 김병진은 간사이학원대학에서 한학동 활동을 했다. 김병진은 이종수의 막내고모부 권찬수와 대학 선후배 사이였다.

보안사는 심지어 최영오 등에 대해 항만·공항 수배조치를 내렸다. 재항소심 공판을 앞두고 최영오가 입국하자 바로 연행해 법정에 이종수 쪽 증인으로 서게 된 경위와 사업을 하면서 총련쪽 조선신용조합의 융자를 받았는지의 여부까지 조사했다. 그리고 조창순의 부탁을 받아 증언하게 됐다는 진술서를 작성토록 해 법정에 제출했다. 증인을 함구시키려는 명백한 공갈 행위였다. 보안사의 집요한 뒤집기 공작의 결과 재항소심 재판부는 1984년 5월 항소를 기각했다. 대법원도 그해 9월 상고기각을 해 이종수의 형은 징역 10년으로 확정됐다.

검찰 쪽 증인인 재일동포 정치범과의 어색한 만남

대법원에서 파기환송됐을 때 이종수는 일말의 기대를 걸었지만 다시 물거품이 됐다. 그가 더 할 수 있는 일은 아무 것도 없었다. 파기환송, 재기각을 거치면서 그는 다른 유학생 동료보다 확정판결이 늦어졌고, 서울구치소와 지방교도소 사이를 오갔다. 1983년 10월 첫 항소심이 기각된 뒤 광주교도소로 이감되었다가 대법원의 파기환송 판결이 나오자 서울구치소로 되돌아갔다. 재항소심에서 다시 기각되자 이번에는 대전교도소로 옮겨졌고, 확정판결을 받았다.

대전교도소에서 묘하게도 서성수를 만났다. 두 사람 모두 재일동포 사건의 피해자였지만, 경위가 어찌 됐든 한 사람은 다른 한 사람의 유죄판결을 이끌어내는 데 이용됐던 사이다. 원래부터 알던 관계도 아니었고, 법정에서 처음 대면했으니까 어색한 마주침이었다. 서성수는 "당신 가족들이 나를 아주 미워할텐데 죄송하다"고 사과의 뜻을 전했다. 이종수는 당시 대법원에 사건이 계류 중이어서 달리 할 말도 없었다. 그는 '괜찮다' '이해한다'는 식으로는 도저히 말할 수가 없어 "건강하게 빨리 나가는 것만 생각하자. 여기서 하루라도 빨리 해방되는 게 중요하니 그것만 생각하자"고 답했다.

국가보안법 반공법 위반 혐의로 형이 확정된 '좌익수'는 대전, 대구, 광주, 전주 교도소 네 곳에 분산 수용됐다. 네 곳에는 좌익수를 격리 수용하는 특별사동(특사)이 설치돼 있었다. 감옥 안의 감옥인 셈이다. 이종수는 다시 전주교도소로 이송됐다. 형이 확정된 좌익수는 '전향 공작'의 대상이 된다. 자신이 공산주의 사상을 갖고 반국가적 행위를 한 것을 반성하고 그 사상을 버렸다고 공개적으로 선언하지 않으면 유기형을 받은 사람은 설사 형기가 종료되더라도 석방되지 않았다. 이종수는 전향이라는 말 자체가 자신에게는 성립되지 않는다며 전향 공작에 응하지 않았으나 결국 받아들였다. 그 시절에는 전향 절차를 거치지 않으면 감옥 문을 나올 수가 없었다.

박탈된 협정영주권

이종수는 1988년 6월 30일 법무부의 가석방 조치로 풀려났다. 보안사에 연행된 지 5년 8개월 만에 석방된 것이다. 그와 함께 석방된 재일동포는 여석조, 윤정헌, 이주광, 조일지, 허철중 등 다섯 명이었다. 국내 인사로는 고문 전문가인 이근안한테서 살인적 고문을 받은 민청련 사건의 김근태, 통혁당 사건의 무기수인 오병철 등이 이때 풀려났다.

이종수는 석방되던 날 아침까지 풀려난다는 것을 전혀 몰랐다. 일본 가족에게는 사전 통지가 갔는지 할머니와 막내고모가 교도소 밖에서 기다리고 있었다. 가족과 만나기 위해 일본으로 돌아가려면 복잡한 절차가 필요했다. 당시 그처럼 고초를 겪은 재일동포 유학생 대부분이 거쳐야 하는 과정이었다. 우선 민단의 서울사무소를 통해 여권을 신청하고 기다려야 했다. 형집행 정지 상태여서 상당한 시일이 걸렸고, 나오더라도 여행증명서 같은 편도 여권이었다.

그는 원래 한일협정체결에 따른 협정영주권자였다. 하지만 오랜 시일 감옥에 갇혀 있어 1년에 한 번은 일본에 입국해야 하는 규정을 지키지 못했기 때문에 협정영주자격(1991년부터는 특별영주자격으로 바뀌었다)이 박탈됐다. 그래서 일본 거주 가족들이 초청장을 보내주면 3개월 유효기간의 비자를 발급받았다. 그가 일본 땅을 다시 밟은 것은 1988년 12월이었다. 공항에 내려 입국심사를 받을 때는 통상여권이 아니어서 불법입국자를 임시로 수용하는 방으로 안내돼 서류를 작성해야 했다. 초기에는 3개월 체류기한이 되면 입국관리사무소에 가서 계속 연장 허가를 받아야 했고, 점차 체류허가 기한이 늘어나 이제는 3년마다 갱신하는 일반영주권자

이종수가 교토의 자택에서 열고 있는 한국어교실의 안내판

대우를 받고 있다. 일본 정부는 특별영주자격을 복원하는 데 난색을 표하고 있다.

이종수는 생계를 잇기 위해 식당일을 했지만 공부에 대한 아쉬움이 남았다. 일본에서도, 한국에서도 결국 대학을 마치지 못했기 때문이다. 그를 오랜 기간 돌봐주던 할머니가 1989년 4월 세상을 떠난 것은 큰 충격이었다. 할아버지가 시작한 고물상을 이어받아 운영하면서 유학비를 마련했다. 30대 후반의 나이에 세이카대학 영문과 재학시절 은사인 대만인 교수 우홍밍吳宏明의 추천으로 아이오와 주에 있는 코넬대학으로 유학을 갔다. 우 교수는 시민운동에 관심이 많고 재일동포의 처지에 대해서도 이해가 깊은 사람이었다. 이종수는 4년 정도 민족학을 공부한 후 돌아왔다. 한국의 탈춤이나 꼭두각시놀이 등에 관심이 있어 일본인 등과 함께 심우성의《민속문화와 민중의식》을 공동번역해 책을 내기도 했다. 마침 공역자의 한 사람이 교토외국어대학부속 외국어전문학교에서 한국어 전임강사로 있어 그의 의뢰로 시간강사로 나가 한글을 가르치는 일도 하고 있다.

재심 위해 보청기를 사다

김대중, 노무현 정부 들어서 진행된 각종 과거사진상규명위원회의 활동에 대해 재일동포 간첩 사건 피해자들은 별다른 기대를 하지 않았다. 모국에 갔다가 잔혹하게 당했다는 피해의식이 아주 컸고, 자신들의 억울한 문제에 진지하게 관심을 기울여 줄 것으로 생각하지 않았다. 국정원과거사위(국가정보원 과거사건 진실규명을 통한 발전위원회)는 일본 관련 간첩 사건들을 대체로 피해갔고, 국방부과거사진상규명위는 보안사가 수사한 사건 가운데 이헌치, 김양기, 김태홍, 김정사 사건 등 4건만 표본 조사하는 데 그쳤다.

진실화해위(진실화해를 위한 과거사정리위원회)가 개별사건을 조사하는 임무를 띠고 2005년 12월 1일 발족했을 때도 재일동포 간첩 사건 피해자들의 관심은 아주 낮았다. 진실화해위는 발족 때부터 1년간 위원회와 246개 지방자치단체, 해외공관을 통해 진실규명 신청을 받았으나 마감 기한이 거의 끝나가는데도 재일동포 사건 관련해서 신청하는 사람이 없었다.

오사카에는 모국에 유학 갔다가 간첩 사건으로 곤혹을 치른 정치범의 친목단체인 양심수동우회가 있다. 오사카, 교토, 고베 지역에 거주하는 동포들로 구성된 이 모임에서 진실화해위에 개별적으로 진실규명을 신청할지를 놓고 토론이 벌어졌다. 대다수는 부정적이었다. 한국의 정부기관이 새로 조사한다고 해서 뭐가 달라지겠냐는 기류가 강했다. 일부는 피해자들이 각각 신청할 것이 아니라 한국 정부가 특별법을 제정해 전면 재조사를 벌인 뒤 일괄적으로 피해구제를 해야 한다는 주장을 폈다. 하지만 이종수의 판단은 좀 달랐다. 별 기대는 하지 않더라도 신청하는 게 무작정 기다리는 것보다는 낫다고 생각했다. 이종수가 오사카총영사관을 찾아가 진실규명 신청을 먼저 했고, 결국 이것이 그가 재심을 통해 무죄를 선고받은 유학생 1호가 되는 전기가 됐다.

진실화해위에 신청한 지 6개월 정도 지나서 서울에서 전화가 걸려왔다. 진실화해위의 안은정 조사관이었다. 휴대폰으로 사건 얘기를 길게 할 수는 없었다. 이종수는 외국어학원 방학 때 시간을 내서 서울에 갈 테니 그때 만나서 충분히 얘기하자고 했다. 안 조사관은 이종수가 놀랄 정도로 꼬치꼬치 캐물었다. 재판기록 등 관련 자료를 다 읽어봤다고도 했다. 오전 9시부터 저녁 8시까지 하는 조사가 1주일 정도 계속됐다. 이종수는 그 후에도 몇 차례 서울에 가 추가조사를 받았다. 진실화해위 조사관들의 열의에 감동한 그는 양심수동우회 동료들에게도 앞으로 다시 기회가 없을지도 모르니 빨리 신청해서 조사를 받으라고 재촉했다. 진실화해위는 2008년 9월 이종수 사건이 고문에 의한 조작 사건이라고 진실규명 결정을 했다.

이종수는 진실화해위의 결정을 토대로 서울고등법원에 재심을 신청했다. 항소심 때 열성적으로 변론한 문인구 변호사가 다시 사건을 맡았다. 2010년 재심 개시 결정이 나자 그는 고민 끝에 보청기를 샀다. 고문의 후유증인지는 알 수 없으나 그는 양쪽 귀의 청력이 아주 좋지 않다. 급할 때는 다른 사람의 보청기를 빌려 쓰기도 했는데, 재심 공판 중 판검사가 하는 말을 알아듣지 못하면 큰일이라고 생각해 고가의 보청기를 구입했다.

이종수에 대한 재심 무죄 선고는 2010년 7월 15일에 나왔다. 재일동포 유학생 간첩 사건의 재심에서 처음으로 무죄판결이 나왔다고 해서 언론에 비중 있게 보도됐다. 서울고등법원 형사10부의 재판부(재판장 이강원 부장판사)는 국가가 범한 과오에 대해 진정으로 용서를 구한다고 말했다. 재심 판결문의 결론은 무죄를 선고하면서 이렇게 매듭짓고 있다.

> 이 사건은 재일동포 유학생을 간첩으로 조작하기 위하여 민간인에 대한 수사권이 없는 보안사가 안기부 명의로 피고인을 불법 연행하여 39일간 강제 구금한 상태에서 고문으로 자백을 받아내고, 그로 인하여 피고인이 5년 8개월간 아까운 청춘을 교도소에서 보내게 된 사건이다.
>
> 재외국민을 보호하고 내국인과 차별대우를 해서는 안 될 책무를 가진 국가가 반정부세력을 억누르기 위한 정권안보 차원에서, 일본에서 태어나 자란 피고인이 한국어를 잘 못하여 충분한 방어권을 행사할 수 없는 것을 악용하여 재일동포라는 특수성을 무시하고 오히려 공작정치의 희생양으로 삼은 것이 이 사건의 본질이다.
>
> 이에 우리 재판부는 권위주의 통치시대에 위법·부당한 공권력의 행사로 심대한 피해를 입은 피고인에게 국가가 범한 과오에 대하여 진정으로 용서를 구하면서, 형사소송법 제440조, 형법 제58조 제2항에 의하여 이 판결의 요지를 공시하기로 한다.

이종수는 국가를 대신한 재판장의 사죄 발언을 들었을 때 그저 담담했다고 말했다. 한국 사회가 자신이 재판을 받던 1980년대와 달리 제대로 가고 있구나 하는 느낌이 들기도 했지만, 한국 땅을 다시 밟는 것조차 두려워해서 재심 신청조차 하지 않는 피해자들을 생각하면 가슴이 아프다고 했다. 이제 그는 50대 중반이 됐다. 여전히 미혼이다. 결혼하지 않은 게 아니라 못한 것이라고 했다. 서른 살에 일본에 돌아와 선도 제법 봤는데 인연이 맺어지지 않았다. '간첩'이었다는 게 계속 발목을 잡는 것 같다고 했다.

6

야쿠자 두목 양원석과 한·일 우익 동맹 맺기

”

양원석은 김대중을 ‘제거’하고 나서는 재일동포 ‘간첩’을 양산하는 데 혁혁한 공을 세웠다. 양원석 무리는 보안사의 의뢰를 받아 ‘용의자’가 된 유학생의 가족관계, 유학 전 일본에서의 대학생활이나 사회활동, 총련계 동포와의 접촉 여부 등에 관한 정보를 수집해 보고했다.

전 일본 공안조사관의 한국 법정 증언

1983년 12월 16일 서울 서소문 법정에 한 일본인이 증인으로 출석해 증언했다. 그의 이름은 사노 이치로佐野一郎, 일본 공안조사청 조사관 출신이다. 그는 간첩 혐의로 구속된 재일동포 박박의 4차 공판에 나와 증인석에 선 것이다.

박박 사건은 보안사령부가 그보다 2개월 전인 그해 10월 19일 4개 '간첩망'을 적발해 16명을 구속 송치했다고 발표한 사건 가운데 하나다. 모국에서 유학 경험이 있는 박박은 서울에 해외유학 상담실을 개설해 북한의 '재일 대남공작원'으로 지목된 오영석이 일본에서 운영하는 학원에 국내 학생들을 보내 세뇌교육을 시켰다는 혐의로 구속됐다. 일본에서 《보안사》란 책을 내 재일동포 간첩 조작 과정을 폭로한 김병진도 이날 다른 '간첩망'의 하나로 구속된 것으로 발표됐다.

간첩 혐의로 구속됐을 때 박박의 직책은 '일본비지네스전문학교 총무주임'이었다. 1956년 1월 야마구치 현 시노모세키에서 출생한 그는 후쿠오카에서 초·중·고를 마치고, 1978년 3월 도카이東海대학 동력기계과를 졸업했다. 그해 4월 입국해 재외국민교육원에서 우리말 교육과정을 마치고, 1979년 3월 한양대학교 대학원 기계과에 들어갔다. 그는 공부를 계속하는 데 흥미를 잃고 1981년 4월 재일동포 오영석이 경영하는 오학원呉學園 산하 일본비지네스전문학교에 취직했다. 오영석의 부친과 박박의 부친은 아주 가까운 사이였다고 한다.

오영석은 일본의 교육산업 분야에서 성공한 대표적 상공인으로 알려져 있다. 1936년 도쿄에서 태어난 그는 호세이法政대학 단기대학 상경과를 나와 서른이 되기 전인 1965년 10월 일본디자이너학원을 열었다. 6개월 뒤에는 일본사진전문학교(현재 일본사진예술전문학교)를 개교했고, 다시 3년 후 일본비지네스스쿨도 열었다. 일찍이 디자인과 사진 분야 전문교육의 중요성을 내다봤던 그의 학교에서는 수많은 디자이너, 일러스트레이터, 사진가가 배출됐다. 그는 신장이 좋지 않아 청각을 잃는 고초를 겪기도 했지만, 1977년 학교법인 오학원을 설립해 이사장에 취임했다. 사업적으로 성공한 뒤에는 민족교육과 민족예술단 유지에도 큰 관심을 갖고 지원했다. 학원에서 필요한 물품을 구매할 때도 가급적 동포가 운영하는 기업에 발주했다고 한다. 1986년에는 미국 센트럴 메서디스트대학의 명예박사 학위를 받았고, 1996년에는 학교교육 공로자로 도쿄도지사의 표창을 받기도 했다. 그는 2001년 3월 65세의 나이로 세상을 떠났다.

보안사가 펴낸《대공활동사1》에는 수사 착수 계기에 대해 전직 부대원이 박박의 담당 교수로부터 이상한 말을 듣고 제보해온 것으로 나와 있다. 그 교수가 공부에는 열의를 보이지 않던 박박이 찾아와 일본디자인학원에 보낼 유학생을 모집하기 위한 사무실을 내지 않겠느냐고 제의를 해 거절했다고 하는데 뭔가 수상하다는 취지였다. 보안사는 일본 내 협조망을 통해 오영석의 배후 관계 파악에 나섰다. 일본에서 그가 총련계의 거물급 인사이고, 학원 직원들도 대체로 총련 계열이라는 회답이 왔다.

이 '첩보'를 토대로 수사 방향의 골격이 짜여졌다. 1982년 11월 서울 종로3가에서 '해외유학생 상담실'을 차린 박박이 유학생을 모아 일본에 보내면, 오영석이 운영하는 학원 주변에 있는 북한의 비밀공작원이나 총련계의 대남공작원이 그들에게 포섭공작을 벌였다는 시나리오다. 박박은 1983년 8월 10일 보안사에 끌려가 36일간 불법 구금돼 조사를 받았다. 그는 오학원 산하 기술전문학교에 유학생 15명을 보내 은연 중 공산주의 사상을 주입하고 그 중 일부를 대남공작원으로 양성해 국내침투를 기도한 혐의로 구속돼 재판에 회부됐다.

박박은 1984년 1월 서울형사지법에서 유죄로 인정돼 징역 10년 자격정지 10년을 선고받았고, 2심에서는 일부 혐의에 파기가 있었지만 형량은 똑같이 나왔다. 1984년 10월 대법원에서 상고가 기각된 그는 1988년 8월 광복절 특사로 대구교도소에서 풀려났다. 징역 10년을 선고받고 5년 동안 수감생활을 한 것이다.

공안조사청의 뿌리는 일제 특별고등경찰

박박의 유죄판결에는 공안조사청의 전직 직원 사노 이치로의 증언이 결정적으로 작용했다. 사노는 보안사 재일협조망에서도 중추적 구실을 했다. 사노의 무리가 제공한 정보는 얼마나 신빙성이 있고 객관적 사실에 기초하고 있었을까?

사노 이치로가 한국법정에 출석한 사실은 국내 언론에 보도되지 않았고 그 후에도 오랜 기간 문제가 된 일조차 없다. 하긴 박박 사건도 당시 보안사가 발표한 때를 제외하고는 공판 과정이 전혀 보도되지 않았다. 반면에 전직 공안조사관의 이례적인 한국 법원 출석은 일본 국회에까지 파장이 번졌다. 와다 시즈오和田静夫 사회당 참의원 의원은 1984년 4월

9일 참의원 예산위원회에서 이 문제를 추궁했다. 답변을 한 하시모토 히로시橋本 恕는 당시 외무성 아주국장이었고, 오카무라 야스타카岡村泰孝는 공안조사청 차장으로 나중에 검사총장(검찰총장)까지 했다.

와다 : 최근 판결이 내려진 재일정치범 가운데 박박이라는 청년이 있다. 가와사키에 거주하던 사람으로 도카이東海대학을 나와 일본비지네스스쿨에 재직하고 있다. 스물일곱 살이며, 부인은 일본인이다. 박 씨의 공판에 사노 이치로라는 인물이라는 출정해서 중요한 증언을 했는데 외무성이 알고 있는 사실을 보고해달라.

하시모토(정부위원) : 지적한 문제에 대해 우리가 직접 외교채널을 통해 한국정부로부터 통보 혹은 보고받은 것은 없다. 그러나 간접적으로 다른 소스로부터 지적한 사실이 있다는 것을 듣고 있다. 우리가 알고 있는 것을 전부 말하면, 작년(1983년) 12월 16일 서울지법의 공판에 출정해서 증언했다는 얘기를 들었다.

와다 : 법무성은 사노 이치로가 전 공안조사청 조사관인데 이 사람에 대해 뭔가 보고할 것이 있는가?

오카무라 : 사노 이치로라는 인물이 공안조사청 간토공안조사국에 근무한 일이 있다.

와다 : 현직은 알고 있나?

오카무라 : 1963년 4월부터 68년 12월까지 근무했으며 주로 과격파 관련 업무를 담당했다.

와다 : 현직은 아세아민족동맹 회장이라고 하던데 이 사노 이치로 씨가 한국 법정에서 증언한 사실 내용이라는 것은 확인하고 있나?

오카무라 : 구체적으로는 알지 못하고 있다.

와다 : 나는 이 증언 내용이라는 것은 수비守秘 의무 위반이 아닌가라고 생각하고 있는데 조사하나?

오카무라 : 사노 이치로라는 인물은 공안조사청에서 5년여 근무한 것뿐이다. 퇴직 후 이미 15년 너머 경과하고 있다. 또한 한국에서의 증언이라는 것은 한국의 국내 문제이기도 하기 때문에 우리로서는 이 건에 대해 조사까지 할 필요는 없는 것으로 생각하고 있다.

와다 : 퇴직해서 15년 지나게 되면 재직 중 알게 된, 본인 외에는 알 수 없는 것을 말해도 좋다는 것이 되는 건가?

오카무라 : 일본 국내에서는 재직 중 알게 된 공무원으로서의 업무상 비밀, 이것을 누설하면 공무원법 위반이라고 생각하고 있다.

일본 의회에서 오고간 문답을 보면 사노 이치로는 공안조사청에서 5년 8개월 정도 근무했고, 법정에서 증언할 때의 직책이 아세아민족동맹 회장으로 돼 있다. 논란의 초점은 사노가 공안조사관 시절 취득한 직무상 비밀을 얘기하는 것이 비밀엄수를 규정한 공무원법에 저촉되지 않느냐의 여부다.

사노 이치로의 개인 경력에 대해서는 알려진 것이 별로 없다. 박박 공판의 증인신문조서, 그리고 증인으로 나오기 약 3개월 전 서울 남산 하이얏트호텔에서 작성된 진술서, 진술조서 등에서 그의 면모를 좀 더 엿볼 수 있다. 보안사 요원의 입회하에 쓰인 진술서와 진술조서의 작성 시점은 1983년 9월 14일로 돼 있어 보안사의 박박 사건 발표보다 한 달 이상 빠르다.

그의 '진술'에 따르면 1938년 2월 도쿄 시부야에서 태어나 1956년 3월 도립 아오야마고등학교를 졸업했다. 그리고 고등학교 졸업 3년 뒤인 1959년 4월 일제하에서 식민지정책학을 가르쳤던 기풍이 남아 있는 다쿠쇼쿠拓植대학 정경학부 정치학과에 입학해 1963년 4월 졸업한 뒤 그 해 4월 공안조사청에 들어갔다. 그는 1968년 12월 퇴직까지 간토공안조사국 제1부 제2과에서 근무했으며 주로 공산당 청년조직인 민주청년동맹(민청) 등에 대한 내사 정보 수집을 담당한 것으로 알려졌다. 그가 회장을 맡은 아세아민족동맹은 1978년 5월에 결성된 우익반공단체다. 사노가 회장에 취임한 시기는 그 자신의 진술이 엇갈리고 있는데 1979년 10월께로 추정된다. 사노는 변호인 증인 신문에서 아세아민족동맹의 실체나 핵심 내용에 대해서는 답변을 얼버무렸다.

변호사(김기현) : 아세아민족동맹은 언제 결성됐고 조직 운영과 운영자금 출처는 어떤가?

사노 : 조직된 것은 1978년이며, 조직은 총본부가 도쿄에 있고 지방에 7개 지부가 있다. 총본부에서 관리하는 조직원이 약 1000명 정도 되며 그 밖의 지부에 소속된 회원 수는 잘 모른다.

변호사 :운영 자금은 어디서 조달하는가?

사노 : 그것은 밝히기 곤란하다.

변호사 : 회원 구성은 어떻게 돼 있나?

사노 : 일본인과 재일한국인으로 구성되어 있는 바 일본인 60퍼센트, 재일한국인 40퍼센트 정도의 비율이다.

변호사 : 회장의 보수는 얼마나 되나?

사노 : 보수는 없다. 사명감에 무보수로 일하고 있다.

변호사 : 일본에서 정보를 수집해 보안사에 제보한 경위는 무엇인가?

사노 : 보안사와 특별한 관계에 있기 때문이다.

변호사 : 언제부터 그런 관계를 유지했나?

사노 : 오래 되었지만 구체적인 것은 밝힐 수 없다.

변호사 : 증인은 한국에 자주 나오나?

사노 : 자주 나오는 편은 아니고 부정기적으로 일 있을 때마다 가끔 나오는 편이다.

일본의 '적화방지'를 위해 활동하고 있다는 이 우익단체는 한 재일동포를 빼고서는 얘기할 수가 없다. 범상치 않은 삶을 살아온 그의 이름은 양원석이다.

야쿠자 두목 출신, 보국훈장 광복장을 받다

1984년 11월 1일 오전 세종로 정부종합청사에서 국무회의가 열렸다. 진의종 국무총리의 불참으로 신병현 부총리 겸 경제기획원장관이 주재한 이날 회의에서 부동산등기법 개정법률안과 일반 안건을 포함해 모두 7개 안건이 통과됐다. 일반 안건에는 109보안부대 우종일 중령 외 12명에 대한 영예수여안도 포함됐다. 이들에게는 보국훈장 3등급에서 5등급인 천수장, 삼일장, 광복장이 수여됐는데 한 명을 빼고는 대부분 보안사령부 소속 장교 부사관 군속 등 군인 신분이었다. 민간인으로 보안사령부 군인 틈에 끼어 보국훈장 광복장 수여가 결정된 사람은 양원석, 직함은 아세아민족동맹 명예회장으로 나온다.

양원석은 재일동포다. 그는 무엇을 했기에 국가안보에 뚜렷한 공이 있는 사람에게 수여되는 보국훈장을 받게 됐을까? 보안사 소속 군인들과 함께 훈장 수여가 상신된 것을 보면 일단 보안사의 활동과 밀접한 연관이 있는 사람으로 짐작할 수 있겠다. 양원석의 이름은 전두환 대통령 취임 축하모임을 다룬 〈중앙일보〉 기사에도 등장한다. 1980년 10월 27일 자에 '한·일 친선의 밤 개최'란 제목으로 사진과 함께 실린 기사는 이렇게 돼 있다.

> 전두환 대통령 취임축하 한·일 친선의 밤이 25일 하오 서울 호텔신라에서 정일권 한·일 의원연맹의장, 이형근 반공연맹이사장 등 국내인사 1백여 명, 일본 아세아민방동맹(명예회장 양원석·58·재일동포)회원 3백30명 등 모두 4백30여 명이 참석한 가운데 열렸다. 정 한·일의원연맹의장은 환영사에서 "안정된 한국을 직접 보고 일본으로 돌아가 본 대로 전해 달라"고 당부했다. 아세아민방동맹은 일본 전국에 5백여 명의 회원을 가진 반공단체인데 회원들은 지난 24일 방한, 26일 국립묘지 고 박정희 대통령 묘소 참배를 비롯, 민속촌과 전방시찰을 했다.

아세아민방동맹은 아세아민족동맹의 오기로 보인다. 양원석이 호텔신라에서 요란하게 행사를 벌인 그날 오전에 신군부는 광주항쟁 관련 구속자에게 무더기로 중형을 선고했다. 전남북계엄군법회의는 항쟁에 참여한 175명에 대한 선고공판을 열어 정동년, 김종배 등 5명에게 사형,

홍남순 변호사 등 7명에게 무기를 선고하고, 나머지 163명에게는 각기 징역 20년에서 5년까지의 형을 때렸다. 광주항쟁 참여자에 대한 잔혹한 보복이 선고된 날 서울에서는 한국과 일본의 우파 인물들이 모여 잔치판을 벌인 것이다.

아이치 현 민단 단장 살해사건

전두환이 최규하를 대통령직에서 몰아내고 '양위'받은 지 거의 2개월이 되어가는 시점에 일본에서 수백 명의 회원을 데리고 와 대규모 행사를 열고 전방시찰까지 한 것을 보면 양원석은 국내에 상당히 두터운 인맥을 구축한 가진 사람임에 틀림없다. 그의 이름이 국내에 알려진 것은 그보다 12년 전에 일본 나고야에서 벌어진 충격적 사건에서 비롯됐다. 1968년 11월 13일 오후 아이치 현 민단본부에서 단장 김용환이 9회 지방위원회를 주재하다가 최재수가 휘두른 일본도와 단도에 왼쪽 가슴, 옆구리 등을 찔려 현장에서 숨지는 끔찍한 사고가 발생했다. 최는 김 단장을 살해하고 나서 회의실에서 책상과 의자로 바리케이드를 쌓고 일본 경찰과 4시간 대치하다가 체포됐다. 최의 범행 방식은 일본 야쿠자의 전형적인 수법과 같다.

이 사건은 아이치현 민단본부 사상 최대의 충격적 사건으로 기록돼 있다. 외무부는 다음날 나고야 총영사관에 훈령을 내려 민단 단장 피살사건의 진상을 상세히 보고하라고 지시했다. 당시 민단 중앙본부 단장인 이유천은 바로 나고야로 들어가 사태를 파악한 후 "고인의 죽음을 헛되게 하지 않기 위해서도 조직 내외의 폭력을 철저하게 배제해야 한다"고 성명을 발표했다. 아이치 현 민단본부는 다음해 5월 열린 10회 지방위원회에서 사건에 대한 총괄보고를 다음과 같이 했다.

> 단내團內의 양식에 대한 신뢰감과 단 규율을 존중하려 하는 자치의식에 대한 위협이라는 의미에서 창단 이후 이제까지 24년간 키워온 전통에 큰 오점을 남긴 치욕적 사건일 뿐만 아니라 조직운영에 대한 이제까지의 인식에 맹렬한 반성을 촉구하는 사건이었다. 또한 국부적으로는 광적인 한 흉도의 잔인한 범행이고, 아이치 현 지방만의 사건으로 규정할 수도 있다. 그러나 폭력도배가 근거 없는 구실로 단 조직에 도전하려 한 배경에는 본단本團이 불순한 폭력에 대해 확고한 자세를 견지할 수 없었던 근본적인 모순이 잔존하고 있다는 것을 부정할 수 없다. 본단과 공관과의 표리일체라는 유기적 관계가 충분히 확립되지 않은 현실을 반영한 것이라고도 할 수 있다.

이 총괄보고는 민단 조직 운영에 폭력단과 공관의 입김이 얽혀 있다는 것을 추상적 표현으로 보여주고 있다. 단장 살해범 최재수는 간사이 지방을 무대로 활동하고 있는 야쿠자 조직인 '야나가와구미梁川組'의 지방간부였다. 그는 1968년 7월 폭력단원을 추방키로 한 방침에 따라 아이치 현 민단에서 제명되자 부하들을 동원해 '신민단'이라는 불법단체를 만들어 민단 집행부에 공공연히 도전해왔다.

최가 속해 있던 야나가와구미를 만든 장본인이 바로 양원석이다. 그의 일본 이름이 야나가와 지로梁川次郎였기 때문에 야나가와구미로 불린 것이다. 당시 그의 야쿠자 조직은 일본 전국에 78개 단체, 1800여 명의 조직원을 두고 있었다. 다른 야쿠자 조직과 세력권 쟁탈전을 벌일 때도 아주 잔인한 수법을 마다하지 않아 '살인자 집단'으로 불리는 등 악명이 자자했다.

야쿠자의 두목인 양원석은 어떻게 해서 전두환 대통령 축하 파티를 열고 대한민국 훈장까지 받게 됐을까? 1923년 부산에서 태어난 그는 1930년 가족과 함께 일본으로 건너가 오사카에서 자랐다. 평생 의형제처럼 지내며 야나가와구미를 함께 만들었던 강동화를 여기서 만났다. 1941년 말 일본의 진주만 기습으로 태평양전쟁이 터지자 가족과 함께 규슈 오이타의 군수공장 인근으로 이주해 강제노동을 했다. 일본이 전쟁에 패하자 가족은 한국으로 돌아갔지만, 폭행사건에 연루된 그는 체포돼 일본에 홀로 남았다.

오사카로 돌아간 그는 전후의 혼란기에 살아남기 위한 방편으로 폭력배 조직에 몸을 담갔다. 작은 조직을 이끌던 그가 일약 야쿠자 세계의 명사로 뜬 것은 1958년 오사카의 니시나리西成 지역에서 벌어진 세력쟁탈전이었다. 자신의 부하가 당시 니시나리 지역의 최대 폭력조직인 '오니가시라구미鬼頭組' 사무실에 끌려갔다는 소식을 접한 그는 부하 일곱 명을 끌고 달려갔다. 상대방은 조직원 100명을 풀어놓고 대기하고 있었지만, 양원석이 일본도로 한 사람의 손목을 날려버리자 도망치기에 바빴다. 8대 100의 싸움에서 승리한 그는 9개월 동안 수감됐다가 보석으로 나온 뒤 1958년 11월 정식으로 야나가와구미를 출범시켰다.

이후 야나가와구미는 일본 최대의 야쿠자 조직이 되는 '야마구치구미山口組' 산하에 들어가 전국을 제패하기 위한 선봉부대가 됐다. 독자적으로도 나고야를 포함한 긴키 지역, 홋카이도까지 조직을 확대했다. 야나가와구미는 1962년 3월 고베의 야마구치구미, 고베의 '혼타카이本田會' 등과 함께 경시청이 지정하는 5개 광역폭력단에 포함됐다. 일본 경찰은 도쿄올림픽을 앞두고 야쿠자의 쟁탈전이 치열하게 전개되자 1964년 2월부터 5년간 '1차 정상작전'이란 명명된 대대적인 폭력단 박멸작전을 벌였다. 경찰의 집중공격 목표가 되자 양원석과 강동화는 1969년 4월 9일 옥중에서 야나가와구미 해산을 결정했다. 야마구치구미는 양원석이 독단으로 조직을 해산했다는 이유로 그해 8월 인연을 끊는 '절연 처분'을 통고했다. 양원석의 부하들은 대부분 야마구치구미로 흡수됐다.

프로레슬링 흥행과 반공우익운동의 두 얼굴

야쿠자 세계에서 발을 뺀 양원석은 야나가와총업總業이란 회사를 차려 국내에 한일간 프로레슬링 경기를 주선하고 반공인사로 행세하기 시작했다. 그는 1975년 3월 일본 프로레슬링의 1인자인 안토니오 이노키를 데리고 와 박치기로 유명한 김일과 대결시키는 흥행을 연출했다. 이 한·일프로레슬링대회의 주최는 중앙일보와 동양방송이 맡았다. '재일대한승공통일평의회'의 명예회장을 겸하고 있던 그는 홍진기 당시 중앙일보 사장과 '환담'하고, 김종필 총리를 방문해 프로레슬링대회의 수익금 1000만 원을 방위성금으로 기탁했다. 또한 다른 재일동포 사업가들과 함께 박경원 내무장관을 만나 새마을사업에 써달라고 티브이 수상기 100대를 기증하기도 했다. 조직폭력단의 두목 출신이 당시 국내의 최고 권력층과 스스럼없이 교류한 셈이다. 1976년 12월에는 일본의 전통씨름 스모의 간판스타인 다카노하나(1990년대 요코즈나까지 올랐던 동명의 다카노하나는 그의 아들)가 서울에서 스모대회 개최 가능성을 타진하기 위해 방한했는데 그것도 양원석의 입김으로 이뤄진 것이다.

1980년대 들어서도 양의 국내 행적은 주로 스포츠 흥행에서 두드러진다. 1981년 1월에는 대한프로레슬링협회 집행부가 새로 출범했을 때 그는 명예회장으로 추대됐다. 세계프로복싱계의 양대 산맥인 세계권투협회(WBA)와 세계권투평의회(WBC)에서 소외된 인사들을 중심으로 국제복싱연맹(IBF)이 1983년 미국 뉴저지 주에서 창립됐을 때 양원석이 IBF 일본지부 창설에 참여해 초대 아시아 커미셔너로 활약했다. 국내에서 IBF타이틀전이 열리면 그가 모습을 나타냈다. IBF 일본지부는 정작 일본에서는 상당기간 활동을 인정받지 못했다. 프로복싱을 통괄하던 일본복싱커미션(JBC)이 존재를 인정하지 않았기 때문이다.

양원석은 1991년 12월 12일 오사카에서 세상을 떠났다. 향년 68이었다. 그는 인생의 말년에 프로스포츠계 행사에 몰두하며 삶을 마감했을까? 아니다. 프로레슬링이나 프로복싱 경기를 주선했다고 해서 보국훈장을 받을 수는 없다. 그가 1980년 서울에서 전두환 대통령 취임 잔치를 열었을 때나, 1984년 훈장을 받았을 때 직함은 아세아민족동맹 명예회장이었다. 아세아민족동맹은 그가 주도해 1978년 5월에 일본에서 만든 단체다. 그는 이 단체의 성격에 대해 1980년 10월 26일 자 〈한국일보〉와의 회견에서 이렇게 설명했다.

무엇보다 반공을 목적으로 한 단체로, 일본에서 조총련이나 한민통과 보이지 않는 싸움을 계속하고 있다. 반공을 전제로 아시아의 자유국가 특히 한·일 양 국민을 결속시키는 역할을 하겠다. 정부 차원이 아니라 민간 차원에서 양 국민이 서로 이해하고 우의를 돈독히 하면 매스컴의 왜곡된 보도라든가 조총련이나 한민통 또는 일본공산당, 사회당 등 붉은 단체의 책동에도 양국관계가 흔들리지 않을 것이기 때문이다.

김대중 비방 괴문서 일본 언론에 뿌리다

1980년 전두환을 지도자로 하는 신군부가 5·17 계엄확대조치를 하며 야당 지도자 김대중을 체포해 내란음모 혐의로 군법회의에 회부했을 때 일본 언론계에 〈김대중의 불투명한 부분 입수〉라는 괴문서가 배포됐다. 35쪽 분량의 소책자에는 '김대중의 좌익 및 용공활동 경력' '해외용공 및 반국가활동' '한민통과 김대중 관계' 등이 실려 있었다. 내용은 계엄사령부가 체포 직후인 5월 22일 급히 발표한 '중간수사 보고' '공소장'과 비슷해 한국의 정보기관이 의도적으로 흘린 것으로 추측됐다.

일본 주간지 〈슈칸 포스트〉는 1980년 9월 5일 자 호에서 한·일 유착 문제의 특종이라며 괴문서 사건의 막후 인물이라는 야나가와 다카시梁川魏志의 직격 인터뷰 기사를 실었다. 야나가와 다카시는 양원석의 또 다른 일본 이름이다. 폭력단 해산 후 대외 공개 활동을 하면서 '야쿠자 두목' '살인자'의 이미지가 따라 다니는 기존의 야나가와 지로 대신 새로 작명한 것이다. 양은 자신이 한국에서 괴문서를 갖고 와 〈교도통신〉 등 일본 매스컴에 돌렸다고 인정하고 출처에 대해서는 "한국정부 소식통에

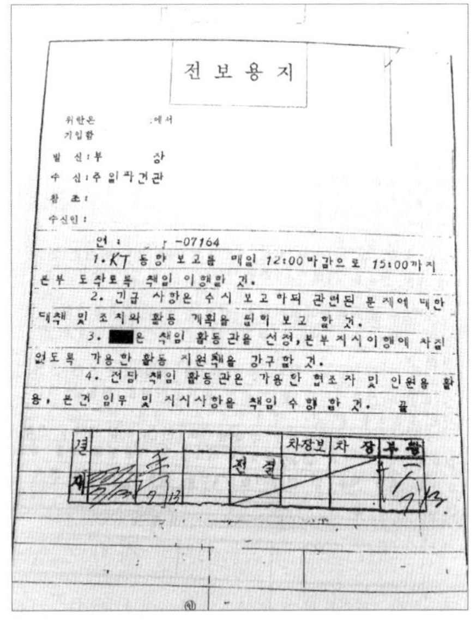

전 보 용 지

위한은 :에서
기입함

발 신 : 부 장
수 신 : 주일파견관
참 조 :
수신인 :

연 : -07164

1. KT 동향 보고를 매일 12:00마감으로 15:00까지 본부 도착토록 책임 이행할 것.

2. 긴급 사항은 수시 보고하되 관련된 문제에 대한 대책 및 조치와 활동 계획을 필히 보고 할 것.

3. ███은 책임 활동관을 선정, 본부 지시이행에 차질없도록 가용한 활동 지원책을 강구할 것.

4. 전담 책임 활동관은 가용한 협조자 및 인원을 활용, 본건 임무 및 지시사항을 책임 수행 할 것. 끝

결재			전결	차장보	차 장	부 장

중앙정보부 본부에서 도쿄 주재요원들에게 김대중 동향보고를 매일 보내라고 지시하는 전문. KT는 김대중의 약어

가까운, 안이라는 이름의 유력한 실업가를 통해 입수했다"고 둘러댔다. 그는 "누가 대통령이 되어도 좋다고 생각하지만 김대중만은 절대로 안 된다"며 김대중에 대한 증오감을 숨기지 않았다. 또한 김대중이 공산주의자라고 말할 수까지는 없지만 공산주의 신봉자였다는 것은 틀림없는 사실이라고 주장했다.

양은 1973년 8월 도쿄에서 중앙정보부 요원들이 김대중을 강제로 국내로 끌고 온 납치사건과 관련해서도 섬뜩한 말을 서슴지 않았다. 그는 당시 폭력단의 납치 관여설에 대해 자신이 가장 주시받았다고 말한 뒤 "가령 내가 부탁을 받았다면 국외로 달아나게 하는 듯한 짓은 하지 않고 그 자리에서 해치웠겠지(죽여버렸지)"라고 밝혔다. 그러고는 "승부는 3일이다. 그런 어정쩡한 일은 하지 않는다"고 덧붙였다.

양의 말처럼 그가 납치 음모에 개입했다면 김대중의 운명은 달라졌을지도 모른다. 당시 이후락 중앙정부부장의 지시에 따라 도쿄대사관에 외교관 신분으로 파견돼 있는 중정요원들에게 납치계획 수립 명령이 떨어졌다. 대사관 내 중정조직 책임자인 김기완 공사(당시는 김재권이란 이름 사

용, 성 김 전 주한 미국 대사의 부친)는 김동운 1등서기관에게 공작계획서를 작성토록 해 김동운이 'KT공작계획서'를 만들어 귀국해서 이철희 차장보 등에게 브리핑을 했다. KT는 중앙정보부 내부에서 김대중을 지칭하는 약어다. 'KT공작계획서'는 폐기된 탓인지 남아 있지 않아 내용을 알 수 없으나, 당초 안에는 야쿠자 10여 명을 동원해 김대중을 납치해서 파우치(외교행낭) 편으로 국내로 이송하거나, 현지에서 제거(암살)하는 것이었다고 한다. 그러나 야쿠자를 이용할 경우 보안 유지가 안 되고 살해하면 뒷감당이 어렵다는 이유로 계획이 전면 수정된 것으로 알려졌다.

양원석은 〈슈칸 포스트〉와의 인터뷰에서 김대중 중상에 열을 올린 것과는 대조적으로 신군부의 강자로 등장한 전두환에 대해서는 '정의로 뭉쳐진 덩어리'라며 "일본 매스컴은 나쁜 것만 쓰고 있지만, 전두환 장군을 만나면 반드시 반한다"고 추어올렸다. 그는 전두환 면담설에 대해서는 "막후에서 일하는 것이 좋다고 생각하기 때문에 만난 적이 없고, 만날 필요도 없다"고 주장하고 전 장군을 만난 사람은 사노 군이라고 밝혔다. 그가 사노 군이라고 지칭한 사람은 박박 사건 공판에 검사 쪽 증인으로 나온 사노와 같은 인물이다. 당시는 양에 이어 아세아민족동맹의 2대째 회장을 맡고 있었다. 전두환에 대한 사노의 인상은 '실로 침착, 냉정한 애국자'라고 말한 것이 같은 기사에서 언급돼 있다. 전두환을 만나지 않았다는 양원석의 주장은 여러 가지 정황상 신뢰하기 어렵다. 아세아민족동맹의 관계자는 양과 사노가 전을 회견한 것으로 말하고 있다.

〈슈칸 포스트〉는 양원석 인터뷰를 실은 지 2주 뒤, 전두환 체제가 출범한 이제 양원석이 새로운 한·일 인맥의 중핵을 쥐고 있는 인물로 주시되고 있다면서 그와 덴 히데오田英夫 사민련 대표의 대담을 후속기획으로 실었다. 언론인 출신의 덴 참의원 의원은 당시 김대중 구명운동에 앞장섰던 정치인이어서 정반대의 입장에 있는 두 사람에게 격론을 벌이도록 한 것이다. 양은 이 자리에서도 김대중이 일본 공산당 모 의원의 비서와 행동을 같이 하고 있다고 주장하며 그가 내란을 일으킨 이상 극형도 어쩔 수 없다고 말했다. 또한 김대중은 정치가가 아니라 선동가이며, 일본 매스컴이 쓰고 있는 것 같은 영웅은 절대로 아니라고 목소리를 높였다.

양의 인터뷰에서 주목되는 내용은 "이쪽에서 (정보를) 흘렸기 때문에 그쪽에서 흘러온 것"이라고 말한 부분이다. 그가 연관된 무리들이 김대중의 언동을 조사해서 한국 쪽에 알려주었다는 것이다. 그는 "공안조사청에 있던 사노 군이나 자위대 OB 마쓰모토의 루트로 철저히 조사했다"고 부연설명했다.

마쓰모토는 자위대 정보기관인 조사대 창설의 주역인 마쓰모토 시게오松本重夫다. 1920년 식민지 조선의 대구에서 출생한 그는 대구중학을 4학년까지 다니고 육사를 졸업했다. 패전 뒤 미육군방첩대(CIC)에 협조하다가 자위대 조사대에 관여했고, 1964년 '이좌(중령)'로 퇴역한 뒤 군사정보지를 배포하는 등 독자적인 정보활동을 했다고 한다. 양원석이 한국에서 가지고 온 '괴문서'를 다시 일본어로 번역하는 작업도 그가 했다. 그는 2008년 펴낸 저서《자위대 '그림자부대' 정보전비록》에서 야나가와 지로가 한국어 문서를 입수해서 상담하러 와 번역해주었다고 인정했다. 그는 야나가와에게 근거가 빈약해 일본의 여론을 움직일 만한 자료가 되지 않는다고 설명했으나, 기자에게 넘기면 좋다고 해 번역해서 〈교도통신〉 기자에게 주었다고 했다. 그는 1980년 김대중에 대한 사형선고가 한·일간의 외교 현안으로 떠올랐을 때 "시끄럽게 하면 감형하기 어려우니 일본 정부가 정관靜觀해주기 바란다"는 전두환의 메시지를 스즈키 젠코鈴木善幸 총리와 미야자와 기이치宮澤喜一 외상에게 전달했다고 주장하기도 했다. 당시 주일 한국대사인 최경록은 자신이 조선에서 근무하던 사단의 견습사관으로 오랜 기간 교분이 있었다는 것이다.

아세아민족동맹은 보안사의 정보꾼?

양원석은 아세아민족동맹이 일본에서 한민통, 총련과 눈에 보이지 않는 싸움을 한다고 했지만, 이 우익 조직이 결성 후 가장 적극적으로 한 활동은 '김대중 죽이기'였다. 괴문서 살포가 아주 단적인 예다. 〈슈칸 포스트〉는 이를 두고 한·일간 인맥에 "김대중의 대두를 싫어하는 계보가 명확히 존재한다"고 표현했다. 양원석은 아세아민족동맹 2대 회장을 맡은 사노 이치로에 대해 공안조사청에서 7년간 일한 철두철미한 반공주의자로, 한일친선에 크게 이바지하고 있다고 설명한 적이 있다. 그는 "한국인이 일본에서 할 수 없는 일을 사노가 한국인의 입장에서 몸과 마음을 바쳐 일해주고 있기 때문에 조총련으로부터 수없는 공갈, 협박을 받고 있지만 꿋꿋이 투쟁을 아끼지 않는다"고도 언급했다. 양원석이 말하는 한일친선은 무엇이고, 사노가 한국인의 입장에서 투쟁을 아끼지 않고 있다는 것은 무슨 의미인가?

진실화해위가 1980년대 재일유학생 '간첩 사건'을 담당한 당시 보안사령부 수사관들을 조사한 기록을 보면 양원석의 아세아민족동맹 활동은 보안사 내부에서 모두가 다 아는 사실이었던 것으로 보인다. 아세아민족동맹은 한국에서 정기적으로 총회를 개최했으며, 그때마다 보안사에 들러 처장이나 과장을 만나 '정보'를 주었다고 한다. 양원석에 대한 호칭은 보안사 수사관 사이에서 '양 회장'이었다. 1982년 보안사 대공처 수사 2계장인 김아무개는 진실화해위 조사에서 양원석에 대해 이렇게 진술했다.

> 일본 간사이 지방에서 야쿠자 조직의 1인자로 알고 있다. 보안사령부에 와서 사령관께 인사한 일도 있다. 양원석은 대일관련 정보수집 등에서 활용할 수 있는 가치가 컸다. 예를 들어 어느 해 북한으로 간 만경봉 탑승자 명단을 일본 경시청에 요청하면 2년이 지나도 회신이 오지 않는데 양원석한테 부탁하면 3개월이면 구할 수 있었다. 아세아민족동맹에 일본 경시청 출신 경찰관이 다수 있었다. 양원석은 일본의 전현직 경찰관과 긴밀한 관계를 갖고 있었기 때문에 정보수집 능력이 대단했다.

사노 이치로는 아세아민족동맹의 활동에 대해 "다른 외국에 비해 일본이 뒤떨어져 있는 것이 정보활동이므로 우리 동맹은 민간 차원에서 정보를 수집하고 있다"며 "아시아 가운데서도 한국에 집착하는 이유는 38도선을 끼고 공산주의와 싸우고 있기 때문"이라고 합리화했다. 하지만 김병진의 《보안사》에 기술된 내용을 보면 사노가 내건 명분은 궤변처럼 들린다. 그의 활동비는 상당 부분 보안사령부 예산에서 나온 것으로 보인다. 단도직입적으로 말하면 보안사의 돈을 받고 구미에 맞는 정보를 제공해주는 '정보꾼'이다. 그는 방한하면 당시 분실이 있던 서빙고 근처

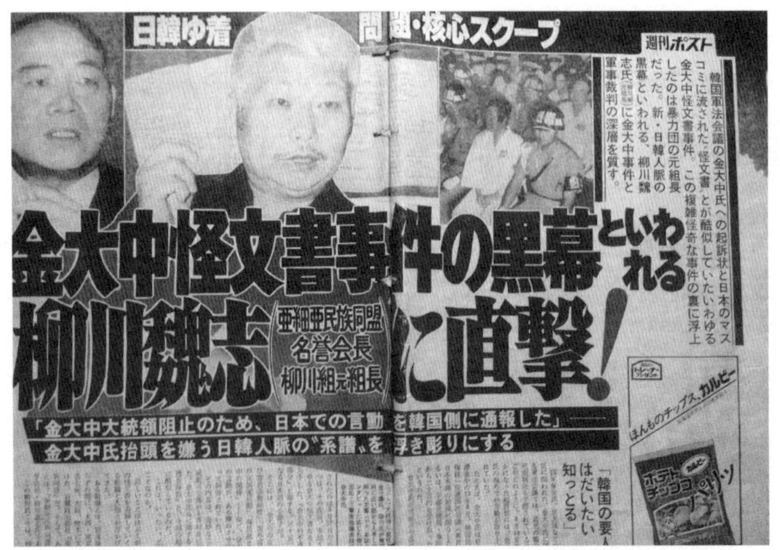
日韓ゆ着　問題・核心スクープ

週刊ポスト

韓国軍法会議の金大中氏への起訴状と日本のマスコミに流された〝怪文書〟とが酷似していたいわゆる金大中怪文書事件。この複雑怪奇な事件の裏に浮上したのは暴力団の元組長だった。新・日韓人脈の黒幕といわれる、柳川魏志氏に金大中事件と軍事裁判の深層を質す。

金大中怪文書事件の黒幕といわれる柳川魏志（亜細亜民族同盟名誉会長 柳川組元組長）氏に直撃！

「金大中大統領阻止のため、日本での言動を韓国側に通報した」——金大中氏抬頭を嫌う日韓人脈の〝系譜〟を浮き彫りにする

「韓国の要人はだいたい知っとる」

ほんものチップス、カルビー

1980년 한국 정보기관과 접촉하며 일본 언론에 '김대중 괴문서'를 돌린 양원석을 다룬 〈슈칸 포스트〉

의 크라운호텔에 주로 묵었는데 그가 체류 중 작성한 영수증은 모두 서빙고분실로 들어왔다고 한다. 사노는 '박박 간첩 사건' 해결에 기여한 공로로 당시 보안사령관 박준병 명의의 감사패도 받았다.

양원석과 사노의 아세아민족동맹은 김대중을 '제거'하고 나서는 재일동포 '간첩'을 양산하는 데 혁혁한 공을 세웠다. 양원석 무리는 보안사의 의뢰를 받아 '용의자'가 된 유학생의 가족관계, 유학 전 일본에서의 대학생활이나 사회활동, 총련계 동포와의 접촉 여부 등에 관한 정보를 수집해 보고했다. 때로는 독자적으로 수집한 대공 용의점에 관한 정보를 넘기기도 했다. 이들이 제공한 정보나 자료는 간첩 혐의로 재판에 넘겨진 유학생의 유죄를 입증하는 주요한 증거로 이용됐다.

이종수 사건도 보안사는 대법원에서 파기환송되자 아세아민족동맹의 허명신, 후쿠모토福本吉男 두 사람에게 증인으로 출두해 원호 사격해줄 것을 요청했다. 후쿠모토는 교토 부경府警 외사과의 후쿠모토 형사일 것이다. 하지만 이들은 한국 법정에서 신원이 노출되면 앞으로 활동할 수 없어 출두하지 못할 뿐만 아니라 자기들 명의로 된 서류도 제출할 수 없다고 했다. 보안사는 하는 수 없이 그들을 대신해 한태웅을 비공개 재판을 조건으로 검사 쪽 증인으로 출두하도록 했다.

아세아민족동맹이 수집해 보고했다는 정보의 신뢰도는 어떻게 판단해야 할까? 그것을 가늠할 수 있는 하나의 단서가 〈슈칸 포스트〉의 양원석 관련 기사에서 보인다. 양원석은 김대중, 우쓰노미야 도쿠마宇都宮德馬 중의원 의원, 덴 히데오 참의원 의원과 조선 총련 간부가 어느 호텔에서 4자 비밀회동을 했다고 주장한다. 우쓰노미야 의원은 중의원 10선, 참의원 2선을 한 정치가로, 자민당 내 리버럴 의원들의 모임인 '아시아·아프리카문제연구회'의 좌장이고, 유신 뒤 김대중이 망명객으로 일본 체류 때 적극적으로 후원한 이였다. 양은 국수주의 활동가로 추정되는 미야지마宮嶋泰傀의 〈고세이신문皇青新聞〉에 이런 내용이 나온다고 말하고, 미야지마가 덴 히데오의 비서로부터 확실히 들은 것이라고 주장했다. 양원석은 미야지마의 주장을 믿는 근거로 만약 사실이 아니라면 스스로 배를 가르겠다고 한 미야지마의 말을 들었다.

그렇지만 〈고세이신문〉은 상식적 의미의 신문이라 할 수 있는 게 아니다. 할복하겠다고 큰소리치는 것도 황실 숭배를 내세우는 일본 우익의 한 수법이다. 미야지마는 1980년 우익단체 잇스이카이一水會의 고문인 시노미야 마사키四宮正貴와 함께 《민족자결》이란 책을 고세이신문사에서 냈는데 일본국회도서관에서 검색되지 않는 것으로 보아 일반적인 책은 아닌 것 같다. 우익 이론가의 한 사람인 시노미야는《천황국 일본론》,《천황 · 제사 · 유신》,《헤이세이유신시론》등의 저서를 냈다.

덴 히데오는 물론 양원석이나 미야지마의 주장이 터무니없다고 반박한다. 김대중이 1973년 8월 납치되기 전까지 모두 네 차례 만났는데 세 번은 단독으로 회동했고, 나머지 한 번은 고노 겐조 사회당 참의원 의원 등 네 명이 자리를 같이 했다고 말했다. 또한 자신의 비서들을 조사한 결과 미야지마에게 그런 얘기를 한 사람이 아무도 없었음을 확인했다고 밝혔다.

덴은 도쿄제대에 입학해 1943년 '학도병 출진' 때 입대해 해군 특공대에 배속됐으나 일본의 항복으로 살아남았다. 당시 '가미가제神風' 공격으로 출격해 어이없이 희생된 동료들의 죽음이 평생 마음의 부채로 남았다고 한다. 그는 전후 복학해 경제학부를 나와 교도통신에 입사해 사회부장, 문화부장을 지냈고 1962년부터 민영 티브이방송인 〈TBS〉의 '뉴스 스코프' 프로의 앵커를 맡아 6년간 진행했다. 그는 1968년 3월 갑자기 앵커 직에서 물러났는데, 베트남 전쟁에 대한 그의 비판적 보도 자세에 불만을 품은 일본 정부와 자민당이 회사 쪽에 압력을 가해 물러나게 했다는 설이 파다했다.

그는 1971년 참의원 선거 때 사회당 전국구 후보로 나와 1위로 당선돼 정계에 진출했으며, 사회당의 노선에 반발해 1978년에는 사회민주연합(사민련)을 결성해 대표로 활동했다. 36년간의 의정생활 동안 그는 평화헌법 지키기에 열의를 쏟았고,《특공대와 헌법 9조》등의 저서를 냈다. 삶의 궤적으로 보아 김대중 '빨갱이' 몰이에 앞장선 양원석과 호헌운동에 앞장선 덴 히데오 가운데 누구의 말을 신뢰할 것인가?

한편 1999년 10월 세상을 떠난 사노 이치로의 죽음에 대해서는 여러 가지 소문이 무성하다. 호텔 옥상에서 투신했다는 설이 있는가 하면 도쿄의 자택에서 의문의 죽음을 했다는 설도 있다. 스미토모은행의 추문을 폭로하는 책의 출판과 관련해 거액을 뜯어냈다는 미확인 추문도 나돈다.

사노가 한국 법정에 출두해 유죄를 받게 한 박박 사건에 대해 진실화해위는 2010년 6월 30일 일부 진실규명 결정을 내리고 불법구금 가혹행위를 한 데 대해 국가는 사과하고 재심 등의 화해조처를 하는 것이 필요하다고 밝혔다. 박박은 2012년 5월 24일 대법원에서 재심 무죄가 확정됐다.

비밀에 싸인 공안조사청

사노 이치로가 한동안 근무한 공안조사청은 1952년 7월 파괴활동방지법이 의회에서 통과되면서 법무성 산하 기관으로 설립됐다. '폭력주의적 파괴 활동'을 할 우려가 있는 단체를 규제하기 위해 평소에 정보수집 활동을 벌이며 요건이 충족되면 처분청구를 할 수 있는 권한을 갖고 있다. 한창 때는 직원이 2000명을 넘었으나 현재는 1500명 선을 유지하고 있다. 내각관방의 내각정보조사실(내조), 경찰청 경비국 산하의 공안경찰, 방위성의 정보본부 등과 함께 일본의 대표적 정보기관의 하나다. 인맥을 거슬러 올라가면 전전의 일본 군국주의 체제에서 언론 사상의 자유를 유린하고 각종 사회운동을 철저히 탄압한 특별고등경찰(특고)을 비롯해 군 특무기관 헌병대 등이 나온다. 일본이 패전한 뒤 진주한 점령군사령부는 인권지령 등을 통해 폭압통치의 상징이었던 내무성과 특별고등경찰을 해체하지만, 그 인맥은 대체로 공안경찰이나 정보기관에 흡수돼 부활했다.

공안조사청의 전신은 패전 직후인 1945년 9월 내무성에 설치된 조사부다. 조사부는 조사국으로 격상돼 내무성이 해체되자 총리청 산하로 들어갔다가 1948년 2월에는 법무청 특별심사국으로 바뀌었다. 이 조직이 파괴방지법이 시행되면서 고스란히 공안조사청으로 옮긴 셈이다. 조사국이나 특별심사국 때의 주요 임무는 일제 시절 활개 친 군국주의자·초국가주의자의 감시와 공직 추방이었으나, 냉전의 본격화로 점령정책의 '역코스'가 시작되면서 방향이 정반대로 선회했다. 특고 시절과 마찬가지로 공산당 노동조합 등 좌익세력에 감시를 집중해 활동가를 직장이나 노조에서 쫓아내는 '레드 퍼지'를 담당했다. 공안조사청은 공안경찰처럼 영장을 발부받아 증거물 압수와 가택수색을 할 수 있는 강제권한은 없으나 탐문, 사찰, 프락치(정보협력자) 운영 등을 통해 정보를 수집한다. 강제조사권이 없는 만큼 프락치에 고가의 '사례금' 지급을 미끼로 정보

수집을 벌이는 것으로 알려져 있다.

일본 공안조직의 은밀한 활동은 비밀에 싸여 있다. 공안조사청도 마찬가지다. 예전에는 공안의 활동을 전문적으로 추적하는 저널리스트들이 있었지만, 요즘의 주류언론 기자들은 그런 데 관심이 없다. 당연히 언론에도 공안의 실상이 별로 드러나지 않는다. 진보적 주간지 〈슈칸 긴요비〉 2014년 2월 14일 자 호에 공안조사청의 여성 조사관이 재일동포 인권문제를 담당하는 시민단체에 2011년 가을 무렵부터 신분을 감추고 들어와 정보를 수집하다가 들통났다는 기사가 실렸다. 공안조사관의 신원이 드러난 이례적인 폭로기사다. 눈 주변을 검은 줄로 지운 사진도 게재됐다. 이 여성은 간토공안조사국 소속이었다고 한다.

公安調査庁職員が市民団体に潜入か

都圏で在日朝鮮人の人権問題取り組んでいる市民団体の会議「工藤涼子」と名乗る若い女が出席するようになったのは、11年の秋頃からだった。部にはオープンで、さまざま人が出入りする会議のため誰も女性について警戒はしなかっ、会に参加しているAさんがする。女は事務局会議で何も発言せ黙々とメモを取っていました。変だなとは思っていたのですここの会員の知人であるBさ通じ、『工藤良子』と名乗っ性と会った際に、法務省関東調査局公安調査官という肩書名刺を渡された」という情報ったのです。しかも会員用メグリストの〝工藤涼子〟のアと、Bさんに〝工藤良子〟たメールのアドレスが同一。驚いてすぐにメーリングから外したら、しばらくし来なくなりました」

法務省関東公安調査局と産党など左翼団体や市民運オウム真理教等を対象に情を行なっている公安調査庁に8つあるブロックの一つ。体に「協力者」（スパイ）を送り込んだり、調査官が団体のメンバーに接近して情報を収集しているとされる。Bさんは都内の大学に勤務し、2010年8月にある文化団体の主催による北朝鮮の訪問団体に加わって、訪朝していた。Bさんは語る。

「11年の春だったかと思いますが、大学から電話がかかってきて、『法務省の工藤と名乗る女性が、連絡先を教えて欲しいと言ってきている。携帯電話の番号を教えていいか』と聞かれました。了承したら電話がかかってきて、『北に行かれたそうですね。勉強したいので、会っていただけますか』と。私は政治とは無縁ですし、特に断る理由もないからお会いしました」

市民団体が撮影した「工藤良子」氏の写真。

偽名で身分を隠す

編集部が前述の市民団体から入手した「工藤」氏の写真を見せたところ、Bさんは「工藤さんに間違いない」と証言。会話の内容については「大したことは聞かれなかったように記憶していますが、平壌市内のカトリック教会の写真を見せたら非常に関心を示した」と語る。さらに「工藤」氏は、同じ訪朝団の一人だったCさんの名前を特定し、「連絡先を教えてくれないか」と頼んだという。

「嫌がらせの電話か！」

Bさんが承諾したため、「工藤」氏はCさんにも翌2012年に会っている。Cさんによれば、「法務省の人間と言うからどんなことを聞かれるかと思ったが、拍子抜けするほど、どうという話はしなかった」という。

このCさんに対しても「工藤良子」という名刺を差し出し、さらに事後のメールにはBさんに対してと同様、「法務省、公安調査庁の工藤です」と書いていた。だが前述の市民団体の会議に出席していた際は「工藤涼子」の名刺を使っており、しかもそこには、都のある南北朝鮮との交流団体名が記してあった。

일본 주간지 〈슈칸 긴요비〉에 폭로된 공안조사청의 시민단체 사찰활동

7

김정사 사건과 한민통 불법화

”

모국의 모습에서는 자랑스러워할 만한 게 없었다. 하지만 돌아오는 비행기 안에서 김정사는 모국의 산하를 내려다보니 뭔가가 마음속에서 요동쳤다. 그는 돌아오자마자 이와나미 신서로 나온 《조선》을 구해 읽었다.

수상한 검찰 쪽 증인

1980년 5월 광주항쟁을 유혈로 진압한 신군부의 김대중 제거 작전은 일사천리로 진행됐다. 구속된 김대중의 운명에 국내외 관심이 쏠린 가운데 신군부는 7월 31일 김대중, 문익환 목사, 이문영 교수 24명을 엮어서 내란음모, 계엄법 위반 혐의를 적용해 기소했다. 이른바 '김대중 내란음모 사건'이다. 다른 관련자와 달리 유독 김대중에게만 국가보안법 반공법 등이 들씌워졌다.

1심인 육군계엄보통군법회의는 한여름인 8월 14일 첫 공판을 열었고, 9월 11일 모든 심리를 끝내고 결심했다. 1심 선고는 6일 뒤인 9월 17일 내려졌다. 공판을 시작한 지 불과 34일만이다. 김대중에게는 극형이 선고됐고, 나머지 23명에게는 2년에서 20년까지 징역형이 부과됐다. 내란음모 사건 공판에 대한 국내 언론의 보도는 엄격한 검열통제를 받았으나 외신기자의 취재는 부분적으로 허용됐다. 주한 미국대사관과 일본대사관의 직원도 육군본부 법정에 나와 공판진행 과정을 지켜봤다. 항소심인 육군계엄고등군법회의 재판은 더 신속하게 끝났다. 10월 24일 공판에 들어가 11월 3일 선고했다. 딱 열흘만이다. 7명에게 형량을 일부 줄이거나 집행유예를 선고하는 등 감형이 있었지만 1심에서 사형판결이 내려진 김대중을 비롯한 17명의 항소는 그냥 기각됐다.

항소심 결심을 앞두고 10월 29일 증인 한 사람을 신문했다. 여홍진이라는 재일동포 자수간첩이 나와 한통련은 총련과 내밀한 관계에 있다고 증언했다. 그는 민단 유지간담회도 표면상 총련과 관계가 없는 듯하나 내면적으로는 긴밀한 연락을 유지하고 있다고 주장했다. 민단 유지간담회는 1961년 5·16 쿠데타 때 민단 집행부가 쿠데타 지지성명을 내자 거기에 반발한 인사들이 민단의 어용화 반대와 자주성 수호를 내걸고 1961년 10월 결성한 '민단정상화 유지간담회'를 말한다.

김대중 내란음모 사건 항소심 공판에 느닷없이 증인으로 나온 여홍진의 실체에 대해 국내 언론기관은 오랜 기간 침묵을 지켰지만, 일본 신문들은 서울의 외교 소식통을 인용해 여홍진의 본명이 윤효동이라고 폭로했다. 이 문제는 일본 중의원 외무위원회에서 바로 다뤄졌다. 도이 다카코 사회당 의원은 항소심 선고가 나온 이틀 뒤인 11월 5일 열린 외무위원회에서 김대중이 일본 망명 중 행한 '언동'에 대해서는 불문에 부치기로 한 한일 양국의 정치적 타협을 전두환 정권이 승계하고 있는지 따졌다. 한일 양국은 1973년 8월의 김대중 납치 사건 뒤처리와 관련해 일본이 한국 정보기관의 주권침해 행위를 추궁하지 않는 대신 한국은 김대중의 일본 체류 중 활동을 문제 삼지 않는다는 선에서 덮기로 정치적으로 합의한 바 있다.

후에 첫 여성 사회당위원장, 첫 여성 중의원의장 등을 역임하는 도이 의원은 김대중 재판에 대한 일본 정부의 '정관靜觀'자세를 비판하고, 10월 29일 공판에 증인으로 나온 전 재일한국인이 윤효동이라는 신문보도를 확인했냐고 물었다. 답변에 나선 기우치 아키타네木內昭胤 외무성 아주국장은 확인하지 않았으며, 증인의 이름이 가명인 것으로 듣고 있다고 말했다. 그러자 도이 의원은 서울의 외교 소식통를 빌려 윤효동이라고 밝힌 신문기사가 오보냐고 따지고 법무성 입국관리국 간부를 상대로 윤효동의 일본 출입국 일시를 세세히 물었다. 도이 의원이 윤효동의 정체를 추궁한 것은 그의 증언이 한국의 군사법정 항소심에서 김대중의 사형 판결을 유지시키는 주요한 요소로 설정됐다고 판단했기 때문이다.

윤효동의 수상한 출입국 기록

윤효동이란 이름이 국내 언론에 처음 등장한 것은 1977년 5월 28일이다. 중앙정보부는 이날 오전 서울 신문회관에서 기자회견을 열어 민단계 교포로 위장해서 북한의 재일간첩으로 활동해온 윤효동이 자수해왔다고 발표했다. 중앙정보부의 발표는 '재일북괴 거물간첩 자수' '재일북괴 간첩 책임자 자수' 등의 제목으로 국내 언론에 대대적으로 보도됐다. 정보부 발표에 따르면, 경남 김해에서 보통학교를 나온 윤효동은 징용으로 일본에 건너가 1959년 3월부터 총련에 가담했으며, 민단내 프락치 조직을 심기 위해 위장 전향해 민단 이바라키현 조직부장과 의장 등으로 활동했다. 그는 1968년 7월부터 자수하기까지 네 차례 북한을 왕래하고 노동당에 입당했으며, 해외에서 민주화운동을 명목으로 '반한단체'를 조직 육성하는 임무를 수행해왔다는 것이다. 정보부는 '거물급 공작망책' 윤효동의 자수로 일본에서 '반한 활동'을 하고 있는 소위 '한국민주회복통일촉진국민회의', '통일혁명당 재일한국인연대위원회'와 '김대중 구출위원회' 등이 간첩 집단이며 김대중 구출위원회 사무국장 곽동의 등도 간첩이란 사실이 새롭게 밝혀졌다고 주장했다. 정보부는 윤의 자수 시점에 대해 1977년 5월 1일이라고 덧붙였다.

정보부의 발표와 윤효동의 행적은 의심쩍은 구석이 한두 가지가 아니다. 일본으로 간 경위가 정보부 발표에서는 징용으로 돼 있고, 본인의 김대중 공판 증언에는 해방 후 1947년에 밀항한 것으로 나온다. 자수 시점도 엇갈린다. 진실화해위회원회의 조사에 따르면 윤효동이 중앙정보부에서 작성한 자필진술서는 1976년 4월 19일 자로 돼 있어, 정보부가 발표한 1977년 5월 1일과 1년 이상 차이가 난다. 도이 다카코 의원이 1980년 11월 5일 중의원 외무위원회에서 질의해 나온 윤효동의 일본 출입국 기록에는 "1973년 5월 19일 하네다 출발 5월 24일 도착, 1976년 1월 29일 하네다 출발 2월 2일 도착, 1977년 4월 25일 하네다 출발 5월 28일 도착"으로 돼 있다. 답변을 한 스에나가 세쓰조末永節三 법무성 입국관리국 등록과장은 윤효동의 행선지가 어디였는지는 전혀 알 수 없다고 밝혔다.

이 출입국 기록에서 중앙정보부의 발표와 직접 연관되는 것은 "1977년 4월 25일 하네다 출발 5월 28일 도착"이다. 정보부 발표를 그대로 믿는다면 윤효동이 4월 25일 입국해서 5월 1일 자수하고 발표가 있던 당일 한국을 떠났다는 얘기가 된다. 윤효동이 북한을 네 차례나 왕래하고 일본 내 간첩망을 지휘한 '거물 간첩'이었다면 20여 일 동안 조사해 발표한다는 것은 어불성설이다. 그의 자백을 검증·분석·대조·확인하는 데만 상당한 시일이 소요될 것이기 때문이다. 하물며 '자수'의 진정성이 확인되지 않았는데도 그의 출국을 허용했다면 이건 방첩기관의 엄청난 도박이자 직무유기가 된다.

도이 의원은 김대중이 대법에서 사형 확정된 직후 무기로 감형됐지만 윤효동에 대한 추적을 멈추지 않았다. 그는 1981년 4월 10일 중의원 외무위원회에서 일본 정부가 정식으로 입수하지 못한 김대중 사건 판결문을 시민단체가 입수한 점을 거론하며 일본 정부의 미온적 대응을 꼬집고 윤효동의 항소심 출석 증언과 관련해 출입국 관련 기록을 밝히라고 요구했다. 가메이 야스요시龜井靖嘉 법무성 입국관리국 등록과장은 "1980년 7월 16일 나리타 출국 7월 26일 도착, 1980년 10월 26일 나리타 출국 10월 30일 도착, 1980년 12월 8일 나리타 출국 12월 23일 나리타 도착" 기록이 있다고 답변했다. 재판부의 항소심 증인 채택 결정은 10월 28일에 있었으니 윤효동은 자신이 채택되리라는 것을 미리 알고 이틀 전에 일본을 떠나서 홀로 증언을 마친 뒤 바로 돌아왔다는 얘기가 된다. 도이는 주한 일본대사관원이 시종 재판을 방청하고 있었으니 일본 정부가 윤효동의 채택을 사전에 알지 않았느냐고 따졌다.

더 놀라운 것은 윤효동이 일본 공안경찰의 조사를 여러 차례 받았다는 점이다. 나루미 구니히로鳴海國博 경찰청 경비국 외사과장은 이전에 윤효동을 조사한 적이 있느냐는 도이 의원의 질문에 그렇다고 말했다. 도이 의원이 시기와 내용을 묻자 나루미 외사과장은 윤효동이 1977년 5월 29일 경시청에 출두해서 자신이 과거 네 번 정도 일본 연해안에서 북한으로 밀출입국한 적이 있다고 밝혔다고 공개했다. 그래서 출입국관리령 위반 혐의가 있어 경시청에서 10여 차례 윤효동을 취조했다는 것이다. 마지막 취조 일시를 묻는 질의에는 1977년 7월 4일이라고 밝혔다. 윤효동이 경시청에 출두했다는 날짜는 그가 서울에서 중앙정보부가 마련한 기자회견에 참석한 뒤 일본에 돌아간 다음날이다. 이것은 두 나라 공안기관 사이에 긴밀한 사전협의가 없었다면 상상하기 힘든 움직임이다. 윤효동이 일본에서 북한 밀입국을 반복한 혐의로 형사처벌 받았는지의 여부도 불투명하고, 북한의 거물간첩이었다는 사람이 수시로 해외여행을 할 수 있는 배경도 쉽게 납득이 가지 않는다.

의문의 '거물 자수간첩' 윤효동이 김대중 내란음모 사건에 앞서 한 유학생 간첩단 사건에 먼저 등장했다. 윤효동은 1977년 10월 22일 서울형사지법의 215법정에 증인으로 출석했다. 윤효동이 증언했다는 것은 당시 보도되지 않았다. 그리고 그가 출석하고 나서 7일 뒤 선고가 내려져 관련 피고인 전원에게 유죄가 선고됐다. 이른바 '김정사 사건'이다. 하지만 이것은 김정사 단독 사건이 아니다. 사건에 연루된 사람 중에 유영수, 유성삼 형제가 있고, 김정사가 주범격도 아니며, 그의 최종 형량이 가장 많은 것도 아니지만 그렇게 불리고 있는 데는 연유가 있다. 이 사건으로 한민통이 법적으로 반국가단체가 됐으며, 김정사가 '연결고리'로 조작됐기 때문이다.

김정사 사건 판결의 후폭풍은 거셌을 뿐만 아니라 오래 지속됐다. 신군부가 1980년 서울의 봄을 짓밟고 김대중을 계엄군법회의에 회부해 사형선고를 한 것은 바로 이 판결의 연장선에 있다. 이 판결로 한민통은 앉은 자리에서 파문을 받은 셈이 됐다.

김정사는 어떤 사람이기에 20대 초반의 젊은 나이에 김대중을 죽음의 문턱 앞까지 내몰고 한민통 관련자들의 삶을 옥죄게 하는 정치적 음모에 말려드는 신세가 됐을까? 김정사는 시인 김지하의 근래 행적에 대해 불만이 많다. 김지하에 반해 입국했다가 혹독한 고문을 당하고 인생이 망가졌다고 생각하기 때문이다. 그가 모국 유학생이 된 것은 김지하를 빼고서는 말할 수가 없다. 그는 대학교 입시 재수를 하던 시절 자신의 정체성을 고민하며 많은 책을 읽었다. 도쿄 이케부쿠로역 인근의 호린도

芳林堂라는 서점에 자주 들렀는데 당시만 해도 '자이니치(재일동포)'를 주제로 한 책들을 전시하는 코너가 따로 있을 정도로 자이니치 문제에 대한 일본 사회의 관심이 비교적 높았다.

어느 날 주오고론中央公論사에서 나온 김지하의 일역 시집을 보고 충격을 받았다. 한국에 김지하라는 시인이 있다는 것을 처음 알게 됐고, 동시에 이런 시인을 감옥에 가둬놓은 독재정권을 용인할 수 없다는 생각이 들었다. 그가 보안사 분실에 연행됐을 때 수사관들이 김지하를 어떻게 생각하느냐고 물었다. 그는 '훌륭한 민족주의자'로 생각한다고 말했다가 무지막지하게 두들겨 맞았다. 김지하가 민청학련 사건으로 구속됐다가 풀려난 뒤 인혁당 재건위 사건이 조작됐다는 글을 신문에 기고했다가 재구속됐을 때의 얘기다. 당시 김지하는 서대문구치소 당국이 사방 하나를 통째로 비우고 홀로 수용할 정도로 혹독한 탄압을 받았다. 민주화운동 활동가들이 김지하에게 최악의 상황이 닥칠지도 모른다고 우려하던 암울한 시절이었다. 40년 전 김지하를 구원하기 위해 유학을 결심했다는 그에게 김지하는 이제 도무지 이해하기가 어려운 존재가 되어버렸다.

김정사는 1955년 8월 15일 사이타마현 치치부秩夫군에서 재일동포 2세로 태어났다. 다섯 형제 가운데 셋째로, 장남이었다. 토건업을 해서 자수성가한 그의 아버지 김동식은 고향이 경남 통영이었다. 1921년 소작농의 가난한 집에서 막내로 태어나 소학교에 입학조차 하지 못했다. 학교에 보내달라고 떼쓰던 그에게 도쿄에서 가내공장을 하는 친척이 구세주로 나타났다. 그렇게 공부하고 싶으면 일본에 와서 낮에는 일하고 밤에 야간학교를 다니라는 말을 해준 것이다. 아홉 살 어린이는 공장 주

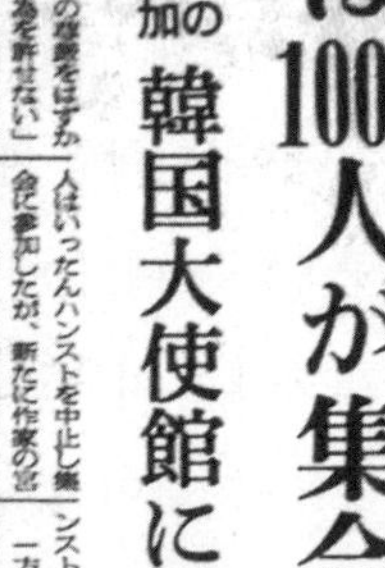

各地で「金芝河氏ら救え」

東京では1000人が集会

ハンストの作家も参加 韓国大使館に抗議

1974년 7월 민청학련사건 비상보통군법회의에서 김지하 등에 사형이 선고되자 도쿄주재 한국대사관 앞에서 벌어진 항의 시위를 보도한 〈아사히신문〉 기사소를 받아들고 혼자서 부산에서 배를 타고 시노모세키로 건너가서 다시 기차를 타고 도쿄 우에노 인근의 신코이와新小岩 공장을 찾아갔다. 홀로 여행하는 아이를 측은하게 여긴 할머니들의 도움을 받았다고 한다. 낮에는 플라스틱 공장에서 일하고, 밤에는 공부할 수 있었다.

성인이 되니 영장이 나와 도망을 다니다가 필리핀 민다나오에 군속으로 끌려갔다. 먹을 것이 없어 죽을 고비를 넘기고 겨우 일본으로 돌아왔다. 해방 후 자리 잡은 그에게 결혼 중매가 들어왔다. 삼천포에서 어업하는 유복한 집의 딸이라고 했다. 결혼했지만 그는 아내를 데리러 모국에 갈 형편이 되지 못했다. 그러자 아내가 밀항선을 타고 그를 찾아왔다. 그는 아내의 불법입국 문제를 해결하기 위해 사이타마현 치치부의 유력 자민당 국회의원인 아라후네 세이주로荒船清十郎에게 접근해 가까운 사이가 됐다. 아라후네는 사토, 후쿠다 내각 등에서 운수상 행정관리청 장관을 지냈으며 중의원 예산위원장을 몇 차례 역임했다. 그는 1965년 한일기본협정 체결 때 외상인 시나 에쓰사부로椎名悦三郎의 측근이어서 정계에서 나름 영향력을 행사했다. 나중에 김정사가 모국에서 간첩죄로 수감됐을 때 그의 아버지는 아라후네 의원을 통해 한국 정부에 구명을 호소하기도 했다.

치치부 군 요코제마치横瀬町에서 자란 김정사의 기억에는 집안 형편이 아주 유복했다. 아버지가 지역에서 건립한 가네마루건설은 일꾼이 150여 명에 달했으며 대부분이 재일동포였다. 1950년대, 60년대는 건설기계가 많이 보급되지 않아 육체노동으로 시공하는 공사가 많았다. 재일동포 노무자들은 징용 등으로 일본에 와 탄광 등지에서 사역했기 때문에 막노동에 단련돼 있었다. 일자리를 찾아 각지를 떠도는 조선인 노동자들은 가네마루건설 사장이 재일동포라는 소문을 듣고 사무실로 무작정 찾아왔다. 김정사의 아버지는 어떤 사람이 갑자기 사무실로 들이닥칠지 모르니 항상 일본도와 총을 비치해놓고 있었다고 한다. 당시 조선인 노무자들이 회사 인근에서 술 마시고 싸우는 것은 일상다반사였다. 그래서 일본 경찰의 순찰차가 자주 나타나곤 했다. 싸우다 피를 보는 것은 아무 일도 아니었다.

이런 환경에서 자란 김정사는 자신이 언제 조선인이라는 것을 알게 됐는지는 뚜렷한 기억이 없다. 그가 소학교 6학년 때 일본인 친구에게 "나는 일본 사람 아니다"라고 했다가 "그래 알고 있어"라는 답변을 들었다. 지역사회에서 가네마루건설은 제법 이름 있는 회사였고, 사장이 조선인이라는 것도 모두가 알고 있는 사실인 셈이다. 그 자신은 조선인이라는 이유로 이지메를 당한 경험은 없었지만, 여동생은 하교 중 어떤 여자한테서 "너는 조선인이지. 언제 조선에 돌아가느냐"는 말을 듣고 울면서 귀가하기도 했다.

첫 방한의 충격

김정사는 요코제소학교, 요코제중학교를 거쳐 구마가야고등학교를 다녔다. 이 고등학교에는 일교조 소속 교사들이 많아 부락민 차별이 부당함을 지적하고, 인권 보장의 중요성을 강조하는 '동화교육'이 자주 실시됐다. 부락민이란 백정이 사는 부락의 주민이란 뜻이다. 가축도살, 피혁가공 등의 일을 하며, 관습적으로 인간 이하의 대접을 받아왔다. 동물처

럼 다리가 넷이라는 식으로 '요쓰四つ' 또는 사람이 아니라고 '히닌非人' 등의 차별적 용어로 불렸다.

동화교육을 통해 억눌렸던 자아의식을 되찾기 시작한 그는 고등학교 2학년 때인 1972년 처음으로 모국 땅을 밟았다. 주로 민단 간부의 자제들이 대상인 하계캠프에 참가하기 위해서였다. 그가 스스로 원한 것은 아니고 엄격한 아버지의 명령 한 마디에 참가하게 되었다. 그의 부친은 민단 치치부 단장, 사이타마현 민단본부 단장까지 지낸 민단의 유력 인사였다. 남북한 사이에 적십자 예비회담이 진행되던 무렵이다. 모친과 동행한 그는 서울에서 사촌들을 처음 만났지만 말이 통하지 않으니 영 어색했다. 부모의 고향인 통영과 삼천포를 방문했는데 낙후된 생활 수준에 충격을 받았다. 집 바깥에 있는 화장실은 들어가기가 민망할 정도로 형편없었다. 그는 모친을 졸라 서울로 빨리 돌아가자고 떼를 썼다.

모국의 모습에서는 자랑스러워할 만한 게 없었다. 하지만 돌아오는 비행기 안에서 모국의 산하를 내려다보니 뭔가가 마음속에서 요동쳤다. 그는 돌아오자마자 이와나미신서로 나온《조선》을 구해 읽었다. 작가 김달수가 쓴 이 책은 조선 역사 입문서로 많이 팔렸다. 몰랐던 가혹한 식민지 통치의 실상을 알게 되면서 주변 일본인을 다 죽이고 싶을 정도로 분노가 솟구쳤다. 부락문제 교육을 받으면서 느낀 것과 자신이 일본식 이름을 쓰며 살고 있는 현실이 겹쳐져 괴로웠다. 동화교육 수업 때 일본인이 아니고 조선인이라고 말하고 싶은 충동을 여러 번 느꼈으나 결국 용기가 없어 하지 못했다.

재수를 하면서도 정체성 고민은 수그러들지 않았다. 시험공부보다는 당시 세계의 저항운동을 대변하는 흐름의 책에 더 관심이 쏠렸다. 미국의 흑인 운동가 맬컴 엑스의《자서전》, 엘드리지 클리버의《소울 온 아이스》, 알제리 식민해방운동의 사상적 지도자인 프란츠 파농의《검은 피부 흰 가면》 등을 그 무렵 읽었다. 미국의 급진 흑인운동단체 '블랙 팬서'를 만든 휴이 뉴턴Huey Newton의 삶에도 관심이 끌렸다. 마르크스 레닌주의 계열의 책도 봤지만 자신의 고민과는 맞지 않는다고 생각했다.

마음속의 갈등이 해소되지 않던 시절 독재정권에 정면으로 맞서 싸우는 김지하가 그에게 영웅으로 비쳤다. 김지하 시집을 읽으면서 삶의 용기를 얻었다. 그는 정체성 위기에 빠진 재일동포의 살아가는 방식을 자기 나름으로 정리했다. 민족허무주의에 빠진 사람은 적극적으로 또는 서서히 일본사회에 동화되어 간다. 생계의 터전이 빈약한 사람은 야쿠자나 깡패로 전락한다. 그는 자신의 정신적 고통이 계속되는 것은 민족성이 없기 때문이라고 결론을 내렸다. 그래서 민족성을 회복하려면 서울에 유학 가 우리말과 우리 풍습을 배우는 것이 좋겠다고 판단했다. 게다가 김지하를 감옥에서 구하게 되면 더욱 좋겠다고 생각했다. 재응시한 대입시험에서 그는 와세다대 토목과에 합격했다. 도쿄대는 1차 시험은 통과했지만 결국 낙방했다. 그는 용기를 내서 일본에서 대학을 다니고 싶지 않으니 서울에 가겠다고 아버지에게 얘기를 꺼냈다. 장남이 가업을 잇기를 바라던 부친은 처음에는 반대하다가 결국 서울행에 동의했다.

1976년 봄 서울행 비행기를 탔을 때 김정사는 조금 겁이 나기는 했다. 그 전해 11월 중앙정보부가 여러 건의 재일동포 유학생 간첩단 사건을 대대적으로 발표해 동포사회에 파문이 일었다. 다른 한편으로는 막연하지만 한국의 민주화운동에 뭔가 일조하고 싶다는 생각이 마음 한 구석에 있었다. 그는 1976년 4월 재외국민교육연구소에 입소했다. 우리말 실력을 측정해 동포유학생을 4개반으로 분류하는 데 그는 최하위반에 속했다. 연구소에서는 매달 한글 시험을 실시해 성적순으로 다시 반 편성을 했는데 그는 달마다 한 계단씩 올라갔다. 나중에 사건이 터졌을 때 그의 급속한 우리말 실력 상승이 문제가 됐다. 보안사 수사관들은 그가 일본에서 '반한 인사들'과 어울리면서 우리말을 배워 상당한 실력을 갖췄는데도 의심을 사지 않으려고 우리말에 서툰 척했다고 몰아붙였다. 재일동포 유학생이 우리말을 상당히 구사하면 일단 간첩 용의자로 보는 게 당시 정보기관의 시각이었다.

'절박한 심정에서 나온 선택'

재외국민교육연구소에서 우리말 과정을 마친 그는 1977년 3월 서울대 사회계열로 배정받아 1학년으로 입학했다. 모국의 민주화운동에 조금이라도 도움이 되고 싶다는 그의 꿈은 엉뚱한 사건에 휘말려 시작도 해보기 전에 끝장이 났다. 그것도 김지하와 연관이 있다.

김정사는 재외국민교육연구소 동기 중에 유성삼과 가까워져 친구가 됐다. 유성삼은 한양대 의예과로 진학했고, 그의 형 유영수는 당시 부산대 대학원 화학과 1학년 재학 중이었다. 리쓰메이칸대학 이공학부 화학과 3년을 수료하고, 1973년 입국해 재외국민연구소 과정을 이수한 유영수는 경북대 문리대 의예과를 다니다가 일본으로 돌아가 리쓰메이칸대학을 졸업했다. 1977년 봄 다시 모국 유학길에 올라 부산대학교 대학원에 입학한 그는 조교를 희망했으나 거절당했다. 내국인이 아니라는 이유에서였다. 개인적 장래뿐만 아니라 군사적 긴장이 고조되고 있는 한반도의 현실은 너무나 불안했다. 이런 상태로 가다가는 다시 전쟁이 터져 우리 민족의 장래가 더욱 암울해지리라는 생각에 이르자 견딜 수가 없었다. 유영수는 우리 민족이 살아남으려면 남북 군당국이 만나 진지하게 군사적 긴장해소 방안을 논의하는 수밖에 없다고 생각했다. 그래서 번민 끝에 자신의 '충정'을 군 간부에게 직접 전달하기로 했다. 마침 한 유학생 친구의 이모부가 광주포병학교 교장으로 있다는 것을 알았다. 유영수는 1977년 4월 15일 유학생 친구와 함께 박승옥 소장을 관사로 찾아가 남북한의 군 당국이 판문점에서 만나 협상해야 한다는 취지의 편지를 내밀었다. 박 장군은 내용을 읽어보고는 깜짝 놀라서 편지를 스스로 썼는지를 확인한 뒤 바로 보안부대에 전화를 걸어 신고했다.

유영수는 수십 년이 지난 후 자신의 행위에 대해 "당시로서는 그 길밖에 없었다고 생각했다. 절박한 심정에서 나온 선택이었다"고 회고했다. 하지만 유영수를 체포해 배후 규명에 들어간 보안사 수사관들에게 그것은 엄청난 '불온서신'이었다. 모국의 물정에 어두운 한 재일동포 청년의 진지한 고민의 소산물이라는 측면은 그들에게 고려사항이 아니었다. 유영수의 당시 상황인식은 1심공판의 검사 신문에서도 그대로 드러났다. '조국이 어디인가'라는 검사의 물음에 그는 "저의 조국은 한반도이며, 38이남에는 대한민국이 있고 38이북에는 조선민주주의인민공화국이 있다고 알고 있다"고 답변했다. 검사가 다시 북한을 국가로 보고 있느냐고 묻자 그는 "유엔에는 대한민국과 조선민주주의인민공화국이 옵저버라는 동일한 자격으로 출석하고 있는 것으로 안다"고 말했다.

보안사 요원들은 유영수의 동생 유성삼도 모국 유학 중이라는 사실이 드러나자 4월 17일 서울 명동의 로얄호텔로 불러내 그를 체포하고 하숙집 수색을 벌였다. 유성삼의 서가에서 〈김지하 법정투쟁기〉, 〈10장의 역사연구〉 등이 나왔다. 〈10장의 역사연구〉는 가톨릭 수사로 서강대 재학 중인 김명식이 쓴 장시다. 그는 유신독재하의 사회현실을 신랄하게 비판한 이 시를 전국의 성당과 대학에 배포했다가 1976년 3월 긴급조치 9호 위반 혐의로 구속됐다. 문건의 출처를 추궁당한 유성삼은 김정사의 이름을 댔다. 보안사 수사관들은 4월 21일 서울 신림동의 하숙집에서 등교를 준비하던 김정사를 체포했다. 이로써 그의 모국 대학 수학은 두 달이 채 되지 않아 끝나버렸다.

김지하의 법정투쟁기와 김명식의 장시는 김정사가 1976년 말 우리말 연수과정을 마치고 일본에 돌아갔다가 갖고 온 것이다. 부친이 민단 간부인 관계로 그의 집에는 여러 민단 단체의 간행물들이 우편으로 배달돼 왔다. 그는 한민통 기관지인 〈민족시보〉에 김지하의 법정투쟁기 등이 실려 있는 것을 보고 복사해서 다음해 1월 말 한국에 들어올 때 들고 와 유성삼 등에게 보여줬다.

서빙고분실로 연행된 김정사는 먼저 이제까지 살아온 일대기를 자세히 쓰라는 지시를 받았다. 몇 시간 후 그의 자술서를 읽어본 수사관들은 호통치며 본격적으로 다그치기 시작했다. 그들은 "너는 악질이다. 이것 가지고는 죄가 되지 않는다"고 말하며 전화기 같은 것을 들고 와 이게 뭔지 아냐고 물었다. 김정사가 그 물건의 용도를 알게 되는 데는 그리 시간이 오래 걸리지 않았다. 전기 고문으로 사용하는 군용전화기였다.

본격적인 매 타작이 시작됐다. 김지하를 어떻게 생각하고 있느냐는 물음에 평소의 감상을 그대로 말한 것이 화근이 됐다. 훌륭한 민족주의자라고 말했다가 흠씬 두들겨 맞았다. 수사관들은 그의 수첩에 적혀 있는 숫자만 보면 집요하게 닦달했다. 일종의 난수표가 아닌지 의심했다. 그가 어이가 없어 설명해도 수사관들은 그냥 넘어가려 하지 않았다. 그들이 그려가고 있는 시나리오에 저항하면 전기 고문, 물 고문이 가해졌다.

한민통과 엮이게 된, 한 재일동포와의 만남

김정사가 전혀 관련이 없는 한민통과 엮이게 된 것은 한 재일동포와의 만남에서 비롯됐다. 김정사는 '일대기'를 쓰라고 강요당했을 때 모국인을 거명하면 엉뚱한 피해를 줄까 봐 일본에서 있었던 일을 중심으로 작성했다. 그 중의 하나가 도쿄 신주쿠의 신세이眞正회관에서 열린 '일한연대연락회의 주최'의 한국정세 강연회였다. 그는 1975년 7월 와다 하루키和田春樹 도쿄대 교수, 김군부 한국청년동맹(한청) 중앙본부 위원장 등이 연사로 나온다는 알림을 신문에서 보고 강연장으로 갔다. 하지만 예고와는 달리 김군부 대신 임계성 한청 도쿄본부 부위원장이 연사로 나왔다. 재일동포 청년으로서 어떻게 살아가야 할지 고민이 많았던 김정사는 강연이 끝난 후 임계성에게 다가가 이런 저런 얘기를 하며 조언을 구했다. 임계성은 그날은 바빠서 얘기를 오래 할 수 없으니 다음에 따로 만나자고 했다. 그래서 몇 번 만나 고민을 토로하고 의견을 구하기도 했다. 서울로 유학 갈 계획을 알렸더니 김정사가 떠나기 전 연락이 와서 다시 만난 적이 있다. 김정사는 '일대기'에 임계성과의 만남을 쓰면서 그것이 엄청난 문제로 불똥이 튀리라고는 생각도 하지 않았다.

보안사 수사관들은 초기에는 임계성을 주목하지 않았다. 그의 신원을 조회했을 때 본국 정부를 비난하는 '반정부 성향'이긴 하지만 별 것 아니라는 답신을 받았다. 하지만 어느 시점부터 분위기가 확 달라지고 수사팀도 바뀌었다. 정보기관 상층부에서 이 사건에 한민통을 연결시켜 반국가단체로 만들라는 결정이 있었는지는 김정사로서는 알 수 없는 일이다. 새 취조팀에서 일제 때 특고(특별고등경찰)를 했다는 수사관의 고문이 유달리 잔혹했다. 김정사는 그의 성을 박이라고 기억하는데 원래 성인지의 여부는 알 수 없다. 박 수사관은 일본 유도의 총본산인 고도칸講道館 공인 유도 5단이라고 자랑하면서 특고에서 고문 기술을 다 배웠다고 떠벌이기도 했다. 나중에 공범으로 묶인 유영수, 유성삼 형제의 얘기를 들어보니 유영수가 받은 고문은 훨씬 심했다. 서대문구치소에 수감될 때 업혀 들어올 정도로 당했다고 한다.

보안사 서빙고분실에서의 조서작성 작업이 끝나갈 무렵 김정사는 부친을 인근 호텔에서 면회했다. 민단 간부인 부친이 아들을 구하기 위해 여기저기 요로에 줄을 대 엄청난 로비를 한 결과다. 수사팀의 오 계장은 면회에 앞서 이건 아주 이례적이라고 말하며 고문당했다는 얘기를 하면 안 된다고 입막음을 했다. 김정사는 5월 12일 구속영장이 발부됐다. 4월 21일 연행시점부터 계산하면 22일간 불법구금된 셈이다. 그리고 중앙정보부 수사관 명의로 기록이 작성돼 5월 30일 검찰에 송치됐다.

담당 검사는 공안사건에서 이름을 떨쳤던 정경식이었다. 꽁꽁 묶인 상태로 검사실에 들어가 취조를 받았다. 검사의 취조에 "그게 아닙니다"라고 했다가 욕설을 들었다. 검사는 좀 다를 줄 알았는데 조그만 기대마저 팍 꺾인 것이다. 김정사는 심리적으로 위축이 되어 보안사에서 시킨

대로 순순히 '시인'했다. 그는 당시 검사실에 보안사 요원들이 앉아서 검사취조 상황을 지켜보고 있었는지 기억이 없다. 하지만 유영수 형제는 수사관들이 검사실에 있었다고 증언하고 있다.

독방에 수감된 김정사는 재판에 앞서 전달된 공소장을 보고 눈물이 나왔다. 그저 자신의 잃어버린 민족성을 되찾는다는 생각으로 조국에 왔는데 간첩이라고 하니 기가 막혔다. 법정에서 김정사 등은 검사 신문에 대해 고문에 의한 허위조작이라며 공소사실을 강하게 부인했다. 재일동포 유학생 사건에서 수사기관의 회유에 넘어가지 않고 처음부터 고문조작을 폭로한 많지 않은 사례의 하나다. 두 번인가 공판이 열리고 나서 특고 출신의 보안사 수사관이 찾아왔다. 면회라고 해서 가족이나 변호사 접견으로 생각했는데 다시는 마주치고 싶지 않은 수사관이었다. 그는 "네가 부인하는데 그렇게 해서 좋을 것 하나도 없다"고 말하고 "검사가 화가 많이 나서 아주 엄격한 구형을 할 것"이라고 위협했다.

정경식 검사는 9월 30일 6차 공판에서 〈동아일보〉 1977년 9월 29일자를 증거로 제출했다. 한민통에서 활동하다가 탈퇴한 나종경 등 9명이 9월 28일 오후 김포공항으로 입국해 기자회견을 열고 "한민통이 북괴로부터 막대한 활동자금을 받고 있는 북괴의 앞잡이"라고 주장했다는 기사가 실린 것이다. 나종경의 배경에 대해서는 전 한민통 중앙위원이자 도쿄한국인상공협동조합 이사장으로 소개됐다.

김정사는 검사가 사형 구형을 하는 것이 아닌지 각오하고 있었는데 무기라고 해서 죽지는 않겠구나, 하고 생각했다. 1977년 10월 29일의 1심 선고는 구형과 같은 무기였다. 유영수도 무기였고, 유성삼은 징역 10년, 손정자는 징역 3년에 집행유예 5년이었다. 손정자는 유성삼과 함께 한양대 의예과 1학년에 다니던 동포 여학생이다. 1심 판결문은 공안검사의 공소장과 별로 다르지 않았다. 가톨릭 수사의 풍자시 〈10장의 역사연구〉는 말할 것도 없고, 유학 와서 틈틈이 봤던 잡지 〈사상계〉나 〈씨알의 소리〉조차 모두 유죄판결의 근거가 됐다.

김정사 등 사건에 연루된 사람들의 고문 주장은 판사들에게 아무런 영향을 끼치지 않았다. 김정사는 고문을 폭로하면서 판사들의 얼굴을 유심히 지켜봤는데 표정에 미동도 없었던 것으로 기억했다. 당시 배석판사의 한 사람이 후에 이명박 정부에서 국무총리가 됐다. 그래서 그는 김황식이란 이름을 더욱 잊을 수가 없다.

마법 지팡이 '영사증명서'

1심 판결에서 김정사가 간첩으로 인정되는 주요한 증거는 영사증명서다. 다른 재일동포 사건에서도 공안기관이 거의 예외 없이 전가의 보도처럼 휘둘렀던 절대무기다. 1970년대에서 90년대 초반까지 검찰이 피고인의 간첩 혐의를 입증하기 위해 영사증명서를 법정에 제출하면 그 내용이 허점투성이라 하더라도 증거능력 부여를 거부할 수 있는 판사는 찾아보기 어려웠다.

'국정원 과거사건 진실규명을 통한 발전위원회(국정원과거사위)'는 2007년 10월 24일 3년간의 활동을 종료하며 모두 6권으로 된 최종 조사보고서를 공개했다. 《과거와 대화, 미래의 성찰》이라고 명명된 이 보고서는 △김대중 전 대통령 납치 사건 △부일장학회 헌납·경향신문 매각 사건

△인민혁명당·민청학련 사건 △동백림 사건 △김형욱 전 중앙정보부장 실종 사건 △KAL 858기 폭파 사건(김현희 사건) △남한 조선노동당 사건 등 선정된 7대 사건 외에 정치·사법·언론·학원·간첩 분야에서 있었던 정보기관의 의혹을 조명했다. 《학원간첩편 VI》의 총론에서 해외와 관련된 간첩 사건(우회간첩)을 다룬 부분에서 다음과 같은 언급이 나온다.

> 간첩으로 몰린 재일동포나 내국인이 일본에서 만난 정체불명, 신원미상의 사람이 북한공작원인지 여부가 확실하게 밝혀진 적은 거의 없다. 그러나 주일대사관에 나가 있는 중앙정보부-안기부의 직원이 발행하는 '영사증명서' 또는 신원 확인서는 법정에서 이 문제를 해결하는 만병통치약이 된다. 영사증명서는 문제의 인물을 북한공작원으로 단정하는데, 북한공작원이라면 정확한 소속이나 북한당국과의 지시 명령관계가 명확하게 밝혀져야 한다. 그러나 '영사증명서'는 이러한 점을 명확히 밝히지 않은 채 영사 개인의 단정적인 견해를 서술하거나, "일본 공안당국의 통보에 의하면"이라는 식으로 매우 애매하게 처리하고 있다. 그런데 문제는 일본 공안당국의 통보와는 정반대의 내용이 기재되어 사실을 심하게 왜곡하는 경우도 있었다는 점이다. 이렇게 많은 문제를 내포한 영사증명서는 당시의 법원에 의해 그대로 증거로 채택되고, 유죄의 결정적인 증거로 기능했다. 영사증명서라는 마법 지팡이가 없었다면 그 수많은 일본 우회간첩 사건이란 존재할 수 없었다고 해도 과언이 아니다.

영사증명서가 도대체 무엇인데 간첩을 만들 수 있는 마법 지팡이가 될 수 있었을까? 영사증명서는 해외거주 교민이 공관에 혼인관계나 부

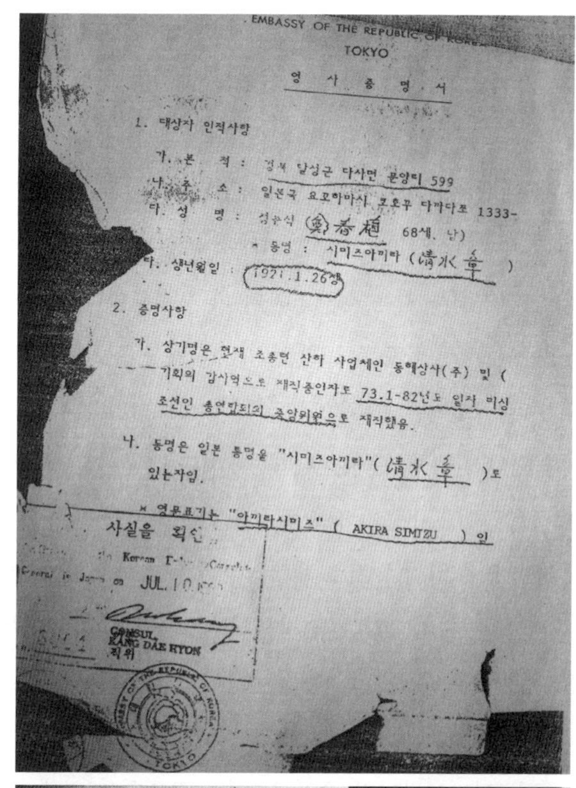

EMBASSY OF THE REPUBLIC OF KOREA
TOKYO

영 사 증 명 서

1. 대상자 인적사항

가. 본 적 : 경북 달성군 다사면 문양리 599
나. 주 소 : 일본국 요코하마시 코호쿠 다까다초 1333-
다. 성 명 : 김춘식 (金春植 68세, 남)
※ 통명 : 시미즈아끼라 (清水章)
라. 생년월일 : 1921.1.26생

2. 증명사항

가. 상기명은 현재 조총련 산하 사업체인 동해상사(주) 및 (기획의 감사역으로 재직중인자로 73.1-82년도 일자 미상 조선인 총연합회의 중앙위원으로 재직했음.

나. 동명은 일본 통명을 "시미즈아끼라"(清水章)로 있는자임.

※ 영문표기는 "아끼라시미즈" (AKIRA SIMIZU) 인

사실을 확인

JUL. 10

CONSUL,
KANG DAE RYON
직위

TOKYO

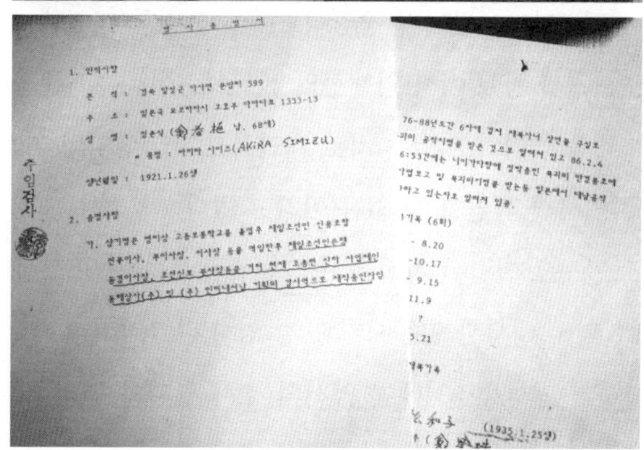

재일동포 관련 간첩 사건에서 피고인의 유죄를 입증하는 결정적 근거로 남용된 영사증명서. 작성자는 일본 주재 중앙정보부 요원이었다.

동산 거래관련 서류, 은행잔고 증명서 등의 공증을 요청하면 영사가 확인을 거쳐 발부하는 문서다. 하지만 여기서 말하는 영사증명서는 그런 일반적 의미의 공증서류가 아니라, 정보기관이 간첩 용의자를 옭아매기 위해 해외공관에 연루자의 신원을 조사해달라고 협조 요청해 받은 문서다. 이 문서를 작성한 영사는 일반 부처에서 파견된 공무원이 아니라 중앙정보부나 안전기획부 같은 정보기관의 파견 직원이다. 해외에 파견된 요원이 본부에서 지시가 오면 그들만의 지휘계통 절차에 따라 작성한 것이어서 정식 외교문서가 아니었고, 공적 증서로서의 법적 요건도 갖추지 못했다. 하지만 권위주의 시절의 법정에서는 검찰이 영사증명서를 증거로 제출하면 기재된 내용의 사실관계를 확인하거나 영사증명서 작성자에 대한 신문 절차 없이 증거로 채택되는 경우가 대부분이었다.

김정사 사건도 마찬가지였다. 김정사의 재일공작원으로 지목된 임계성에 대한 영사증명서를 작성한 사람은 당시 중앙정보부 소속으로 도쿄 주재 한국대사관에 근무한 정아무개다. 1961년부터 1983년까지 정보기관에 근무했던 그는 보안사가 중앙정보부에 요청한 사안에 대한 '대일對日사실 조사결과 통보'에서 임계성의 신원성분에 대해 "한청(재일한국청년동맹) 간부직을 역임하고 있는 자로 개인적으로 총련과의 연계 및 기타 불순단체 가입사실 확인할 수 없음"이라고 썼다. 이 조사 결과가 중앙정보부에서 보안사로 전달된 시점은 1977년 6월 16일이다. 그러나 동일인이 '주일대한민국 대사관 일등서기관 겸 영사'란 직위로 1977년 8월 24일 자로 작성한 영사증명서에는 앞서의 조사 결과와 전혀 다른 내용이 적혀 있다.

> 임계성은 1970년 4월부터 불순계열인 베트콩의 행동단체인 구 한청중앙본부 선전부장에 취임한 이래 동 단체의 조직부장과 동경본부 부위원장 요직을 겸임하면서 한민통의 조직원임과 동시에 간부로 활동 중 …… 반국가단체인 조총련과 비밀리에 연계하여 활동하고 있으며 특히 북괴를 직접 왕래하면서 간첩 활동 중인 곽동의 등의 조종하에 반국가 활동을 주도하고 반국가단체에서 지도적인 위치에 종사하고 있다.

이 영사증명서는 김정사의 간첩 혐의가 유죄로 인정되는 결정적 증거로 사용됐다. 작성자 정아무개는 3년쯤 뒤 군사반란을 꾀한 신군부가 김대중을 정치적으로 거세하기 위해 만든 '김대중 내란음모 사건'에도 800여 쪽의 한민통 관련 영사증명서를 제출했다. 그러나 진실화해위원회가 출범해 김정사 사건 조사에 들어갔을 때 그의 '해명'은 너무나 옹색하고 무책임하기 짝이 없다. 그는 한민통 관련 내용에 대해 자신이 직접 확인한 것은 없다고 말했다. 그는 "한민통이 반한활동을 한 것으로 기억하고 있으나 한민통이 조총련의 지령에 의해 조직되고 조총련의 자금을 받아 활동했다는 사실에 대한 구체적 증거를 갖지는 못했다"고 밝혔다. 그는 또 "민단 소속인 사람들이 반한 활동을 하기 때문에 조총련보다 더 나쁘다고 생각해 판결 이전에 반국가단체로 판단하고 있었다"고 말해 당시 정보기관이 한민통에 대해 나쁜 선입관을 갖고 있었음을 드러냈다.

사법부가 영사증명서의 증거능력에 엄정한 잣대를 긋기 시작한 것은 2007년 12월 이른바 '일심회' 사건에 대한 대법원 선고 때다. 대법원은 옛 민주노동당 내부정보 등을 북한에 넘겼다는 '일심회' 사건 판결에서 검찰이 제출한 주중국대사관 이아무개 영사의 영사증명서에 대해 "목적이 공적인 증명에 있다기보다는 상급자 등에 대한 보고에 있는 것으로서 엄격한 증빙서류를 바탕으로 하여 작성된 것이라고 할 수 없고 당연히 증거 능력이 있는 서류라고 할 수 없다"고 밝혔다. 대법원은 그러나 '영사가 공판에 나와 증언하면 진술서 증거로서는 인정 가능하다'는 취지의 판단을 덧붙였다. 간첩혐의 재판에서 마법 지팡이로 사용되던 영사증명서의 남용에 제동이 걸린 것이다. 2014년 유우성 사건의 증거조작과 관련해 국정원 간부와 협조자가 이례적으로 구속된 것은 영사증명서가 이전처럼 법정에서 자동 통과되지 않자 중국 공안기관의 문서마저 위조하는 무리수를 범했기 때문이라고 할 수 있다. 그러니 법원이 영사증명서를 깐깐하게 들여다보기 전에는 정보기관이 작정하면 얼마든지 간첩을 제조해낼 수 있었다는 얘기가 된다.

한민통, '반국가단체'가 되다

지역에서 건설회사 운영을 해 재력이 있었던 김정사의 부친은 1심 판결에 실망을 금치 못했다. 모국에서 사법고시를 통과해 판·검사가 되기를 은근히 기대했던 장남이 감옥에서 일생을 보내게 된 것이다. 그의 부친은 야당 성향의 변호사에게 맡겨서 효과를 보지 못했다고 생각해 2심에서는 여당 성향의 변호사를 구해 의뢰했다. 1심의 담당 변호사는 1950년대 진보당 사건 때 1심에서 배석판사를 했던 이병용이었다. 이병용 변호사는 변론 준비를 위해 김정사를 접견했을 때 "자네 사건은 아무 것도 아닌데 나가긴 힘들거다"라고 말했다. 2심 변호를 맡은 김옥봉 변호사는 접근 자세부터 달랐다. 김옥봉은 접견 때 "법정에서 한 마디만 잘못했다고 말하면 무기형에서 징역 10년으로 떨어질 것"이라며 반성하는 자세를 보이라고 했다. 부모가 밖에서 걱정하는데 무기를 받아서 되겠냐고 타일렀다. 묘하게도 2심 선고는 김 변호사의 말처럼 징역 10년, 자격정지 10년으로 줄어들었다. 김정사에게는 10년으로 감형이 된 게 별로 마음에 와 닿지 않았다. 독재정권이 어차피 오래 가지 못할 것이니 무기나 징역 10년이나 차이가 없을 것으로 생각했기 때문이다. 그러나 그의 판단은 섣부른 낙관이었다. 재일동포 유학생 간첩 사건 관련자 가운데 사형이나 무기로 확정된 사람은 석방되기 전에 13년에서 19년까지 장기 복역을 한 사례가 제법 있다.

대법원 선고는 1978년 6월 13일 나왔다. 모두 기각이었다. 1심 선고 때 잠시 언론에 나왔던 김정사 사건의 최종판결은 제법 크게 보도됐다. 석간신문은 6월 19일 자, 조간신문은 6월 20일 자 사회면에서 비중 있게 다뤄졌다. 상고심 판결이 있고 나서 시차를 두고 일제히 보도된 것으로 보아 판결의 의미를 부각시키려는 공안당국의 의도가 작용한 것으로 추정된다. 이 상고심 보도에서도 유영수, 유성삼 형제의 이름은 등장하지 않고 오로지 김정사 사건으로 취급됐다.

한민통을 반국가단체로 규정하는 최종심 판결을 손에 넣은 정보기관은 일본에서 유신독재체제를 비난하고 국내의 민주화운동을 지지하거나 김대중, 김지하 등 투옥된 인사의 구출운동에 적극적으로 참여한 재일동포는 모두 잠재적 간첩 용의자로 처벌할 수 있게 됐다. 당시 한국의 민주화를 지지하는 연대운동은 한민통을 중심으로 여러 시민단체가 연계해서 전개됐기 때문에 정보기관이 꼬투리를 잡아 걸려고 하면 빠져 나오기가 힘들게 된 것이다.

조기 석방은 부친의 거액 상납 덕분?

김정사는 광주교도소로 이감 갔다가 1979년 8월 광복절 특사로 풀려났다. 광주교도소에서 언론인 리영희를 비롯해 민청학련 사건의 유인태, 이강철, 김병곤 등 수많은 정치범을 만나 큰 위안을 받았다. 1977년 4월에 체포됐으니 2년 4개월 만에 감옥문을 나온 것이다.

정부는 1979년 광복절 특사에서 성내운 전 연세대 교수 등 긴급조치 9호 위반 수감자 53명이 형집행 정지나 특별 가석방으로 풀려났다고 밝혔으나 무슨 이유 때문인지 재일동포 정치범 석방이나 감형은 공개하지 않았다. 재일동포 정치범이 한꺼번에 많이 풀려난 것은 이때가 처음이다. 초창기 포항제철의 기본설계를 그렸다는 김철우 박사 형제를 비롯해 11·22사건의 최연숙, 임창조, 최창일, 양남국, 유성삼, 김정사 등이 석방됐다.

김정사는 광주교도소에서 김철우 박사와 같이 풀려났다. 민단 서울사무소장이 차량을 준비해 교도소 앞으로 마중 나왔다. 8·15 특사로 나온 재일동포 8명은 9월 24일 1회용 여권을 발급받아 주한 일본대사관에 비자를 신청했다. 일본 정부의 특별재류허가 비자를 받은 이들은 그해 12월 10일 일본으로 돌아갔다.

김정사는 재일동포 사건 관련자 가운데 아주 이른 시기에 특사에 포함됐다. 확정된 형이 징역 10년이었으나 2년 4개월 만에 석방됐으니 그

2011년 9월 서울고법 재심에서 무죄판결을 받은 김정사(오른쪽)와 유성삼. 김정사는 망부의 사진을 들고 있다

나마 행운아인 셈이다. 그 배경에는 부친이 일본 정계 인사를 찾아다니며 로비한 것이 큰 힘을 발휘한 것으로 보인다. 김정사의 부친은 지역구의 유력한 자민당 의원인 아라후네 세이주로에게 장남의 곤경을 설명하고 석방에 힘써달라고 간청했다. 아라후네가 다시 자민당의 파벌 보스인 시나 에쓰사부로에게 부탁해서 시나가 박정희에게 선처를 요망했다고 한다. 박정희는 "어디 간첩을…"이라고 말하며 상당히 격한 반응을 보였다는 것이 김정사가 일본에 돌아와 가족한테서 들었다는 얘기다.

중앙정보부는 재일동포 정치범을 풀어줄 때 일본 정치인의 보증을 요구했다. 대체로 자민당 의원 중에서도 보수적인 친한파들이 많았다. 정보부로서는 '인질'을 풀어주며 친한파 의원들에게 생색을 낼 수 있는 '남는 장사'였다. 김정사의 경우는 당시 자민당 참의원인 쓰치야 요시히코

土屋義彦였다. 1965년부터 사이타마현에서 참의원 5선을 했고, 1992년부터는 사이타마현 지사를 세 차례 연임했다. 쓰치야는 1979년 4월 14일 중앙정보부에 와서 보증인 서류에 서명했다고 한다. 쓰치야는 현 지사로 있던 1998년 2월 김대중 대통령 취임식에 초청을 받았을 때 김정사를 데리고 갔을 정도로 그를 아꼈다고 한다.

김정사는 부친의 건설회사에서 회계 일을 하던 누나로부터 충격적인 얘기를 들었다. 부친이 장남의 석방을 위해 돈을 뿌리느라고 회사 금고가 바닥났다는 것이었다. 자금 사정에 늘 여유가 있던 부친이 친구들한테 빚까지 졌다고 했다. 객관적으로 확인될 수 있는 내용이 아니지만 부친이 당시 중앙정보부장에게 6000만 엔의 거액을 전달했다는 얘기도 들었다. 당사자들이 모두 세상을 떠나 이제는 확인할 방도가 없다.

김정사는 부친의 회사 일을 돕기 위해 건축 디자인 토목 분야의 전문학교인 주오공(工)학교 2년제 과정에 등록해 전문지식을 배웠다. 1990년 3월 부친이 별세한 후로는 사장직을 인계받아 경영하는 한편으로 재일동포 정치범의 명예회복과 배상추진을 위해 불편한 몸을 이끌고 활동하고 있다. 그의 재심 신청을 받아들인 서울고법은 2012년 9월 23일 고문에 의한 허위자백 이외는 증거가 없다며 무죄를 선고했고, 대법원은 2013년 5월 22일 무죄판결을 확정했다. 그는 2010년 8월 발족한 비영리법인 '재일한국인 양심수의 재심무죄와 원상회복을 쟁취하는 모임'의 이사장을 맡고 있다.

8

중앙정보부의 민단 장악과 민단내 '자주파' 거세

”

한일협정이 체결되기 이전에 재일동포의 국적은 대부분 ‘조선’이었다. 그것은 남과 북 어느 한쪽을 가리키는 것이 아니라, 그저 한반도(조선반도)에서 온 사람이라는 의미였다. 한국 정부는 일본 영주권을 보장받으려면 국적을 ‘한국’으로 바꾸도록 하고 남에게 충성할 것을 강요했다.

김재규 손위 동서 최세현의 아사히신문 인터뷰

1973년 8월 김대중 납치 사건이 도쿄 한복판에서 벌어졌을 때 일본 공안경찰은 사건 초기부터 한국 중앙정보부 요원들에 의한 범행이라는 심증을 굳혔다. 공안경찰이 유력한 용의자로 찍은 사람은 당시 한국대사관 1등서기관으로 근무하던 김동운이다. 물론 중앙정보부 소속으로 현지 공관에 파견된 요원이다. 그는 납치 실행 전부터 평소 정보를 교환하던 공안경찰에게 "김대중이 일본에서 시끄럽게 하고 있으니 데리고 가야겠다"는 의도를 비쳤다고 한다. 그가 납치에 가담한 범인의 하나로 지목된 것은 범행 현장에서 채취된 많은 지문 가운데 그의 것이 나왔기 때문이다. 원래 일본에 부임하는 외교관은 일반 체류자와 달리 일본 관청에 가서 외국인 등록을 하지 않는다. 지문 날인도 하지 않으니 지문이 보관돼 있을 리가 없다. 그러나 김동운은 모 신문사의 특파원으로 신분을 위장해 일본에 입국했기 때문에 일본 관청에 지문 기록이 남아 있었다. 그래서 결정적 꼬리가 잡힌 것이다.

당시 납치 수사를 지휘하는 일본 경찰 상층부에서는 김동운의 체포 여부를 놓고 격론이 벌어졌다고 한다. 일단 신원을 확보해야 한다는 강경론과 한국 쪽을 지나치게 자극하면 큰 외교문제가 되니 좀 더 추이를 지켜보자는 신중론이 맞서 결론을 내리지 못하는 사이에 김동운은 대만을 경유해 한국으로 달아나버렸다.

김동운이 신문기자 행세를 한 것은 1965년 한일국교 정상화 이전에 입국했기 때문으로 보인다. 정식으로 공관이 개설되지 않은 상태에서 정보 수집을 위해 신분을 감춘 것이다. 김동운의 한자 표기는 金東雲이다.

군이 뜻을 풀이하면 동쪽의 구름이 된다. 납치 사건을 취재하던 한 일본 기자는 왠 도사 같은 이름이라고 이상하게 생각했다고 한다. 김동운은 본명이 아니다. 실제 이름은 김병찬이다. 해외 파견 정보부 요원은 가명을 쓰는 경우가 많다. 납치 사건 당시 주일대사관의 정보공사는 김재권이다. 일본에 주재하는 정보부 요원을 지휘하는 책임자인 그의 본명은 김기완이다. 1958년 2월 부산발 서울행 대한국민항공(KNA) 여객기가 북한에 납북됐을 때 대령 계급의 공군 정훈감으로 억류됐다 풀려난 적이 있고, 공보부 기획조정관 등을 거쳐 주일공사로 임명됐다. 박 정권의 말기인 1979년 3월에는 한국보험공사 사장으로 기용됐는데 성 김 전 주한 미국대사의 부친이기도 하다.

한일 간에 정식으로 외교관계가 설립돼 일본 각지에 대사관과 총영사관이 개설되자 정보요원들이 대거 현지 공관에 배치됐다. 정보요원의 활동에 대해서는 최세현 전 주일공사가 밝힌 것이 있다. 〈아사히신문〉은 1980년 8월 17일 최세현 전 공사의 인터뷰 기사를 1, 3, 4면에 걸쳐 상세히 보도했다. 최세현은 중앙정보부장이었던 김재규의 손위동서다. 그는 원래 정보 분야에서 일하던 요원 출신이 아니라 학자다. 1950년대 말 미국에 유학해 심리학 박사학위를 취득하고 뉴욕시립대, 오하이오대, 사우스캐롤라이나대 등에서 강의하다가 김재규로부터 심리전쟁 상담을 맡아달라는 부탁을 받고 1977년 9월에 귀국했다. 그가 외교안보원 연구위원에서 주일공사로 발령받은 것은 1979년 2월이다.

10·26사태 후 도쿄에서 불안한 나날을 보내던 그는 1979년 12월 초 도쿄에서 독일 프랑크푸르트로 가 미국총영사관에서 비자를 받는 즉시 미국으로 피신했다. 〈아사히신문〉이 최세현의 증언을 대대적으로 취급

한 것은 신군부의 군사법정에 회부된 김대중의 목숨이 경각에 달렸다는 판단이 작용한 것으로 보인다. 육군계엄보통군법회의가 7월 31일 자로 '김대중 일당의 내란음모 사건'에 관련된 24명을 기소했다고 발표한 시점이 8월 1일이고, 첫 공판은 8월 14일에 열렸다. 최세현 인터뷰는 재미 언론인 문명자가 주선해 〈아사히신문〉과 공동으로 보도하는 형식으로 진행됐다. 원래는 8월 15일 자에 싣기로 합의됐으나 보도가 나오면 후쿠오카총영사관 교육관으로 근무하는 최세현의 동생이 곤란한 처지에 빠지게 된다고 해 그의 가족까지 미국으로 빼돌리느라 이틀 늦춰졌다고 한다.

최세현은 이 인터뷰에서 한민통 의장이었다는 이유로 김대중에게 '반국가단체'의 수괴 혐의가 적용된 것과 관련해 "김대중이나 한민통이 북한 혹은 총련과 연결됐다고 뒷받침할 근거는 하나도 없었다"며 "선임자들이 오랜 기간에 걸쳐 조사해도 잡을 수 없었다"고 말했다. 그는 또 한민통의 간부인 배동호, 김종충 등의 북한 왕래 혐의에 대해 "한국 정부로서는 일본 정부의 정보 제공 외에는 알 길이 없다"며 적어도 자신이 아는 한 그들이 왕래했다는 정보를 일본 정부로부터 제공받은 일은 없다고 단언했다.

그는 간첩 혐의로 수감된 재일한국인 정치범의 처지에 대해서도 상당한 이해심을 드러냈다. 그는 재일동포가 "공산당도 합법화돼 있고 총련도 있는 일본이라는 특수한 사회에서 살고 있다. 그 점에서는 한국에 있는 국민과 차이를 두지 않으면 안 된다"고 말했다. 정치적이 아니라 인간적 의미에서 총련 관계자와 왕래했다고 하더라도 무리는 아니라고 봤다. 그는 해마다 단행되는 광복절 특사에 대비해 1979년 8월 재일한국인 정치범 수십 명의 명부를 만들어 감형을 상신했다고 말했다. 그리고 8월 10일 서울로 가 대기하고 있는데 11일 밤 김재규한테서 전화가 걸려와 "박 대통령에게 명부를 가지고 가 직접 결재를 받았다. 굿 뉴스다"라고 통보 받았다고 했다. 그는 15명이 석방되고 한 사람이 사형에서 무기로 감형되는 등 예년보다 특사의 폭이 넓어 그날 밤 도쿄로 돌아와 정치범 가족들에게 연락했다고 한다. 최세현이 밝힌 석방자 수는 구원운동 단체가 집계한 것과는 차이가 있다. 무기로 감형된 사형수는 이철이다. 최세현은 2단계로 그해 성탄절이나 다음해 신정 때 재일동포 정치범 석방을 추진하려 했으나 10·26사건으로 실현되지 못했다고 밝히기도 했다.

"중앙정보부 요원 재일동포 돈 우려내"

최세현은 일본에서 중앙정보부의 협력 창구는 내각조사실이며 일본의 관청, 민간기업, 단체 등에 광범한 '정보원'을 갖고 있다고 밝혔다. 그는 일본 정계나 정치인에 대한 로비나 정보수집과 관련해 건강하지 못한 부분이 있다고 말했다. 최세현의 발언에서 재일동포 사회에 끼치는 영향과 관련해 주목되는 대목이 있다.

> 중앙정보부(KCIA)는 도쿄 외에도 오사카, 나고야, 후쿠오카, 삿포로 등 각 총영사관에 요원을 배치하고 있다. 일본 내 일상 활동으로서는 총련이나 한국 반체제파 단체의 정보 수집, 거류민단 통제 등 재일조선인·한국인의 동향 파악, 도쿄를 중심으로 한 국제정보의 수집 등이 있었다. KCIA 요

> 원이 재일한국인으로부터 돈을 우려내고 있는 등 부패의 실태를 알고 김재규 부장에게 보고했다. 돈을 대량으로 뿌리는 예산은 없고, 요원이 재일한국인의 기업 등에서 뜯어내 사용하고 있다. 정보 제공자는 총련 민단은 물론 일본의 관청, 민간기업, 한민통 등 단체에 광범하게 잠복시켜 놓았다. 그러나 그런 정보는 단편적인 것이 많고 부정확했다. 역시 공개 정보가 가장 정확했다. 정보 제공자도 인간이기 때문에 돈 등의 약점이 있기도 했다. KCIA는 너무도 악명이 높아져 버렸다. 하지만 그 활동 양태는 실제보다 과장돼 있다.

최세현은 물론 정통 '정보맨'이 아니다. 학자 출신인데다가 박정희를 살해한 김재규와 인척 관계로 묶여 미국으로 망명한 처지여서 중앙정보부 요원들의 행태에 부정적 선입견을 가졌을 수도 있다. 하지만 누가 봐도 골수 '정보맨'이라 할 수 있는 사람의 기록에서도 최세현의 증언을 뒷받침하는 내용이 나온다.

1970년대 중반 오사카총영사로 재직 중 총련계 동포의 모국방문 사업을 과감하게 밀어붙였던 조일제는 방첩대 문관을 거쳐 5·16쿠데타 뒤 중앙정보부로 옮겨 중정 3국장(정치 담당), 보안차장보를 지냈다. 조직력에서 총련에 열세에 있던 민단이 주도권을 쥐기 시작한 것은 모국방문 사업이 결정적 계기로 작용했다. 조일제는 당시 중앙정보부 지휘부의 사전 결재를 받지 않고 오사카총영사 취임사에서 자신의 포부를 밝혔다. 상부와 협의 없이 일을 벌였다고 해서 한때 그를 체포하라는 지시까지 내려졌다고 한다. 주일정보공사 근무를 마치고 유정회 국회의원 등을 한 그는 2012년 자신의 회고록《역사 앞에서》를 냈다.

官界にも広い情報網

KCIAの在日活動

崔前公使、米で語る

金大中氏は無実

証拠をつかめず

北朝鮮とのつながり

1980년 8월 일본 내 중앙정보부 활동을 폭로한 최세현 전 주일 정보공사의 〈아사히신문〉 인터뷰 기사

이 책에는 그가 1974년 11월 말 도쿄대사관에 명목상 영사담당 공사로 파견돼 수개월 있다가 1975년 3월 오사카총영사에 부임하던 때의 일화가 나온다. 그가 신칸센을 타고 오사카 역에 도착하니 총영사관의 정보영사 김권만이 마중을 나왔다. 조일제는 김권만에게 "자네, 그동안 별고 없었는가?"하고 반갑게 인사했는데 이것이 교포사회에서 화제가 되었다는 것이다. 조일제의 기술에 따르면 오사카 교포사회에서 김 영사의 파워는 이만저만이 아니었는데, 새로 부임한 총영사가 그런 사람에게 반말로 인사를 하는 것을 지켜본 교포들이 놀랐다는 것이다. 그래서 새 총

영사가 매우 무서운 인물이라는 소문이 교포사회에 쫙 퍼졌다고 한다. 당시 관행이었는지 조일제는 자신이 거주하는 집 월세를 동포 후원회가 내줬으며, 승용차도 구입해서 주었다고 썼다. 김권만은 1973년 김대중 납치사건에 관여한 중앙정보부원 명단에 김기도란 이름으로 나온다. 그는 후에 후쿠오카총영사, 삿포로총영사를 역임했다.

조일제는 자신이 1928년 8월 오사카에서 태어나 해방 후에야 귀국했기 때문에 재일동포 문제에 깊은 관심을 갖고 있었다고 썼다. 중정 보안차장보로 근무하던 때는 정보기관원이 재일동포 상대로 간첩 검거 경쟁을 벌이는 폐해가 있어 각 기관에 자중을 요청했다고까지 언급했다. 이렇게 표현했다.

> 그들(중앙정보부 보안사 경찰)은 각각 실적을 위해서라도 간첩 등 보안사범자의 검거를 위하여 필사적인 노력을 하지마는 북한에서 파견된 간첩을 색출하기가 생각보다 쉽지 않았고, 그러다 보니 실적을 올리는 데 제일 손쉬운 상대가 일본 조총련계 교포들이었다. 때문에 김포공항 근처는 항상 기관원들이 들썩거리는 장소였다. 그래서 때때로 선량한 재일동포가 그 피해를 보는 사태가 발생하기도 하여 나는 각 기관에 자중할 것을 요청하기도 했다.……
>
> 당시에는 웃지 못할 사건도 많았는데 치안본부에서 간첩을 잡았다는 소식이 보도되면 보안사가 난리고, 보안사가 간첩을 잡았다고 하면 정보부가 난리를 피우는 등 이 기관들의 경쟁이 치열하게 전개되던 시절이었다.……

한일 외교관계가 정상화되자 일본 각지의 공관에 진출한 정보부 요원은 재일동포의 동향 파악에 나서면서 동포사회에도 38선을 긋기 시작했다. 한일협정이 체결되기 이전에 재일동포의 국적은 대부분 '조선'이었다. 그것은 남과 북 어느 한쪽을 가리키는 것이 아니라, 그저 한반도(조선반도)에서 온 사람이라는 의미였다. 한국 정부는 일본 영주권을 보장받으려면 국적을 '한국'으로 바꾸도록 하고 남에게 충성할 것을 강요했다. 이런 과정에서 정보부 요원은 자연스럽게 동포사회의 실력자로 군림했다. 민단의 간부나 사업하는 상공인은 정보부 요원의 눈치를 살피고 접대에 신경을 쓰지 않을 수 없었다. 이들의 눈 밖에 나는 언동을 했다가 무슨 보복을 당할지 몰랐기 때문이다. 민단의 각급 조직은 선거를 통해 집행부를 선출하는 데 경쟁 후보를 제거하기 위해 정보부 요원을 이용하는 사례도 적지 않았다. 심지어 경쟁 후보가 총련 쪽 인사와 비밀접촉을 한다든지 가족 중에 북한으로 넘어간 사람이 있다는 식으로 밀고해 간첩 혐의를 뒤집어씌우는 경우도 있었다.

권일은 되고 김재화는 안 된다

중앙정보부의 한민통 탄압은 1980년 김대중 사형선고로 정점을 찍고 개별 와해공작에 들어갔지만, 전사는 한민통이 결성되기 훨씬 이전으로 거슬러 올라간다. 1967년 6·8총선을 앞두고 전격적으로 이뤄진 김재화 전 민단 단장 구속 사건도 그런 맥락에 있다고 할 수 있다. 총선을 불과 일주일 앞두고 중앙정보부 요원이 제1야당인 신민당사를 압수수색하는 만행을 벌였다.

서울지검 공안부는 6월 1일 신민당 전국구(비례대표) 후보로 입후보했다가 전날 사퇴한 김재화를 국가보안법 반공법 외환관리법 및 국회의원 선거법 위반혐의로 구속했다. 중앙정보부 요원들은 당일 압수수색 영장을 발부받아 신민당사 당수실 등을 오가며 경리장부를 뒤졌다. 2일에는 더 해괴한 일이 벌어졌다. 신민당의 주거래 은행인 상업은행 재동지점이 오전부터 이유는 밝히지 않은 채 신민당의 예금인출 요구를 거부하고 나섰다. 선거가 코앞으로 다가왔는데 야당의 선거경비 지출이 봉쇄된 것이다. 격분한 유진오 신민당 당수는 2일 불법부당한 선거탄압을 중단하지 않는다면 모종의 중대조치를 강구하고 극한투쟁을 불사할 것이라는 내용의 성명을 발표했다.

- 김재화 씨를 전국구 후보로 받아들인 것은 60만 재일교포의 권익보호를 위한 조치이며 김 씨가 당에 헌납한 자금의 일부가 불순자금이라고 하는 것은 그의 과거 이력에 비추어보아 납득할 수 없다.
- 이번 처사는 공화당이 재일교포 대표로서 권일 씨를 전국구 후보로 내정했다가 이를 실행하지 않은 데 반해 신민당은 김 씨를 전국구 후보로 결정한 데 대한 재일교포들의 공화당에 대한 반발과 신민당에 대한 지지를 두려워해서 취해진 졸렬한 조치다.
- 중앙정보부는 이 사건을 빙자해서 선거가 종반전에 이른 이 중요한 시기에 당 경리장부 전반에 걸친 수사와 당의 중진인사들을 야간에 소환심문까지 하는 것은 정부 권력을 악용한 선거 방해책으로 단정치 않을 수 없다.

김형욱 중앙정보부장은 야당 당수의 성명은 아랑곳하지 않고 2일 선거운동을 지원하기 위해 온양에 머물던 박정희 대통령을 찾아가 수사 상황을 보고했다. 박정희는 "반공법에 저촉된 것인 만큼 선거에 미치는 정치적 영향 등을 고려하지 말고 의법처리하라"고 김 부장에게 지시했다. 박정희의 격려까지 받은 김 부장은 다음날 중앙정보부 브리핑실에서 기자회견을 열고 '조총련 자금 불법유입에 의한 국회 침투기도 사건'이라고 규정했다. 중앙정보부는 5일에 가서야 예금동결 조치를 해제한다고 발표했다.

5·16쿠데타 반대성명 주도한 김재화

재일동포인 김재화와 권일은 어떤 사람이기에 본국 정치 한복판의 소용돌이에 휘말린 것일까? 민단 초창기 대표적 지도자인 김재화부터 살펴보자. 1904년 경남 밀양에서 태어나 일제강점기에 대구 가톨릭신학교를 중퇴하고 일본으로 건너간 그는 1950년대에 일곱 번 연속 민단 단장으로 선출됐다. 자유당 정권 때는 본국 국회 옵서버로 참석하고 국회에서 연설도 했다. 그는 민단 단장이던 1953년 10월 도쿄한국학원 설립위원회를 구성했고, 다음해 4월 도쿄한국학교가 문을 열었을 때 초대 이사장을 지냈다.

김재화는 6·8선거를 앞두고 한국 정계에 진출하기 위해 야당인 신민당과 접촉했다. 신민당은 후보등록 최종일인 5월 15일 마감시간 직전에 전국구 후보 31명의 명단을 선관위에 등록했다. 야당 원로인 박순천, 김도연, 정해영, 고흥문, 이재형 등이 앞 순위를 차지했고, 김재화는 당선 안정권인 10번을 배정받았다. 전국구 공천은 정치자금 조달에 어려움을 겪던 야당이 선거운동용 '실탄'을 확보하는 창구로 쓰던 것이 관례였다.

중앙정보부는 민단의 지도급 인사가 야당에 공공연히 줄을 대는 것을 용인할 수 없었다. 김재화는 권력에 고분고분한 사람이 아니었다. 그는 자유당 정권 말기 이승만 정부와 자유당에 반대하는 민단 성명 발표를 주도했다. 민단 단장으로 있던 그는 1959년 10월 16일 성명을 발표하고 지난 10년 한국 정부에 자금을 요청했으나 허사였으며 "이제 와서 자유당이나 현 정부를 신임하거나 지지할 수 없다"고 주장했다. 성명은 또 민단이 재일교포 북송반대 투쟁을 계속할 것이며 재일교포의 생활보장을 위한 더 많은 예산 지출을 일본 정부에 요구한다고 밝혔다. 이 성명은 본국 정부에 큰 파문을 일으켜 공보실은 언론기관에 민단 성명기사를 게재하지 않도록 압력을 가했다.

민단 단장에서 물러난 뒤 고문을 맡은 김재화는 1961년 5·16쿠데타에 대해 민단 집행부가 지지성명을 내자 그해 10월 '민단정상화 유지간담회' 결성에 참여해 쿠데타 반대 입장을 분명히 했다. 중앙정보부는 김재화가 배동호 등 '민단정상화 유지간담회' 쪽 인사들을 통해 걷은 공천 헌금을 총련계의 공작자금으로 몰아붙였다. 구속기소된 김재화에 대해 검찰 공안부는 징역 7년 자격정지 7년을 구형했고, 1심을 맡은 이한동 판사는 1967년 11월 20일 공소 내용을 그대로 인정해 징역 1년6개월 자격정지 1년6개월을 선고했다. 김재화는 다음해 1월 병보석으로 풀려났고 항소심 판결은 1969년 12월에야 내려졌다. 2심 재판부는 국가보안법 반공법 위반 혐의는 무죄라고 판시하고, 외환관리법 위반에는 선고

유예를 선고하며 추징금을 병과했다. 대법원은 1970년 8월 검찰의 상고를 기각하고 원심 판결을 확정했다.

> 김 피고인의 국회의원 입후보를 위해 재일거류민단의 유지간담회 회원 20여 명이 일화 3100여만 원을 모금한 사실이 인정되나 이 자금 제공자들이 조련계의 지령을 받았거나 내통함으로써 위장지출되거나 김 피고인이 그 정을 알았다는 증거가 없고, '신춘대담' 때 공산주의 활동이 합법화된 일본이라는 특수환경에서 북괴의 평화통일공세에 대항하여 그 나름대로 소박한 민주주의에 입각하여 평화통일론을 전개한 것은 인정되나 그 같은 발언을 한 것만으로 반국가단체의 이익이 된다는 정을 알면서 회합했다거나 반국가단체의 활동을 찬양 동조했다고는 볼 수 없으므로 국가보안법 반공법 위반 부분에 대해 무죄를 내린 원심 판결에 잘못이 없다.

6·8총선을 앞두고 중앙정보부가 제1야당의 입후보자에게 국가보안법 반공법을 적용해 구속하고 야당 당사를 압수 수색하며 은행예금의 지출까지 동결시키는 폭거를 자행한 김재화 사건은 3년여 만에 용두사미로 끝났다. 그렇지만 무리한 용공 조작으로 야당을 탄압하고 공정한 선거 진행을 짓밟은 행위에 대해 책임지거나 사과하는 움직임은 전혀 없었다.

만주국 법관 출신 권일, 5·16쿠데타 즉각 지지

공화당이 재일동포 대표로 전국구 후보로 내정했다고 야당이 주장하는 권일은 누구인가? 그는 1911년 경북 예천에서 태어나 일본 메이지대학 법학부를 졸업했다. 본명은 권혁주인데 해방 후 자신의 친일 경력을 감추기 위해 개명했을 가능성이 높다. 그는 1937년 대학 재학 중 일본 고등문관시험 사법과에 합격했고, 괴뢰 만주국의 사법관으로 부임했다. 만주국의 고급관리 양성기관인 대동학원을 졸업했고, 옌지延吉와 진저우錦州 등지에서 심판관(판사)으로 근무하다 1943년 말 일본으로 돌아가 일심회 등 친일단체에서 활동했다.

권일은 해방 후 귀국하지 않고 일본에 남아 민단의 간부직을 역임했다. 그가 처음 민단 단장에 선출된 것은 희한하게도 1961년 5월 16일이다. 권일의 새 집행부는 당일 '군사혁명' 지지 성명을 냈다. 김재화가 민단의 유력자를 모아 5·16쿠데타 반대 입장을 밝힌 것과 비교하면 가는 길이 확연히 달랐다. 권일은 1961년 6월 21일 쿠데타 세력의 초청을 받아 화려하게 입국했다. 그는 이틀 뒤 외무부에서 기자회견을 열고 "민단의 교포들은 민주구국운동이 되는 5·16군사혁명을 전폭적으로 지지한다"고 말하고 "혁명정부의 요인들을 만나 재일거류민정책을 근본적으로 쇄신해달라고 건의했다"고 밝혔다.

권일은 만주국에서 관료나 군인으로 근무한 쿠데타 세력의 실세들과 친분이 있었다. 군사정권의 후원을 받은 권일은 1967년 중반까지 1년을 제외하고 민단 단장직을 고수했다. 1963년 5월 민단대회에서는 감찰위원장 출신의 김금석이 단장으로 선출됐으나, 권일은 1964년 7월 민단대회에서 2년 임기의 단장에 뽑혀 복귀했고 1966년 6월 대회에서도 재선에 성공했다.

박정희 정권은 1967년 대선과 총선이 치러지는 선거의 해를 맞아 재일동포 사회의 지지를 얻기 위해 국회의원 전국구 1석을 민단에 배정키로 방침을 정했다. 누구보다도 재빠르게 움직인 사람이 권일이다. 6대 대통령선거를 5월 3일에 거행한다는 정부의 공고가 나온 3월 24일 집권 공화당은 각급별로 대통령선거중앙대책위원회를 구성했다. 다음날 공화당 총재인 박정희는 대통령선거중앙대책위원회 특별고문 7명과 고문 27명에게 임명장을 수여했다. 백두진, 윤치영, 이갑성, 임영신, 최두선 등이 특별고문이 됐다.

권일은 고문 명단에 포함됐고, 김종필, 이정석, 이도선, 강문봉 등으로 짜여진 특별유세반에도 들어갔다. 대통령 선거가 끝난 후 권일은 더욱 분주해졌다. 민단의 현직 단장이 공화당 중앙당사에 부리나케 출입하면서 전국구 배정 상황을 탐색하고 다녔다. 중앙선거위의 후보 등록을 앞두고 권일의 이름은 전국구 후보로 확정됐거나 물망에 오르는 인물로 신문 보도에서 거론됐다. 하지만 발표된 공화당 전국구 후보 명단에 그는 무슨 이유에서인지 빠졌다. 그런데도 그는 6·8총선에서 공화당 유세반에 편성돼 이효상, 안호상 등의 중진 등과 함께 선거운동을 했다.

권일이 한국에 장기체류하면서 본국 정치에 과도하게 개입하자 동포사회에서 비난의 소리가 커졌다. 임시대회를 소집해 권일을 단장직에서 해임해야 한다는 주장이 제기됐다. 1967년 6월 13일 대회에서 이유천 전 감찰위원장이 후임으로 선출됐다. 이유천은 민단 단장이 정치에 관여하는 것은 부당하며 이런 일은 절대로 없어야 한다는 의견이 속출하자,

권일의 공화당 입당은 개인 자격으로 한 것이라고 해명하며 파문을 수습했다.

김재화와 권일의 본국 정치 관여는 1971년 8대 총선에서도 평행선을 달렸다. 민단 내 비주류의 지도자인 김재화는 1971년 5·25총선을 앞두고 야당인 신민당에서 활동을 재개했다. 그해 2월에는 신민당의 지도위원 41명의 명단에 들어갔고, 총선에서는 전국구 후보 15번으로 등록됐다. 4월 대선에서 대통령후보로 선전한 김대중이 전국구 2번에 올랐고, 당수 유진산은 자신을 1번에 올려서 등록했다가 거센 당내 파동을 자초했다. 권일은 공화당 전국구 18번으로 공천받아 국회의원 배지를 처음 달았다. 어렵게 본국의 의사당에 진출한 김재화의 재임 기간은 오래가지 못했다. 박 정권이 1972년 10월유신 쿠데타를 자행해 국회를 해산해버렸기 때문이다. 김재화는 바로 일본으로 돌아간 반면 권일은 유정회 소속으로 1979년까지 의원 생활을 했다.

한편 공화당 의원으로 있다가 간첩 혐의로 체포돼 사형이 집행된 김규남이 국회에 진출한 것이 6·8선거였다. 도쿄대에서 박사학위를 받은 김규남은 공화당 전국구 명단에서 20번 순위를 배정받았다. 그는 1969년 5월 '유럽·일본 간첩단 사건'으로 체포돼 사형이 확정된 후 1972년 7월 13일 처형됐다. 남북이 자주, 평화, 민족대단결의 3대원칙을 천명한 7·4공동성명을 발표한 직후였다.

박정희의 신임을 잃고 미국으로 도피한 김형욱 전 중앙정보부장은 1977년 7월 4일 자 〈아사히신문〉의 1면 머리기사로 보도된 회견에서 김규남 검거는 일본 경찰에서 받은 정보에 따른 것이라고 밝혔다. 김형욱은 1965년 한일협정 체결 시 일본주재 중앙정보부 책임자 이상익(후에 중정 차장, 국회의원)이 경찰청과 교섭해 정보교환 등 비밀협정을 맺었다고 폭로했다. 김형욱의 주장에 대해 일본 경찰은 강력히 부인했다.

김규남은 처형된 지 41년이 지나 서울고법의 재심공판에서 무죄를 선고받았다. 재판부는 2013년 10월 8일 영장 없이 체포돼 고문과 협박에 의해 임의성 없는 진술을 한 것을 유죄의 증거로 삼을 수 없다며 유족에게 사과와 위로의 뜻을 밝혔다.

'불순분자'인가 '민단 양심세력'인가

민단 중앙본부의 누리집에는 민단의 역사를 간략히 알려주는 '주요 연보'란 항목이 있다. 1970년대 초반에 이런 행사나 사건들이 올라 있다.

> 1971년 1월 16일 영주권 신청 마감 (일본 당국 신청자 수 35만 922인 추계)
>
> 1971년 3월 25일 민단 정기중앙대회 불순분자 난동으로 혼란. 이후 총련 '프랙션fraction(분파 프락치)'에 의한 민단 파괴활동 책동 강해지다
>
> 1971년 9월 20일 삿포로 동계올림픽 재일한국인후원회 발족
>
> 1972년 4월 18일 반민단 불순분자 민단 중앙본부에 난입 3기관장 감금 폭행

민단의 정기대회에 들어가 난동을 부리고 민단 단장 등 집행부를 폭행했다는 '불순분자'는 누구를 말하는가? 이들의 행위는 과연 난동이었고, 총련 프락치와 연결되는 민단 파괴활동이었는가? '불순분자'로 낙인

찍힌 사람들의 우두머리는 김재화, 배동호, 정재준 등이 꼽힌다. 민단 초창기부터 관여했고 오랜 기간 간부직에 있던 이들의 주장을 들어보면 얘기가 전혀 다르다. '불순분자'가 초기에 결집한 것이 '민단정상화 유지간담회'다. 권일 집행부가 5·16쿠데타를 지지하는 성명을 내고 군사정권과 밀착하는 행보를 보이자 이를 비판하는 인사들이 모인 것이다. 유지간담회에 모인 사람들은 자신들이 동포사회의 '민족 양심파'라고 자부했다.

권일 체제에 대한 이들의 견해는 군사정권의 의사결정에 따라 움직이는 '질 나쁜 사람들'로 둘러싸인 집단이라는 것이다. 권일에 대한 평가도 아주 좋지 않았다. 민단 도쿄단장을 지냈고 한민통 결성에도 주도적 역할을 한 정재준은 2006년《김대중구출운동소사》라는 회고록 성격의 책을 냈다. 그는 이 책에서 권일이 "조국의 독립과 해방을 위해 활동하는 사람들 잡아다 형벌을 가한 일제의 주구, 민족 반역죄에 해당하는 인물"이며 "해방 후에도 일제 관헌과 친하게 내통하고 박정희 정권의 충실한 하인이었다"고 썼다.

민단 도쿄본부 단장선거에서 겪은 정보부의 방해공작

권일의 친일 행적을 신랄하게 규탄한 정재준은 총련 프락치일까? 그의 회고록에 기술된 행적을 보면 좌파로 불릴 만한 건더기조차 없다. 1917년 8월 경북 경산에서 태어난 그에게 어린 시절의 기억은 극도의 빈곤이었다. 그가 다섯 살 때 부친이 돈을 벌겠다고 일본으로 가버렸다. 남편

없이 겨우 생계를 유지하던 모친은 1925년 9월 세 자녀를 데리고 남편을 찾으러 떠났다. 경산역에서 야마나시山梨현의 히노하루日野春역까지 기차표를 끊었다. 일본말을 전혀 하지 못하는 모친이 의지할 수 있던 것은 메모 한 장이었다. 면사무소에 근무하던 친척이 "이 사람들은 시노모세키역에서 나고야역까지 가서, 주오中央선으로 환승해서 히노하루역에서 하차하는 사람들입니다. 안내를 잘해주시기를 부탁합니다"라고 종이에 써 주었다고 한다. 기차와 배를 갈아타며 시골역에 도착하니 대합실에 부친이 나와 있었다.

정재준의 일본 생활은 발전소 공사현장에서 막일을 하던 부친의 노무자 숙소에서 시작됐다. 그는 보통소학교를 나와 건설공사 하청을 하는 부친을 돕다가 공부를 더 하고 싶어 집을 나와 도쿄의 신문보급소에 들어갔다. 당시 신문보급소는 배달 인력을 확보하기 위해 청소년을 입주시키고 약간의 수당을 줬다. 일본이 대외침략의 길로 나가면서 신문사의 판매 경쟁도 치열해졌다. 승전 소식 등을 알리는 호외가 발행되면 배달소년에게 수당이 더 나왔다. 정재준은 조석간을 배달하면서 낮에는 학교에 가서 공부할 수 있었다. 5년제 지유가오카중학교를 졸업한 뒤 대학에 가고 싶었지만, 여섯이나 되는 동생을 뒷바라지하기 위해 진학을 포기하고 부친의 토목사업을 본격적으로 도왔다. 전쟁 기운이 무르익어가자 일본 국내의 군관계 토목공사가 급증했다. 정재준과 그의 부친은 공사 재하청을 받아 기후현, 아이치현, 미야자키현 등을 옮겨 다니며 비행장 활주로 건설 등을 했다.

일본이 패전한 후 그는 도쿄에 아사히토목주식회사를 설립하고 부동산업에도 손을 댔다. 건설현장에서 야쿠자 폭력배와 충돌하기도 했으나 그런 방면에서 '얼굴이 통하는 사람들'과 인연을 맺어가며 사업가로서 기반을 다졌다. 그는 민단 활동에도 참여해 도쿄의 시부야 지부 결성 때 중심 구실을 했다. 시부야 지부는 도쿄도의 지부 가운데 가장 이른 1948년 9월에 결성됐다. 그는 일본 시중은행의 대출 기피로 자금난을 겪는 재일동포를 돕기 위해 동포 상공인을 모아 민단계 신용조합 창설에도 앞장섰다. 도쿄상은신용조합이 그런 과정을 통해 탄생했다.

동포사회에서 신망을 쌓은 정재준은 1968년 5월 민단 도쿄본부 단장 선거에 출마했다. 그는 전혀 상상하지 못했지만, 이것이 그의 인생행로를 확 바꿔버리는 결과를 가져왔다. 민단정상화 유지간담회 쪽은 권일과 같은 부류의 사람들이 민단 중앙본부를 장악하는 한 민단의 미래에 희망이 없다고 보고 지방본부부터 정상화하기로 방침을 정했다. 출마 요청을 받은 정재준은 대중 앞에 나서는 성향이 아니라며 고민하다가 결국 입후보해 압도적 다수의 지지로 당선됐다. 2년 임기가 끝나고 다시 도쿄본부 단장선거가 1970년 4월 10일로 다가왔다. 그는 재출마를 결심한 배경으로 그해 3월 15일부터 시작하는 오사카만국박람회 한국관 건립 지원운동과 본국가족 초청사업의 마무리와 함께 당시 민단 중앙본부 의장단 감찰기관 등에 자신이 존경할 만한 사람이 하나도 없었다는 점을 들었다. 민단 중앙본부는 그를 낙마시키려고 대항 후보를 내세웠다. 그는 당시 선거가 "적 진영에 둘러싸여서 선거운동을 하는 셈"이었다며 이렇게 회고했다.

> 2년 경과보고를 한 후 투표에 들어갔는데 이상한 분위기가 감돌았다. 유권자 한 사람씩 단상에 올라 탁자 위에 놓인 필기도구로 지지하는 사람의

이름을 써서 투표함에 넣는 식으로 진행되는데 대사관에서 내빈으로 참석한 허형순, 홍성채, 백철 영사(모두 중앙정보부 요원)가 단상의 자리에서 내려오지도 않고 투표자 한 사람 한 사람의 얼굴을 보며 붓의 움직임을 살폈다. 누구 하나 항의하는 사람이 없었다. 그 정도로 그 무렵의 KCIA는 본국의 국민에게도 재일한국인에게도 무서운 존재였다. 나는 공정한 투표는 무리라고 생각해 기대를 전혀 하지 않기로 했다. 결과는 예상 외로 99 대 36표로, 압도적으로 당선됐다.

배동호 녹음파일 사건

1971년은 국내에서 4·27 대통령 선거와 5·25 총선이 열린 선거의 해였다. 민단도 선거철이었다. 그해 3월 25일 정기대회를 열어 중앙본부 단장 이하 임원을 개선할 예정이었다. 민단의 주류파와 비주류파는 다시 격돌의 태세를 갖췄다. 주류파는 이희원 단장을 계속 밀기로 했고, 유지간담회 쪽은 교토본부 단장을 지낸 유석준을 후보로 옹립했다.

민단 정기대회를 열흘 앞둔 3월 15일에 열린 중앙위원회에서 묘한 일이 발생했다. 내빈으로 참석한 김기완 공사(당시는 김재권이라는 이름을 썼다)가 축사를 하면서 '폭탄 발언'을 했다. 요지는 첫째, 모 유력 후보의 주요 참모에 해당하는 모 씨가 중대한 반국가행위를 범했다. 둘째, 모 씨가 총련의 최고간부와 데이고쿠호텔에서 밀회하고 한국 정부를 전복하는 계획을 짰는데 그 내용을 녹음한 테이프를 대사관에서 보관하고 있다. 셋째, 그 녹음테이프를 지금 공개해도 좋지만 선거 간섭이라고 비난받을 것이기 때문에 선거가 끝난 후 언제, 어디에서, 누구에게나 공개한다는 것이었다.

중앙위원회에 참석한 중앙위원들은 중앙정보부에서 나온 공사가 말한 모 씨가 누구인지 바로 알아챘다. 김 공사는 유석준이 단장 입후보를 표명한 직후부터 비공식적인 자리에서 배동호를 문제 삼고 나섰다. 원래 중앙위원회 같은 민단의 주요 행사에는 대사가 참석하는 것이 관례였다. 청와대 비서실장을 한 이후락이 1970년 2월 주일대사로 부임했다가 그 해 연말 개각 때 중앙정보부장에 임명돼 당시 대사는 내무·법무장관을 지낸 이호였다. 대사가 엄연히 있는데도 정보공사가 참석해 의도적으로 충격을 가한 것이다.

배동호는 앞에서 '조선기자'로 불리던 〈교도통신〉의 무라오카 히로토가 1958년 조봉암 구명운동 모임에서 만났다고 했던 그 사람이다. 경남 진주 출신으로 1951년부터 김재화 단장 밑에서 민단의 민생국장, 사무총장, 부단장을 역임했다. 권일 체제가 들어선 후 민단정상화 유지간담회 창설을 주도했고, 1963년 5월 민단대회에서 김금석이 단장으로 선출됐을 때 중앙총본부 의장이 됐다. 그해 12월 21일에는 김금석 단장, 배동호 중앙총본부 의장이 국회옵서버 5명을 승인해줄 것을 이효상 국회의장에게 요구한 것으로 국내신문에 보도됐다. 민단은 자유당과 민주당 정권 시절에는 재일동포의 의사를 대변한다는 명목으로 6명의 국회옵서버를 파견했는데 그 제도를 부활시켜 달라는 것이다. 두 사람이 방한해 이 국회의장에게 요청했을 것으로 추정되나 기사에는 입국 여부가 명확히 드러나 있지 않다.

배동호는 오래 전부터 국내 공안기관이 주시하는 인물이었다. 1967

년 6·8선거를 앞두고 신민당 전국구후보로 나섰던 김재화를 구속한 중앙정보부가 일본에서 민단 유지로부터 선거자금을 모은 당사자로 찍은 사람도 배동호였다. 공안기관은 그가 일본으로 밀항하기 전 남로당 활동을 했다는 '혐의'를 공공연히 흘렸다. 김기완 공사가 1971년 3월 배동호를 '반국가 언동'을 한 기피인물로 몰아갔을 때 그의 직책은 일본에서 한국관련 뉴스를 다루는 〈한국통신〉의 발행인이었다.

김기완은 3월 25일 민단 대회에서도 내빈 축사를 통해 북한의 대남적화공작에 대한 경계심을 강조하면서 비슷한 취지로 발언했다. 개표 결과 이희원 단장이 근소한 표차로 당선됐다. 선거 판세가 유리하다고 계산한 유석준 후보 진영은 유 후보의 낙선에 낙담했다. 이들은 4월 15일 김기완 공사의 녹음테이프 발언이 선거에 큰 영향을 끼쳤다고 보고 녹음테이프 공개를 요구하는 성명을 발표했다. 이들은 민단 중앙감찰위원회의 책임 아래 민단 내 공식회합에서 테이프를 공개하라고 촉구했다.

김기완은 이에 대해 "국가안전보장상 제한된 인원에 대해 공개하는 사후책이 강구되지 않으면 안 된다"고 말을 바꾸고 대사관에서 민단 간부와 유석준 후보 쪽 대표, '해당 본인'과 문제의 유학생을 입회시켜 공개하고 싶다는 계획을 밝혔다. 해당 본인은 배동호이고, 유학생은 배동호의 '문제 발언'을 녹음했다는 이동일이라는 정체불명의 사람이다.

김기완은 5월 12일 대사관내 자신의 사무실에 이희원 단장, 장총명 중앙의장, 유석준, 정재준 도쿄본부 단장 등 8명을 불러 모아 탁자 위에 놓인 테이프가 바로 문제의 녹음이라고 주장했다. 하지만 그는 배동호가 참석하지 않았고 '국가기밀'이라는 이유로 정작 녹음테이프는 들려줄 수 없다고 말했다. 그는 다른 방에서 대기 중이던 이동일이라는 사람을 들어오게 해서 배동호와 나눴다는 얘기를 해보라고 지시한 뒤 그것을 녹음기에 녹음했다. 그러고는 그 자리에서 녹음한 테이프가 배동호의 반국가적 언동이 녹음된 테이프와 내용이 조금도 다르지 않다며 그것을 민단 집행부에 건네주면서 널리 활용해달라고 말했다. 이동일이 그날 배동호의 발언이라고 주장한 것은 "남한에 계급 없는 사회를 건설해야 하며 미군이 철수해야 한다", "여야 정당을 믿을 수 없으니 제2의 4·19를 일으켜야 한다고 선동했다"는 것이다.

유석준 후보 쪽은 문제의 테이프가 처음부터 있지도 않았으며, 정보부가 말 잘 듣는 후보를 당선시키기 위해 공작을 벌인 것으로 단정했다. 이동일의 정체에 대해서도 서로의 주장이 엇갈린다. 김기완은 이동일을 불러낸 자리에서 "4·19학생혁명 때 학생으로 활약했으며 김대중 씨와 가까운 관계이고, 현재는 유학생"이라고 참석자에게 소개했다고 한다. 배동호는 김대중 후보의 선거담당 비서라고 주장하는 이동일의 중개로 1971년 1월 하순 미국을 방문하기 전에 도쿄에 들린 김대중과 데이고쿠호텔에서 몇 차례 선거정세 등에 대해 얘기를 나누기는 했지만 반국가적 발언을 한 적이 없다고 부인했다. 배동호는 이동일이 외교관 여권으로 일본에 입국했으며 파동이 커지자 행방을 감추었기 때문에 그가 정보부원이 틀림없다고 주장했다. 민단정상화 유지간담회 쪽 인사들은 김기완 공사가 '불온 테이프'를 공개한다고 했다가 이행하지 않자 5월 15일 '민단자주수호위원회'를 발족시켰다. 민단 집행부의 본국정부 유착과 정보부원의 과도한 간섭에 불만을 품은 사람들이 대거 가담했다.

우편으로 배달된 중앙정보부의 출두요구서

녹음테이프의 존재를 둘러싸고 정보부 공사와 민단 비주류파의 공방이 계속되는 가운데 배동호에게 6월 8일 발신자 주소가 '대한민국 중앙정보부'라고 돼 있는 국제우편이 배달됐다. 그 안에는 '중앙정보부 5국수사단 사법경찰원 수사관' 명의의 출두요구서가 들어 있었다. "반공법 위반 피의사건에 관해 귀하의 진술을 청취하고자 하므로 1971년 6월 15일 오전 9시 30분에 당국 수사단으로 인감과 출석요구서를 지참하고 출두하기 바란다"고 쓰여 있었다. 문의할 수 있는 전화번호 등 연락처는 없었다.

위기감을 느낀 배동호는 지정된 출두 기일 하루 전인 6월 14일 주일한국대사관에 중앙정보부에 출두하지 않겠다는 내용증명을 보냈다. 그리고 다음날 저명한 변호사이자 민법학자인 가이노 미쓰다카戒能通孝를 대동하고 기자회견을 열고 일본 정부에 신변보호를 요청했다. 그는 녹음테이프 문제의 경위를 상세히 설명하고 출두요구가 부당하다고 비난했다.

배동호가 기자회견을 통해 '반국가적 언동'을 한 적이 없다고 전면 부인하자, 국내 언론도 녹음테이프 사건을 처음 비중 있게 보도했다. 하지만 국내 언론 보도는 배동호가 기자회견에서 한 발언보다는 주일 한국대사관의 주장으로 채워졌다. 6월 16일 자 〈동아일보〉 사회면 기사 제목은 "본국 출두령을 거부, 반공법 위반혐의 재일교포 배씨, 일본 정부에 신변보호 요청"이었고 〈경향신문〉의 제목은 "본국 소환령에 불응, 탈선 발언 재일교포 배동호"였다. 국내신문은 김기완 공사로 추정되는 '대사관 고위소식통' 등을 빌려 배동호가 일본에 밀항하기 전 본명은 최재술이었으며 남로당 중앙위원으로 활동했다고 주장했다.

반면 배동호의 발언을 주로 소개한 일본 신문들은 강제소환할 경우 법무성이 보호조치를 취할 것으로 보도했다. 기사 제목도 강조점이 달랐다.

> "반공법으로 소환장, 재일한국인이 보호 호소, 출두 거부의 통신사 사장, 법무성도 긴급지시"〈요미우리신문〉
>
> "야당 지지 한국통신사 사장에게 본국에서 소환장, 반공법에 저촉되면 법무성은 보호"〈마이니치신문〉
>
> "김대중 후보를 지지한 재일한국인에게 '반국가' 혐의로 소환장"〈니혼게이자이신문〉
>
> "재일한국인에게 소환장, 중앙정보부 '반국가적 언동했다', '조작'이라며 출두 거부"〈아사히신문〉

배동호의 반박이 일본 신문에 널리 보도되자 민단중앙본부 집행부는 6월 16일 집행위를 바로 열어 전날의 기자회견이 "반국가적 반민단적 이적행위로 단정한다"고 결의하고 중앙감찰위원회에 배동호에 대한 조기처분을 촉구했다. 이희원 민단 단장 등 집행부는 도쿄주재 정보부원들로부터 배동호를 신속하게 제명하도록 압력을 받았지만 명분이 약해 주저하고 있었다.

민단 중앙본부, 도쿄본부 접수에 나서다

중앙정보부의 절대적 지지를 받는 민단 중앙본부 집행부와 '자주파'의 대립은 확전일로로 치달았다. '민단자주수호위원회'는 6월 18일 민단 중앙본부 집행부의 배동호 제명 움직임에 맞서 '녹음문제 진상보고대회'를 열었다. 민단 도쿄본부를 비롯한 일부 지방본부와 한청, 한학동 등이 참석해 녹음테이프의 신속한 공개와 민단 규약에 따른 처리를 촉구하고 날조로 드러날 경우 철저한 책임규명을 요구했다.

민단 집행부는 자주파의 중심세력인 민단 도쿄본부 거세 작전에 나섰다. 민단 집행부는 7월 5일 도쿄본부를 직할관리하겠다고 통고했다. 녹음문제 진상보고대회에 정재준 단장을 비롯한 도쿄본부의 조직원이 대거 동원됐고, 도쿄본부의 기관지 〈민단도쿄〉가 배동호의 기자회견과 관련해 '정보공포정치, 재일동포에게도'라는 제목의 '왜곡 기사'를 게재했다는 이유를 들었다. 중앙본부 감찰위원회는 7월 9일 배동호의 제명처분을 결정했다. 배동호가 기자회견을 통해 "소환 사실을 일본 매스컴에 발표해 국가 및 민단의 위신을 손상하고 민단조직에 대한 파괴행위를 했다"는 것이 이유였다.

사태는 갈수록 악화됐다. 정보기관의 민단 개입에 항의하는 한청 소속 청년이 영사관 직원에게 구타당하는 사건이 고베영사관에서 발생했다. 7월 14일에는 오사카의 민단 단원 51명이 "민단 도쿄본부와 총련이 민단 중앙본부를 접수하려 한다"는 이희원 단장의 급보를 받고 버스 두 대에 나눠 타고 도쿄로 왔다. 유지간담회 쪽은 이들 상당수가 폭력단원이며 영사관의 정보부원들이 '수고비'를 나눠줬다고 주장했다. 중앙감찰위원회는 배동호 제명에 이어 7월 15일 도쿄본부의 정재준 단장과 민영상 의장에게 3년의 권리정지 처분을 결정했다.

8월 2일 민단 중앙본부가 도쿄본부가 들어선 건물을 접수한다며 실력행사에 나서 도쿄경시청 소속 기동대가 출동하는 사태로까지 번졌다. 이희원 단장이 아침에 본부 직원 약 30명을 대동하고 나타나 사무실을 차지하자 한청 소속 청년들이 그날 밤 실력으로 탈환했다. 민단 중앙의 도쿄본부 직할 결정은 일본에서 법정싸움으로 비화됐다. 도쿄본부가 도쿄지법에 낸 '점유방해금지 가처분' 신청이 받아들여졌다. 법원이 일단 도쿄본부의 손을 들어준 것이다.

민단의 분란이 수습될 기미를 보이지 않자 '자주파'에 대한 탄압이 본격화됐다. 3선개헌을 통해 연임에 성공한 박정희의 7대 대통령 취임식이 1971년 7월 1일 열리는데 의례적 초청 대상이던 도쿄본부 단장 등 몇 지방본부 단장이 제외됐다. 정재준은 4개월 전 본국 정부로부터 국민훈장 모란장을 받았지만 아무 효험이 없었다.

정보부는 '자주파'의 중심인 도쿄본부를 무력화시키기 위해 그해 12월 여권 발급 수속 등의 업무를 박탈했다. 본국 정부는 재일동포를 민단 조직에 묶어두기 위해 여권 신청 접수 등의 영사업무를 민단에 위탁시켜 왔는데 도쿄본부와 산하 지부는 갑자기 제외시킨 것이다. 이에 따라 일반 단원의 단비나 여권 수수료 징수 등의 수입이 사라진 도쿄본부는 재정적 기반이 크게 위축됐다. 전반적으로 민단 지방본부에서 중앙본부로 납입하는 할당금이 줄어들자 정부는 민단 중앙에 대한 지원 금액을 대폭 늘렸다. 본국정부의 통제장치가 더욱 강화된 것이다.

본국정부에 항거하는 모양새가 된 도쿄본부를 지지하는 사람은 여권 신청이나 본국 방문을 포기할 각오를 해야 했다. 박정희 정권에 대한 비판의식이 뚜렷한 사람이 아니면 이런 불이익을 감수하려고 하지 않았다. 이때부터 '자주파' 운동에 참여하는 사람은 한청, 한학동 소속 젊은이의 비중이 훨씬 커졌다. 민단 소속 청년들이 자주파의 핵심 지지층이 되자, 민단 중앙은 정보부와 긴밀하게 협의해 이영근이 이끌던 '한민자통(한국민족자주통일동맹)' '한민자청(한국민족자주통일청년동맹)'에 대한 '적성단체 규정'을 해제해서 민단 산하의 공식 조직으로 끌어들이는 방안을 모색했다.

김대중의 민단 강연에 대사와 민단 중앙지도부는 퇴장

1972년 3월 1일 '3·1절 53주년 기념식'이 민단 도쿄본부 주최로 히비야 공회당에서 열렸다. 민단 중앙본부도 참석하는 이 기념식에 전년 대통령 선거에서 야당 후보이던 김대중 신민당 의원이 특별강연 연사로 정해진 것이 정보부의 심기를 거슬렀다. 3·1절 기념행사에는 주일대사나 방일 중인 정치가가 내빈으로 초대받는 것이 관례였다. 녹음 사건의 진통이 계속되고 있던 데다 강연자가 김대중이라는 점이 더해져 행사장은 동포들로 가득 찼다. 김대중이 강연하려고 단상에서 일어나자 함께 앉아 있던 이호 대사는 무대 뒤로 모습을 감췄다. 윤달용 단장대리를 비롯한 중앙본부 관계자들도 모두 대사의 뒤를 따라 사라졌다. 김대중은 박정희가 지난해 12월 선포한 국가비상사태의 부당성을 지적하고 남북평화공존, 통일실현 방안에 대해 지론을 전개했다.

모국을 방문한 윤달용 단장대리는 3월 20일 국회기자실에서 성명을 발표하고 "최근 본국의 정치인들이 일본에 들러 국내 정쟁을 교포사회에 파급시키는 등 무책임한 발언을 해서 교포사회를 분열시키고 있다고"고 주장하고 이 같은 언동을 삼가달라고 촉구했다. 이름을 거명하지는 않았지만 명확히 김대중을 겨냥한 행위였다.

3·1절 기념 강연에 앞서 김대중은 그해 2월 20일 나가노현 시라카바白樺 호수에서 열린 한청 동계강습회에 초대받아 500여 명의 동포 청년 앞에서 강연했다. 김대중과 나중에 한민통으로 결집되는 재일 인사들의 인연은 이를 계기로 맺어진 것으로 보인다.

이런 가운데 민단 누리집에 "반민단 불순분자 민단 중앙본부에 난입 3기관장 감금 폭행"이라고 표기돼 있는 사건이 4월 18일 발생했다. 정재준 등 도쿄본부의 간부들은 사태수습 방안을 마련하자며 사전에 통보한 뒤 이날 민단 중앙본부를 찾아갔으나 중앙본부 간부들은 모습을 감췄다. 중앙본부 간부들이 밤늦게 나타나 양측은 격론 끝에 제명·정권조치를 4월 21일에 해제하고 실행하지 못하면 중앙본부의 윤달용 단장대리 등 3인이 인책 사퇴한다는 각서에 합의했다. 하지만 중앙본부는 바로 각서의 무효를 선언하고 도쿄본부의 정재준 단장, 민영상 의장, 배동호 등 11명을 상해 감금죄로 고소했다. 일본 경찰은 도쿄본부 한청동과 배동호, 정재준 자택 등 열한 곳을 강제 수사하고 한청 동맹원 한 명을 체포했으나 전원 불기소처분을 내렸다.

민단과 총련 도쿄본부의 7·4성명 지지대회

1972년 7월 4일 자주, 평화, 민족의 대단결을 내세운 7·4공동성명이 발표됐지만, 민단의 분열은 더욱 확대됐다. 7월 7일 중앙본부는 도쿄에서 중앙위원회를 열어 일본 경찰에 기동대 출동을 요청하는 등 경계를 강화한 뒤 △한민자통, 한민자청의 적성단체 규제 해제 △한청, 한학동의 민단 산하단체 인정 취소 △도쿄본부 관계자 8인에 대해 추가 권리정지 처분을 결의했다. 박 정권의 독재행태 비판에 앞장섰던 한청, 한학동을 민단 조직에서 완전히 축출해버린 것이다. 같은 날 도쿄본부는 한청, 한학동과 함께 '7·4남북공동성명지지 민단팟쇼저지 전국민중대회'를 개최하며 맞섰다.

7·4공동성명에 대한 후속조치를 놓고 민단 '자주파'내에서도 격론이 일었다. 남북의 독재정권이 합의한 이면에 술책이 있는 것이 아니냐는 비판이 나오기도 했지만, 박 정권이 다시 후퇴하지 않도록 해외동포가 단결해서 지지하는 운동을 벌이기로 의견을 모았다. 도쿄지역에서 앞장서기로 해 8월 7일 한청과 조청(재일본조선청년동맹)이 '7·4남북공동성명 지지대회'를 함께 주최했다.

8월 15일에는 민단 도쿄본부와 총련 도쿄본부가 센다가야의 도쿄체육관에서 '8·15해방 27주년을 기념하고 7·4공동성명을 지지하는 도쿄 전체동포대회'를 열었다. 민단 중앙과 중앙정보부 요원들의 경고 위협에도 불구하고 1만여 명의 많은 동포들이 참여했다. 한국과 일본의 언론에서도 크게 다뤄졌다. 도쿄본부는 총련 쪽에 끌려 다닌다는 비난이 나오지 않도록 참석 인원을 동수로 하고 비용도 절반씩 부담하며 용어 사용을 절제토록 하는 등 주의를 기울였다.

이에 앞서 민단은 8월 8일 임시중앙대회를 열어 김정주를 단장으로 하는 새 체제를 출범시켰다. 이 대회는 총련과 함께 남북한 공동성명지지대회를 가진 한청과 한학동 두 산하단체를 해체시키는 한편 청년지도국을 신설하도록 규약을 개정했다. 김정주 단장은 민단과 총련의 공동행사 움직임이 번져나가자 8월 19일 성명을 발표해 "최근 잇달아 일어나고 있는 소위 민단·총련합동대회는 민단의 명의를 도용해 반체제분자들이 저지른 것이며 민단과는 아무런 관련이 없다"고 분명히 선을 그었다. 하지만 김 단장의 성명은 재일동포 사이의 화해 움직임을 막지는 못했다. 다음날 재일한국인 각계 유지 300여 명이 참가해 '민족통일협의회'를 결성하고 수석의장에 배동호를 선출했다.

10월유신 쿠데타와 한민통 결성

박정희가 10월유신 쿠데타를 단행하자 민단의 분열은 돌이킬 수 없게 됐다. 10월유신 이전과 차이점이 있다면 김대중이 대립구도에서 상수로 등장한 것이다. 유신 계엄령 선포 당시 해외 출타 중인 김대중과 민단의 '자주파'가 반유신 투쟁에서 손을 잡게 된 것이다. 김대중은 10월 11일 약 일주일 예정으로 일본 정계를 돌아본다는 개인 일정으로 출국했다. 이것이 김대중에게는 박 정권 공격에 앞장섰던 야당의원들에게 불어 닥친 체포 광풍을 벗어나 해외 망명길에 오르는 분기점이 됐다.

1971년 대선에서 박 정권이 대만 총통제 등을 연구하며 영구집권 음모를 꾀한다고 주장한 김대중은 도쿄에서 계엄령 선포 다음날인 10월 18일 "10월유신은 영구집권을 노리는 반민주, 반통일적 조치"라고 항의하는 성명을 발표했다. 하지만 김대중이 정치생명을 걸고 해외에서 벌였던 반유신독재 투쟁은 오랜 기간 국내 언론에 보도되지 않았다. 그의 행적이 다시 다뤄지기 시작한 것은 거의 10개월이 지난 1973년 8월 그가 갑자기 '실종'되고 나서다.

김대중은 이 기간 동안 미국과 일본을 오가며 양국의 유력 인사들을 만나 유신독재의 부당성을 호소했다. 또한 동포사회에서 민주화투쟁을 벌일 수 있는 기반을 조성하는 데 주력했다. 일본에서는 1973년 3월 21일 가나가와현 하코네유모토에서 민단 도쿄본부 주최로 열린 '민단 민주화운동 활동가 연수회'가 전기가 됐다. 도쿄를 중심으로 활동가 100여 명이 참가한 모임에서 김대중은 박정희 독재정권이 계속되는 한 민단의 정상화, 한국의 민주화는 성취될 수 없고, 민족의 자주적 평화통일도 실현될 수 없다고 말했다. 김대중은 바로 미국으로 가 교포와 유학생 상대로 강연 활동을 벌인 뒤 7월 6일 한민통(한국민주회복통일촉진국민회의) 미국본부를 결성했다. 민주당 정권에서 유엔대사를 지낸 임창영, 동원모 교수 등이 참여했다.

김대중은 7월 10일 일본으로 들어와 김재화, 배동호, 정재준 등과 한민통 일본본부를 결성하기로 의견을 모았다. 납치가 자행된 8월 8일에도 그는 민단자주수호위원회 한청 등의 간부와 한민통 결성대회 최종 준비를 논의하던 중 양일동 의원을 만나러 간다고 나갔다가 변을 당한 것이다. 납치 다음날 민단 도쿄본부에 '김대중선생 구출대책위원회'가 발족돼 정재준이 위원장을 맡았다.

김대중의 행방이 묘연한 상태에서 8월 13일 '한민통 일본본부 발기대회'가 도쿄 우에노 다카라호텔에서 열려 김대중을 의장으로 선출했다. 중앙정보부 요원들에 의해 납치됐던 김대중은 이날 밤 10시 20분께 서울 동교동의 자택 부근에서 풀려났다.

8월 15일 도쿄 히비야공회당에서 '한민통 발기선언대회'가 열렸다. 발기선언대회가 끝난 뒤 참석자들은 그 자리에서 '김대중 납치규탄 재일한국인 민중대회'를 열고 김대중의 원상 회복과 박정희 정권 퇴진을 결의한 뒤 가두행진에 나서 한국대사관 앞에서 항의 시위를 벌였다. 김대중 구출운동에는 일본의 각계 인사와 수많은 단체가 참여했지만, 행사를 주도하고 인원을 동원한 원동력은 한민통에서 나왔다. 김대중이 3·1구국선언으로 투옥됐거나, 1980년 신군부에 구속돼 사형판결을 받았을 때도 기본 구도는 마찬가지였다.

야쿠자 보스까지 동원한 와해 공작과 정재준의 회한

정재준이 민단 중앙본부와 대사관 정보요원의 지침에 계속 저항하자 테러 위협이 등장했다. 한밤중 도쿄 집에 화염병이 던져지고, 그가 없을 때 검은 양복을 입은 중년 남자가 검은색 승용차를 몰고 문안으로 들어와 엔진을 켠 채로 현관 옆에서 버티는 기이한 일도 벌어졌다. 괴한은 정 단장이 집에서 기다리라고 했다면서 30분 정도 있다가 급가속으로 사라졌다고 한다.

정재준은 '긴자銀座의 호랑이'로 불리던 마치이 히사유키町井久之의

'경고'도 받았다. 마치이의 본명은 정건영으로, 간토關東지방 일대의 야쿠자 조직인 '도세이카이東聲會'의 두목이었다. 그는 사업가로 변신해 1969년 '부관페리' 회사를 설립했고, 국민훈장 동백장을 받기도 했다. 일본 보수 정계와 우익 진영의 막후 실력자인 고다마 요시오兒玉譽士夫와도 친분이 두터웠고 민단 중앙본부 고문을 지냈다.

정재준은 어느 날 도세이카이 전무의 연락을 받고 정건영의 자택을 방문했다. 현관에서 몸수색을 당한 뒤 응접실로 안내를 받았다. 잠시 뒤 나타난 정건영은 와줘서 고맙다고 인사한 뒤 단도직입적으로 "지금 당신이 추진하고 있는 민단 자주화운동이나 박 정권 타도운동을 그만둘 수 없는가"라고 물었다고 한다. 정재준은 "걱정해줘서 고맙지만, 그렇게 간단한 얘기는 아니다. 나에게는 내가 가는 길이 있고, 당신에게는 당신의 길이 있다고 생각한다"고 답변했다. 정재준은 서로 입장을 확인하고 자리에서 일어섰다. 정건영은 1923년생이니 정재준보다 여섯 살 밑이다.

롯데그룹의 신격호 사장도 전화를 걸어와 비슷한 취지의 말을 건넸다. 신격호는 "정치적 운동에는 관여하지 않는 것이 좋다. 사업가는 사업에 전념해야 한다"고 충고했다고 한다. 정재준은 그런 충고의 배후에 정보부가 있다고 생각해 얘기를 중단했다고 썼다.

민단 도쿄본부 단장으로 김대중 구출위원회 위원장까지 맡은 정재준은 원래 토목업, 부동산업 분야에서 자수성가한 사업가였다. 배동호 녹음파일 사건 등 일련의 사건이 겹치면서 민단 '자주파'를 지지하는 헌금이 크게 줄어들자 정재준은 소유 부동산 등 사재를 처분해서 한민통 등에 상당히 쏟아 부었다고 한다. 그는 사업 기반이 크게 흔들리자 1980년 '서울의 봄' 때 '김대중선생 구출대책위원회' 해산을 계기로 조직운동에

납치된 김대중이 1975년 12월 선거법 위반 혐의로 금고 1년의 실형을 선고 받은 것에 항의하는 한민통, 한국청년동맹 등의 단체들이 한국대사관 앞에서 시위를 벌이고 있다.

서 손을 떼려고 마음먹었다. 하지만 5·17신군부쿠데타로 김대중이 다시 투옥되자 '김대중선생 구출대책위원회'가 부활됐고 그는 위원장으로 복귀했다.

김대중은 대법원에서 사형이 확정된 1981년 1월 23일 바로 무기로 감형됐고, 1년 1개월 뒤에는 징역 20년으로 떨어졌다. 정재준은 자신의 재력으로 더 이상 운동을 유지하는 것은 곤란하다고 판단해 한민통 부의장 등 모든 조직 활동에서 물러나 사업에 전념하기로 결심했다. 도쿄 상은 허필석 이사장의 중재로 주일 한국대사관 공사를 만나 차기 도쿄 본부 단장 선거에 출마하지 않고 앞으로 반정부 운동에 가담하지 않으며 성명문은 내지 않는 것으로 절충이 됐다고 한다.

정재준이 2006년 일본에서 낸《김대중구출운동소사》에서 밝힌 내용에 따르면, 그는 1982년 11월 19일 허필석과 함께 방한해 서울의 롯데호텔에서 머물다 24일 도쿄로 되돌아왔다. 녹음파일 사건 등에서 자신과 행동을 같이 하던 도쿄본부 의장 민영상이 먼저 서울에 들어가 나중에 합류했다. 그가 머문 호텔 객실의 양쪽 방에는 안전기획부 요원들이 투숙해 외출할 때마다 미행했다고 한다. 그는 체류기간 닷새 중 식사하러 나간 경우를 제외하고는 어디에도 가지 않았다고 한다. 스스로도 자신을 서울에 끌어당긴 목적이 무엇인지 이해할 수 없었다고 썼다.

그러나 안기부가 아무런 대가 없이 그의 모국 방문을 허용하고 과거 활동을 불문에 부쳤다는 것은 잘 납득이 가지 않는다.《김대중구출운동소사》는 이 부분을 자세히 설명하지 않고 있다. 정재준은 12월 3일 도쿄에서 기자회견을 열고 한민통 탈퇴를 선언했다. 그는 지난달 18일 한민통 탈퇴서를 우송했다고 밝혔다. 그의 한민통 탈퇴는 국내 언론에 '한민통 와해'라는 취지로 크게 보도됐다. 1면 머리기사로 다룬 〈경향신문〉 12월 3일 자 보도를 보자.

> 재일반한단체 사실상 와해, 핵심간부들 잇달아 탈퇴
>
> 김대중구출위원장 정재준 씨 도쿄서 탈퇴 회견
>
> 지난 71년 이래 일본 내 반한활동의 핵심인물이었던 정재준 한민통 전 부의장은 3일 하오 1시 도쿄 신주쿠 게이오플라자호텔에서 기자회견을 통해 한민통을 탈퇴했음을 발표하고 자신의 탈퇴 경위와 일본 내 반한단체의 정체를 폭로했다. 정씨는 71년 민단 도쿄본부 단장으로 있을 때부터

민단의 내분과 관련하여 민단 중앙본부의 지시를 번번이 무시, 민단 조직을 혼란시키는 역할을 했었다.

그 후 72년 7·4공동성명이 발표되면서부터는 조총련 등과 합동집회를 개최했으며 이로 인해 민단측은 그와 그의 동조세력인 배동호, 곽동의, 민영상 등을 제명조치했다. 이에 정씨는 그의 추종세력인 한청, 한학동을 동원, 민단 도쿄본부 건물을 불법점거하는 등 반민단 활동을 거듭했었다.

그는 73년 8월 김대중 구출위원회와 한민통의 결성에 앞장섰으며 그가 경영하는 아사히개발주식회사로부터 막대한 자금을 인출, 반한활동자금으로 제공했다. 그는 또 반한활동의 극대화를 목적으로 77년 8월경 미국 구라파지역에 있는 반한단체와 연결을 맺어 한민련(민주민족통일 해외한국인연합)을 구성하는 데도 핵심적인 역할을 했었다. ……

그는 북괴를 방문토록 강요해온 것을 피해오다 지난해 88년 서울올림픽 개최 확정 등으로 한국의 국제적 지위가 향상되는 것을 보고 금년 11월 18일 한민통을 비롯한 모든 반한단체에서 탈퇴할 것을 결심, 탈퇴서를 우송하고 11월 19일부터 24일까지 한국을 방문했다.

이와 관련 한민통은 그와 함께 부의장으로 있었던 민영상이 지난 2월 탈퇴하고 전 가나가와현 민단본부 대표였던 김윤종도 지난 7월 탈퇴함으로써 거의 해체 상태에 놓이게 됐다.

정재준이 허필석 도쿄상은 이사장의 '중재안'과 달리 기자회견까지 한 배경은 분명하지 않다. 신문의 보도 내용이 그가 회견에서 실제로 한 발언인지, 아니면 안기부의 보도자료를 그대로 옮긴 것인지도 명확하지 않다. 〈아사히신문〉의 12월 4일 자 3면 종합면에 실린 기사는 〈경향신문〉의 보도와는 요지나 분위기 전달에서 상당한 차이가 있다.

한민통 부의장 등 사임 운동에 전망 없기 때문

정재준 씨 경위 설명

한민통 일본본부(정식으로는 한국민주회복통일촉진국민회의 일본본부, 김재화 의장)의 부의장, 김대중 씨 구출위원회 위원장 등을 지난달 19일에 사임하고 방한했던 재일한국인 반정부운동가 정재준씨(65)가 3일 도내에서 기자회견을 하고 이번 사임의 경위 등을 설명했다.

"패한 장수는 할 말이 없다"고 전제하고 "부동산업 등의 사업에 전념하기 위해 운동에 전망이 없기 때문에 한민통 관계의 직책을 사임했다. 19일부터 6일간에 걸쳐 방한했지만 이것은 한민통 운동에서 몸을 빼는 의사표시다"라고 설명했다. 다시 "한 나라의 정권은 강한 것입니다. 불면 날아갈 것 같은 우리들이 11년간이나 잘 (반정부운동을) 해왔다"고 감개를 말했다.

정재준 씨는 재일한국거류민단 도쿄본부 단장에서 한민통의 반정부운동으로 변신. 김대중 씨의 대형사진을 내건 한민통 집회에서는 단상의 주역의 한 사람이었지만 이날의 표정은 쓸쓸한 기색. 이제까지와는 확 바뀌어 한국 도쿄주재 티브이의 조명, 특파원단, 민단 중앙본부 관계자들에 둘러싸여 하는 기자회견이었다.

한편 한민통 일본본부는 "우리의 운동방침은 발족 당시와 변함이 없다. 동지가 개인적인 사정으로 조직을 떠난 것은 유감이다"고 말하고 있다.

하지만 한민통은 그를 '배신자'로 취급하지는 않았다. 정재준이 2010

년 12월 31일 사망했을 때 한민통 후신인 한통련 의장 손형근이 추도문을 썼다. 기관지 〈민족시보〉에 실린 추도문은 "경제적 사정으로 한민통을 퇴임하고 나서도 정치적 신조를 지켰다"고 평가했다. 이 글은 또한 "1973년 한민통이 결성된 것은 그가 사재를 모두 털어서라도 한다는 중대한 결심이 있었기에 가능했다"고 밝히고 "배동호에게서 애국을 배웠다면, 정재준에게서는 정의를 배웠다"고 기렸다.

김대중 대통령 취임식에서 받은 '냉대'

정재준이 세상을 떠나기 4년 전 발간한 《김대중구출운동소사》에는 그가 대통령이 된 김대중에게서 받았다는 냉대가 담겨져 있다. 그의 기술에 따르면, 김대중이 1970년대 일본 체류 당시 비서 역할을 했고 한민통 사무총장을 지낸 조활준이 1998년 2월 17일 그의 회사로 갑자기 찾아와 부부를 대통령 취임식에 초대한다며 필요한 서류와 1등석 왕복항공권을 갖고 왔다. 2월 20일 저녁에는 도쿄의 데이고쿠호텔에서 김대중 취임 축하연이 열렸다. 김대중 구출운동에 열심히 참여했던 도이 다카코 전 사회당 위원장, 고노 요헤이河野洋平 전 자민당 총재, 덴 히데오 전 의원 등이 참석한 가운데 정재준이 주최 쪽을 대표해 감사의 말을 했다. 한국에서는 조순승 의원이 참석해 당선자의 메시지를 낭독했다.

김대중 대통령 취임식은 2월 25일 국회의사당 앞 광장에서 거행됐다. 정재준은 전날 서울에 들어가 지정된 플라자호텔에 묵었다. 취임식 당일 아침 버스 집합장소인 경복궁 옆으로 가서 많은 지인을 만났다. 여기까지는 순조롭게 진행됐다. 하지만 다른 사람들은 속속 버스를 타고 떠났는데 그의 부부는 따로 남겨졌다. 나중에 몇 사람이 더 합류해 마지막 버스로 떠났는데 취임식장 근처에도 가지 못하고 멀리 떨어진 도로에서 서서 취임사를 들어야 했다. 그의 부인은 추위에 떨며 완전히 울상이었다고 한다. 호텔로 돌아올 때도 마찬가지로 따로 '감시'를 받았다.

정재준은 뭔가 석연치 않다고 느끼면서 호텔에서 잠시 쉰 뒤 조활준 부부와 함께 세종문화회관에서 열리는 리셉션장에 도착해 대기했다. 오후 4시 반께 입장한 김대중은 무대를 향해 걸으면서 양쪽에 선 사람들과 차례로 악수하면서 말을 건넸다. 맨 앞에 서 있던 정재준은 김대중이 다가오자 손을 내밀고 축하의 말을 건넸다. 하지만 김대중은 아무 말도 하지 않고 얼굴을 돌리며 지나가버렸다. 충격을 받은 정재준은 다른 사람들과 대화를 나눌 힘조차 잃어 김대중의 인사말이 끝나자 바로 호텔로 돌아왔다. 일본으로 돌아오는 비행기를 탈 때도 정보부 요원으로 보이는 사람들이 따라다니며 좌석까지 한쪽 구석으로 지정해놓고는 사라졌다고 한다.

이때의 기억은 정재준의 가슴 깊숙이 박힌 가시처럼 남은 것 같다. 책의 마지막 부분에 이르러서는 가슴 밑바닥에 담아놓았던 회한을 구구절절이 토로했다. 몇 단락을 보자.

> 우리들은 한국의 민주화와 민족의 자주적 평화통일을, 김대중 선생의 정치 지도에 맡기고 싸워온 것이다. 그동안 소망은 이뤄지지 않고 많은 동지들이 세상을 떴다. 나는 몇 번인가 목숨의 위기를 자각하면서 개인 사업은 거의 다른 사람에게 맡겨두고 운동에 투신해 투쟁 자금에 사재를 쏟아부

> 었다. 그래서 나의 경영기반과 경제활동은 점점 궁지에 몰리고 사업은 기울어져 버렸다.
>
> 그런 것을 후회하는 것은 아니다. 우리의 운동이 정당히 평가되기를 바란다. 아니 다른 어떤 사람들이 평가하지 않고 무시하더라도 김대중 선생 본인이 그것을 묵살하고 있다면 도리에 반하는 것이 아닌가.
>
> 8세 때 일본에 와 이 자서전을 끝내려 하는 지금 88세다. …… 조국의 토지를 밟을 기회도, 저 대통령 취임식 참가가 최후가 될 것이다. 영광의 귀국이어야 했을 것이 굴욕과 전율과 슬픔의 방문이었다. 저 '냉대와 짓밟기'는 누구의 의사였나. 그때부터 몸에 스며들어 남은 의심과 비애는 지금도 나의 가슴속에 가라앉아 있는 것이다. 그 후 김대중 대통령의 측근이 대통령 이름이 들어간 금 손목시계를 전해주었다. 그리고 청와대 초대 계획을 제시했으나 나는 거절했다.

녹음테이프 사건의 주역인 배동호는 정재준보다는 훨씬 이른 시점에 세상을 떴다. 그는 1989년 9월 11일 뇌출혈로 도쿄 미쓰이기념병원에서 숨졌다. 〈아사히신문〉에 실린 부음에는 직함이 민족민주통일한국인연합(한민련) 중앙집행위원장, 나이는 74세로 나와 있다. 정재준보다는 두 살 연상으로 추정된다. 장례는 9월 13일 한민련과 한통련의 합동장으로 치러졌다.

정보기관의 집중공격 대상이었던 탓인지 그의 개인사는 별로 알려진 것이 없다. 그는 민단 중앙본부의 민생국장, 사무총장, 부단장, 중앙의장을 역임했고, 1983년 김재화에 이어 한민통 2대 의장을 맡았다. 그가 김재화, 정재준 등과 함께 이끈 민단의 비주류는 정보기관이나 반대세력으로부터 '베트콩파'로 불렸다. 베트콩파라는 작명은 배동호의 일본식 한자발음에서 유래했다는 설이 돌기도 했다. 한동안 〈민족시보〉 주필을 했던 정경모는 한민통에서 떨어져 나온 이후 한민통 지도부를 '함량 미달'이라고 비난하면서도 배동호에 대해서는 일정하게 평가했다.

한민통, 노무현 정권 때 눈물의 귀국

한민통은 1989년 조직을 개편하면서 '한통련(재일한국민주통일연합)'으로 이름을 바꿨다. 한민통 의장이었다는 이유로 사형을 선고받은 사람이 대통령에 당선된 뒤에도 한민통과 그 후신인 한통련이 법적으로 '반국가단체'라는 점에는 아무런 변화가 없었다. 일본을 방문했다가 한통련 관계자들과 접촉했다고 국가보안법으로 기소되는 사건들이 있었다. 한민통을 반국가단체로 만드는 '도구'로 사용됐던 김정사가 2013년 5월 대법원에서 재심을 통해 무죄가 확정됐을 때도 재판부는 한민통 관련 부분은 손대려고도 하지 않았다.

한민통이나 한통련에 몸담은 사람들은 오랜 기간 모국을 방문조차 할 수 없었다. 여권이 발급되지 않아 일본에서 외국으로 나갈 때면 재입국허가서에 의존해 다녀야했다. 방문국 공항에 도착하면 입국심사관은 '이상한 증서'를 내미는 이들을 항상 맨 뒤로 돌려 따로 심사했다.

한통련 관련자의 입국이 처음 허용된 것은 2003년 9월이다. 해외에서 민주화운동을 했는데도 반국가인사로 몰려 귀국하지 못하는 사람들의 처지를 딱하게 여긴 임종인 변호사 등이 '해외민주인사 명예회복과 귀국보장을 위한 범국민추진위원회'를 구성해 여론을 환기시킨 성과였다. 한통련 관련자들은 김대중이 대통령 재임 중 자신들의 문제를 적극적으로 해결해주지 않은 점에 대해 서운함을 감추지 않았다. 양동민, 곽수호 한통련 부의장 등 다섯 명은 9월 20일 동교동 자택으로 김대중을 방문했다.

1년 뒤 2004년 10월 10일에는 곽동의 상임고문을 비롯한 한통련 관계자 147명이 정식 여권을 받아 입국했다. '한통련 고국방문단 환영위원회' 회장인 최병모 변호사는 백범기념관에서 열린 환영식에서 "고난에 찬 30여 년 동안 지치지 않고 조국의 민주화와 통일을 위해 노력해온 한통련의 노고에 깊은 경의를 표한다"고 말했다. 44년 만에 방한한 곽동의는 김대중을 예방했다. 1973년 납치 사건 이후 처음 상봉한 셈이다. 한민통 창설 주역의 한 사람인 곽동의는 박정희, 전두환 정권 때 북한에 입국해 지령을 받고 돌아온 간첩이라고 매도돼 왔던 인물이다. 한통련은 노무현 정권 시절 사실상 명예가 회복되었다고 여겼으나, 이명박 정권으로 바뀌고 나서는 없던 일처럼 돼버렸다. 한통련 간부들은 여권의 유효기간이 만료돼 재신청하면 발급이 거부되는 사례가 반복되고 있다.

김재화 의원의 외로운 추궁

일본에 파견된 정보부원의 민단 장악공작은 국내 언론에 거의 보도되지 않았다. 어쩌다 보도가 되더라도 현지 공관, 실제로는 중앙정보부의 시각이 그대로 전달된 것에 지나지 않았다. 그런 가운데 8대 국회에 신민당 전국구 의원으로 국회의사당에 진출한 김재화가 기회 있을 때마다 정보부원의 전횡을 열심히 추궁했지만 공허한 울림으로 끝나버렸다. 답변을 한 국무총리, 장·차관은 핵심을 비켜가는 두루뭉술한 답변으로 일관했다.

어처구니없게도 김재화가 배정받은 외무위원회에는 4년 전 그를 보안법 위반 혐의로 잡아놓은 김형욱 전 중앙정보부장도 자리를 잡았다. 재일동포의 대변자로 권일 전 민단 단장이 공화당 전국구로 의원 배지를 달고 같은 상임위에 배치됐지만 김재화의 주장에 동조할 리가 없었다. 국회 회의록에 기록된 김재화 의원의 외로운 투쟁을 몇 가지 살펴보자.

1971년 8월 6일 외무위원회

김재화 : 내가 자유당 시절부터 민단 단장을 역임했는데 그때 재일거류민단 문제는 외무부 전속으로 외무부가 만사를 다 지도해준다고 믿고 무슨 일이든지 외무부장관이나 기타 부차장을 만나서 얘기했다. 오늘 일본의 현실을 본다면 거류민단이 외무부 소속인지 중앙정보부 소속인지 이것을 먼저 말해 달라. 정부수립 후 민단 사무총장으로 있을 때 장택상 외무장관으로부터 재일거류민단이 재일교포의 유일무이한 합법단체라고 하는 공한을 받았다. 그런데 요즘은 외무부 직속인지 중앙정보부 직속인지 혹은 내무부 직속인지 모를 입장에 있다.

민단 중앙단장된 사람은 대한민국의 국시를 준수하지 않을 수 없고 정책상 다소 불평불만이 있더라도 정부의 시책에 순응한다. 그런데도 민단 중앙본부와 도쿄본부 사이의 이번 충돌 원인은 3월 15일 거류민단 총본부 단장 선거가 있었는데 공관에서 너무 간섭을 많이 한다. 단체장을 뽑는데 무엇 때문에 공관이 이렇게 간섭을 하느냐 그래서 충돌이 나기 시작한 것이다.

외무장관이 각료회담으로 일본에 갈 때 양쪽을 불러서 우리의 주목적은 반공 투쟁이고, 그 다음에 거기 사는 사람들의 권익옹호인 만큼 대동단결을 하라고 해 달라. 앞으로 자치기관의 장을 뽑을 때에는 공관이 너무 간섭을 하지 않도록 해 달라. 거기에 사는 사람들도 어느 정도의 문화 수준이 높다고 본다. 이 사람에게 투표해라, 저 사람에게 투표해라 하는 일만은 말아주도록 외무장관이 지령을 해주면 오늘내일 이것이 타결이 안 된다고 할지라도 앞으로 이 같은 불신은 생기지 않을 것이다. 장관은 일본에 오래 있었고 공사로 있을 때 내가 단장으로 있어 신뢰하기 때문에 어려운 문제를 부탁드린다.

김용식 외무장관 : 거류민단은 거류민의 권익을 보호하기 위한 독립된 단체로서 대한민국 정부와 밀접한 관계에 있다. 우리 대사관과 밀접한 관계에 있고, 대사관은 외무부와 직결이 되기 때문에 외무부와 가장 인연이 깊고 밀접한 관계에 있는 단체로 믿는다. 그 외에 다른 기관하고 관계가 있다면 사실상 금시초문이다. 주일대사로부터 경과를 들어서 그 경위를 상세히 알아보고 오겠다.

1971년 12월 10일 외무위원회

김재화 : (녹음 사건 거론) 장차관, 이동일이란 사람을 아는가? 민단을 분열시킨 근본 원인이 이동일에게서 나왔다. 이동일과 김재권 공사 두 사람이 주고받는 담화를 녹음했는데 이동일 말이 배동호라는 사람을 만나 보았더니 이북을 두둔하고 이남을 공격하는 언사를 쓰는 말을 해서 녹음했다고 한다. 도쿄본부 간부들이 직접 틀어달라고 하니 배동호가 오면 틀어준다고 해놓고 하루 지난 뒤 녹

 음은 본국으로 보내 없으니 해명하려면 본국에 가서 해명해라고 했다.

김재권 공사가 이희원 단장에게 배동호를 제명처분하라고 명령했는데 단장 마음대로 단원을 제명하지 못한다. 감찰위원장에게 제명처분하라고 하니 증거를 대라고 했다. 그런 뒤 김재권 공사가 본국에 연락해 반공법에 대해 문의할 점이 있으니 본국에 출두하라고 했다.

배동호가 일본에서 기자회견을 하자 감찰위원장은 본국의 위신을 땅에 떨어트린 사람이라고 제명처분을 했다. 도쿄본부 단장과 민단의 비판파들이 비밀녹음 진상민중대회를 열었는데 도쿄본부 단장을 3년 정권처분했다. 도쿄본부는 23군데 지부가 있고, 적어도 4만여 명이 있다. 중앙총본부의 명령이라고 해도 도쿄본부를 좌지우지 못한다.

오사카 민단간부가 화해를 붙인다고 도쿄에 출두한다며 버스 2대를 빌려 인원을 실어 보냈는데 그 가운데 폭력배를 30명 집어넣었다. 모 영사가 폭력배들이 있는 버스에 돈을 주고 잘 무마하고 오라고 격려했다. 민단대회 할 때마다 왜 공관원이 전국 대의원이 모이는 여관에 가서 파수를 보고 누구를 찍어라 하고 왜 그렇게 간섭이 심하냐?

이승만 정권 이후부터 오늘날까지 역대 정부가 재일 60만 교포를 위해서 뚜렷하게 정책을 내세운 것 하나도 없었다. 국가의 혜택이라는 것은 신용조합에 700만 달러 보내준 것뿐 우리 교포에게 혜택을 주었다는 것은 여권 연장을 해줘 고향에 한번 다녀오라는 것뿐이다. 본국정부를 나쁘다고 규탄한다고 해서 도쿄본부 단장, 가나가와현 단장, 구마모토현 단장을 7월 1일 대통령 취임식에 참석도 못하게 했다. 왜 국민의 복리를 위한다는 공관에서 그 권리를 남용하느냐 말이야. 이따위 짓을 해서 일본 땅에는 친여당 사람이 아니면 민단 간부도 못하게 만들기 때문에 적어도 자유의사를 갖고 비판세력을 가진 사람들이 지금 맞붙어서 갈라져 있는 것이 민단의 현실이다.

대사관 국정감사에서 화를 내고 고함을 지른 일이 있다. 대사관에서 국정감사 날짜를 짜주어서 다니는 형편인데 국정감사하는 날 김재권 공사는 특별 출장이라고 얼굴을 감추었다. 이와 같이 거짓말을 해가면서 민단을 분열시키고 어떻게 할 것이냐. 민단이 통합만 되면 일본 땅에서 총련하고는 충분히 대항할 힘이 있다.

윤석헌 외무차관 : 민단 강화문제, 재일국민의 교육, 신용조합 지원문제, 외환은행 대출이자 인하문제 등을 얘기했는데 종합적으로 검토해 시책과 계획을 마련 중에 있다. 가능한 한 예산 기타 최대한도로 개선하도록 노력하고 있다.

1972년 7월 13일 국회 본회의

김재화 : 7·4 공동성명 이후 일본에 있는 총련이나 민단 등 교포들은 더욱 접촉이 잦아지며 통일이 곧 올 듯이 생각하고 있는데 정부는 외세의 정의를 법으로나 제도로나 확실하게 규정지어 교포들의 혼란을 수습할 용의가 없는가?

재일거류 민단 내에 분규가 극심해서 와해 직전에 있다. 분규의 불씨는 주일 대사관 공무원들이 만든 것이다. 대한민국을 비난하고 김일성을 두둔했다는 녹음이 있다고 하는데 녹음을 오늘이라도 공개하면 곧 해결될 텐데 녹음은 있다고 하면서 들려주지는 않고 저 사람은 목을 끊으라고 한다.

처음에는 중앙총본부와 도쿄본부의 투쟁이라고 보았는데 지금 한걸음 나가 도쿄본부와 대사관과의 투쟁이 되어가고 있는 양상이다. 재일교포 60만 명의 총화를 위한 수습방책이 무엇인가. 조사단을 구성할 용의가 없는가. 여야 의원으로 조사단을 구성하는 게 좋겠고 혹은 정치 색채가 없는 학자나 법률가들을 보내 실정을 알아보고 대책을 세워주는 게 좋겠다.

주일 공관원의 질을 향상시킬 용의는 없는가. 이 사람들이 민단에 다니면서 민단을 융합시키기는커녕 분열의 불씨를 뿌리고 다닌다. 자기들 말을 듣지 않는 사람은 반국가, 반민족, 반정부주의자로 낙인을 찍어 민단을 분열시킨다. 좀 더 교양이 있고 아량이 있고 덕망이 있고 융통성이 있는 사람들을 일본에 파견해서 총화를 이루도록 해야 하는 것이 아닌가. 자기들 말을 듣지 않는 사람은 본국에 들어오는 입국여권까지 다 정지시켜 버린다.

김종필 총리 : 재일 거류민단은 새로운 자각 밑에서 지방으로부터 자진해서 단결을 촉구하는 움직임이 보이고 있다. 훈장까지 받았다는 사람을 몰아냈다든지 하는 일들은 거류민단 내에서 누적된 문제들이 나타난 것으로 수습이 되도록 여러 면에서 종용하고 있다. 가까운 시간 내에 이 같은 분규들이 가라앉을 것으로 생각하고 노력하겠다. 재일교포 실태 조사를 위한 조사단 파견은 부작용의 우려가 있어 시기가 아니다. 민단의 재건 활동에 기대를 걸고 있다.

배동호의 간접 '서신' 교환

조봉암 구명운동에 참가한 이래 공안기관의 감시 리스트에 오른 배동호와 극비리에 서신을 주고받은 국내 인사가 있다. 1970년대 중반 김지하 구명운동을 비롯해 국내 민주화운동에 깊숙이 관여해온 김정남이 당시 배동호와 '간접 접촉'을 유지했다. 김정남은 김수환 추기경의 배려로 명동성당 뒤에 있는 가톨릭여학생관(현재의 전진상교육관)의 '아피AFI(국제가톨릭형제회 또는 국제친선회)'에서 막후 활동을 벌였다. 아피는 1937년 벨기에에서 이본 퐁슬레가 창설한 평신도공동체다. 한국에는 1956년 이탈리아인과 독일인이 파견돼 활동을 시작했다. 이들은 가톨릭학생회, 가톨릭노동청년회, 스카우트 부인회 등 평신도 단체의 창립을 돕고 연속강좌를 개최해 여성 의식교육에 주력했다.

미야타

김정남은 1975년 2월 석방된 뒤 인혁당 사건은 조작이라는 글을 〈동아일보〉에 기고했다가 재수감된 김지하를 구원하기 위해 프랑스인 콜레트 수녀(한국명 노정혜) 등 아피의 인맥을 통해 일본 가톨릭 정의평화협의회 간사로 일하던 송바오로(송영순)에게 관련 자료를 보냈다. 김지하의 양심선언을 비롯한 공판 진행상황 보고나 그의 미발표 원고 메모, 각종 시국선언문도 이 통로를 통해 일본 쪽에 전해졌다.

김지하의 대표적 시 중 하나인 '타는 목마름으로'는 김정남이 원주의 김지하 집에 가서 그의 메모 잡기장 등을 살피다가 우연히 찾아내 세상에 알려진 것이다. 일본으로 건너간 자료 가운데 시 등 문학 작품은 주오고론中央公論에서 내

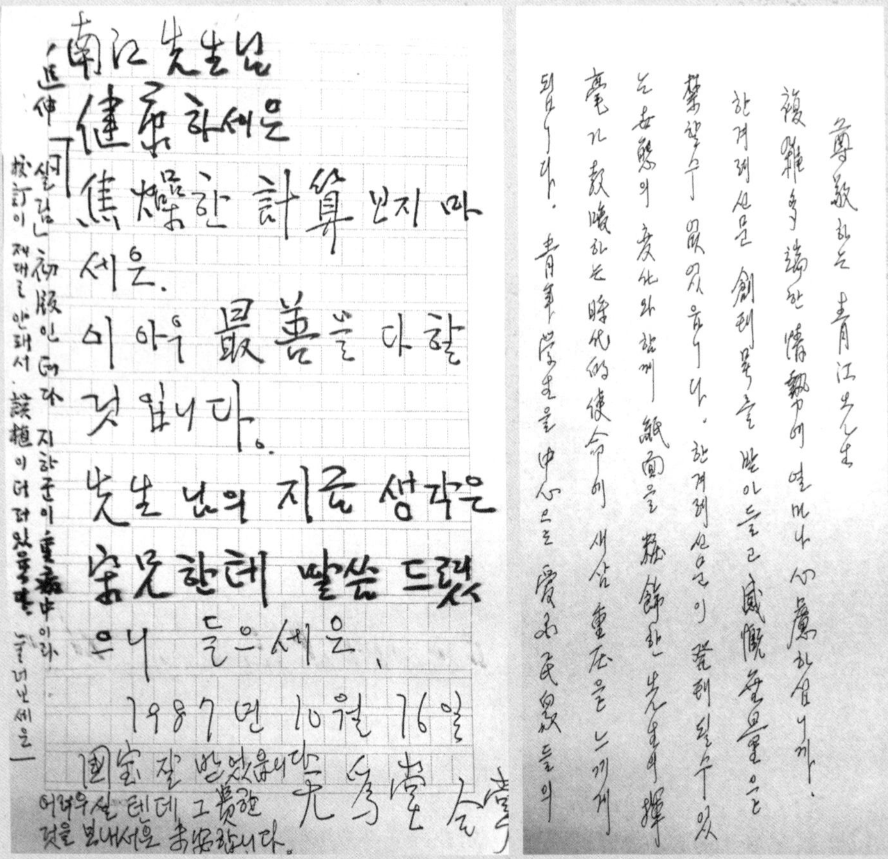

배동호와 장일순이 가톨릭 아피 통로로 교환한 서신.
왼쪽이 장일순의 필적

는 문예지 〈우미〉의 편집장이던 미야타 마리에宮田毬栄(나카이 마리에라고도 한다)에 의해 일본어로 출간됐고, 공판 관련 내용은 일본 정의평화협의회가 기자회견을 열어 발표했다. 장 폴 사르트르, 오에 겐자부로 등 저명한 문인 지식인의 서명을 받아 구명촉구 성명을 발표하게 한 것은 미야타였다. 그는 일한연대연 배동호와 김정남이 가톨릭 아피 통로로 주고받은 서신.
왼쪽이 배동호, 오른쪽이 김정남이 쓴 것.

락회의에서 낸《자료 '인민혁명당 사건' 가족의 증언》을 제작하는 데도 주요한 구실을 했다. 1974년 11월에 나온 이 소책자에는 비상군법회의에서 사형선고를 받은 도예종, 우홍선, 송상진, 하재완의 부인들의 수기가 실렸다.

미야타는 일본의 사회파 추리소설 작가인 마쓰모토 세이초松本清張, 베트남 반전평화운동을 이끌던 오다 마코토小田實 등의 작가를 담당했다. 그는 마쓰모토가 비운의 시인인 임화에 대해 〈주오고론〉에 연재한 것을 1964년 책으로 묶은《북의 시인》(한국에서는《북의 시인 임화》로 1987년에 번역본이 나왔다)도 편집했다.

김정남은 김지하 구원운동 과정에서 아피 통로로 배동호와도 서신을 주고받았다. 정보기관의 감시가 도처에 뻗쳐 있던 시기여서 극도의 긴장 속에서 편지를 보냈다. 김정남이 배동호에게 보내는 편지의 수신인 명의는 '죠지'였고, 배동호가 보내는 답신의 수신인은 '마리아'로 표기했다고 한다. 김정남은 배동호가 세상을 떠날 때까지 직접 만난 적은 없고 부보 연락을 받고 추도사를 보냈다. 그는 배동호의 편지가 아주 정중했고 글씨도 잘 썼다고 회고했다. 편지 내용으로 보면 단순하게 표피만 보고 얘기하는 사람이 아니고 아주 사려 깊은 인물이라는 인상을 받았다고 말했다.

배동호는 인생 말년에 지학순 주교가 관장하던 가톨릭 원주교구의 농민운동, 한살림협동조합운동의 정신적 지도자인 장일순과도 서신을 교환했다. 배동호는 서신에서 장일순을 청강青江 선생으로 불렀고, 장일순은 배동호를 남강南江 선생으로 지칭했다. 유학·노장사상에 조예가 깊은 장일순은 서예가로도 유명했으며 난초를 잘 그렸다. 장일순의 호로는 청강 외에 무위당无爲堂 일속자一粟子가 더 알려져 있다.

9

서 형제 사건과
전향공작

"

"혹독한 남북대립 속에서, 그리고 공산주의 존재를 긍정하는 것조차 허용되지 않는 박 정권 아래서 서 형제는 '비국민' '비인간' 취급을 받았다. 당국의 규제를 받은 한국의 매스컴은 형제의 공판정에 나와서 직접 자신들의 눈으로 형제를 보고, 자신들의 귀로 형제의 얘기를 들으려고 하지 않았다."

일본 신문을 휩쓴 1심 선고공판 사진

김천길은 세계적 통신사인 AP통신 서울지국의 사진기자였다. 1929년 일본 규슈에서 태어난 그가 AP통신에서 현역으로 일한 기간은 무려 37년에 이른다. 그는 사진기자로서 전문 수업을 받은 적이 없다. 1950년 한국전쟁이 발발한 직후 AP통신에서 영어를 할 줄 아는 사람을 구한다는 소식을 듣고 찾아갔다. 그는 미국에서 온 기자들의 취재를 지원하는 일을 하다가 사진기자로 정식 채용돼 1987년 퇴사할 때까지 한국 현대사 격동의 순간을 카메라에 담았다. 그가 현대사의 고비마다 현장을 떠나지 않고 생생한 사진기록을 남긴 시기는 자유당 정권의 혼란기에서 4·19혁명, 5·16쿠데타, 6·3사태, 10월유신쿠데타, 반유신민주화투쟁, 10·26사건, 광주민주항쟁, 6월항쟁에 걸쳐 있다. 대중에게 가장 낯익은

AP통신 사진기자 김천길이 찍은 5·16쿠데타 직후의 박정희 모습

그의 작품은 5·16쿠데타 직후 검은 안경을 낀 박정희의 모습일 것이다. 박정희가 서울시청 앞에서 쿠데타 주도세력들과 함께 서 있는 모습을 포착한 사진이다. 박정희는 박종규, 차지철 등에게 둘러싸여 육사생도의 쿠데타 지지 시위를 참관하고 있었다.

김천길이 오랜 기간 현장을 지킬 수 있었던 것은 그가 국내 언론이 아니라 외국 통신에 고용됐기 때문이다. 특별한 격변이 없는 한 외국 통신의 현지 사진기자는 혼자서 판단해 촬영, 인화, 송신 등의 모든 일을 해야 한다. 국내 기자들은 어느 정도 연한이 차면 데스크로서 내근을 하느라 현장을 떠나는 경우가 많다. 김천길이 찍은 사진은 국내 매체에 게재되는 일이 적어 국내에서는 주목받지 못했지만, AP통신의 배급망을 통해 전 세계로 배포되기 때문에 영향력 면에서는 국내 사진기자의 작품과 비교가 되지 않는다. 세계적인 통신사에 소속된 사진기자의 능력은 그의 사진이 외국 언론에 얼마나 전재되느냐로 평가된다.

김천길이 찍은 사진이 1971년 10월 23일 자 일본 신문 조간을 휩쓸었다. 통신사 사진기자끼리의 경쟁도 치열하기 때문에 특정 사진이 주요 언론사의 지면을 석권했다면 당사자에게 상당한 영예가 된다. 1971년 10월 22일 서울 서소문 법원에서 서승·서준식 형제 사건의 선고공판이 열렸다. 이날 공판에서 서승은 사형, 서준식은 징역 15년의 중형을 선고받았다. 김천길의 사진이 주목을 끈 것은 공판정에 나온 서승의 상반신을 잘 포착했기 때문이다. 당시 서승의 상황에 대해서는 국내에 거의 알려지지 않았으나 일본에서는 뜨거운 관심의 대상이었다. 서 형제 재판에 방청했던 몇몇 일본인에 의해 그의 범상치 않은 상태가 단편적으로 전해졌기 때문이다. AP통신의 사진에 나타난 서승의 모습은 그간

讀賣新聞

死刑判決を受けた徐被告（右端）と丁被告（左端）。徐被告は耳がくずれてメガネがかけられず、布でゆわえている（AP）

徐君に死刑判決

ソウル地裁 助命嘆願むなしく

【ソウル甲藤特派員二十二日発】東京教育大時代の恩師や同窓生の手で助命嘆願運動が続けられているソウル大大学院二年徐勝（ソ・スン）被告（二七）ら「在日朝鮮人学生北朝鮮スパイ事件」の十七被告に対する判決公判は、二十二日午後一時からソウル刑事地裁で開かれ、李錫肇（イ・ソクチョ）裁判長は、国家保安法、反共法違反、スパイほう助罪などを適用、徐被告と下宿業、丁時一（チョン・シイル）被告（三二）に求刑通り死刑、徐被告の弟でソウル大四年徐俊植（ソ・ジュンシク）被告（二三）（京都・桂高校出身）に懲役十五年（求刑死刑）を言い渡した。また残り十四被告のうち九人は懲役八—一年、五人は無罪となった。

起訴状によると、徐勝被告は六七年から二度にわたって北朝鮮でスパイ教育を受け、六八年四月ソウル大大学院に留学、弟の徐俊植被告とともに❶地下党の組織❷反政府運動の扇動❸学生デモ操縦❹重要機関爆破❺要人暗殺計画を進めたというもの。徐兄弟にだき込まれたという四十九被告と一緒に、さる四月の韓国大統領選挙直前、韓国陸軍保安司令部に逮捕され、七月十九日から公判中だった。

これに対し徐兄弟の無罪を信ずる徐勝被告の東京教育大時代の恩師や同窓生は「徐君を守る東京教育大学同窓生の会」（代表世話人・小峰和夫さん）を作って助命嘆願を行なっていた。

李裁判長は判決のなかで「証言と検察側の提出証拠で、起訴事実は大体そのまま認定できる」と述べた。傍聴席最前列では、京都からかけつけた徐兄弟の母親が「徐兄弟を守る会」の大阪外語大生と

서승 서준식 형제의 1심 선고를 사진과 함께 보도한 〈요미우리신문〉 기사

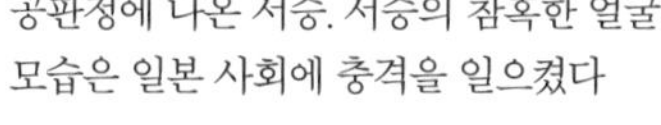

공판정에 나온 서승. 서승의 참혹한 얼굴 모습은 일본 사회에 충격을 일으켰다

의 온갖 흉흉한 소문을 확인시켜 주었다. 턱밑에서 왼쪽 귀에 걸쳐 화상의 흔적이 역력했고, 왼쪽 귀 일부가 녹아내린 듯 머리 뒤로 천을 묶어 안경을 겨우 걸치고 있었다. 입술의 윤곽도 거의 드러나지 않았다. 김천일의 사진은 이후 서 형제 구원회의 소식지나 팸플릿 등에 끝없이 '무단 전재'됐다.

서 형제 사건은 서승의 출신 모교인 도쿄교육대학(옛 도쿄고등사범)의 교직원 동창을 포함해 많은 지식인이 구원운동에 참여했기 때문에 일본 언론의 관심이 높았다. 〈아사히신문〉은 '학원스파이 사건의 서군, 탄원 헛되이 사형 판결'이란 제목으로 4단 기사로 보도했고, 〈요미우리신문〉도 '서군에 사형 판결, 조명助命 탄원 헛되이'란 제목으로 같은 4단으로 다뤘다. 사진도 두 신문 모두 2단 크기로 게재했고, 〈마이니치신문〉은 더 크게 실었다.

서 형제 선고 공판을 대하는 일본 신문과 국내 신문의 보도 자세는 상당한 차이가 있었다. 〈동아일보〉는 선고된 형량을 중심으로 단 세 문장으로 전했다. 사진을 넣기는 했지만, 10여 명의 피고인 전체를 찍은 데다 크기도 1단으로 작아 사연을 아는 사람이 아니면 서승 얼굴에 나타난 특이한 점을 알아차릴 수도 없었다. 반면에 일본 신문들은 관련기사로 어머니 등 가족 얘기, 구원회 활동가 반응, 서승의 화상 치료방안 등도 소개했다.

당시 〈아사히신문〉 서울특파원은 이카리 아키라猪狩章였다. 그가 서울에서 근무한 시기는 1969년부터 1973년까지로 일본 적군파의 요도호 여객기납치 사건, 남북적십자회담, 10월유신쿠데타 등을 취재했다. 그는 북한의 빙상선수 한필화와 오빠 한필성의 '오누이 전화상봉'에도 관여했다. 아시아에서 처음으로 개최되는 동계올림픽인 1972년 삿포로대회에 앞서 1971년 2월 프레동계올림픽이 삿포로에서 열렸다. 이 프레올림픽에 참가하기 위해 일본에 온 빙상선수 한필화는 1·4후퇴 당시 홀로 월남해 서울에서 살던 오빠 한필성과 국제전화로 30분간 눈물의 대화를 나눴다. 이 전화 상봉은 〈아사히신문〉 도쿄본사와 서울지국을 연결해 진행됐다. 1980년 9월 평양을 방문해 김일성과 회견하기도 했던 이카리는 서 형제 사건과 관련해 국내 언론을 신랄하게 비판하는 글을 남겼다.

> 혹독한 남북대립 속에서, 그리고 공산주의 존재를 긍정하는 것조차 허용되지 않는 박 정권 아래서 서 형제는 '비국민' '비인간' 취급을 받았다. 당국의 규제를 받은 한국의 매스컴은 형제의 공판정에 나와서 직접 자신들의 눈으로 형제를 보고, 자신들의 귀로 형제의 얘기를 들으려고 하지 않았다. 그뿐인가, 재판 진행 중에 형제를 실명으로 등장시킨 스파이 드라마를 만들어 방송까지 했다. 서 형제는 이런 방법으로 중요한 한국의 민중으로부터 고립되어져 갔다.

보안사 서빙고분실에서 분신 기도

서 형제의 본적은 충남 청양이다. 조부가 1928년 향리에서 생계 잇기가 어렵자 가족을 이끌고 일본으로 건너갔다. 서승과 서준식은 5남매 가운데 차남과 3남이다. 위로 형 선웅이 있고 밑으로 남동생 경식, 여동생 영실이 있다. 서선웅은 사건 발표 당시 서승의 '재일공작 지도원'으로 지목됐고, 서영실은 남자 형제들이 한국에 갈 수 없는 처지라 모친 오기순과 함께 수시로 국내에 들어와 오빠들의 옥바라지를 해야 했다. 서경식은 재일동포의 고난을 민족의 이산 측면에서 분석한 다양한 책을 쓴 저자다.

교토 인근에서 태어나 자란 서승과 서준식은 3년 터울이다. 1945년생인 서승은 1968년 3월 도쿄교육대학 문학부(경제학 전공과정)를 나온 뒤 서울에 와 어학과정을 마치고, 1969년 3월 서울대 대학원 사회학과에 들어갔다. 모국 유학은 서준식이 1년 빠르다. 그는 1967년 교토 가쓰라桂고등학교를 나와 바로 한국에 왔다. 서울대부설 어학연구소 과정을 수료하고 1968년 3월 서울대 법대에 입학했다.

서승이 처음 연행된 것은 1971년 3월 6일이다. 대학원 석사과정을 마치고 일본에서 방학을 보낸 뒤 김포공항에 도착한 직후였다. 그는 새 학기부터 서울대 교양학부 조교로 내정돼 있었다. 보안사 옥인동분실로 끌려간 서승을 맞이한 사람은 보안사 대공처장 김교련 대령이었다. 그는 "간첩에는 영장 필요 없다. 언제라도 죽일 수 있다"고 위협했다. 며칠 뒤 서승은 서빙고분실로 옮겨져 혹독한 취조를 받았다. 2주 정도 지난 뒤 보안사 수사관들은 "재일교포 학생이니까 반성의 기회를 준다. 국가에 충성을 다하라. 앞으로의 행동에 따라서는 처벌하지 않도록 하겠다"며 풀어주었다. 서승보다 먼저 서울에 돌아온 서준식도 김포공항에서 바로 연행돼 조사를 받은 뒤 석방됐다.

하지만 그걸로 끝이 아니었다. 풀려난 뒤 어떤 의심스러운 행동을 하는지 감시하기 위해 일시적으로 놓아준 데 지나지 않았다. 서승은 박정희, 김대중의 양자 대결로 좁혀진 7대 대통령선거전이 막바지에 이른 4

월 18일 저녁 다시 서빙고분실로 연행됐다. 수사관의 첫마디는 "나는 무자비하다"였다고 한다. 고문은 혹독했다. 수사 각본도 분명해졌다. 북한 지령으로 서울대에 지하조직을 만들어 공산주의폭력혁명을 기도했다는 것과 친분이 있는 김상현 의원을 통해 야당 대통령후보인 김대중에게 '불순자금'을 전달했다는 것이다. 그가 있던 취조실 옆방에서는 친하게 지내던 국내 학생들의 신음소리가 끊임없이 들려왔다.

서승은 국내 학생운동에 엄청난 타격을 주게 될 '수사 각본'을 도저히 받아들일 수가 없었다. 아침이 되자 그를 닦달하던 수사관 두 명이 식사하러 나가고 감시하던 경비병도 담배를 피우려 했는지 자리를 비웠다. 그 틈을 타 그는 경유난로에 조서용 종이를 대 불을 붙여 분신이라는 극단적 저항에 나섰다.

보안사는 4월 20일 서승의 분신 시도에 아랑곳하지 않고 학원간첩단 사건을 발표했다. 대통령선거일이 4월 27일이었으니 선거 일주일을 앞두고 터트린 것이다. 보안사는 교포학생 4명이 포함된 간첩 10명과 관련자 41명 등 총 51명을 일망타진했다고 밝혔다. 중증 화상을 입은 서승의 상태는 심각했다. 경복궁 옆 소격동의 육군수도통합병원으로 이송돼 한 달 넘게 혼수상태로 있었다. 눈썹과 귀는 녹아버렸고, 입은 쪼그라들어 빨대 하나가 겨우 들어갈 정도였다. 그가 의식을 회복하자 검사가 찾아와 피의자 신문조서를 받았다. 손가락으로 무인을 찍을 수 없으니 발가락 무인을 찍어 갔다.

첫 공판은 7월 19일 열려 인정신문만 하고 끝났다. 재판을 방청하기 위해 일본에서 온 부모는 재판이 끝난 후 서울구치소로 가 면회를 했다. 서 형제가 구속된 후 처음 허용된 면회다. 재판이 시작된 후에도 서승은 군병원에서 입 확대수술을 받았다. 양쪽을 절개해 입이 더 벌려지게 되자 간호장교가 겸자로 솜을 밀어 넣어 4개월 만에 입 안을 닦아줬다고 한다.

서 형제에 대한 구형은 둘 다 사형이었으나 10월 22일 1심 선고에서 서승은 사형, 서준식은 징역 15년형을 받았다. 서승의 화상 치료를 위한 수술이 이어지면서 항소심부터는 분리재판을 받았다. 1972년 2월 14일 항소심 선고에서 서준식은 징역 7년이 됐고, 서승은 그해 12월 7일 무기징역으로 떨어졌다. 10월유신쿠데타와 동시에 선포된 비상계엄이 존속되던 시기임을 감안하면 그나마 다행이었다. 서승은 항소심 최후진술에서 자신을 '남북대립시대의 산 제물'에 비유했다. 그는 "우리나라가 앞으로 어떤 국제정세 아래 있건 자주적으로 평화통일이 되지 않으면 안 된다"고 말했다. 상고심은 그냥 기각이었다.

서준식이 1972년 5월 23일 먼저 기각돼 징역 7년형으로 확정돼 다음 달 대전교도소로 이송됐다. 서승은 1973년 3월 13일 기각돼 대전교도소로 이송됐다가 2주 만에 다시 대구교도소로 옮겨졌다. 형제를 한 교도소에 수용하지 않는다는 분리원칙에 따른 것이다. 1심 선고공판을 끝으로 헤어진 형제가 다시 얼굴을 맞댄 것은 서준식이 1988년 5월 석방돼 교도소로 면회 왔을 때였다.

'세계 최고 어머니'의 죽음

신군부가 비상계엄을 확대하고 광주에 공수부대를 투입해 학살극을 벌

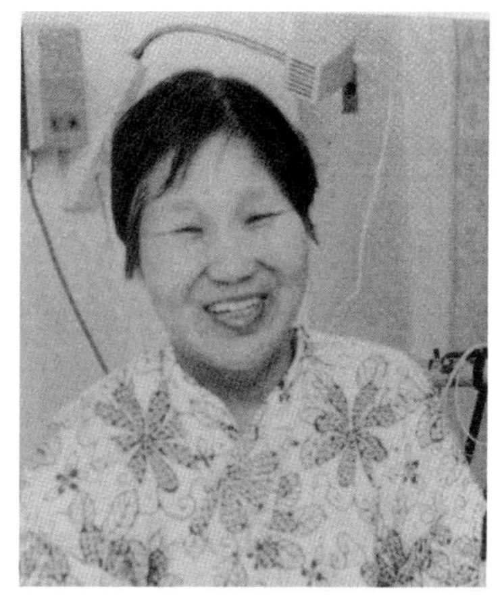

병상의 오기순. 타계하기 3개월 전인 1980년 2월의 모습

이던 1980년 5월 20일 오전 2시 50분 교토의 한 병원에서 서 형제의 모친 오기순은 숨을 거두었다. 자궁암을 앓던 그는 두 아들이 풀려나는 것을 보지 못한 채 출혈과다로 타계했다. 장례는 다음날 교토의 자택에서 거행됐다. 관 속에 들어간 오기순의 가슴 위에는 서승, 서준식의 사진이 놓여졌다. 그 옆에는《윤복이 일기》등 평소 애독하던 책들이 있었다.《윤복이 일기》는 부친의 학대와 모친의 가출에도 불구하고 소년가장 역할을 하며 어렵게 동생을 보살피던 초등학교 5학년 학생 이윤복의 일기를 모아 놓은《저 하늘에도 슬픔이》의 일어판이다. 1964년에 나온 이 책은 국내에서 엄청난 반향을 일으켜 다음해 영화로 만들어졌고, 일어 번역판도 베스트셀러가 될 정도로 관심을 모았다. 일본에서 숱한 고난을 겪은 오기순도 책 내용에 상당히 공감했던 것으로 보인다.

그가 세상을 떠나고 나서 5개월 뒤《아침을 보지 못하고》란 책이 일본에서 나왔다. 그를 기리는 사람들이 '오기순씨 추도문집 간행위원회'를 구성해 책을 낸 것이다. 간행위원회는 책을 펴낸 이유에 대해 "정치범의 어머니로서 혹독한 고난을 경험했다는 것만이 아니라 아들의 해방을 위해 수많은 고난에 정면으로 맞서는 과정에서 같은 고난을 공유하고 있는 동포 모두가 행복하게 살 수 있는 사회, 통일된 조국의 실현을 바랐던 그의 생애가 감명과 격려를 주었기 때문"이라고 밝혔다.

서 형제 구원활동에 참여한 학자, 목사, 언론인, 정치인 등 다양한 경력을 가진 사람들이 기고했다. 기고자 가운데 마르크스주의 철학자 고자이 요시시게古在由重가 있다. 일제 때 치안유지법 위반 혐의로 두 차례 검거됐고, 전후에는 원수폭금지운동 평화운동에 적극 참여한 경력을 갖고 있다. 그는 고인이 짧은 시간 옥중의 아들들과 면회하기 위해 한국을 60회나 방문했는데 그 심로心勞는 상상을 넘어서는 것임에 틀림없다고 회고했다. 그는 부득이한 사정으로 장례에 참석할 수 없어 조전弔電을 보냈는데 '세계 제일의 어머니'란 표현을 넣고 싶었지만 자신의 주관적 마음이 전달되기 어려울 것 같아 하지 못했다고 밝혔다. 그러고는 '이 세계 최고의 어머니'가 세상을 떠났으니 정말로 가혹한 운명이라고 썼다.

오기순은 충남 공주에서 태어났다. 1920년생으로 등록돼 있는데 본인은 생전에 1922년생으로 증언했다고 한다. 공주에서의 삶은 친가, 외가 할 것 없이 아주 빈한했다. 생계가 막막해 부친은 아들을 데리고 먼저 일본으로 건너가 막노동을 했고, 모친은 1928년 오기순을 데리고 시노모세키에 도착해 합류했다.

일본에서의 생활도 아주 어려웠다. 형제는 오빠 하나와 여동생 셋, 남동생 하나가 있었다. 여동생 하나는 어려서 죽었고, 고등소학교를 나온 남동생은 철로 건설공사에 동원됐다가 비오는 날 기차 밑으로 미끄러져 죽었다. 오기순은 학교 문턱에도 가보지 못했다. 어렸을 때부터 일본인 집에서 애 보는 일 등을 하며 남의집살이를 했다. 결혼은 1940년 1월께 했다. 부친이 자전거가게에서 일하는 동향 친구의 아들을 보고 사윗감으로 정해서 얼굴도 보지 못하고 했다. 남편은 징용 영장이 나오자 도망

다녔다. 오기순은 애를 업고 관공서를 찾아가 남편의 소재를 알 수 없다고 호소했다. 그러다 전쟁이 끝나 남편이 돌아와 생활이 조금씩 안정돼 갔다.

오기순은 어렸을 때부터 '조센'이란 말을 들으며 살았다. 남의집살이를 할 때 일본인 주인은 일본식 이름을 멋대로 정해서 부르곤 했다. 오기순은 아이들이 '조센'이란 말을 듣고 열등감에 빠지지 않도록 교육에 신경을 썼다. 누가 조선인이냐고 물으면 당당하게 "예! 조선인입니다"라고 말하도록 시켰다. 조선인이 나쁜 짓 한 게 하나도 없고 일본인을 부러워해서는 안 된다고 가르쳤다. 그는 소학교 교사로부터 이런 말을 들은 적이 있다.

> '너는 조선인이냐'고 물으면 다른 아이들은 고개를 숙이고 가만히 벽을 향해서 풀이 죽는다. 그런데 당신 아이는 뭔가 모르겠지만 조선인이냐고 물으면 '옛'하고 대답한다. 크면 비행기를 타고 조선에 가니 배웅해달라고도 말한다. 가정교육을 어떻게 시키는 것이냐?

오기순은 자신은 교육 같은 것 모른다며 웃어넘겼다고 한다.

아들의 문드러진 얼굴 보고 기절하지 않으려 발버둥

오기순 자신은 고향에 돌아가 사는 꿈을 실현하지는 못했지만 두 아들이 한국에 가서 공부하는 것만으로도 대단히 기뻤다. 그는 만나는 사람마다 "우리 애가 서울에서 공부하고 있어요"라고 자랑하고 싶었다. 그러나 1971년 봄 두 아들이 돌연 북한 간첩이었다고 발표되면서 모든 게 암흑으로 바뀌었다. 신문 발표를 보고 놀란 그는 일주일 걸려 준비한 뒤 바로 서울로 들어갔다. 기댈 만한 연줄도 없고 아는 친척도 없으니 모든 게 구름을 잡는 것 같았다고 한다.

우선 서대문구치소로 찾아가 두 아들의 소재를 확인했으나 없다는 답변을 들었다. 그는 오랜 기간 우리말을 사용하지 않아 말하는 거나 듣는 거나 서툴렀다. 의미를 파악하지 못해 다시 물으면 상대방은 웃어버렸다. 그럴 때마다 속이 상해 마음속으로 울었다. 그는 보안사령부 사무소라면 어디나 찾아다녔지만 없다는 말만 들었다. 검찰청도 마찬가지였다. 때로는 "당신 아들은 국가에 반역한 극악무도한 '비국민'인데 면회가 될 것이라고 생각하느냐"고 비아냥거림까지 들어야 했다. 국내에서 아무도 도와주는 사람이 없는 가운데 홀로 울분을 삭여야 했던 그는 일본인 구원활동가에게 "그자들은 모두 살인자야. 오랜 기간 일본에서 살다보니 말이 잘 통하지 않잖아. 그것을 놀리며 트집 잡는다"고 하소연했다. 그렇게 헤매고 다니다 변호사를 통해 서준식의 소재를 알 수 있었다. 서대문구치소에 있다는 것이다. 하지만 서승은 도대체 어디에 있는지 알 수 없었다. 변호사도 모른다고 했다. 면회가 일체 허용되지 않아 일본에 돌아가야 했다.

다시 준비해서 서울로 다시 들어가 물건이라도 차입하려고 서대문구치소로 갔다가 하늘이 무너지는 얘기를 들었다. 접수창구의 여자 교도관이 서승은 '아마도' 죽었을 것이라고 했다. 소스라치게 놀란 오기순에게 그 교도관은 "누구에게도 얘기해서는 안 된다. 타오르는 것을 들것에 실어 가는 것을 봤다"고 말했다. 오기순이 어디서 그랬냐고 다시 묻자 교도관은 창구에서 나와 들것에 실어 나르는 것을 봤는데 아마도 죽었을 것이라고 되풀이했다.

오기순은 둘째아들의 생사도 확인하지 못하고 일본에 돌아왔다. 마음을 진정시킬 수는 없었지만 그래도 '아마도'라고 했으니 아직 모른다고 기대를 걸어야 했다. 5월 29일 두 형제가 기소됐다는 보도가 나오자 그는 '아, 살아있구나'하며 가슴을 쓸어내렸다.

죽었을지도 모른다던 서승의 모습을 본 것은 그해 7월 19일 첫 공판 때였다. 남편과 함께 방청석에 앉아 서승의 뒷모습을 보자 정신이 혼미해졌다. 귀는 없고 입도 붙어버렸고, 손은 붕대로 감겨 있었다. 여기서 기절하면 안 된다고 이를 악물었다. 남편이 옆에서 "승이가 귀가 없다"고 말하자 그는 더 이상 참을 수 없었다. 울면서 아들을 불렀더니 간수들이 고함치며 제지했다.

그날부터 면회가 허용됐다. 서대문구치소에 있을 때는 비교적 자유롭게 면회할 수 있었으나 형이 확정돼 형제가 다른 교도소로 흩어졌을 때는 찾아다니는 것이 보통 일이 아니었다. 기결수가 되고 나서는 월 한 차례 면회가 허용돼 있지만 거부당할 때도 적지 않았다. 정보부와 교도소는 면회조차 전향을 압박하는 수단으로 사용했다. 아들을 만나고 싶으면 "울면서 전향하도록 설득하라"고 강요받았다. 그럴 때마다 오기순은 자신은 배운 게 없어 그런 복잡한 일은 모른다고 응하지 않았다. 아들들이 고난에 처한 이유를 납득할 수 없었고, 그들의 감정을 거스르기까지 하면서 전향을 권하고 싶지 않았기 때문이다.

두 아들 옥바라지 하느라 혼자서 글공부

정규 학교교육을 받은 적이 없는 오기순은 아들 옥바라지를 위해 혼자서 글공부를 했다. 출입국할 때나 교도소에서 면회를 신청할 때 본인이 이름, 주소 등을 서류에 기재해야 했다. 일본에서 재일동포 정치범 구원운동을 오랜 기간 벌인 요시마쓰 시게루吉松繁 목사는 그 무렵의 오기순을 이렇게 회고했다. 오기순이 1974년 봄 서울의 한 여관방으로 사람들의 눈을 피해 밤에 몰래 찾아왔다. 한국에서 일본인과 만나지 말라는 경고를 받고 있다고 했다. 그날 오기순은 서승을 면회하러 갔는데 오전 9시부터 기다리다가 저녁 5시 종료 직전에 겨우 만났다. 형제가 따로 떨어져 있어 면회하는 데만 이틀이 걸린다고 털어놓았다. 당시 서승은 대구교도소에, 서준식은 광주교도소에 수감돼 있었다. 요시마쓰 목사는 오기순의 지친 모습에 가슴이 아팠다고 썼다. 오기순은 돈이 떨어지면 때로는 임시 일용직 일까지 해서 차입할 물건을 구했고, 빵 하나로 허기를 달래며 면회했다는 것이다. 그나마 위로하고 격려해준 사람들은 정치범 가족이었다. 윤보선 전 대통령의 부인 공덕귀, 시인 김지하의 모친 정금성 등이 그의 하소연을 들어주고 따듯하게 대했다.

징역 7년이 확정된 서준식의 만기는 1978년 5월 27일이었다. 셋째아들의 출소를 애타게 기다리던 오기순은 딸 영실, 일본인 구원회 관계자와 함께 전날 전주에 도착해 묵었다. 다음날 비포장 시골길을 달려 새벽 4시 지나서 전주교도소 앞에 도착했다. 서준식은 전향서 쓰기를 거부해 보안감호처분이 내려질지가 초미의 관심사였다. 교도소 앞에는 교도통신, 지지통신, 마이니치신문, 마이니치방송에서 나온 특파원 네 명이 대기하고 있었다. 당시 교도소 앞에 있던 일본 기자는 미국인 두 명이 있었지만 한국 언론 관계자는 아무도 보이지 않았다는 기록을 남겼다. 날이 밝기 시작한 오전 6시 15분 서준식이 보안처분으로 이미 대전교도소로 이송됐다는 소식이 전해졌다. 오기순은 교도소 정문 철책 밑으로 쓰러졌다.

보안감호소가 아직 설립되지 않았던 시점이다. 정부는 한 달 뒤인 6월 27일 국무회의에서 청주보안감호소를 신설키로 의결했고, 그해 11월초 준공식을 열었다. 서 형제의 여동생 서영실은 1980년 5월 26일 청주보안감호소로 찾아가 서준식에게 모친의 죽음을 알렸다. 그가 보안처분을 받은 지 만 2년이 되는 때였다. 서영실은 이틀 뒤 대구교도소로 가 서승에게 부보를 전했다. 서영실은 우리말이 서툴러 면회가 허용되어도 말도 거의 못하고 돌아간 적이 많았다고 한다. 면회 때 외국어를 사용할 수 없기 때문에 일본말을 아는 나이 든 교도관이 입회하지 않으면 의사소통이 편하지 않았다. 서 형제의 부친 서영춘은 아내보다 약 3년 늦게 1983년 5월 9일 타계했다.

독립운동가 변호한 일본인, 박정희에게 공개편지

서 형제 1심 공판 결과는 일본의 지식인 사회에 파문을 일으켰다. 20대 청년들에게 사형과 징역 15년형이라는 중형이 선고됐기 때문이다. 남북의 대치 현실에 익숙하지 않은 그들로서는 도저히 납득이 가지 않는 일이었다. 자칫 잘못되면 사형이 상급심에서도 유지될 우려가 있다고 보고, 구원회에 참여한 지식인들이 본격적으로 움직이기 시작했다.

일본기독교교회협의회 총간사를 지낸 쇼지 쓰토무東海林勤 목사가 처음 서울을 방문한 것은 1971년 12월이다. 항소심에 대비하기 위해 변호사 사무실을 방문하고 한국 당국에 진정을 내기 위해서였다. 오기순을 그때 처음 만났다고 한다. 간토대지진 당시 조선인학살 문제를 연구해온 사학자 야마다 쇼지山田昭次가 한국 땅을 처음 밟은 것은 1972년 11월이다. 박정희가 10월유신쿠데타를 단행한다며 비상계엄을 선포한 때다. 야마다가 서울을 찾은 것은 조선사학자 가지무라 히데키梶村秀樹의 부탁을 받고 서 형제의 항소심을 방청하기 위해서였다. 야마다도 오기순을 처음 만난 곳이 서울이었다.

쇼지 목사가 서울에서 구원활동을 벌이던 무렵 한 일본인이 박정희에게 공개편지를 보냈다. 일제강점기 때 법정에서 조선인 독립운동가를 헌신적으로 변호한 후루야 사다오古屋貞雄다. 그는 1920년대 조선공산당 사건 때 서울에 장기간 머물면서 변호했다. 조선인의 소작투쟁을 지원하기 위해 전남 신안의 하의도 상태도까지 찾아 가기도 했다. 하지만 전후에는 사회당에서 의원활동을 해 한국에서는 거의 잊힌 존재가 됐다. 1971년 12월 20일 자로 작성된 그의 편지는 명의가 일본조선연구소 이사장 후루야 사다오로 돼 있다. 그는 1889년생이니 박정희보다는 18년쯤 연상이 된다. 그의 서한은 일본제국주의와 비교하면서 중형 선고를 비판하고 있어 시각이 독특하다. 내용을 간추려 소개한다.

근계謹啓 박정희 대통령 각하

일본인으로서 과거와 현재의 한국과의 관계가 낳고 있는 소용돌이를 깊이 반성하며 연구해온 우리로서 정말 주제넘은 일이기는 하지만, 유감과 걱정의 생각을 표하지 않을 수 없습니다.

8·15 이전의 일본 국가는 한민족의 가장 뛰어난 자식들, 독립의 의지를 굽히지 않는 투사들을, 그 주장에 깊이 귀 기울이지 않고 국가라는 이름으로 다수의 사람을 죽여 왔습니다. 그것을 우리는 참괴의 마음으로 기억에 남겨두고 있습니다. 또한 한민족에 대해 측정할 수 없을 민족적 손실을 입힌 것에 단장斷腸의 마음을 갖고 있습니다.

우리는 이 같은 것이 다시 되풀이되지 않도록 일본 정부의 대한국 정책 및 재일한국인 정책에 비판을 계속 가해왔습니다. 그렇지만 지금 당신들이 당신의 자식과 동 세대의, 한민족의 장래를 바로 짊어져야 할 전도유위前途有爲의 청년들을 국가의 이름으로 아주 간단히 죽여 버리려 하고 있습니다. 이 자세는 과거 일본제국주의의 잘못된 수법과 아주 비슷합니다. 이 같은 생명경시, 민족의 정화를 독단적으로 말살하는 것은 참된 민족통일을 지향하는 민중의 마음에 정말로 맞는 것이라고 생각하십니까?

서승 군이 무엇을 생각하고 무엇을 위해, 무엇을 했기 때문에 당신들의 국가가 그것을 사형 상당相當이라고 단정하지 않으면 안 되는 것입니까? 당신들의 민주적이라는 법정은 그것을 하나도 명확히 하지 않았다고 들었습니다. 들은 바에 따르면 변호인의 활동이 충분히 보장되지 않고 본인과의 접견조차 여의치 않다고 합니다.

우리는 서 군을 비롯해 본 건의 피고 가운데 재일한국인 조국유학생이 적지 않다는 것을 중시하고 있습니다. 일본 사회의 차별과 억압 환경이 특히 서 군 등 일본 태생 청년들에게 인간답게 사는 길을 막아버린 벽이 되고 있다는 사정을 인정하지 않을 수 없습니다. 일반적으로 많은 일본 태생 청년들이 일본 사회에서 자신의 삶의 방식을 어렵게 싸우며 모색하고 있다는 사실이 있습니다. 이 같은 제약 속에서 서 군들이 조국에 유학하는 길을 택하기에 이른 사상적 영위營爲, 민족적 열정은 평범치 않은 것이 있다고 말할 수 있습니다. 따라서 그들이 조국의 장래에 기여하려고 취한 행동과 그것을 지탱한 사상은 당신들의 그것과 꼭같지는 않다고 하더라도 아무런 제약 없이 전면적으로 펼칠 권리가 있다는 것은 국제적으로 용인된 것입니다.

사상과 행동을 떼어내어서, 행동(서 군들이 실지로 한 것에 한정해서)만을 재단하는 것은 있어서는 안 될 것입니다. 당신들은 공판에서(조차도) 단 한 번이라도 서 군들의 사상을 전면적으로 주장할 수 있는 기회를 주고 진지하게 그것에 귀 기울이려 했던 것이 있습니까? 서 군들에게 주장할 기회를 만들어서 당신들의 논리를 정면으로 대치시켜 어느 쪽이 올바른지를 민중의 민족적 양심의 심판 앞에 드러내는 것은 민주국가의 최소한도 책무가 아닌가라고 생각합니다.

이상과 같은 의미에서 우리는 서 군을 비롯한 유위有爲한 청년들에게 대한 판결을 철회하고 큰 민족적 관점과 올바른 의미에서의 민주국가로 되돌아가서 공정한 재판을 진행하도록 조치해주기를 바라는 바입니다.

전향 공작반의 '테러'

서 형제가 형이 확정된 후 이송된 곳은 교도소 안의 특사(특별수용사)였다. 국가보안법 반공법 위반 혐의로 유죄판결을 받고 전향하지 않은 사람들을 격리 수용하는 장소다. 1956년 사상전향제도가 법무부장관령으로 공식화되기 전에는 '좌익수'라도 해도 전향 여부와 상관없이 교도소 내 공장에 나가 일하는 '출역'을 시켰으나, 이후 비전향수는 모든 출역이 금지되고 종일 사방에 수감하는 것으로 바뀌었다. 5·16쿠데타 이후 비전향좌익수는 특별관리 명목으로 대전교도소에 집결돼 수용됐다. 북한의 특수부대가 '옥내 공산주의자'를 구출하기 위해 교도소 습격을 기도하려 한다는 첩보가 돌자 1968년께 대전, 대구, 전주, 광주에 특사를 설립해 비전향좌익수를 분산 수용했다. 특사는 교도소 안에서도 '시베리아'라고 불릴 정도로 인권이란 것이 아예 존재하지 않았다. 서승은 1973년 3월 대구교도소로 이송된 직후 특사의 교도관에게 군화발로 걷어차였다. 특사의 살벌한 분위기를 파악하지 못한 그가 아침에 통에 물을 받아 돌아오면서 옆방 사람에게 인사했다가 걸린 것이다. 특사 수용자들은 '통방通房'자체가 금지돼 있었다. 운동도 이틀에 한 번 5분 가량 시켰다고 한다.

하지만 그해 연말 본격화된 전향공작의 '테러'에 비교하면 이때만 해도 봄날이었다. 중앙정보부, 법무부 등 유관기관을 망라한 '전향공작반'이 활동에 들어간 것은 1973년 9월이다. '좌익수'를 전담 수용하는 특사가 있는 대전, 대구, 전주, 광주의 4개 교도소에 전향공작반이 설치됐다. 시기적으로는 7·4공동성명으로 지속되던 남북 당국 간의 대화가 갑자기 중단된 것과 관련 있다고 생각한다. 남북조절위 평양 쪽 공동위원장인 김영주는 1973년 8월 28일 대남성명을 발표해 김대중 납치사건을 주모한 중앙정보부의 이후락 부장과 대화를 더 하지 않겠다며 교체를 요구했다. 이후락 부장은 서울 쪽 공동위원장이었다. 김일성의 친동생인 김영주의 성명은 또 남측이 7·4공동성명의 합의사항을 구체화하려 하지 않고 "반공정책을 강화해 수많은 친공인사를 체포 탄압하고 있다"고 주장했다.

전향공작반은 처음에는 부드럽게 나갔다. 거의 허용되지 않던 서신 발송이나 면회를 허가하고 운동시간도 조금 늘렸다. 하지만 유화책은 얼마 가지 않았다. 감방 안에서 정좌를 시키고 '검방(방 수색)'을 강화해 규정에 어긋나는 물품을 압수했다. 면회 오는 가족이 없어 다른 사람의 차입물에 의존하던 사람들에게 특히 고통을 주는 조치였다. 전향공작반은 비전향수의 가족을 찾아내 교도소로 데리고 와 비전향수를 설득하도록 했다. 공작반이 특히 선호한 것은 비전향수의 모친이었다. 늙은 어머니가 찾아와 눈물로 호소하게 만드는 것이다.

1973년 12월 말부터는 사실상 테러단계로 들어갔다. 서신, 면회, 독서 등이 전면 금지되고, 몸이 아파도 의무과 진찰을 받지 못하도록 했다. 특사에 폭력 등의 전과로 들어온 '잡범'을 배치해 고문의 하수인으로 활용했다. 마구잡이 구타는 일반적이고, 한겨울에 발가벗겨 놓고 찬물을 끼얹는가 하면 누더기 이불조차 빼앗아 찬 마룻바닥에서 자도록 했다. 고문을 견디지 못해 전향하는 사람들이 속속 나왔지만, 죽음으로 저항하는 이도 있었다. 천으로 줄을 꼬아 철창에 걸어 자살한 것이다. 구타로 인한 충격으로 숨을 거두기도 했다.

목숨을 건 서준식의 고문 폭로

비전향수에 대한 무자비한 공작은 '감옥 안의 감옥'이라는 밀폐된 장소에서 이뤄졌기 때문에 외부로 알려지지 않았다. '빨갱이 몇 명 죽여 봤자 아무도 신경 쓰지 않는다'는 게 전향공작반의 분위기였다. 전향공작 광풍은 재일동포라는 특수한 처지에 있는 서 형제라고 피해갈 수 있는 것이 아니었다. 1973년 9월 대전에서 광주로 이송된 서준식은 옥중에서의 야만적 고문에 분노해 손목을 그어 자살을 기도했다. 1973년 12월이나 1974년 1월 무렵이었다.

서준식의 면회는 전면 금지됐다. 오기순은 6개월 동안 서준식의 얼굴을 보지도 못하자 아들이 감옥에서 죽은 것은 아닌지 불안했다. 구원회 활동가들은 니시무라 세키가즈西村關一 사회당 참의원에게 한국에 가서 서준식을 면회해달라고 호소했다. 니시무라는 중의원 의원을 세 차례 연임하고 참의원으로 있었다. 목사이기도 한 그는 후에 앰네스티 일본지부 이사장을 하기도 했다.

니시무라의 서준식 특별면회는 김종필 총리의 허가를 얻어 1974년 5월 3일 광주교도소 소장실에서 열렸다. 약 40분간 진행된 면회에는 중앙정보부 전남 대공분실 과장과 교도소 간부들이 배석했다. 일본인이 서준식을 면회한 것은 1972년 11월 4일 쇼지 쓰토무 목사 이후 처음이었다. 그 사이 일본인 구원회 활동가들이 숱하게 면회를 신청했지만 한 번도 허용되지 않았다. 죽음의 공포 속에서 하루하루를 보내던 서준식은 작심하고 특사에서 벌어지고 있는 실태를 폭로했다. 니시무라 의원을 따라와 면회에 동석한 일본인 활동가들이 작성한 면담록에는 당시의 긴박한 분위기가 그대로 드러나 있다.

니시무라 : 서준식 군 건강은 어떻습니까?

교도소 소장 : 건강에 이상이 없고 정신상태도 정상입니다. 어제 모친이 면회 왔기 때문에 허가했습니다.

니시무라 : 생활태도는 어떻습니까?

소장 : 특별한 문제 없습니다. 곧 서준식을 이리로 데려옵니다.

(서준식, 수갑을 차지 않고 푸른 죄수복 차림으로 소장실에 들어오다)

니시무라 : (서준식의 손을 잡고) 자네를 만날 수 있어 아주 기쁘다.

서준식 : 어제 선생께서 와주신다는 것을 듣고 고맙게 생각하고 있었습니다. 기다리고 있었습니다.

니시무라 : 고자이 씨, 모리카와 군, 기타하라 군한테서 부디 자네를 만나 달라는 말을 들었어. 일본의 학우 등 많은 사람이 내가 한국에 가면 자네를 꼭 면회하도록 기대하고 있습니다. 여기에는 소장 등 높은 분이 많이 있지만, 주저하지 말고 있는 대로 말해주세요.

서 : 제 한 사람만의 일이 아닙니다. 저와 같은 입장에 있는 많은 사람을 돕기 위해 좀처럼 없는 이런 기회에 선생의 힘에 매달릴 뿐입니다.

니시무라 : 건강은 어떻습니까?

서 : 그때(자살을 기도했던 때) 이래 저의 건강은 서서히 회복되고 있습니다. 저는 언제 다시 고문을 받을지 알 수 없는 불안과 공포에 떨면서 그날그날을 보내고 있습니다.

니시무라 : 나는 오늘 자네에게 전향을 권유하러 온 것이 아닙니다.

서 : 제가 어떤 험한 꼴을 당해도, 가령 죽임을 당하더라도 전향서는 쓰지 않습니다. 공산주의에 대한 확신이 있습니다. 미래에 대한 전망이 있습니다.

니시무라 : 언제부터 공산주의자가 되었습니까?

서 : 한국에 와서 2년 정도 지나고 나서부터입니다. 방학 때면 일본에 돌아가 사회사상의 책을 읽고 있었습니다. 그리고 공산주의에 공명을 느끼게 됐습니다.

니시무라 : 그것에 대해 누구도 이러쿵저러쿵 말할 권리는 없습니다. 사상·신조의 자유는 세계인권선언에서 약속되어 있습니다. 그러나 내 오랜 인생 경험을 통해 생각하는 것이지만 사회문제를 여러 각도에서 생각함과 동시에 인간 내면의 문제, 영혼의 문제를 응시해야 하는 것이 아닐까요. 성서를 읽은 일이 있습니까?

서 : 대전(1972년 6월 10일부터 73년 9월 중순까지 수감돼 있던 대전교도소)에 있었을 때는 때때로 읽었습니다. 여기서는 모든 독서가 금지돼 있었기 때문에 읽을 기회가 없었습니다. 어제 어머니가 오기 1시간 전에 처음으로 독서가 허용됐습니다. 그때까지는 독서는 물론 어떤 자유도 없었습니다. 괴로운 하루하루를 보내고 있었습니다.

니시무라 : 어머니하고는 어떤 얘기를 했습니까?

서 : 가족 얘기를 했습니다. 고문 등은 어머니에게 말하지 않았습니다.

소장 : (한국어로) 그것은 거짓이다. 모친에게도 그런 것을 말하지 않았나.

니시무라 : 차입은 어떻습니까. 순조롭게 들어오고 있습니까?

서 : 차입은 아무것도 들어오지 않습니다. 독서와 마찬가지로 면회도 거의 할 수 없습니다. 편지는 한 통도 받지 못했습니다.

소장 : (한국어로 니시무라에게) 가족과의 서신은 금하고 있지 않습니다. 가족 외의 사람들과의 서신은 금지돼 있습니다. 정치범에 대해서는 특별한 처분을 하고 있습니다. 특히 서준식은 젊고 사상이 미숙하기 때문에 특별히 돌봐주고 있습니다. 그를 때린 일이 없습니다. 다른 사람에 비해 특별대우를 하고 있습니다. 예를 들면 나는 아주 바쁘지만 개별적으로 그를 네 번이나 면접했습니다. 여름에 더울 때는 다른 수형자는 한 방에 네 명 정도 잡거시키고 있지만, 그에게는 방 하나를 주고 있습니다. 겨울에는 이불도 몇 사람이 하나를 쓰게 하고 있지만, 그에게는 큰 이불을 혼자서 사용하게 하고 있습니다. 눈이 올 때는 눈 구경도 시켰습니다. 시내에 나가 쇼핑도 하게 하고, 보고 싶다고 할 때는 영화도 보게 했습니다.

서 : 그것은 거짓이다. 왜곡하고 있다. 소장은 거짓말을 하고 있다. 소 내에서는 지독한 고문과 테러가 행해지고 있습니다.

니시무라 : 자네는 어떤 고문을 받았나? 전부 말할 수 없더라도 한두 개 말해보세요. 모든 사람 앞에서 말해보세요.

서 : 추운 겨울날, 발가벗겨 놓고 로프로 꽁꽁 묶어서 물을 뿌리고 실외로 내몰았습니다.

소장 : (한국어로) 그만해! 그만해! 그만해!

니시무라 : 계속하세요.

서 : 한겨울 모포는 주지만 털실로 된 셔츠는 주지 않습니다. 이 작업복뿐입니다. 예를 들면 주전자로 물 넉 잔을 억지로 마시게 해서 부풀어진 배를 짓밟아 뱃속에 있던 것을 전부 토해내게 하는 고문입니다. 작년 12월부터 올 1월에 걸쳐 소 내의 정치범에게 대규모 고문과 테러가 행해졌습니다. 너무나 심해서 나는 견딜 수 없어 자살을 기도했습니다. 수년간 어

둠침침한 옥중에서 같이 고문받으면서 살아온 사람들의 대부분은 이때 전향했습니다. 그러나 나는 전향하지 않았습니다. 왜냐하면 나와 형만의 문제가 아니라 전체의 문제이기 때문입니다. 고문이나 테러를 행하는 자는 간수가 아니고, 소 내의 흉악범을 써서 시키고 있습니다. 나뿐만 아니라 모든 비전향 정치범에게 고문을 가했습니다.

소장 : (한국어로) 이제 그만둬! 그만둬!

(소장, 당황해서 얼굴이 창백해져 섰다 앉았다 방을 들락날락했다. 다른 입회자들은 시종 얼굴색이 바뀌지 않았다.)

서 : 저는 지금 대단한 용기로 이것을 말하고 있습니다.

(서준식은 회견 중 앞뒤 세 차례 같은 발언을 했다)

소장 : 그가 말하고 있는 것은 모두 거짓입니다. 본인이 여기 있는 앞에서 한 가지 말하고 싶습니다. 편지를 보내는 것도 독서하는 것도 허용돼 있습니다. 변호사도 원하면 언제라도 부탁할 수 있지만 그는 부탁하지 않았습니다. 개별지도를 하려 했지만 그는 받아들이지 않습니다. 소 내의 정치범 전원에게 동일하게 한다면 자신에게도 그렇게 해달라고 말하며 그는 항상 우리의 호의를 무시해왔습니다. 비전향 무리를 한 군데 있게 해 기분을 풀어주려 했지만 역으로 그들은 단결했습니다. 어떤 때는 '소지(사방에서 배식 청소 등을 하는 잡역수를 일컫는 일본어)'를 포섭해 음모를 꾸민 일도 있습니다. 그래서 집단지도에서 개별지도로 옮겼습니다. 지금 우리에게 그가 아주 심한 말을 했지만, 그렇다고 그에 대한 처우를 바꿀 계획은 없습니다. 앞으로는 자살하게 하는 일은 없을 것이기 때문에 걱정하지 마세요. 그에 대해서는 충분히 배려하고 있습니다.

서 : 부디 국제여론, 국제기관에 이 일을 호소해주세요. 국제적십자사 등

에도 호소해주세요.

니시무라 : 적십자사만이 아니라 자네 형제의 일은 작년에 내가 런던에 갔을 때에도 직접 앰네스티 본부에 호소했습니다. 일본에서도 자네 일을 앰네스티가 맡고 있습니다. 형(서승)은 독일 그룹, 자네는 영국 그룹이 담당하고 있습니다. 자네 형제는 양심수로 지정돼 있습니다. 양심이 명하는 대로 마지막까지 훌륭하게 행동해주세요. 불로도 물로도 어떤 것으로도 범할 수 없는 인간의 존엄을 지켜주세요.

면회가 끝나자 광주교도소는 발칵 뒤집혔다. 서준식에게 바로 보복조치가 내려졌다. 하지만 면회를 금지한다고 해서 '고문 폭로'가 사라지지는 않았다. 서형제구원회는 한국의 관계당국에 항의전보 발송운동을 벌였다. 오사카 한국총영사관과 도쿄 한국대사관 앞에서는 항의 시위가 벌어졌다. 5월 23일 도쿄 중의원 제2의원회관 회의실에서 국회의원, 학자, 문인들이 돌아가며 항의 성명을 발표했다.

초당파 의원들은 성명에서 박정희 대통령에게 서준식에 대한 학대 고문을 즉시 정지하라고 요구했다. 학자들의 '어필'에는 아이다 유지會田雄次(사학), 구노 오사무久野收(철학), 이누마 지로飯沼二郎(농학), 히타카 로쿠로日高六郎(사회학), 다카시마 젠야高島善哉(사회학), 구와바라 다케오桑原武夫(프랑스문학), 나카노 요시오中野好夫(영문학) 등 학계 원로 외에 만화가 데즈카 오사무手塚治虫도 이름을 올렸다. '어필'은 "한 개인의 사상·신조를 이유로 가해지고 있는 학대와 기본적 인권의 침해는 극히 비인도적"이라고 비난하고 한국의 정치범이 놓여 있는 위기적 상황을 호소한 서준식의 용기 있는 자세에 응답하고 싶다고 밝혔다.

소설가 노마 히로시野間宏, 사타 이네코佐多稻子 등이 이끄는 '서군형제를 지키는 문학창조자와 독자의 회'는 별도 성명에서 "서 형제가 한국 교도소에서 문자 그대로 목숨을 걸고 보이고 있는 바는 허위와 폭력에 대한 항의이고, 민족과 인간적인 것에 대한 사랑일 것"이라고 주장하고 한국 정부가 서 형제를 비롯한 정치범의 기본적 자유와 권리를 박해하는 일을 즉시 중지하도록 촉구했다.

'배보다 배꼽이 더 컸던' 보안감호처분

일본 지식인의 성명과 항의 파동은 유신정권의 행보에 별다른 영향을 끼치지 못했다. 1975년 4월 30일 한국이 군대까지 파견하며 지원하던 사이공 정권(월남, 남베트남)이 무너지고 통일된 베트남사회주의공화국이 성립되자 북한의 남침이 재현될지도 모른다는 '안보 공포'가 전국을 휩쓸었다.

1975년 7월 9일 새벽 민방위기본법안, 방위세법안 등과 함께 사회안전법안이 국회를 통과했다. 사회안전법은 한마디로 형을 살고 나온 '불순분자'에 대해 국가 통제를 대폭 강화한 것이다. '반국가사범'의 재범 위험을 방지한다는 명목으로 당국이 위험인물로 간주하는 사람을 재판 없이 행정처분에 의해 장기간 인신구속할 수 있다는 점에서 인권 침해 소지가 아주 큰 법이었다. 하지만 야당에서도 전시체제를 구축해야 한다는 분위기에 눌려 정면으로 반대하지 못하고 사실상 정부안 그대로 통과됐다.

적용 대상은 형법 87조~90조(내란, 내란목적 살인, 내란예비·음모 선동·선전) 군형법 5~9조, 11~16조(반란, 반란예비·음모·선동·선전, 이적, 간첩) 국가보안법 1~8조 반공법 3~7조 위반으로 금고 이상의 형을 선고받고 집행을 받은 사람이다. 역대 정권에서 용공 조작 시비가 벌어진 사건이 끊이지 않았기 때문에 정권의 실정을 비판하다가 위의 법조항 위반 혐의로 실형을 받은 사람은 당연히 대상이 된다. 특히 반공법 4조 고무찬양 혐의는 '코에 걸면 코걸이, 귀에 걸면 귀걸이'식으로 적용됐던 점을 감안하면 악용될 소지가 많았다. 이른바 '막걸리 반공법'이 대표적인 사례다. 생계를 이어가기가 고달팠던 서민이 술기운에 시국을 비판하는 한두 마디 말을 했다가 반공법 위반으로 처벌되는 현상을 그렇게 불렀다. 야당은 마지막까지 반공법 4조를 제외하자고 요구했으나 받아들여지지 않았다. 사회운동은커녕 그저 먹고살기에 급급한 사람이라도 심사를 통해 보안처분조처가 내려졌다.

보안처분에는 보안감호, 주거제한, 보호관찰 이렇게 세 종류가 있었다. 처분기간은 2년이며, 2년마다 재심사를 통해 갱신할 수 있었다. 가장 강력한 제재 조처인 보안감호는 보안감호소에 수용하는 것이다. 법무부 차관을 위원장으로 하는 심의위원회가 재범의 '위험성'이 있다고 판정하면, 실제로 한 행위가 없더라도 가둬놓을 수 있었다. 그래서 '좌익수'로 복역한 전과가 있다는 이유만으로 부부가 함께 구속돼 자식들과 헤어지는 등 기막힌 사례가 적지 않았다. 교도소에서 양심과 사상의 자유 등을 이유로 전향서 쓰기를 거부하는 것도 재범의 위험성을 판단하는 주요한 기준이 됐다.

사회안전법의 피해자 가운데 널리 알려진 사람이 서준식이다. 그는 만기 7년형을 채우고 나서도 10년이 지난 1988년 5월 25일에야 풀려났다. 그것도 온전한 자유는 아니었다. 법무부가 "재범의 위험성이 상당부분 감소됐다"며 보안처분을 '보안감호'에서 '주거제한'으로 바꾼 것에 불과했다.

서준식이 '배보다 배꼽이 더 큰' 수감생활을 하게 된 것은 사회안전법에 따른 보안처분에 따른 것이다. 그는 1978년 5월 형기가 만료되자 2년 기한의 보안감호처분을 받고 그 후 네 차례나 갱신돼 감호소에서만 10년간 수감됐다. 1988년 감호소에서 나올 때도 이전의 보안감호처분 만료일이 5월 26일이었는데 전날이 그의 생일이어서 하루 앞당겨 석방됐다고 한다. 법무부가 행정처분으로 10년을 더 잡아놓고서는 하루 앞당겨 풀어줬다고 생색을 낸 것이다. 그는 자신의 석방을 사전에 몰랐다. 사방에서 잠을 자다가 5월 25일 새벽 0시 30분 통보를 받고 출소 절차를 밟은 뒤 박한철 검사(나중에 헌법재판소 소장)와 청주관광호텔에 잠시 머물다 서울에 거주하는 고모집에 인계됐다.

서준식이 17년 만에 제한적이나마 자유를 되찾은 것은 무엇보다도 그 자신 투쟁의 성과다. 그는 전향제도와 사회안전법이 가장 기본적 인권인 사상과 양심의 자유를 탄압하는 것이기 때문에 법적 정당성이 없다고 주장해왔다. 그는 사회안전법의 폭력성에 항의한다며 1987년 3월 4일부터 4월 23일까지 무려 51일간 단식투쟁을 벌였다. 또한 민주화투쟁의 쟁취물이기도 하다. 1987년 6월의 민주대항쟁을 거쳐 1988년 4·26 총선의 결과 '여소야대' 국회가 성립되면서 악법 폐지의 공감대가 형성됐기 때문이다.

철저하게 비밀의 장벽에 가려져 있던 비전향장기수 문제가 외부에 노출되기 시작한 것도 긍정적으로 작용했다. 유신 독재나 전두환 폭압통치에 저항하다 구속된 대학생은 일반 죄수와 격리돼 특사에 수용되는 경우가 많았다. 비전향장기수에게 가해지는 비인간적 대우의 참상을 목격한 그들은 교도소 내 처우개선을 위해 함께 투쟁했으며 출소 후에도 장기수 문제의 실상을 알리는 데 앞장섰다. 박정희가 긴급조치를 남발하며 감옥에 처넣었던 대학생들이 존재조차 알려지지 않았던 장기수 문제 해결의 선도자가 된 셈이다.

사회안전법은 1989년 5월 29일 여소야대의 국회에서 폐지되고 '보안관찰법'으로 대체됐다. 사회안전법상의 보안감호 주거제한은 사라졌으나 대신 보안관찰이 강화됐다. 당시 보안감호소에 수용돼 있던 35명은 근거법이 폐지됨에 따라 풀려났다. 서준식은 보안관찰법이 기본적으로 사회안전법과 다를 바 없는 악법이라고 반발해 법에 규정된 신고의무를 무시하다가 다시 구속돼 집행유예 판결을 받기도 했다.

서승은 동생보다 1년 9개월 늦은 1990년 2월 28일 3·1절 특사로 가석방됐다. 그에 앞서 1988년 12월 21일 무기에서 징역 20년으로 감형됐다. 끝까지 전향서 작성을 거부한 그는 19년에 걸친 수감생활을 사상전향공작과의 투쟁이었다고 의미를 부여했다. "사람의 생각을 강제로 바꾸고 힘으로 굴복시켜 인간성을 말살하려는 비인간적인 제도에 결코 굴복하고 싶지 않았다"고 말했다.

국가보안법과 일제의 치안유지법

국가보안법이 일제의 치안유지법을 판박이로 해서 제정됐다는 것은 대부분 다 아는 사실이다. 보안감호제도도 치안유지법의 '예방구금' 제도를 거의 그대로 따왔다. 일본에서 치안유지법이 제정된 것은 1925년 4월이다. 일본 정부는 이전에도 러시아혁명 이후 과격한 사회주의 사상이 확산되는 것을 막기 위해 단속법안을 마련해 의회에 제출했으나, 단속 대상의 정의가 애매하고 남용할 우려가 있다는 이유로 폐기됐다. 1923년 9월에는 간토대지진으로 발생한 혼란을 수습한다는 명목으로 긴급칙령으로 치안유지령을 공포해 바로 시행에 들어갔다. 표면적으로는 질서문란, 유언비어 살포 등에 대응한다고 돼 있으나 실제로는 사회주의자를 탄압하려는 의도에서 나왔다. 치안유지령은 치안유지법이 등장하면서 폐지됐다.

치안유지법은 소련과의 국교 수립(1925년 1월)과 보통선거법 제정과 맞물려 만들어졌다. 보통선거법은 일정한 금액 이상의 세금 납부자로 한정된 유권자를 만 25세 이상의 본토 거주 일본인 남성으로 확대한 것이다. 일본 정부는 보통선거법에 실시에 따라 좌파 계열의 사회운동이 격화될 것을 우려해 치안유지법을 먼저 제정했다. 하지만 보통선거법의 실시는 3년 뒤로 미뤄졌다. 당초 치안유지법의 최고형량은 징역 10년이었다. "국체國體를 변혁하거나 사유재산제도를 부인하는 것을 목적으로 결사結社를 조직하거나 정을 알고 가입하는 자"는 징역 10년 이하의 징역 또는 금고에 처한다고 돼 있다. 국체는 천황제, '천황을 중심으로 한 질서'를 의미한다.

1928년 6월 법 개정을 통해 최고 형량이 사형으로 대폭 강화됐다. 국체변혁과 사유재산제도에 대한 형량을 분리해서 "국체를 변혁하는 것을 목적으로 결사를 조직한 자 또는 결사의 임원 기타 지도적 임무에 종사한 자는 사형 무기 혹은 5년 이상의 징역 또는 금고에 처한다"고 고쳤다. 결사의 목적 수행을 위해

하는 행위도 처벌대상에 포함시켰다.

일본이 전면 전쟁 준비에 박차를 가하던 1941년 3월에는 긴급칙령으로 대폭 개악했다. 법 조항이 7개조에서 65개조로 대폭 늘어났다. 금고형을 없애 징역형으로 단일화하고 국체변혁을 기도하는 결사를 지원하는 결사도 처벌 대상에 포함시키고 준비 행위도 처벌하도록 했다. 사선변호인을 금지하고 관선변호인이 변호를 맡도록 했다. 개정된 내용에서 가장 중요한 특징은 '예방구금제도'의 도입이었다. 치안유지법 위반 혐의로 유죄를 받은 사람의 형집행을 끝내고 석방해야 될 때 범죄를 저지를 우려가 현저하다고 판단되면 신설된 '예방구금소'에 구금할 수 있도록 했다. 예방구금 기한은 2년이며 갱신 가능하도록 했다.

일본은 이보다 앞서 1934년에 예방구금제도 도입을 시도했다. 3·1운동 뒤 조선총독을 지낸 사이토 마코토齋藤實 총리가 이끄는 내각에서 치안유지법 위반자가 형기를 다 채운 뒤 미전향 상태로 출소하는 것을 막기 위해 치안유지법 개정안을 중의원에 제출해 통과시켰다. 하지만 귀족원에서 천황이 임명하는 칙선의원인 우자와 후사아키鵜澤總明 등 법률학자 두 명이 제동을 걸고 나섰다. 이들은 예방구금이 사법처분인지 행정처분인지인지 불분명해서 "일본 신민臣民은 법률에 의하지 않고 체포, 감금, 심문 처벌을 받지 않는다"고 돼 있는 헌법 23조에 저촉될 우려가 있다고 따졌다. 결국 양원협의회에 넘겨졌으나 우자와가 소신을 굽히지 않아 개정안은 폐기됐다.

태평양전쟁 개전을 앞두고 예방구금제도가 실시된 직접적 계기는 미전향 공산당 지도부 두 사람의 만기 출소를 봉쇄하기 위한 것이었다. 옥중 저항의 상징 인물처럼 된 두 사람은 도쿠다 규이치德田球一와 시가 요시오志賀義雄다. 이들은 공산당 재건운동 혐의로 1928년 2, 3월 체포돼 징역 10년형을 받고 1941년 연말 석방될 예정이었다. 이들은 예방구금제도의 도입으로 도요타마형무소(나카

노형무소라고도 함)에 부설된 도쿄예방구금소로 옮겨졌다. 이후 이곳이 전향을 거부한 사상범의 주요한 집결지처럼 돼 버렸다.

일제의 조선침략사를 연구한 사학자 야마베 겐타로山邊健太郎는 노동운동을 하다가 치안유지법 위반으로 구속된 뒤 전향을 거부해 예방구금소에 수용됐던 경험이 있다. 일본의 패전 이후에야 예방구금소에서 풀려난 그는 자신의 회고록《사회주의운동 반생기半生記》에서 당시의 일을 기록했다. 그의 책에는 수사기관에 체포돼 조사받은 기간을 제외하면 감옥이나 예방구금소에서 신체적 고문을 당했다는 언급은 없다. 그가 자신의 감방을 하도 청소하지 않자 간수가 대신 청소를 해줬다고 한다. 전쟁 말기 일본의 식량 사정이 급격히 악화됐는데도 구금소 안의 급식은 풍부했다. 심지어 자체적으로 레코드 선정위원을 두고 베토벤 교향곡 등을 틀었다고 썼다. 사법성의 하청기관인 형무刑務협회에서 레코드판을 일괄 구입해 형무소로 보내주곤 했는데 일반 잡범은 클래식 음악에 관심이 없으니 예방구금소로 넘어온 것이다. 재즈는 '적성국가' 미국의 음악이라는 이유로 금지됐다. 베토벤은 동맹국인 독일 사람이니 괜찮고 베를리오즈는 비시 정권하의 프랑스가 적도 아니고 우군도 아니니 문제되지 않았다고 한다.

일본의 치안유지법은 1945년 10월 4일 점령군사령부의 '인권지령(정치적 시민적 종교적 자유에 대한 제한 철폐에 관한 각서)'으로 시행 20년 만에 폐기됐다. 우리의 국가보안법은 남북의 대치가 지속되고 있다는 이유로 끈질긴 생명력을 유지하고 있다.

10

사형수의 삶
강종헌, 이철, 김달남

"나는 결코 북한 간첩이 아니다. 민주화와 통일을 바라는 재일한국인청년으로서 모국의 젊은이들과 함께 살고 싶다는 소박한 심정에서 유학을 결심했다. 학우들을 고문에 의한 자백으로 간첩 사건에 말려들게 하는 것은 용인할 수 없는 반공선전이다."

김대중 자서전의 일어판 역자 강종헌

강종헌은 2011년 이와나미출판사에서 나온《김대중 자서전》일역판의 공동 역자다. 〈아사히신문〉 서울특파원을 지낸 하사바 기요시波佐場清와 함께 자서전을 번역했다. 그 전 해에는 자신의 자서전《사형대에서 교단으로》를 냈다. 사형대는 교수대를 뜻한다. '내가 체험한 한국현대사'라는 부제가 달린 이 책의 제목에서 나타나듯 그는 사형수였다.

그는 그날을 평생 잊을 수가 없다. 북한의 지령을 받고 학원에 침투한 간첩이란 혐의로 기소돼 1심 재판의 심리가 끝난 결심일이었다. 1976년 6월 7일 함께 기소된 10여 명의 국내 학생들과 함께 법정에 섰다. 담당 검사는 논고를 하면서 '간첩단 주범'인 강종헌에 대해 "반공을 국시로 하는 대한민국에서 피고 같은 북한 간첩은 생존을 허가할 수 없다. 극형에 처해야 한다"고 목소리를 높였다. 사형이란 말을 듣는 순간 귀가 먹먹해졌다. 몸 안에서 뭔가 머리 위로 붕 솟아오르는 느낌이었다. 변론이 끝나고 최후진술의 차례가 왔지만 2~3분정도 하다가 끝나버렸다. 재판장이 그의 진술을 "알았어", "이제 됐어"하며 몇 차례 가로막았기 때문이다. 극도로 긴장한 데다 우리말이 능숙하지도 않았지만 이런 취지로 말했다.

"나는 결코 북한 간첩이 아니다. 민주화와 통일을 바라는 재일한국인 청년으로서 모국의 젊은이들과 함께 살고 싶다는 소박한 심정에서 유학을 결심했다. 학우들을 고문에 의한 자백으로 간첩 사건에 말려들게 하는 것은 용인할 수 없는 반공선전이다."

그날 저녁 호송버스에 실려 서대문구치소로 돌아오자 바로 보안과로 끌려갔다. 당직 계장이 사형 구형을 받으면 규칙상 수정(수갑)을 채워야

강종헌

한다고 말했다. 교도소에는 일제강점기 때 용어가 많이 남아 있다. 당직 계장은 수갑을 채우는 '시정施錠'을 하면서 "자살을 방지하기 위해, 어디까지나 너를 보호하기 위해서니까 오해하지 마라"고 설명했다. 그러고는 1심 판결에서 사형이 정해진 것도 아니고, 2심 3심도 있으니 너무 비관하지 말라고 덧붙였다. 사형선고를 받은 사람에게 수갑을 채우는 것도 일제강점기의 잔재다. 정작 일본에서는 패전 후 이 행형제도가 폐지됐지만 한국에서는 오랜 기간 명맥을 유지했다.

하루 동안 벌어진 일이 강종헌에게는 도저히 정리가 되지 않았다. 검사는 생존을 허가할 수 없다며 사형을 요구하더니, 교도소 관리는 수갑을 채우는 것이 그를 보호하기 위해서라고 말한 것이다. 그날 이후 수갑은 항상 차야만 하는 휴대품이 됐다. 잠잘 때나 식사할 때는 물론이고 용변을 볼 때도 수갑을 차고 있어야 했다. 담당 교도관이 필요할 때는 한쪽 수갑을 풀어주게 돼 있지만 잘 지켜지지 않았다.

1976년 7월 7일 열린 1심 선고공판에서 사형이 언도됐다. 2심은 기각됐고, 1977년 3월 15일 대법원에서도 기각돼 극형이 확정됐다. 20대 중반의 나이에 사형수가 된 것이다. 서대문구치소에서 간첩 혐의로 형이 확정된 사형수 가운데 그가 최연소였다. 몇 차례 재심을 신청했지만 그마저도 번번이 기각됐다.

가족 면회는 1심 판결 후 처음으로 허용됐다. 일본에서 어머니가 왔다. 법정에서 방청석에 앉은 어머니와 몇 번 얼굴을 마주치기는 했지만 대화는 처음이었다. 그는 어머니를 위로하려고 말을 이어갔다. 비록 사형을 받기는 했지만 사람을 죽인 것도 아니고 남의 물품을 훔친 것도 아니니 걱정하지 말라고 달랬다. 어머니가 손에 찬 금속물건이 눈에 뜨였는지 뭐냐고 물었다. 사형수는 모두 이것을 차고 있어야 한다고 했더니 어머니는 잠잘 때는 어떻게 하냐며 낙담했다. 겨우 3분 정도 진행된 면회는 눈물로 시작해서 눈물로 끝났다.

수갑을 차고 생활하는 것은 1982년 3월 3일에야 끝났다. 그날 무기로 감형조치를 받아 수갑을 푸는 '해정解錠'이 있었다. 5년 9개월간 두 손을 차가운 금속형구에 속박당한 채 살았던 것이다. 수감생활이 오래 되면 요령이 생겨 같은 방의 수감자가 교도관 몰래 수갑을 풀어주기도 했으나 그것은 어디까지나 일시적이었다.

뜻밖의 호출에 '마지막 인사'

일반 형사범은 금고 이상의 형을 받아 풀려나지 않으면 다른 교도소로 이감을 가 기결수가 되지만, 사형수는 대법원 확정판결 이후에도 그냥 미결수다. 형이 '아직' 집행되지 않은 상태에 있기 때문이다. 살인이나 살인강도 등의 혐의로 극형이 선고된 일반 사형수는 구치소에서 어차피 교수대로 갈 사람이라고 해 '제한된 자유'를 눈감아주기도 하지만, 간첩 혐의 사형수에게는 그런 것이 인정되지 않는다.

사형수는 죄명이 달라도 자신이 수용돼 있는 사방 인근에 어떤 사형수가 있는지 알게 된다. 아무리 마음의 평온을 유지하려고 해도 그 사람들에게 신변의 변화가 없는지 신경이 쓰이기 마련이다. 언제 같은 배를 탈지 모르는 신세이기 때문에 어쩌다 마주치기라도 하면 반갑게 눈인사를 건넨다. 강종헌이 수감된 사동의 건너편에는 울릉도 간첩 사건으로 형이 확정된 사형수가 있었다. 변소 쪽 창문에서 보면 인사를 나눌 수 있었다. 1977년 12월 5일 날마다 보이던 그 사람이 나타나지 않았다. 설마 하는 생각이 들었는데 울릉도 사건의 사형수 세 명이 그날 오전에 처형된 것을 나중에 알게 됐다.

강종헌은 피할 수 없는 운명이 언제 닥칠지 모른다는 것을 절감했다. 그날 이후 자신에게 '내일은 없다'는 마음으로 모든 일에 우선순위를 두고 하루하루를 보냈다. 혹시 감옥에서 나가게 되면 의학공부를 계속할 수 있으리라고 기대해서 손을 떼지 않던 의학 관련 서적을 더 이상 보지 않게 됐다. 사형집행은 연말에 하는 경우가 많았다.

1980년 12월 말 일반 사형수 두 사람이 처형됐다. 그 해는 그걸로 사형집행이 끝났다고 생각했는데 다음날 이상한 일이 벌어졌다. 아침 점호가 끝나고 어슬렁거리고 있을 때 처음 보는 교도관이 감방문을 열었다. 그는 강종헌의 수인번호를 부르며 교무과 호출이니 나오라고 했다. 이렇게 이른 시간의 호출은 없었다. 그는 순간적으로 형집행이라고 짐작했다. 아무리 침착하려 해도 몸이 말을 듣지 않았다. 가슴이 두근거리고 무릎에 힘이 빠졌다. 방의 동료들도 눈을 피하는 것 같았다. "그동안 신세를 많이 졌습니다. 하루 빨리 출소하세요"라고 기계적으로 말을 건넸다.

그는 그날이 올 것에 대비해 흰색 한복을 갖고 있었다. 마지막 모습을 추하게 남기지 않으려고 간직해온 한복을 찾고 있는데 교도관이 "빨리 나오지 않고 뭐하냐"고 버럭 소리를 질렀다. 할 수 없이 입고 있는 옷차림으로 교도관을 따라나섰다. 어지럽고 벽이 흔들리는 듯한 느낌이 들었다. 이상하게도 양쪽에서 자신의 팔을 움켜잡는 교도관들이 없었다. 사방 중간에 설치된 철제문을 지나 갈림길이 나왔다. 왼쪽이면 사형장이고, 오른쪽이면 교무과로 가는 길이다. 인솔 교도관은 오른쪽으로 들어섰다. 강종헌은 더 이상 참지 못하고 어디로 가느냐고 물었다. 교도관은 "무슨 잠꼬대를 하는 거야. 강당에서 오늘 반공 강연회가 있는데 너 같은 간첩들도 꼭 듣도록 하라는 게 위에서 내려온 지시야"라고 대꾸했다.

강종헌은 온몸에서 힘이 빠져 나갔다. 정신이 돌아온 듯 추운 겨울날씨인데도 땀범벅이 된 것이 느껴졌다. 강당에 들어가 자리에 털썩 앉았지만 강연자가 무슨 소리를 하는지 귀에 들어오지 않았다. 강연이 끝난 뒤 방으로 되돌아오니 모두 놀라는 표정이었다. 그들은 강종헌이 처형된 것으로 생각해 명복을 빌며 묵도했다고 말했다. 그날 강연회에 참석한 국보법 혐의 사형수가 10명가량 되는데 사형집행이라고 지레짐작한 것은 자신뿐이었다는 것이 드러났다. 운명이 그렇게 짜인 것이라면 교수대에 섰을 때 "조국의 민주화와 통일을 위해 이 한 몸을 바치는 것을 영광으로 생각한다"는 한마디를 남기고 죽겠다고 평소 마음가짐을 굳게 했는데도 막상 닥쳐오니 그 다짐이 온데간데없이 사라진 것이다. 그는 스스로를 되돌아보는 계기로 삼았다.

중학교 2학년 때 지문날인 충격

강종헌은 도대체 어떤 삶을 살았기에 보통 사람이라면 생을 마감할 때까지 거의 겪지 않을 이런 고난을 체험하게 된 것인가? 1951년 나라현 야마토다카다大和高田시에서 태어난 그는 재일동포 2세다. 네 형제 중 장남으로, 어렸을 때부터 정체성 갈등을 의식했다. 소학교 3학년 무렵 작문시간에 한 일본 여자애가 휴일 꽃구경하고 돌아온 글을 써서 낭독했다. 가족 모두의 즐거운 나들이였지만, 근처의 한 무리가 북을 두드리며 큰소리로 노래를 부르고 춤을 춰 불편했다는 내용이었다. 그 여자애의 작문은 "조선인은 어디서나 시끄럽게 해서 힘들다"는 말로 끝났다. 아이들이 모두 깔깔 웃고, 교사도 웃었다. 웃지 못하고 얼굴이 달아오른 사람은 강종헌 혼자였다.

어린 나이의 강종헌에게 큰 버팀목이 된 것은 소학교 4, 5학년 때의 담임이었다. 20대 중반의 젊은 담임은 글짓기를 아주 중요하게 생각하고, 계속 쓰도록 지도해주었다. 담임은 시간이 있을 때마다 강종헌을 불러서 조선이 어떤 나라였는지, 일본과 어떤 관계에 있었는지를 얘기해주었다. 담임은 또 조선인이 심한 차별을 받고 있는데 절대로 기죽지 마라, 부끄러워 할 것은 하나도 없다고 말했다. 그래서 차별하는 말을 듣더라도 위축되는 일은 없었다.

그가 중학교 2학년 때 가족이 야오八尾시에서 오사카시 이쿠노生野구로 이사했다. 이쿠노는 오사카에서도 대표적인 재일동포 집단거주지역이었다. 그해 가을 구청에 외국인 등록을 하러 갔다. 몇 분 걸리지 않았지만 어두운 방의 한쪽 구석에서 지문을 찍었던 것이 그의 마음을 무겁

게 내리눌렀다. 외국인 등록 때 한 지문 날인은 어린 학생에게 너무 충격을 준다고 해서 시행 연령이 14세에서 16세로 상향 조정된 것은 1982년 8월이었다. 재일동포 사회를 중심으로 지문 날인 거부운동이 확산되자 일본 정부는 1993년 1월 특별영주권자에 대해서는 폐지했고, 2000년에는 일반 외국인도 면제 대상에 포함시켰다.

집으로 돌아오는 길에 강종헌은 이제까지 느끼지 못하던 굴욕감에 사로잡혔다. 도저히 일본인 흉내를 내면서 살 수 있는 나라가 아니라는 것을 절실하게 느꼈다. 화가 풀리지 않아 교과서나 노트에 써놓은 일본식 성 '나가시마'를 전부 '강'으로 바꿨다. 하지만 중학생인 그가 조선 이름으로 살아가기에는 현실의 장벽이 너무 높았다. 흥분이 가라앉자 그는 원래 자리로 돌아왔다. 고등학교 진학 원서를 접수할 때 직원이 합격하면 어느 쪽 이름을 쓸 것인지를 물었다. 그는 잠시 주저하다가 일본 이름으로 쓰겠다고 말했다.

그가 덴노지天王寺고등학교에서 가장 감화를 받은 선생은 세계사를 담당하는 후쿠다 쓰토무福田勉였다. 2, 3학년 시절의 담임인 후쿠다는 뒷날 강종헌이 보안사에 연행돼 취조받을 때 의식화 교육을 시킨 장본인으로 그려졌다. 후쿠다 선생은 시험문제를 주관식 논술 형태로 냈다. 예를 들어 "1860년대 인도와 중국의 민족운동을 비교하라"는 식이다. 3학년 마지막 시험은 "러시아혁명의 세계사적 의의에 대해 말하라"는 문제 하나뿐이었다. 한국에서는 도저히 상상이 가지 않는 고등학교의 출제방식이다.

강종헌은 2학년 때 '조선문화연구회'를 만들었다. 덴노지고등학교에 조선인 학생이 10여 명 있었지만 '민족명(우리 이름)'으로 다닌 사람은 한

두 명에 불과해 서로 잘 몰랐다. 그래서 혼자 있으면 외롭기도 하니 같은 처지의 학생끼리 서클을 만들면 어떨까 해서 담임에게 상의했는데 좋은 생각이라며 명단을 구해주었다. 한 사람씩 찾아가서 함께 공부해보지 않겠느냐고 말을 걸었다. 반응은 엇갈렸다. 찬동하는 학생도 있었고, 노골적으로 멀리하는 학생도 있었다. 그렇게 해서 만든 것이 '조선문화연구회'였고, 일교조 소속 교사들이 고문을 맡아 지도해주었다. 동포사학자 강재언이 쓴《조선》이라는 개설서 등을 보고 토론했다. 재일조선인 권익 문제에 관심이 많은 담임선생의 권유로 그는 재일조선인 인권에 관한 팸플릿을 두 차례 만들었다. 자신이 조선인이라는 것을 학교 안에서 선언한 셈이다. 3학년에 올라갈 때는 일본식 '통명'을 버리고 본명을 한자로 썼다. 단지 발음은 일본식 한자음에 따라 '고소켄'으로 했다.

서울대병원 앞 매혈자 보고 의사로 진로 정해

교토대 법학부에 응시했다가 떨어져 재수를 하기 위해 교토에 있는 학원 기숙사에 들어갔다. 당시는 일본 전역에 '전공투(전학공투회의全學共闘會議)' 중심의 학생운동이 격렬하게 벌어지던 때라 교토대학이나 도시샤대학에서는 연일 학생들이 헬멧을 쓰고 시위를 벌였다. 강종헌은 일본 학생들의 시위가 사회 구조를 개선하기 위한 하나의 과정이라고 생각했지만, 일본인이 아닌 자신이 대학생활을 그렇게 보내야 하는지 회의가 일었다.

그는 조선인 취직 차별이나 입국관리 규제 강화가 논란이 되는 걸 보면서 조국에 대한 관심이 더욱 높아졌다. 신문에 한국이나 조선이란 문자가 보이면 저절로 눈길이 갔다. 일본 대학에 가야 할지 고민하던 상황에서 전태일의 분신 기사를 접했다. 자신과 비슷한 세대의 젊은이가 얼마나 고민이 많았으면 이렇게 생을 마감할까, 충격을 금할 수 없었다. 일본에 그냥 있으면 도저히 이런 현실을 공유할 수 없다는 생각이 들었다.

1971년 4월 5일 비행기를 탄 그는 조국 땅을 처음 밟았다. 재외국민교육연구소에 등록하고, 거처는 동숭동 서울대 의대 구내에 있는 동포학생 기숙사로 정했다. 처음에는 우리말 교육과정이 끝나면 교사가 되고 싶은 생각에 사범대를 지망하려 했다. 매일 아침 기숙사를 나설 때 병원 앞에서 웅성거리는 사람들이 있었다. 알고 보니 피를 팔아서 겨우 생계를 유지하는 빈곤층이었다. 보통 사람조차 아파도 병원에 가지 못하고 약국에서 약을 사먹던 시기였다. 매혈 행위는 1975년에야 법으로 금지됐다.

그는 의사가 되면 가난한 사람에게 봉사할 수 있을 것 같아 연구소 과정을 마친 후 서울대 의예과에 진학했다. 사회문제에 대한 관심은 지속됐다. 본국의 학생운동에 적극 참여하려 한 것은 아니지만, 시대의 아픔을 같은 또래의 국내 젊은이와 나누고 싶은 생각이 강했다. 의예과 2년을 마치고 본과 1학년에 올라가서는 서울대 의대에서 학생운동의 중심단체인 '사회의학연구회' 모임을 참관하기도 했다. 정보기관의 감시를 받고 있다는 생각은 전혀 하지 않았다. 위험이 따를 수도 있겠지만 그렇기 때문에 해야 할 일도 하지 못해서는 안 된다고 생각했다.

중학생 무렵부터 시작된 정체성 갈등과 민족적 자아를 되찾으려는 그의 노력은 정보기관 요원의 눈에는 그저 '대공 용의점'에 불과했다. 보안사령부가 펴낸《대공 30년사》에는 수사 단서가 이렇게 기록돼 있다.

> 당 사령부 대공처 공작과에서 역용공작 중에 있는 공작원으로부터 모국 유학생 강종헌은 고교 재학 시 조선문화연구회 회장으로 활동한 바 있고 이후 조선학생동맹의 학생들과의 접촉이 많았으며 일본 출생자로 한국말을 유창하게 하며 재외국민연구소에서도 우수한 성적으로 수료했다는 점 등의 정보를 입수해 수사를 진행 범증을 포착한 후 검거케 되었다.

역용공작 중에 있는 공작원이란 재일동포 유학생으로 추정된다. 보안사는 유학생을 연행해 조사했다가 별다른 혐의가 없으면 조건부로 풀어준 뒤 다른 혐의자를 찍어서 밀고하라고 압박을 가했다. 수사 경위에 관한 기술에는 "내사를 실시한 결과 재외국민연구소에서 우리말 성적이 우수하여 월반한 바 있고……"란 표현도 있다.

강종헌은 1971년 봄 모국에 들어올 때 우리말을 거의 하지 못했다. 서울대 의대 구내의 유학생 전용기숙사에서 생활하다보니 보통 때는 일본말을 쓰게 돼 우리말 공부에 방해가 됐다. 그래서 2개월 정도 있다가 기숙사를 나와 하숙을 구했다. 하숙생이 대체로 직장인이어서 그들과 초보적인 의사소통을 하면서 어휘 실력을 늘려갔다. 그렇게 닦은 우리말 실력이 오히려 의심의 단서가 된 것이다. 정보기관은 일본에서 태어난 동포2세 유학생이 우리말을 잘하면 총련 쪽 사람들과 접촉이 잦았음을 드러내는 방증으로 받아들였다.

강종헌은 일본에서 ‘11 · 22사건’의 2차 체포자로 분류된다. 중앙정보부의 대대적인 ‘11 · 22사건’ 발표 이후 연행됐기 때문이다. 하지만 국내에서 그의 사건은 발표된 적이 없다. 보안사의 사건 송치, 검찰 기소는 물론 3심까지의 판결도 언론에 보도되지 않았다. 《대공30년사》에는 그가 1975년 12월 2일 보안사령부에서 일당 15명과

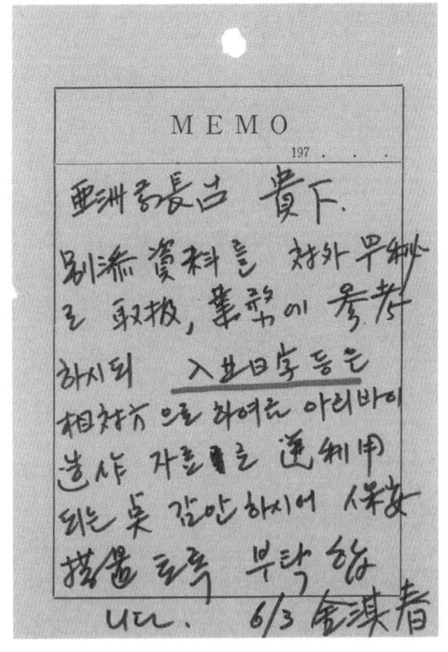
MEMO

197 . . .

亞洲局長님 貴下.
別添資料를 對外秘로 取扱, 業務에 參考하시되 入北日字 등은 相對方으로 하여금 아리바이 造作 자료로 逆利用되는 點 감안하시어 保安措置토록 부탁합니다. 6/3 金淇春

유신 시절 현직 검사로 중앙정보부에 파견돼 일했던 김기춘이 외무부 아주국장에게 보낸 메모. 별첨자료에 기재된 입북일자가 일본의 구원회 단체들에 의해 구속자의 알리바이를 ‘조작’하는 자료로 이용되지 않도록 엄중한 대외비로 처리해달라고 요청하고 있다

함께 검거된 것으로 돼 있다. 또한 보안사 수사관 고아무개 준위 명의의 강종헌에 대한 ‘인지 및 동행보고’에는 1976년 1월 6일로 작성돼 있다. 같은 보안사 문서인데도 검거 날짜가 무려 한 달 이상 차이가 난다. 그뿐만 아니다. 고아무개 준위는 진실화해위 조사에서 “동행 보고서의 성명과 인장이 자신의 것이 맞지만 수사에 전혀 참여한 바 없고 자신의 필적이 아니다”고 밝히고 당시 수사 관행상 불가피한 측면이 있었다고 주장

했다.

강종헌은 보안사의 기록보다 더 이른 1975년 11월 28일 종로구 연건동의 하숙집에서 연행됐다. 다음해 1월 17일 구속영장이 집행돼 구속됐고, 검찰에 송치된 것은 2월 4일이다. 보안사는 원칙적으로 민간인에 대한 수사권이 없기 때문에 송치될 때 의견서는 중앙정보부에서 보안사로 파견된 수사관 명의로 작성됐다. 그리고 2월 23일 간첩단 사건의 주범으로 구속됐으니 연행된 지 거의 3개월이 되어가는 무렵이었다.

여기서 주목해야 될 대목은 연행부터 영장 발부까지의 기간이다. 1975년 11월 28일 연행돼 다음해 1월 8일 영장이 발부됐으니 무려 40여 일간 불법구금된 셈이다. 그의 공소장에는 상식적으로 쉽게 납득이 가지 않는 내용들이 많다. 서울대 의대 의예과 2학년 재적 중인 1973년 8월 3일부터 23일까지 공작선을 타고 북한에 밀입북해 평양에서 간첩 밀봉교육을 받았다는 것은 기본이고, 김일성 찬양 노래를 만들었다는 혐의도 있다.

취조 수법이 거칠기로 악명이 자자했던 보안사의 서빙고분실에서 장기간 수용되면 어떤 일이 벌어지는 건가? 그의 증언은 이랬다.

> 원시적 구타를 당해보지 않고 일본에서 자란 사람이 원시적 폭력 앞에 노출되면 공포감밖에 없다. 수사관의 무차별 구타에 며칠은 버틸 수 있지만 이대로 가면 그냥 죽이겠구나 하는 절망감에 빠진다. 일단은 저 사람들이 원하는 대로 써줘야지 더 이상 버틸 수가 없겠다고 생각했다. 요만큼 쓰게 되면 그들의 요구에 따라 더욱 확대되고 나중에는 각본대로 다 맞춰주게 된다.

강종헌은 처음부터 갈피를 잡을 수가 없었다. 고문당하는 것도 견딜 수 없었지만, 사건이 이렇게 엄청나게 조작되면 도대체 어떻게 되는 건지 불안했다. 그의 혼란스러운 마음을 달래준 것은 일선 수사관이 아니라 보안사 간부였다. 공작과장은 "걱정하지 마라. 우리가 다 생각이 있어서 이렇게 하는 거니까 잘 협조하라"고 말했다. 나중에 서울구치소로 수감될 때는 대령 계급장을 단 장교가 왔다. 평소에는 서빙고분실에 잘 나타나지 않던 사람이다. 대령이라면 보안사 대공처장일 가능성이 높다. 그가 이렇게 타일렀다고 한다.

> 알다시피 시국이 참 어수선하다. 월남이 망하고 북에서 언제 적화통일을 기도할지 모르는 상황이다. 어떻게 하든지 학생들의 국가관을 바로 세워야 한다. 일단 너희들이 협조를 잘 해라. 재판이 끝나면 조용히 빼주겠다.

강종헌은 그 보안사 간부의 말을 굳게 믿었다. 1976년 4월 6일부터 시작된 1심 공판에서 공소 사실의 주요부분을 대체로 인정했다. 함께 기소된 국내 학생들한테서 "너 도대체 왜 그러느냐?"고 핀잔을 들을 정도였다. 재일동포 유학생 사건들을 보면 그가 아주 특수한 사례는 아니다. 상당수가 정보기관의 위협과 회유에 넘어가 1심 법정에서 사전에 정해진 '모범답안'식 진술을 했다.

1976년 7월 7일 내려진 1심 선고는 사형이었다. 벼랑 끝에서 풀 한 포기를 잡고 버티던 그의 기대는 산산이 부서졌다. 그는 당시 상황에 대해 "한국 실정을 그 정도로 몰랐고 철저히 세뇌되어 있었다"고 회고했다. 협조하면 다 풀어준다는 말을 '어리석게도' 그대로 믿었다는 것이다.

2013년 1월 서울고법의 재심에서 무죄 선고를 받은 강종헌 (앞줄 가운데). 뒤로 이석태 변호사, 이철의 얼굴이 보인다

강종헌은 항소심부터 보안사 취조 과정에서 있었던 가혹행위, 회유 등을 밝히며 주요 공소사실이 조작됐음을 주장했으나 모두 기각돼 사형이 확정됐다. 그가 '가석방'으로 풀려난 것은 1988년 성탄절을 앞둔 12월 21일이었다. 모국의 젊은이와 호흡을 함께하겠다던 꿈이 13년이 넘는 감옥생활로 이어진 것이다. 석방되기까지 무기로 감형(1982년 3월 3일), 20년으로 감형(1984년 8월 14일), 징역 7년으로 감형(1988년 2월 27일) 등 세 차례 형 감경조치를 받았다. 그는 광의의 '11·22사건' 구속자 가운데 학생으로서는 가장 늦게 나온 셈이다. 발표 당시 직업이 오사카청년회의소 홍보위원로 나왔던 백옥광은 1990년 5월 21일에 풀려났다.

일본에 돌아간 강종헌은 통일운동에 기여한다며 범민련해외본부에서 일하다가 2002년 쉰한 살에 대학원에 들어갔다. 50대 후반의 나이에 박

사학위를 받아 시간강사를 하며 일본의 평화헌법 등을 강의하고 있다.

그의 자서전에는 1992년 8월 평양에서 열린 제3차 범민족대회에 참석하기 위해 북한에 갔다가 처외삼촌 가족을 만났던 일이 나온다. 일본에서 경정 선수를 한 처외삼촌은 공사장에서 땅을 파는 일을 하더라도 조국에서 살고 싶다며 가족과 함께 북한행 배를 탔다. 북한의 현실에 실망한 그는 비판적 발언을 하다가 수용소로 끌려가 죽었다. 그나마 장인 장모가 북에 계속 '재정 지원'을 해 남겨진 가족은 그럭저럭 살고 있었다. 장모의 처지에서 보면 사위는 남쪽에서 사형수였고, 남동생은 북쪽에서 옥사를 한 셈이라고 그는 썼다.

12년 7개월 늦어진 결혼식의 주인공 이철

1988년 10월 28일 오후 2시 서울 명동성당 본당에서 결혼식이 거행됐다. 김수환 추기경이 직접 집전했다. 신랑은 그달 초 개천절 특사로 교도소에서 풀려났으니 수인의 옷을 벗은 지 20여 일밖에 되지 않은 사람이었다. 이 결혼식의 주관 단체는 희한하게도 '민주화실천가족운동협의회(약칭 민가협)'였다. '초대의 글'은 재야운동을 오래 한 장기표의 부인으로, 당시 민가협 총무인 조무하의 이름으로 작성됐다.

> 13년 만에 독재의 장벽을 넘어서 맺어지는 두 사람의 결혼, 이 결혼은 두 사람만의 결혼이 아닙니다. 아직까지 독재의 장벽 속에서 고생하는 모든 양심수의 석방을 염원하는 모든 이의 결혼인 것입니다. 이 두 사람은 독재

젊은 시절의 이철과 민향숙

의 장벽, 안과 밖에서 힘을 한데 모아 모든 양심수를 구출할 것을 간절히 염원하고 있습니다. 두 사람의 결혼을 축하하는 우리의 온 뜻을 모든 양심수를 우리 품으로 돌아오게 할 수 있는 힘으로 한데 모읍시다.

두 사람은 원래 1976년 3월 혼인식을 올리려 했다. 하지만 준비에 여념이 없던 때 중앙정보부에 차례로 끌려가 함께 구속됐다. 재판에 회부된 두 사람은 남자가 사형을 선고받아 살아서 만날 수 있는 기약조차 없는 채 교도소 안에서 생이별을 해야 했다.

늦깎이 신랑과 신부는 이철, 민향숙이다. 이철은 재일동포 2세로 모국유학생이었다. 결혼식을 앞둔 젊은 남녀가 함께 구속되는 것은 국내에서도 대단히 이례적인 일인데 이철 사건도 강종헌과 마찬가지로 국내 언론에 전혀 보도되지 않았다.

이철이 미래의 부인을 처음 만난 것은 1971년 9월이다. 그가 주오中央대학 4학년 재학 중 모국유학을 결심하고 우리말을 배우러 서울에 와 있던 때다. 혼자서 동대문 근처의 방을 하나 빌려 살았다. 방학으로 일본에 돌아갔을 때 오사카에서 전기공사사업을 하던 자형 김수현이 차를 몰고 갈 테니 서울 거처의 약도를 그려달라고 했다. 그저 농담으로 생각했는데 어느 날 정말 밤중에 자형이 차를 몰고 나타났다.

승용차 안에는 젊은 여성이 앉아 있었다. 자형의 이종사촌 동생으로, 당시 숙명여대 1학년인 민향숙이었다. 자형은 서울에서 볼일을 마치고 돌아가면서 새내기 대학생인 민향숙을 잘 가르쳐주라고 이철에게 부탁했다. 이철과 민향숙은 이따금 만나 식사했다. 민향숙은 이철에게 자신의 친구를 소개시켜주려 했으나 이철의 마음은 이미 다른 곳에 가 있었다. 민향숙에게 호감을 가진 것이다. 둘은 장래를 서약한 사이로 발전했다.

약혼녀와 구치소 수감된 날 숨진 아버지

이철이 중앙정보부에 연행돼 구속됐을 때 가장 바쁘게 움직인 사람은 김수현이었다. 그에게 이철은 처남이라기보다는 친동생 같은 사이였다. 이철 사건은 일본 전역에서 구원회 활동이 가장 활발하게 전개됐던 것으로도 유명하다. '이철구원회 전국연락회'가 1978년 펴낸《내 삶의 길을 찾으려도》에는 김수현의 기고가 실려 있다. 재일동포 유학생이 영문도 모른 채 정보기관에 끌려갔을 때 일본 가족들에게 어떤 일이 벌어지는지를 생생히 보여주는 글이다. 그것을 토대로 연행 직후의 상황을 살펴보자.

1975년 '11 · 22사건'이 일본 신문에 크게 보도됐을 때 재일동포 사회는 큰 충격에 빠졌다. 김수현은 1974년 봄 민청학련 사건의 주동자 명단에 처남과 같은 이름의 동명이인이 있던 것을 보고 놀란 적이 있어 재일동포학생 관련사건이 있을 때마다 신문에 눈길이 갔다. 그는 '11 · 22사건' 발표 직후인 11월 30일 이철, 민향숙 약혼문제로 서울에 갔다. 이모가 되는 민향숙의 모친 조만조는 당시 안암동 고려대 근처에서 하숙을 쳤다. 나중에 민가협의 공동대표로 양심수 석방운동을 정열적으로 펼친 사람이다. 이철은 자취생활을 청산하고, '예비 장모' 집에서 하숙생활을 하던 중이었다.

김수현은 고대 대학원을 다니는 이철에게 별일 없는지 물었다. '11·22사건'의 충격이 생생하던 때다. 이철은 언동을 조심하고 있으니 걱정 말라고 했다. 이철은 1976년 봄 대학원을 졸업하면 일본으로 돌아가려고 했다. 민향숙과 먼저 혼인신고 하고 결혼식을 올린 뒤 출국할 계획이었다.

일본에 돌아온 김수현에게 12월 17일 규슈 구마모토에 살고 있는 이철의 부친 이정학에게서 다급한 전화가 걸려왔다. 이철이 12월 11일 중앙정보부로 끌려가 돌아오지 않고 있다고 서울에서 연락이 왔다고 했다. 이철 부친은 자신이 후쿠오카 총영사관을 통해 입국수속을 하면 시간이 걸릴 것 같으니 사위에게 갔다 와줄 수 있겠느냐고 말을 건넸다.

김수현은 바로 떠나 그날 이모 조만조의 집에 도착했다. 민향숙은 위험하니 바로 돌아가라며 아무 말도 하지 않으려 했다. 그날 민향숙은 중앙정보부로 연행돼 낮 12시부터 저녁 5시까지 조사받고 돌아온 직후였다. 물론 외부에 조사 내용을 발설해서는 안 된다는 엄명을 받은 상태였다. 어찌 할 방도가 없어 오사카로 돌아온 김수현에게 다음해 1월 12일 조만조가 전화를 걸어와 민향숙이 다시 연행돼 갔다며 흐느꼈다. 당시 간경화를 앓고 있던 이철의 부친은 혼인식도 올리지 않은 며느리마저 끌려갔다는 소식에 혼절해버렸다.

김수현은 1월 19일 이철의 모친과 함께 후쿠오카를 경유해서 김포로 들어가려 했는데 이철 부친이 세면기 하나 가득 각혈했다는 연락을 받았다. 다시 구마모토로 가기 위해 오사카 공항으로 가려고 집을 나서는 순간 이철 부친이 숨을 거두었다는 전화가 왔다. 이철과 민향숙이 그날 서울구치소에 수감됐다는 것은 나중에 알게 됐다. 며느리 보기를 학수고대하던 부친이 아들과 며느리가 감옥에 갇힌 날 세상을 떠난 것이다.

공소장 해외반출 금지돼 카메라로 찍어

집안 분위기가 엉망이 된 상태에서 다음날 바로 장례를 치르고 저녁에 화장터로 갔다. 21일 유골을 수습해야 했지만 이철 모친은 살아 있는 사람이 우선이라며 김수현에게 빨리 서울로 가자고 재촉했다. 민향숙의 모친은 김수현도 위험하게 될지 모른다며 입국하지 말라고 만류했으나, 김수현은 장모를 모시고 후쿠오카를 거쳐 22일 서울에 도착했다.

여기저기 수소문 끝에 24일에야 서울구치소에 있다는 것을 알았다. 담요와 속옷을 넣어주려고 서울구치소로 찾아갔으나 면회 금지였다. 언제부터 면회가 가능하느냐고 물으니 두 사람 모두 반공법 위반 혐의로 구속됐으니 어림도 없다는 냉담한 반응이었다. 담당 검사의 허가가 없으면 면회할 수 없다고 했다. 차입물이라도 넣어주려고 했으나 토요일이라서 오전 중에 업무가 끝났다며 다음 주에 오라고 했다.

재일동포 가족들은 꿈에도 생각하지 못한 사건에 휘말리면 어찌할 바를 몰라 헤맸다. 우선 무슨 영문으로 잡혀 들어갔는지 알 수가 없었다. 김수현은 어렵게 돈을 만들어서 변호사를 구해야 했다. 반공검사로 유명한 오제도나 민단 단장을 지낸 권일같이 체제 쪽 변호사로 해야 할지, 국내 정치범을 변호하며 체제 쪽과 거리를 두고 있는 변호사에게 의뢰하는 게 좋은지 판단이 서지 않았다. 그가 중앙정보부 과장으로 근무하는 먼 친척뻘 되는 사람에게 상의했더니 무조건 체제 쪽 변호사로 하라는 답을 들었다.

당시만 해도 간첩 혐의로 걸려든 재일동포 학생들에게 애정을 갖고 도와주려는 변호사는 드물었다. 어느 쪽이건 수임료를 많이 요구했다고 한다. 결국 검사출신 변호사 조정제를 선임했다. 나중에 1981년 민정당 공천으로 11대 국회의원을 한 사람이다. 그가 중앙정보부 간부와 오사카 총영사 일본주재 정보공사를 역임한 조일제와 친척뻘이 된다는 점을 고려했다. 며칠 뒤 조정제 변호사가 두 사람을 면회하고 나서야 가족들은 처음으로 사건 내용을 전해들을 수 있었다. 이철이 두 차례 일본에서 북한에 밀입북했으며, 민향숙은 그것을 방조한 혐의라는 것이다.

두 사람이 기소된 뒤 김수현은 변호사에게 공소장을 복사해달라고 요청했다가 거절당했다. 공소장을 국외로 반출하면 위법 행위가 된다는 것이었다. 실제로 '11·22사건' 구속자 가족들이 공소장 사본을 갖고 나가다가 김포공항에서 몰수됐다는 얘기를 들었다. 그는 유학생 사건의 가족들이 기소 내용조차 제대로 확인할 수 없는 한국 현실에 분노를 느꼈다. 그렇다고 내용도 파악하지 못한 채 대처할 수도 없었다. 우리말이 서투른 그로서는 162쪽에 달하는 공소장을 훑어보고 바로 내용을 파악할 수가 없었다. 어쩔 수 없이 변호사에게 공소장을 하룻밤 빌려달라고 해 사진기로 찍었다. 그리고 일본에 돌아와 필름을 현상해서 판독했다.

'통방'을 통해 전해진 모친의 별세

구치소나 교도소에 수감된 사람은 감방을 배정받는다. 여러 사람이 함께 생활하는 혼거방이 일반적이고, 정치범 중범 등 보안조치가 필요한 사람은 독방에 격리된다. 감방에서 다른 방의 수용자와 얘기 나누는 것을 '통방'이라고 하는데 원칙적으로 금지돼 있다. 통방을 하다가 걸리면 제재를 받는데 감옥도 사람 사는 세상이라 웬만한 통방은 교도관이 못 들은 척하고 넘어가기도 한다.

이철의 모친 이분의는 1980년 3월 23일 세상을 떴다. 운명하기 직전 눈을 감고 있던 모친은 "철이는 어떻게 하고 떠나려고 하느냐"는 가족의 말에 다시 눈을 떴다가 숨을 거두었다고 한다. 가족들은 이철에게 모친의 죽음을 바로 알리지 않았다. 그가 부보에 접한 것은 대전교도소 특사에 수용돼 있던 때다.

하루는 일본해외기술자연수협회에 근무하다 1974년 4월 간첩 혐의로 체포된 재일동포 고병택에게 딸과 부인의 친구가 면회를 왔다. 그의 부인은 일본에서 조선학교를 나와 면회도 오지 못하는 상황이었다. 특사의 입구 쪽에 수용돼 있는 이철은 면회를 갔다가 돌아오는 고병택을 보고 무슨 소식이 있냐고 말을 걸었다. 고병택은 "나중에, 나중에"하면서 그냥 지나갔다.

특사에서 면회는 바깥세상을 접하는 주요한 창구였다. 특사의 수용자들은 누가 면회를 갔다 오면 새로운 정보가 있을까 해서 절로 귀를 기울였다. 규율이 엄한 특사에서 대놓고 통방을 한다는 것은 자해 행위에 가까웠다. 적발되면 엄중한 제재가 가해졌기 때문이다. 그래서 옆방 사람에게 소곤소곤 얘기하면 전해들은 사람이 다시 그 옆방에 얘기하는 식으로 소통이 이뤄졌다. 점점 들려오는 소리 가운데 "이철 선생의 어머니가 돌아가셨다"는 내용이 있었다. 특사에서는 서로 '선생'이라는 호칭을 썼다.

이철은 그에게 소식이 전달되기 전에 독방에서 홀로 오열했다. 부친의 별세 소식도 몇 달 뒤에야 들었다. 1심 선고 땐가 호송 버스에서 내려 마당을 지나 법정으로 걸어 들어가는데 작은아버지가 달려와 일본말로 "철아, 너 아버지 죽은 것 알아? 너 걱정하면서 아버지 죽었어"라고 외쳤다. 그때는 재판받느라 경황이 없어 눈물이 나올 겨를도 없었다. 이제 아버지에 이어 어머니도 임종하지 못하고 저세상으로 보냈으니 가슴이 찢어지는 듯했다.

그에게 어머니는 큰 버팀목이었다. 중앙정보부 요원들 시키는 대로 다했으니 1심에서 풀려날 것으로 생각했던 그는 사형이 선고되자 큰 충격을 받았다. 약혼녀와 다시 만나지 못하게 될지도 모르니 밤에 잠을 이루지 못했다. 그 무렵 자신은 누가 보더라도 '살아 있는 유령'처럼 보였을 것이라고 이철은 말한다. 그를 다시 곧추 세운 것은 어머니였다. 항소심이 시작되기 전 면회 온 모친은 "네 친구들이 석방을 위해 여기저기서 열심히 하고 있는데 네가 죽을상을 하고 있으면 부끄럽지 않느냐, 정신 똑바로 차리고 있으라"고 다그쳤다. 모친의 말이 항소심에 임하는 이철의 자세를 결연히 만들었다.

구마모토 '촌놈', 도쿄의 대학에 들어가다

이철은 1948년 구마모토에서 태어나 초·중·고를 그곳에서 나왔다. 4남 2녀 가운데 남자로서는 둘째다. 1967년 3월 히토요시人吉고등학교를 졸업했는데 이철구원회에서 가장 활발하게 움직인 사람들이 이 학교 동문이었다. 이철 부친의 고향은 경북 의성이다. 어릴 때 일본에 건너와 오사카에서 살다가 제2차 세계대전 종전 직전 규슈로 가서 구마모토에 정착했다. 부친이 청과물, 파친코, 토목업 등을 해 그럭저럭 생계를 유지할 수 있었다.

이철은 통명으로 학교를 다녔지만 그가 조선인이라는 것은 주변에 다 알려져 있었다. 학교 수업시간에 '조선', '한국'이란 말이 나오면 그는 왠지 부끄럽고 얼굴이 붉어졌다. 마늘, 고춧가루 냄새가 난다며 놀림을 당하기도 하고, 조센진이란 말을 제법 들었다. 성적이 좋아지면 그런 소리를 듣지 않을 것 같아서 중학교 때부터는 공부를 열심히 했다.

대학 진학을 위해 와세다대학에 응시했다가 떨어져 주오대 이공대 2부에 들어갔다. 1년 재수하는 것보다는 야간부에 다니는 게 좋겠다고 생각했다. 표준말도 모르고 도쿄 사정에도 깜깜한 촌뜨기였는데 동포 선배들을 만나면서 대학생활에 익숙해졌다.

처음에는 우리말도 모르고 우리 역사에 대해서도 아는 게 없었으니 한국에 유학간다는 생각은 전혀 없었다. 그저 일본에서 대학을 나와 회사에 들어가는 정도로 진로를 생각했다. 주오대학에는 다른 대학과 달리 '코리아문화연구회'란 동포학생 모임이 있었다. 이전에는 한국학생동맹(한학동) 계의 '한국문화연구회'와 조선유학생동맹(유학동) 계의 '조선문화연구회'로 갈라져 있었는데 이철이 입학하기 수년 전에 합쳐진 것이다. 선배들의 권유로 모임에 나갔다가 이철은 부끄러움을 느꼈다. 모두 우리 이름을 쓰고 있었다. 그는 대학교 학생과로 가서 본명으로 바꾸고 학생증 이름도 고쳤다.

코리아문화연구회에 다니며 인문과학, 사회과학 분야의 책을 자주 접하다 자연과학에 대한 관심이 사라져 버렸다. 그는 문과 쪽으로 전과 시험을 봐 상학부 무역학과 주간부로 옮겼다. 졸업 후 취직하기에 유리할 것으로 생각했기 때문이다. 코리아문화연구회에서 읽은 책 가운데는 사회주의 관련 서적이나 총련에서 나온 조선화보, 김일성항일투쟁기 등도 있었으나 당시 일본 사회 분위기로는 특별히 이상할 게 없는 책들이었다.

2학년 때까지는 코리아문화연구회 모임에 나간 그가 3학년 때부터는 발길을 끊다시피 했다. 친구들이 찾아와 왜 나오지 않느냐고 물어볼 정도였다. 그가 모임에 나가지 않게 된 것은 한국 유학을 생각했기 때문이다. 그의 부친이 모국에서 민단계 자제들을 대상으로 하는 하계학교에 다녀오라고 했다. 참가하려고 했는데 부친이 갑자기 건강이 악화돼 할 수 없이 취소하게 됐다. 그래서 아예 유학 가는 쪽으로 방향을 바꿨다.

이철은 중도에 전과를 하는 바람에 대학 규정상 한 학년을 더 다녔다. 졸업반인 1971년 그는 우리말을 익히기 위해 서울로 와 재외국민연구소에 들어갔다. 주오대학의 강좌는 여름방학 때 일본에 돌아가 기말시험을 보거나 친구들의 노트를 빌려 리포트를 내는 방식으로 마무리했다. 1972년 봄 고려대 3학년에 편입하려고 문의하니 편입제가 없다는 말을 들었다. 대학교 1학년부터 다시 다니든지 아니면 대학원에 입학하라고 했다. 그는 1년간 부친의 토목회사에서 일하다가 다음 해인 1973년 고려대 대학원 정치외교학과에 입학했다.

약혼녀 발가벗겨 놓고 취조한다고 위협

이철은 '11·22사건'의 여진이 계속되던 1975년 12월 11일 중앙정보부로 연행됐다. 당시 고려대에 다니던 유학생 가운데 정보기관에 끌려간 이들이 몇몇 있었지만 자신이 그렇게 되리라고는 예상하지 못했다. 한 여학생은 사라졌다가 며칠 뒤 돌아와 벌벌 떨면서 얘기를 일절 하지 않았다. 어딘가 끌려갔다가 어려운 시간을 보냈겠구나 하고 짐작만 했다. 이철은 재일동포 참정권 운동을 벌이고 헌법소원까지 제기한 이건우와 친한 사이였다. 고려대 법학과를 1975년에 졸업한 이건우도 몇 차례 기관에 불려갔다.

중정 수사관들은 이철에게 북한에 갔다 오지 않았느냐고 다그쳤다. 북한에서 온 아무개를 만나지 않았느냐고 추궁하고 여러 사람의 이름을 대며 잘 알고 있지 않느냐고 겁박했다. 이철이 모르는 사람이라고 하자 마구잡이 구타가 시작됐다. 분위기는 점점 험악해졌다. 이철은 여기서 옳게 살아나가기 힘들겠구나 하고 공포에 사로잡혔다. 그에게 가장 급한 것은 당면한 결혼식이었다. 수사관하고 빨리 타협해서 무사히 나가는 게 낫지 않을까 하는 생각이 들었다. 수사관들은 잘 협조하면 풀어주겠다고 말했다. 그리고 재일동포 '협조자'를 데려와 말 잘 들으면 이 사람처럼 학업을 계속할 수 있도록 해주겠다고 회유했다.

이철이 간첩이 아니라고 항변하자 수사관들은 "뭐 간첩이 따로 있는

이철 재심선고 공판에 방청하기 위해 서울에 온 부인 민향숙이
일본인 구원활동가들과 함께 한 자리에서 인사말을 하고 있다

줄 알아"라며 말을 가로막고 "북한에 유리하게 발언하고, 북한에 유리한 책을 보고 남한 얘기를 일본에 가서 이 사람 저 사람에게 말하고 다니는 게 간첩이야"라고 호통을 쳤다. 그들은 한편으로 "살아서 나가고 싶지 않나? 여기 들어오면 누구든지 우리가 하는 말을 듣는다. 나가서 빨리 결혼해야지"라고 달랬다. 그들은 심지어 시인하지 않으면 그가 보는 앞에서 약혼녀와 장모될 사람을 발가벗겨 놓고 고문하겠다고 위협했다. 그는

도저히 견딜 수가 없었다. 무엇보다도 약혼녀와 헤어질 수 없다는 생각이 앞섰다. 협조하면 잘 해결해준다는 수사관들의 말에 그는 평양에 갔다 왔다는 것까지 '시인'했다. 그 시점에서는 어찌할 방도가 없는 선택이었다고 그는 말했다.

서울구치소에 수감된 이철은 어느 날 소스라치게 놀랐다. 절대로 건드리지 않겠다고 수사관들이 말하던 약혼녀가 구치소에 수감돼 있다는 것을 알았다. 그는 묵비권을 행사하는 등 나름 저항을 해보았지만 아무런 효과가 없었다. 가족이 '체제 쪽 변호사'라고 선임한 조정제 변호사도 별다른 조언을 해주지 않았다. 그저 잘못했다고 빌어야 형이 감경될 것이라고 말했다.

1976년 4월 3일 1심 첫 공판이 열려 그는 약혼녀와 함께 법정에 섰다. 정보부의 요구대로 기소 내용을 대체로 시인했다. 재일동포는 웬만해서는 징역살이를 시키지 않고 풀어준다는 말을 철석같이 믿었다. 수사관들은 "그냥 풀어줄 수는 없으니까 일단 재판을 받아라. 재판은 요식행위이니 받아야 한다"고 말했다. 그는 당시를 생각하면 지금도 부끄러워서 얼굴을 들 수 없다고 회고했다. 실제로 1심이 끝나면 석방되리라고 굳게 믿었다는 것이다. 그만이 유달리 어리숙했던 것은 아니다. 당시 구속돼 재판받던 유학생들은 대부분 국내 물정을 그 정도로 몰랐다.

5월 25일 선고공판에서 그에게 구형과 같이 사형이 언도됐다. 민향숙에게도 징역 6년의 중형이 내려졌다. 그는 이 사람들이 무슨 장난을 치는 건가 하는 생각마저 들었다. 교도관들이 있으니 약혼녀에게 말도 걸지 못하고 그저 얼굴만 쳐다봐야 했다.

가족 면회는 1심이 끝난 후에야 허용됐다. 제정신을 찾은 이철은 죽더라도 사실을 말하고 죽어야겠다고 생각했다. 1심 변호사를 믿을 수 없으니 제대로 된 변호사를 구해달라고 가족에게 얘기했다. 가족들이 구치소 면회장에서 김대중의 부인 이희호를 우연히 만나게 되자 변호사를 소개해달라고 호소했다. 이희호는 재야의 원로 변호사 박세경의 이름을 메모에 써줬다.

새로 선임된 박 변호사가 구치소로 접견 오자 이철은 그동안 가슴에 담아둔 말을 쏟아냈다. "북한에 갔다 왔다는 것은 거짓이고, 간첩행위도 한 적이 없다"고 강하게 말했다. 박 변호사는 기겁했다. "자네가 두 번 갔다 왔다고 되어 있는데 아니란 말이야. 아니 세상에 그럴 수가 있나"고 말하며 몇 차례 확인했다. 이철구원회도 1심에서 사형이 선고되자 그의 알리바이를 입증하려고 다각적으로 조사에 나섰다. 이철이 북한에 갔다고 되어 있는 기간에 일본에서 물건을 산 영수증이나 자형의 전기공사 현장에서 작업한 기록 등을 찾아냈다.

박 변호사는 "항소심에서 제대로 주장해보자"고 말하고 "당장 석방될지 여부는 알 수 없지만 사형을 면할 수 있을 테니 걱정하지 마라"고 격려했다. 박 변호사는 이철의 모친과 자형도 증인으로 신청해 증인신문을 했다. 하지만 그해 11월 18일 내려진 선고에서 이철은 기각됐고, 민향숙은 징역 3년 반으로 형이 줄었다. 박 변호사는 "적어도 무기로 떨어질 줄 알았는데 내 힘으로는 안 된다"며 안타까워했다.

대법원은 1977년 3월 8일 이철과 민향숙의 상고를 기각했다. 민향숙은 그달 중순 광주교도소로 이감을 갔다. 이감하기 전날 두 사람의 딱한 사연을 알고 있는 교도관의 배려로 두 사람은 서로 간직하고 있던 묵주를 교환했다. 민향숙은 그때 받은 묵주가 이철의 유품이 될지도 모른다는 생각에 슬픔을 억누를 수가 없었다. 두 사람은 이 묵주를 서로의 분신으로 생각해 재회할 때까지 소중히 간직했다.

묵주로 인연을 이어준 교도관, 김지평

묵주로 두 젊은 남녀의 인연을 이어가게 한 교도관은 후에 가요 작사가로 크게 성공한 김지평이다. 당시 서울구치소에서 사형수를 담당하던 그는 그들과의 교감을 통해 얻은 인생의 성찰을 가사로 담아냈다. 1972년 방주연이 부른 '당신의 마음'이나 1985년 이진관의 히트곡 '인생은 미완성'은 그의 대표작이다. 교도관으로 근무하면서 노랫말 습작을 하던 그는 '당신의 마음'으로 한국 가요대상 작사부문에 수상하자 몇 년 뒤 교도관을 그만두고 전업 작사가로 나섰다. 작사가 데뷔가 더 빨랐다면 묵주 교환이란 크나큰 선물은 실현되지 않았을지도 모른다.

무기로 감형된 날 사형집행으로 짐작

1979년 8월 15일은 이철에게 영원히 잊을 수 없는 날이 될 것이다. 그해 광복절 특사로 사형수 이철은 무기로 감형됐고, 간첩 사건으로 수감된 재일동포 여덟 명이 가석방으로 풀려났다. 재일동포에 대한 특사는 발표 내용에서 제외돼 언론에 보도되지도 않았다.

당사자인 이철도 자신이 감형된다는 사실을 전혀 몰랐다. 그날 새벽 점호 전에 교도관이 감방 문을 열고 나오라고 했다. 이철은 그 시간대에 호출을 당한 적이 없었다. 뭔가 이상하다는 생각이 스쳐 지나갔다. 그는 직감적으로 사형집행으로 받아들였다. 한 방에 있던 수용자들도 의아한 표정으로 서로 쳐다봤다.

이철은 자신이 갖고 있던 물건들을 방 사람들에게 나눠주고 따라 나섰다. 태연하려 했지만 가슴이 쿵쿵거리고 발걸음이 무거워졌다. 같은 처지의 유학생 사형수 강종헌의 얼굴이라도 마지막으로 보려고 문을 두드렸다. 강종헌은 놀라서 어디로 가느냐고 물었고, 이철은 낙담한 표정으로 모른다고 말했다. 사형집행장으로 꺾어지는 갈림길에서 교도관은 보안과 방향으로 갔다. 이철은 더 이상 참을 수가 없어 "어디로 가는 겁니까"하고 물었다. 교도관이 보안과로 간다고 하자 이철은 귀를 의심했다. 자기를 안심시키려고 일부러 거짓말을 할지도 모른다고 생각했다.

그가 보안과에 들어가자 교도관들은 무기로 감형됐다고 통보하고 그의 수갑을 풀어주었다. 지난 3년 3개월 동안 그와 한 몸이던 수갑이 드디어 사라진 것이다. 사형장으로 한발 한발 다가가고 있다는 생각에 축 쳐졌던 마음이 한순간에 환희로 바뀌었다. 이철은 그렇지만 마냥 기뻐할 수도 없었다. 강종헌에게는 무기감형 소식이 들리지 않았기 때문이다.

기쁜 소식은 그걸로 끝나지 않았다. 항소심 선고 이후 얼굴을 보지 못하던 약혼녀 민향숙이 1979년 8월 23일 3년 6개월의 형기를 채우고 광주교도소에서 만기출소했다. 민향숙은 이틀 뒤 서울구치소로 와 이철과 면회했다. 비록 창살을 가운데 두고 만났지만, 다시 만나지 못할 수도 있다는 불안에 떨며 이별하던 때와 비교해서는 큰 발전이었다.

김수환 추기경과의 인연

김수환 추기경이 결혼식을 집전해주었지만, 이철은 원래 가톨릭 신자가 아니었다. 사건이 터지기 전 장모가 될 조만조가 몇 차례 세례를 받으라고 권했는데도 그는 "따님은 필요하지만, 가톨릭은 필요 없다"고 얼버무렸다. 민향숙은 유아세례를 받은 신자였다. 교도소에서는 수감자를 대상으로 종교를 가지라고 장려했다. 이철은 자신이 세례도 받지 못하고 처형되면 장모가 너무 불쌍한 영혼이라고 측은해할 것이 걱정됐다. 그래서 "딸 고생만 시키다가 죽어버린 나쁜 놈이긴 하지만 영혼만은 구제받았다"고 안심시키려고 가톨릭을 믿겠다고 했다. 수녀들이 교도소로 와서 교리공부를 지도해주었다.

교리공부를 열심히 해 신앙심이 깊어지면서 견진성사를 받기로 했다. 1977년 12월 평소에는 주교가 교도소로 와서 견진성사를 집전하는데 그날은 추기경이 왔다. 구치소 내 행사장에는 장모 조만조도 왔다. 독실한 신자인 조만조는 가톨릭신학교 신학생후원회에서 활동했는데 재소자후원회에도 가입한 것이다. 그는 딸과 사위의 구원을 위해서라면 아무리 힘든 일도 마다하지 않았다. 방한하는 일본인 구원회 활동가들은 으레 그를 만나 상의하고 국내 사정을 파악했다.

김수환 추기경이 언제부터 재일동포 유학생 간첩 사건 수감자에게 관심을 갖게 됐는지는 분명치 않으나 조만조의 노력도 상당히 작용한 것으로 보인다. 추기경은 재일동포 수감자에게 영치물이나 돈을 넣어주고 교도소 안에서 혹독한 탄압이 있었다는 얘기를 들으면 직접 찾아가 관심을 표명하기도 했다. 추기경의 그날 강론은 유학생 사형수가 귀를 의

이철

심할 정도의 내용이었다. 추기경은 젊은 교포학생이 무슨 죄를 지었기에 사형까지 받았는지는 모르지만, 예수님은 2000년 전 그 당시의 국가보안법으로 사형선고를 받고 처형됐다고 말했다. 추기경은 나아가 여러분도 예수님의 삶을 바라보고 절망에 빠지지 말고 힘내라고 격려했다. 추기경의 강론은 조국을 찾아왔다가 완전히 버림받았다고 자포자기 상태에 빠진 그들의 마음을 푸근하게 어루만져 주었다. 이철은 레미지오, 강종헌은 안토니오라는 세례명을 받았다.

사형수 굴레를 벗은 이철은 1979년 9월 12일 대전으로 이감됐다. 교도소 교무과에서 전향하면 2년 뒤에는 석방될 것이라고 해 전향서를 썼다. 그러나 기대와는 달리 1981년 8월 15일 다른 재일동포 무기수 김철현, 김오자, 유영수와 함께 20년형으로 감형받았다. 그는 교도소 안에서 삼청교육을 받기도 했다. 사역하는 모든 출역수를 대상으로 '순화교육'을 시킨다고 해 그도 끌려가 호된 훈련을 받았다. 그는 대구, 대전, 광주 교도소를 전전하다가 1988년 10월 개천절 특사 때 안동교도소에서 출소했다.

그는 '양심수 동우회' 회장을 맡고 있다. 일본에 돌아온 옛 유학생 정치범 가운데 오사카, 고베, 교토 등지에 거주하는 사람들이 모국에서 겪었던 고난의 교훈을 잊지 말자며 만든 친목모임이다. 이들은 조국이 더

민주화되고 평화롭게 되기를 기원하며 민주화운동이나 남북화해운동에 심정적으로 연대하기를 원한다. 서화전 같은 것을 열어 모은 돈을 양심수 후원단체에 보내기도 했다. '꼬투리'를 잡히지 않으려고 김수환 추기경을 통해 성금을 전달했다고 한다.

3년도 되지 않아 풀려난 사형수 김달남

간첩 혐의로 사형이 확정된 재일동포는 대체로 10여 년 이상 교도소에 수감돼 있다가 감형 조치를 받고 일본으로 돌아갔다. 앞에서 본 강종헌이나 이철도 그런 사례다. 그렇지만 예외도 있다. 간첩단 사건의 주범으로 요란하게 발표된 김달남은 체포된 지 3년도 되지 않아 석방됐다. 조기 석방된 배경에 대해 당시 중앙정보부에서 근무한 사람조차 '거액'을 쓴 것이라고 증언한다.

중앙정보부는 1975년 4월 1일 북한 노동당의 지령을 받고 국내에 잠입해 반정부 학원 소요를 배후조종하고, 야당 정치인을 포섭하려 한 혐의로 김달남 등 간첩단 8명을 검거해 서울지검에 구속 송치했다고 발표했다. 김달남의 직책은 민단 나가노長野현 본부청년회 부회장, 가나모토청과주식회사 무역부장으로 나왔다. 정보부 발표에 따르면 김달남은 모국 유학생을 가장해 건국대학교에 들어가 학생조직을 만들고, 교포재벌자제 행세를 하면서 야당 정치인에 선거 비용, 해외여행비 명목으로 금품을 제공했다는 것이다. 정보부가 김달남이 접근한 야당 정치인이라며 이름까지 공개한 명단에는 김대중, 장준하, 김선태, 김이권, 박재우, 박기

정 등이 포함돼 있다. 야당을 '용공 세력'으로 덧칠하려는 정보기관의 전형적인 수법이다.

김달남은 1975년 9월 1일 1심 공판에서 사형선고를 받고 항소심과 상고심에서는 그대로 기각됐다. 그리고 사형이 확정된 지 얼마 되지 않아 1977년 3월 1일 이례적으로 무기로 감형조치됐다. 두 사람이 당시 무기로 감형됐는데 '11·22사건' 구속자의 하나인 김철현이 포함됐다. 두 사람은 1심에서 공소사실을 시인했다가 항소심부터는 전면적으로 반박에 나섰던 다른 재일동포 유학생들과 달리 처음부터 끝까지 주요 공소내용을 인정했다.

정부는 김달남, 김철현의 감형을 발표하지 않았지만, 일본의 구원운동 관계자들은 혐의를 시인하고 가족들이 시끄럽게 굴지 않으면 풀어줄 수 있다는 메시지를 보낸 것으로 해석했다. 친정부 기조로 바뀐 〈통일일보〉는 나중에 "총련 등에서는 '석방운동'을 칭하며 감옥에 있는데도 무익한 투쟁을 강제하고 있다"고 석방운동을 총련의 조종으로 몰아붙였다. 〈통일일보〉는 또 "김철현, 김달남은 스파이 범행을 인정하고 개전의 정도 현저한데다 가족들이 총련의 포섭공작을 물리치고 민단을 통해 착실히 진정해왔다"며 감형의 배경을 설명했다.

김달남은 감형된 1977년 12월 25일 석방돼 이듬해 5월 12일 일본으로 돌아갔다. 흥미로운 것은 김달남이 감옥에서 풀려난 다음날 바로 이철의 장모 조만조를 찾아왔다고 한다. 그가 정보부의 엄중한 통제 아래 있었기 때문에 그의 행동은 정보부의 지시에 따른 것으로 봐야 할 것이다. 조만조는 정체를 알 수 없는 사람이 찾아와 감옥에서 나온 사형수라고 하니 오사카에 있는 조카 김수현(이철의 자형)에게 전화로 그 사실을 알렸다. 발표되지 않은 김달남의 석방 사실이 그런 과정을 거쳐 재일동포 사회에 알려졌다. 김달남이 일부러 조만조를 찾아와 얘기했다는 내용은 이렇다.

> 북한을 가지 않았다는 알리바이를 만들어 무죄를 주장해봤자 아무 소용없는 일이다. 얼마나 개전의 정을 보이고 정권에 협력하겠다고 약속하는지가 중요하다. 지금 투옥돼 있는 동포 유학생들은 영웅주의에 빠져 있다. 학생들의 그런 자세를 지원하는 가족의 입장도 잘못된 것이다.

김달남의 석방은 일본 국회에서도 거론됐다. 이노우에 잇세이井上一成 사회당 중의원 의원은 1978년 4월 12일 외무위원회에서 나카에 요스케中江要介 외무성 아시아국장 등을 상대로 석방 사실의 인지 여부, 석방 이유, 재입국 처리 방안 등을 물었다. 나카에 국장은 작년 12월 25일 형집행 정지로 사실상 석방됐는데 정확한 이유는 모른다고 답변했다. 법무성 관방참사관은 재입국허가 기한은 지났지만 호의적으로 고려하고 싶다고 말했다. 김달남의 재입국 방식에 대해서는 한·일 정부 간에 이미 논의가 끝났음을 시사하는 발언이다.

김달남은 일본에 돌아와 북한의 간첩 파견실태, 남한 정부의 관용 자세 등을 기자회견이나 강연 등을 통해 강조했다. 정보기관이 일본에서 번지고 있는 재일동포 정치범 구원운동의 명분에 흠집 내기 위해 김달남을 '반공선전 강사'로 활용했다고 볼 수 있다.

거액상납설, 전 중앙정보부 요원도 '동조'

김달남과 비슷한 시기에 간첩 혐의로 징역살이한 재일동포 유학생들은 김달남이 돈으로 풀려난 것이라는 주장을 공공연히 한다. 10억 엔이라는 거금을 가족들이 정보기관에 상납했다고 구체적인 금액까지 얘기하는 사람도 있다. 이런 주장이 나오는 것은 김달남의 가족들이 경영하는 가나모토청과주식회사가 나가노현에서 상당히 알짜 기업으로 평가받기 때문이다. 청과물 출하 판매를 하는 이 회사는 파친코, '야키니쿠' 음식점, 볼링장 등으로 사업 영역을 다각화하면서 '아메니티즈'라는 그룹으로 확대발전했다. 거액을 쓸 수 있을 만큼 충분한 자금 동원력이 있는 회사라는 것이다.

재일동포 일부의 허무맹랑한 주장이라고 무시할 수만은 없는 것이, 비슷한 취지의 증언이 당시 김달남 사건을 담당한 중앙정보부 요원에게서 나왔기 때문이다.《남산 더 비하인드 스토리》라는 책이 2011년 출간됐는데 저자는 중앙정보부에 공채로 들어가 대공수사국에서 근무했다는 이기동이다. 정보기관 종사자는 퇴직 후에도 업무 중 취득한 비밀을 지켜야 하는 '수비의무'에 묶이기 때문에 책을 내는 일은 아주 드물다. 이기동의 책에는 자신이 담당한 사건들이 기술돼 있는데 그가 신군부가 권력을 장악한 1980년 11월에 퇴직해 10여 년간 이민생활을 하다 돌아온 탓인지 부정확한 기술들이 눈에 띈다. 예를 들어 2014년 12월 재심에서 사후 무죄를 받은 강우규에 대한 언급이 그렇다. 그의 책에는 재일동포 간첩인 강우규가 사형이 확정돼 그해 말 사형대의 이슬로 사라졌다고 돼 있다. 한쪽 다리를 잃은 장애자인 강우규가 대법에서 사형이 확정된 것은 1978년 3월이었다. 그는 1988년 12월 석방돼 다음해 4월 일본에 돌아가 2007년 4월 2일 세상을 떠났다.

이기동의 책에서 김달남 사건에 대한 기술은 제법 상세하다. 1975년 2월 Y대학교(연세대학교) 회계 담당 책임자의 제보로 수사에 착수했다고 한다. 김달남이란 재일동포가 총장을 만나 거금을 투자하겠다고 제의했다는 내용이다. 이기동은 재일동포가 아무 연고도 없는 대학에 기부금을 낸다는 것에서 바로 '용공의 냄새'를 맡았다고 한다. 그는 김달남을 연행해 자백을 받아 송치한 뒤 장준하도 자신이 설득해 중앙정보부에서 취조했다고 썼다. 사형이 확정된 김달남이 석방된 배경에 대해서는 이렇게 기술했다.

> 김달남은 사형이 확정되었다. 그러나 재벌인 그의 형 김○○가 재일거류민단에 그리고 국가에 거액을 내놓겠다고 하면서 구명을 위해 한국을 드나들었다. 이 문제는 수사국의 사안이 아니므로 그 거론을 약하기로 한다. 김달남은 특별사면에 의해 방면되어 그의 형과 함께 일본으로 돌아갔다. '특별사면'. 거액이라면 그 당시 얼마나 되었을까? '유전무죄, 무전유죄'인가. 아니지, 이건 좀 다르지.

11

울릉도 사건과 이좌영

”

이좌영은 만일 자신이 한국행 비행기에 태워진다면 처참한 고문과 죽음이 기다리고 있을 것으로 직감했다. 엄청난 조작 사건의 산 제물이 될 것으로 생각했다. 그는 추방돼 강제로 탑승하게 되는 비행기가 서울행으로 드러나면 자결하기로 마음먹었다.

뉴욕공항에서의 위기일발

1985년 10월 24일 재일한국인 사업가 부부가 유럽여행을 마치고 코펜하겐에서 스칸디나비아항공 편으로 뉴욕의 케네디공항에 도착했다. 이들은 일본에서 신청한 미국 비자를 덴마크주재 미국대사관에서 발급받았으나 공항에 내리자마자 불법입국 혐의로 체포됐다. 돌아가는 형세가 심상치 않았다. 이민국 관리들은 여권과 비행기 표를 압류하고 남자는 옷을 전부 벗게 한 다음 신체검사와 수하물 검사를 했다. 부부는 분리돼 입국 목적, 일본에서의 활동 등에 대해 취조받고 '중범'으로 취급됐다. 죄수복으로 갈아입은 두 사람은 이민국 구치소에 수감됐다. 남자가 너무도 분격한 나머지 발작을 일으켜 쓰러지자 간수들은 수갑에다 족쇄까지 채워 병원으로 호송했다.

남자의 이름은 이좌영이다. 중앙정보부가 1974년 3월 15일 '울릉도 간첩단 사건'을 대대적으로 발표할 때 재일간첩으로 규정한 사람이다. 그는 일본에 살고 있어 검거를 면했지만 그의 형제, 친척과 학교 동문들이 줄줄이 체포돼 간첩 또는 간첩 방조자로 고초를 겪었다. 그는 재일동포가 연루된 간첩단 사건들이 속속 발표되자, 정보기관에 의한 조작임을 확신하고 '재일한국인 정치범을 구원하는 가족교포의 모임'을 만들어 석방운동을 벌였다. 일본에서 정치범 가족들의 운동은 그가 전면에 나서 이끌었다고 해도 과언이 아니다. 그런 만큼 정보기관에는 눈엣가시였다.

구치소 안에는 공중전화가 있었다. 이좌영의 부인 한재순은 도쿄의 친구집으로 전화해 체포 사실을 알렸다. 너무나 놀란 나머지 자택 전화번호가 머릿속에 떠오르지 않았다는 것이다. 이좌영 부부가 미국에서 갑자기 억류됐다는 소식은 요시마쓰 시게루 목사 등 구원회 관계자, 한민통 등을 통해 급속도로 퍼졌다.

이좌영의 장남 이화수는 당시 도쿄도립대학 대학원에서 기계공학 박사과정을 마치고 나고야의 금속기계 제조업체에서 근무하고 있었다. 그는 동생한테서 부모에게 뭔가 이상한 일이 생긴 것 같다는 연락을 받았다. 사태 파악이 되지 않아 바로 휴가를 내고 도쿄로 가 요시마쓰 목사와 함께 국제법 전문가인 미야자키 시게키宮崎繁樹 메이지대 교수를 찾아가 상담했다. 미야자키 교수가 국제적으로 활동하는 일본인 변호사를 소개해줬다. 그 변호사를 통해 뉴욕 현지의 미국인 변호사와 연결됐다.

미국인 변호사가 경위를 조사해보니 비자가 중도에 취소된 것이 드러났다. 하지만 왜 비자가 취소됐는지는 변호사도 알아낼 수가 없었다. 미 당국의 입장은 "불법 입국자를 국외로 내보내는 것이며 그가 어디로 가는지는 상관없다"는 것이었다. 요시마쓰 목사는 이화수와 함께 우쓰노미야 도쿠마宇都宮德馬 의원을 찾아갔다. 1976년 자민당에서 탈당해 무소속이나 신자유클럽 소속으로 활동하던 우쓰노미야는 공교롭게도 건강이 좋지 않아 병원에 입원 중이었다. 비서가 지금은 만날 수 없다고 가로막았으나, 요시마쓰 목사는 사람의 목숨이 달려 있는 문제라고 밀치고 들어가 도와 달라고 호소했다.

'조선기자'로 유명한 무라오카 히로토村岡博人 교도통신 기자와 나가누마 세쓰오長沼節夫 지지통신 기자는 국회 기자클럽에서 교대로 이민국 구치소에 전화를 걸어 이좌영과 통화했다. 이들은 울릉도 사건에 대한 일본 사회의 관심이 많지 않아 이좌영 체포 사실이 일본 언론에서 크게 다뤄지지 않으리라는 것을 알면서도 계속 기사를 썼다. 주일 미국대사관

이화수

나가누마 세쓰오

이 두 통신의 기사를 면밀히 체크하기 때문에 일본이 관심을 갖고 지켜보고 있다는 메시지를 전달하기 위해서였다.

이좌영은 만일 자신이 한국행 비행기에 태워진다면 처참한 고문과 죽음이 기다리고 있을 것으로 직감했다. 엄청난 조작 사건의 산 제물이 될 것으로 생각했다. 그는 추방돼 강제로 탑승하게 되는 비행기가 서울행으로 드러나면 자결하기로 마음먹고 부인 한재순한테도 얘기했다. 그런 최악의 사태가 오면 면도칼을 입 안에 숨겼다가 결행하기로 뜻을 모았다.

미국인 변호사는 만일 이좌영 부부가 서울행 비행기에 태워진다면 〈뉴욕 타임스〉 1면에 기사가 실릴 것이라고 이민국을 압박했다. 결국 10월 30일 입국관리소의 재판에서 앞으로 미국에 입국하지 않는다는 조건으로 일본 송환이 결정됐다. 재판이 끝난 후 연방수사국 수사관 두 명이 이좌영을 찾아왔다. 이들은 "한국 정부가 두 사람의 체포 영장을 발부해 신병 인도를 요구하고 있다. 당신 부부가 내일 일본행 비행기에 탑승하도록 돼 있지만 그것은 보장된 것이 아니다"라고 말했다. 이좌영은 비행기 행선지가 확인될 때까지 긴장을 풀 수가 없었다.

덴 히데오 의원의 추궁

이좌영 부부는 11월 1일 일본항공 편으로 나리타공항에 도착했다. 일본의 정치인, 인권단체 활동가, 언론인 등이 나서 유기적으로 움직였기 때문에 가능한 일이었다. 이 사건은 1985년 11월 6일 참의원 예산위원회에서 다뤄졌다. 덴 히데오 의원은 비핵3원칙, 핵무기 반입, 방위계획 정비 등에 대해 질문한 뒤 이좌영 사건을 물었다. 답변을 한 아베 신타로安倍晋太郎 외상은 아베 신조 전 총리의 부친이다.

> 덴 히데오 : 시간이 아주 없어 유감이지만 여기서 최근 일어난 두세 가지 문제에 대해 여쭤보고 싶습니다. 하나는 재일한국인 경제인이 10월에 유럽에서 미국을 방문하려고 입국했을 때 뉴욕공항에서 이민국에 구류됐고 족쇄까지 채워져 유치된 일이 있었습니다. 외무성은 이것을 어떻게 파악하고 있습니까? 설명해주세요.
>
> 고토 도시오後藤利雄 외무성 아주국장(나중에 한국주재 대사) : 지금 지적하신 재일한국인 이좌영 씨가 코펜하겐에서 미국에 들어갔을 때 미국 이민국에 구류됐는데, 미리 받아두었던 미국 비자가 취소돼 입국할 수 없었던 점은 알고 있습니다. 이 점에 관해서 방금 족쇄라는 것은 처음 들었는데 우리는 재일한국인이기도 해서 미국의 비자 절차든지 이민국의 구류 등 신

나가누마 세쓰오長沼節夫 기자

1995년 4월 납치 사건 이후 처음으로 일본을 방문한 김대중 전 대통령과 나가누마 세쓰오

무라오카 히로토와 마찬가지로 재일동포 관련기사를 오랜 기간 써 왔다. 〈교토대학신문〉에서 학생기자로 일할 때 김희로 사건에 대해 장문의 연재기사를 썼던 그는 김대중의 대통령 취임식에 초대받았을 정도로 김대중과 오랜 인연이 있다. 1971년 봄 대학원생이던 그는 한국의 대통령 선거를 취재하기 위해 서울에 와서 김대중의 유세장에 참관했다. 1971년 3월 21일 서울 성동구 금호국민학교에서 열렸던 후보 강연회다. 나가누마는 김대중에게 일본에서 온 학생이라고 밝히고 연설을 녹음하고 싶으니 연단에서 연설을 시작하기 전에 녹음 버튼을 눌러 달라며 카세트 녹음기를 건넸다. 그는 지금도 그 테이프를 소중히 보관하고 있다.

1972년 8월 지지통신에 입사한 그는 유신 쿠데타로 해외 망명을 선택한 김대중이 일본에 장기간 체류하자 긴밀하게 접촉을 유지했다. 일본 언론계에 지인이 별로 없던 김대중은 신참기자인 그에게 언론 접촉 방안 등에 대해 자문을 구했다고 한다. 나가누마는 전두환 정권 때 국외 추방으로 미국에 거주하던 김대중을 이따금 찾아가서 만나, 필명으로 각종 잡지에 기고했다. 지지통신사 간부진이 탐탁하지 않게 여겨 개인적으로 휴가를 내서 취재를 다녀야 했다.

속히 미국에 사실관계를 조회했습니다. 그 결과 그쪽의 설명은 미국 비자가 발급 후 취소됐기 때문에 뉴욕 이민국은 동인의 신병을 구속해서 사정을 청취한 결과 이른바 국외 추방을 요구해 일본에 돌아온 것입니다. 비자 발급 혹은 취소의 사정에 대해서는 각국의 관할 사항이기 때문에 이해해 주시기 바랍니다. 우리는 결과적으로 두 사람이 무사히 일본에 돌아오게 돼 아주 잘 됐다고 생각하고 있습니다.

덴 히데오 : 외무성이 아주 신속하게 대응해주어서 무사히 돌아올 수 있었던 것은 나도 감사하고 있지만, 이 사람들은 이미 수십 년 일본에서 살고 있고 평화롭게 경제 활동을 하고 있는 부부입니다. 그렇지만 본인이 돌아온 뒤 만났더니 이민국의 일종의 수용소였다고 하더라도, 당시 심장이 좋지 않아 발작을 일으켰는데 병원에 데리고 가는데도 수갑과 족쇄를 채워서 간 것에 분격하고 있습니다. 시간이 없기 때문에 지금 아시아국장이 답변했기 때문에 그렇게 취급한 사정에 대해 외교 루트를 통해 미 정부에 추궁해줄 것을 요구합니다.

아베 신타로(외상) : 방금 수갑이라든지 족쇄는 처음 들었지만, 일본에 있는 재일한국인이고 인도상의 문제도 있어서 지금 얘기하신 점에 대해서는 미국에 대해 사정을 조사하고 싶다고 생각합니다.

덴 히데오 : 그것을 잘 부탁합니다.

덴 의원은 주일 한국대사관에 전화를 걸어 차관을 원하는지 이좌영을 원하는지 분명히 하라고 압력을 가했다. 돈을 원하면 이좌영을 돌려보내라고 요구했다. 전두환 정권에 차관을 제공할지를 둘러싸고 일본에서 논란이 벌어지던 시점이다. 이화수 교수는 덴 의원의 행동이 부친을 구하는 데 결정적 역할을 한 것으로 생각한다고 말했다.

홀로 도일, 메이지대 나와 자수성가하다

이좌영은 뉴욕공항 억류 사건을 겪은 지 25년이 지난 2008년 1월 8일 도쿄에서 숨을 거뒀다. 유언이랄까 마지막 말은 "고향에 가고 싶다"였다. 울릉도 사건으로 구속됐다 풀려난 형제들이 있었지만 두려움 때문에 장례식에 오지 못하고 여동생의 남편이 대표로 참석했다고 한다. 정보기관은 울릉도 사건 이후에도 일본에서 그를 만나고 온 사람들을 체포해 몇 차례 간첩 사건으로 발표했다.

이좌영은 1928년 9월 전라북도 익산 삼계면의 빈한한 소농에서 차남으로 태어났다. 생활 형편이 너무 어려워 어렸을 때 즐거웠던 기억이 거의 없었다고 한다. 소학교 다니던 시절 하루 세 끼 가운데 저녁밥만 먹을 수 있었다. 그가 세 끼를 다 먹을 수 있었던 것은 소학교 5학년 때 지주 집에 '입주 가정교사'로 들어가고 나서다. 한 학년 밑의 지주 아들을 2년간 가르쳤는데 그때 쌀밥으로 세 끼를 먹었다.

어린 시절의 그는 공부를 잘 했던 것 같다. 소학교 졸업생 60명 가운데 상급학교에 진학할 수 있는 사람은 두세 명에 불과했다. 가정형편상 진학을 포기해야 했는데 교장이 집까지 찾아와 권유했다. 그가 도지사상을 받았기 때문이다. 그는 부모 몰래 연필과 지우개만 갖고 가서 시험을 치렀는데 합격했다. 식민지 치하의 유일한 관립 농림학교인 이리농림학교였다. 1922년 5월 설립된 이 학교는 5년제였다. 조선인, 일본인을 50

명씩 뽑았는데 전국에서 지원자가 몰려 조선인 경쟁률은 거의 20대 1에 육박했다고 한다. 총리를 지낸 고건의 부친으로 서울대 철학과 교수였던 고형곤, 대상그룹의 창업주 임대홍, 재무장관, 주일대사를 지낸 김영선, 김준보 전 전북대 총장, 한센인 시인 한하운 등이 이 학교 출신이다.

졸업 후 그는 공부를 더 하고 싶었으나 형제들에게조차 말을 꺼낼 수가 없었다. 형과 바로 밑 여동생 둘은 학교에 가보지도 못했다. 그는 1944년 무작정 일본으로 건너가 공장을 다니며 진학의 길을 모색했다 (도일한 시기가 해방 후라는 자료도 있다).

1952년 3월 메이지대학 법학부를 졸업한 그는 총련에는 일절 관여하지 않았다. 민단 소속이기는 했지만 모임에 별로 나가지는 않고 그저 사업에만 몰두했다. 요식업, 호텔, 무역 등에 손을 대며 중견 기업인으로 성공을 한 그는 번 돈을 모국에 투자하기로 했다. 1966년 일본은행에서 3억 엔을 대출받아 스웨터 등 모직물 제조업체인 신한섬유를 한국에 세웠다. 일본에서 자신이 운영하는 무역회사인 신한교역에서 신한섬유 제품을 수입해 세이부백화점 등에 납품했다. 신한섬유의 종업원은 약 400명에 달했다. 한국에서 사업 규모가 커지면서 그는 주일대사관의 외교관, 정보부 파견요원과도 자주 어울렸다. 그 사건이 터지기 전에는 아무런 문제없이 모든 게 잘 굴러갔다.

이리농림 동창 관계, 간첩 포섭으로 포장돼

신한교역의 직원인 재일동포 양동수는 1972년 10월 본국에 출장 왔다.

업무를 마치고 10월 16일 김포공항에 도착해 비행기에 탑승하기 직전 중앙정보부로 연행됐다. 유신쿠데타가 벌어지기 하루 전이다. 수사관들은 20대 후반의 그를 남산으로 끌고 가 "24시간은 인간대우를 해주지만 그 후에는 동물 취급을 하겠다"며 간첩 활동을 자백하라고 강요했다. 수사관들은 24시간이 지나자 발가벗겨서 팔과 다리를 밧줄로 묶어 천장에서 늘어트린 뒤 마구 구타했다. 다리 사이에 각목을 끼우고 밟거나 물고문도 가했다.

양동수는 몇 차례 기절했다. 그는 더 이상 견딜 수 없어 수사관의 요구대로 '자백'했다. 이좌영의 명령으로 정부 전복을 위한 지하조직을 만들기 위해 한국에 왔고, 사업 명목의 돈은 그 공작비로 사용한 것이라는 조서를 썼다. 그들은 양동수에게 대한민국에 충성을 다짐하는 '서약서' 등을 쓰게 한 뒤 일본에 돌아가서 이좌영 등 회사 간부의 동향을 매달 보고하고 이좌영을 서울에 유인하는 구실을 만들라고 지시했다. 일본에서는 안아무개와 연락하라고 명령하고 만일 외부에 발설하고 협력하지 않으면 국내 친척들에게 해가 미칠 수 있다고 경고했다. 심지어 "일본에서 교통사고가 우연히 일어난다고 한정할 수 없지"라는 말로 협박했다. 모국에 출장을 갔다가 기막힌 꼴을 당한 양동수는 결국 회사를 그만뒀다. 이좌영은 불길한 예감에 사로잡히지 않을 수 없었다. 모국에서는 중앙정보부와 보안사령부가 경쟁적으로 재일동포 관련 간첩 사건을 발표했다.

2014년 봄 서울 대학로에서 〈상처꽃-울릉도 1974〉라는 연극이 상연됐다. 대중적으로 인기를 끌 수 있는 소재가 아니었지만, 천주교정의구현사제단이 상당한 금액을 지원해줘 무대에 올리게 됐다. 사회적으로 인

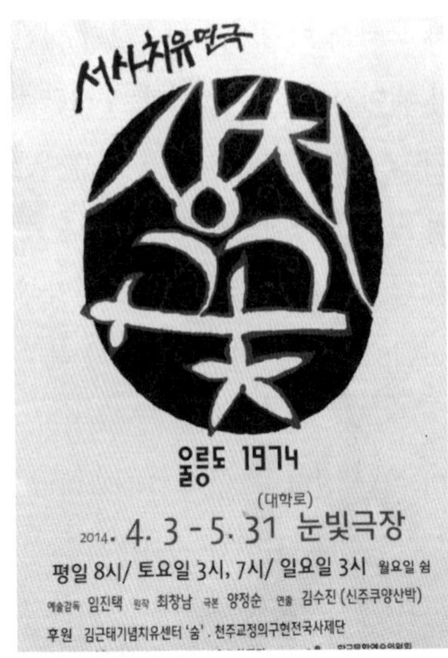

울릉도 사건을 다룬 연극
〈상처꽃〉의 팸플릿

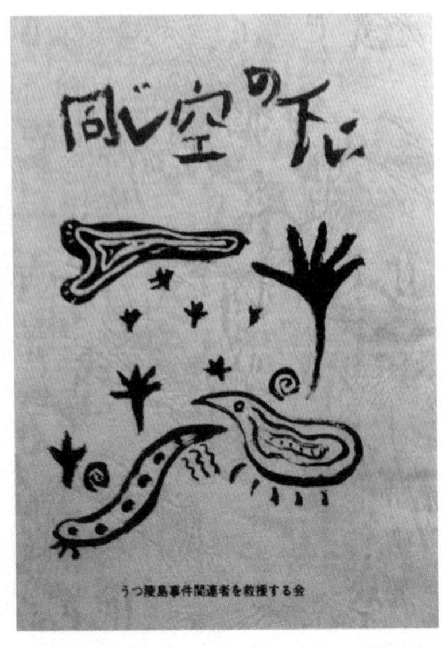

울릉도사건구원회에서 낸 자료집
〈같은 하늘 밑에서〉

지도가 높은 명사들이 교대로 카메오로 출연해 화제를 모으기도 했다. 〈상처꽃〉은 유신 치하에서 대표적인 용공 조작 사건의 하나인 울릉도 사건을 다룬 것이다. 울릉도 사건의 대법원 판결은 인혁당재건위 사건과 같은 1975년 4월 8일이다. 인혁당 사건은 선고 후 20시간 만에 사형수 여덟 명이 전격 처형돼 대표적인 인권탄압 사례로 기억되고 있지만 울릉도 사건은 그렇지 않다. 그 시대를 살았던 사람 가운데서도 사건의 내용을 제대로 아는 사람은 거의 없다. 당시 신문을 보아도 인혁당 사건의 최종심 결과와 집행은 1면이나 사회면의 주요 기사로 다뤄졌지만 울릉도 사건의 대법원 판결은 눈에 잘 뜨이지 않는다. 4월 9일 자가 신문의 날 휴간으로 발행되지 않은 탓도 있지만 〈동아일보〉는 4월 10일 자 사회면에 2단 크기로 보도했고, 〈경향신문〉은 아예 다루지도 않았다.

울릉도 사건은 1974년 3월 15일 신직수 중앙정보부장이 직접 발표했다. 유신독재에 대한 저항이 그해 1월 긴급조치 1호가 발동됐는데도 점점 거세지고 있었고, 대학가가 신학기를 연 직후였다. 중앙정보부는 울릉도를 거점으로 서울, 부산, 대구 등 도시와 전북 일대 농어촌을 무대로 10여 년간 '암약'해온 간첩단 47명을 체포(그중 1명 사망)하고 이중 30명을 구속했다고 발표했다. 정보부가 얼마나 언론홍보 공작을 했는지 당시 신문 1면에 사망자 1명을 제외한 46명의 얼굴 사진과 인적사항이 실렸다. 그야말로 1면을 도배한 것이다.

이 사건의 관련자들은 서로 얼굴도 모르는 사람이 수두룩하다. 평생 울릉도에 가보지 않은 사람들도 많다. 그런데도 정보부는 '울릉도 거점 대규모 간첩망'으로 포장했다. 이좌영과 연계가 있는 사람들은 형제 등 친족이거나 이리농림학교 동창들이 포함됐다. 이지영, 이사영 등 친족을 제외하면 당시 전북대 교무처장인 이성희 교수(수의학), 공화당 부안지구당 부위원장 최규식(수의과병원장), 신민당 진안지구 조직부장 이한식, 고창 농촌지도원 김영권 등이다. 정보부는 이들이 유학 또는 농업기술연수 명목으로 일본에 체류하며 이좌영에게 포섭돼 방북하거나 재일 북한 공작원을 접촉했다고 주장했다. 검찰은 4월 6일 32명을 구속기소하고, 17명을 불구속기소했다. 기소 단계에서 이태영 동국대 교수 등 두 명의 연루 혐의가 추가로 드러나 정보부 발표 때보다 구속자가 두 명 늘었다.

이성희는 1964년 2월부터 1967년 11월까지 도쿄대학 대학원에서 유학하며 박사학위를 취득했는데 이리농림 2년 후배인 이좌영한테서 금전적 도움을 받았다. 전주사범을 나온 이태영은 1963년 독일 유학을 마

 치고 귀국길에 도쿄에 들렀다가 이좌영의 집에 묵은 적이 있다. 이런 인간관계가 포섭, 공작금 수령 등의 용어로 윤색됐다.

"더 이상 이불 속에서 울 수는 없다"

도쿄에 나와 있는 중앙정보부 요원들은 이좌영에게 자진 귀국을 요구했다. 모국에 들어와 해명하면 모든 게 잘 풀릴 수 있다고 말했다. 이좌영은 대통령이 신변 보호를 약속해주면 귀국하겠다고 맞대응했다. 그는 형과 동생을 비롯해 사촌형제들과 가까웠던 이리농림 동문들이 줄줄이 간첩으로 발표되자 절대로 물러날 수 없다고 결심했다. 재일동포들은 피붙이가 모국에서 간첩 사건으로 조작되면 하소연도 하지 못하고 이불 속에서 울기만 했는데 그럴 때는 지났다고 생각했다.

그는 1974년 4월 24일 중의원 제1의원회관 회의실에서 우쓰노미야 도쿠마, 덴 히데오 의원과 함께 기자회견을 열고 자신은 북한과 아무런 관계가 없으며 간첩 혐의는 사실무근이라고 호소했다. 그는 한국에 있는 형제, 친척, 지인 등이 조작된 간첩 혐의로 체포되고, 자신이 한국에 세운 기업도 몰수당했다고 밝혔다. 기자회견장에는 신한교역의 직원이던 양동수가 나와 서울에 출장 갔다가 중앙정보부에서 당한 고문의 실태를 증언하고, 일본에 있어도 중앙정보부에 의해 언제 제거될지 불안하다고 주장했다. 이들의 회견은 4월 25일 자 〈아사히신문〉에 '스파이 사건은 거짓, KCIA가 무섭다'라는 제목의 3단 크기로 비교적 상세히 보도됐다.

이좌영은 별로 친분이 없던 일본인들을 찾아다니며 도와달라고 호소

1974년 4월 울릉도 사건이 조작이라고 주장하는 이좌영의 기자회견(왼쪽부터 우쓰노미야 도쿠마 의원, 양동수, 이좌영, 덴 히데오 의원)

했다. 평론가 아오치 신青地晨, 미야자키 시게키宮崎繁樹 메이지대 교수 등이 호응하고 나섰다. 아오치는 일제 때 언론탄압 사건인 '요코하마 사건'에 연루돼 투옥된 적이 있다. 1942년부터 1945년 사이에 잡지편집자, 신문기자 약 60명이 특별고등경찰에 체포돼 그중 4명이 옥중에서 사망했다. 그런 개인적 체험 때문에 권력기관에 의한 조작 사건, 억울하게 뒤집어 쓴 원죄冤罪 사건의 규명에 관심이 많았다. 그는 일한연대연락평의회 대표, 일본저널리스트전문학교의 초대 교장을 맡기도 했다.

미야자키는 일본이 패망했을 때 신참 육군 소위였다. 육사를 나와 소위로 임관된 지 수개월 만에 패전을 맞았다. 공직에서 추방된 그는 진로를 바꿔 메이지대에서 법학을 연구해 저명한 국제법 학자가 됐다. 이좌영의 메이지대 선배가 되는데, 그의 전문적 식견은 후에 정치범 석방운동에 큰 도움이 됐다. 이좌영은 아오치 신, 미야자키 시게키, 덴 히데오

의원 등을 끌어들여 '울릉도 사건 관련자의 석방을 요구하는 모임'을 결성했다. 그가 선택한 용어는 '탄원'이나 '진정'이 아니라 '석방 요구'였다. 아무런 근거 없이 날조된 사건이기 때문에 당연히 석방을 요구한다는 것이었다.

도쿄에서의 외로운 항변은 서울에서 진행되는 공판에 아무런 영향을 끼치지 못했다. 1974년 7월 3일 결심에서는 전영관, 김용득, 이성희, 전영봉, 최규식, 김영권 6명에게 사형이 구형됐다. 3주 뒤에 열린 1심 선고공판에서 김영권을 제외한 5명에게 사형, 3명에게 무기가 언도됐다. 이좌영과 연계된 '전북그룹'에서는 이성희, 최규식이 사형, 김영권, 이사영이 무기였다. 1974년 12월 9일의 항소심 선고공판에서 1심 사형수 가운데 이성희, 최규식이 무기로 떨어졌다. 이것이 생사의 갈림길이 됐다. 상고심은 전원 기각으로 끝났다.

울릉도 사건의 사형수 세 명은 1977년 12월 5일 형이 집행됐다. 전영관과 김용득은 처남 매부 사이였다. 울릉도 사건으로 이좌영의 집안은 풍비박산됐다. 부친은 사건의 충격으로 급사했고, 농사를 짓던 형 이지영은 징역 5년 만기로 나와 1983년 세상을 떴다. 신한섬유 총무를 하던 동생 이사영은 징역 15년형을 받아 청장년기를 감옥에서 보내고 1987년 12월 풀려났다. 그는 부친이 어려운 집안형편으로 상급학교에 보내기 어렵다고 했을 때 형 이좌영의 도움으로 대학교까지 나왔다. 그래서 누구보다도 형을 좋아했으나 형이 세상을 떠나기 전에 상봉하지는 못했다. 그에게 여권이 나온 것은 이좌영이 숨을 거둔 뒤였다.

40년 지나 벗겨진 누명

> "당시 중앙정보부 수사관들이 피고인들을 불법으로 연행해 구금한 뒤 고문 등 가혹행위로 받아낸 자백은 유죄를 입증할 증거로 쓸 수 없다."
>
> "피고인들은 과거 친인척이 연루된 사건으로 중앙정보부에서 고초를 당하고 실형을 선고받아 간첩 조력자라는 낙인이 찍혀 사회생활에 지장이 있었고, 가족에까지 큰 멍에로 작용한 점에 대해 사법부 일원으로서 공적인 사과와 유감의 뜻을 표한다."
>
> "당시 법정에서 하고 싶은 말을 마음껏 하지 못했다는 피고인들의 진술을 참고해 앞으로 우리 재판부는 재판을 하면서 이를 깊이 마음에 새겨 피고인들의 말을 경청하도록 노력하겠다."
>
> "피고인 두 명은 이미 숨져 유족들이 법정에 나와 판결을 받아 안타깝다. 하늘에 있는 분과 가족들에게 심심한 위로가 되길 바란다."

2014년 2월 12일 서울중앙지법 형사합의22부의 이정석 재판장이 울릉도 사건으로 유죄판결을 받고 복역한 다섯 명의 재심공판 법정에서 무죄를 선고하면서 한 말이다. 오랜 기간 가슴에 한을 품고 숨도 제대로 쉬지 못하며 살았던 피해자들은 재판부를 향해 감사의 뜻을 표하며 고개를 숙였다. 이들은 울릉도 사건의 주범으로 몰려 처형된 전영관의 아내와 친인척들이다.

울릉도 사건에 대한 재심 무죄판결은 2012년부터 나오기 시작했다. 실지로 북한을 방문한 몇 사람의 밀입북 혐의를 제외하고는 관련자 전원이 사실상 무죄를 받았다. 이좌영의 이리농림학교 선배로 전북대 교무

처장 재직 중 구속된 이성희의 끈질긴 노력이 가져온 성과다. 이성희는 무기형으로 확정돼 17년을 감옥에서 살았으며, 준장까지 올랐던 동생 이삼희 장군은 군복을 벗어야 했다.

1991년 2월 출소한 이성희는 2006년 7월 26일 진실화해위원회에 진실규명을 요청했다. 그는 중앙정보부 전주분실과 남산 대공수사국에서 당한 고문의 실태를 세세히 증언했다. 야전침대의 각목으로 온몸을 구타당해 피와 내복이 엉켜 붙었던 것이나, 검사 취조 과정에서 혐의 내용을 부인하자 검사가 화를 내는 바람에 그럼 맘대로 하라고 자포자기했던 상황도 털어놓았다. 그는 검사가 그냥 작성한 조서를 읽어보지도 않고 무인을 찍었다는 것이다. 심지어 중정 수사관이 구치소를 찾아와 구치소 보안과장 입회하에 조사하다가 마구 발길질을 하기도 했다. 구치소 내에서조차 수사관의 마구잡이 폭력이 자행된 것이다.

진실화해위는 2010년 6월 30일 이성희에 대해 일부 진실규명 결정을 내렸다. 진실화해위는 불법체포, 불법구금, 가혹행위가 인정된다고 판단하고 국가는 중정이 수사 과정에서 불법구금과 가혹행위를 한 점에 대해 신청인과 가족에게 사과하고 재심 등 화해조치를 취하는 것이 필요하다고 권고했다. 이성희는 이 결정을 근거로 재심을 신청했다.

서울고법은 2012년 1월 재심을 결정하고, 그해 11월 22일 군사기밀을 탐지한 간첩 혐의 등에 대해 무죄를 선고했다. 가장 무겁고 핵심이 되는 기소사실에 대해 누명을 벗겨준 것이다. 재판부는 그러나 그가 일본 유학기간 중 나흘 동안 북한에 일시 밀입북한 점은 인정하고 징역 3년, 자격정지 3년형을 선고했다. 재판부는 양형 이유에 대해서는 “사회적 호기심 때문에 밀입북한 것으로 보이는 점, 잠입 기간이 짧고 국익을 해하는 정도는 아닌 점 등을 고려했다"고 밝혔다. 이 판결은 2014년 12월 11일 대법원에서 그대로 확정됐다.

최종길 고문치사 관련자가 울릉도 사건 수사 공작 주무

《신동아》 2002년 3월호에는 중앙정보부 대공수사관 출신 차철권을 인터뷰한 장문의 기사가 실렸다. 중앙정보부 요원이 퇴직 후에 자신의 신원을 노출하는 일이 드물다는 점을 생각하면 아주 이례적인 기사다. 그가 월간지에 화려하게 등장한 것은 1973년 10월 중앙정보부에 연행됐던 최종길 서울법대 교수 의문사와 관련 있다. 그가 최 교수를 직접 조사한 당사자이기 때문이다. 그는《신동아》전월호에 최 교수가 고문으로 살해됐다는 '의문사진상규명위원회'의 중간보고가 실리자 자신을 살인자로 모는 것이라며 격하게 반발했다. 그래서 그의 반론을 전하는 형식으로 인터뷰 기사가 나온 것이다. 그는 최 교수가 투신자살했다는 당시 중앙정보부의 발표를 되풀이하고 고문도 없었다고 주장했다. 그는 "잠을 재우지 않은 것을 빼고는 생명을 걸고 천지신명에게 맹세코 최 교수를 고문하지도 죽이지도 않았다"고 말했다.

기사에는 그의 개인적 경력이 상세하게 나온다. 1927년 경남 함안군의 한 농가에서 태어나 1931년 일본 교토로 이주했다. 1945년 해방 뒤 가족을 따라 귀국해서 1947년 국방경비대 제15연대(마산 주둔)에 사병으로 입대했다. 그는 여순사건 토벌 작전에서 공을 세워 일계급 특진하고, 1950년 2월에는 육군 정보국 순천지구 CIC(Counter Intelligence Corps) 요원으로 차출됐다. 특무대, 방첩대, 보안사, 기무사로 내려오는 군 정보부대의 전신이다.

포로 신문에 주로 투입되던 그는 준위를 거쳐 1956년 갑종장교 교육을 받고 소위로 임관했다. 육군 특무부대에 근무하다 1966년 1월말 계급정년에 걸려 중위로 예편했고, 바로 3급 군속으로 발령받았다. 수개월 뒤 사표를 제출하고 베트남으로 가 약 4년간 미국계 빈넬회사에서 경비원으로 근무하다가 1970년 귀국해 촉탁을 거쳐 그해 12월 중앙정보부 수사공작과의 4급갑(주사) 직원으로 특채됐다. 1974년 울릉도 사건의 주무 공작관으로 활동한 공로를 인정받아 사무관에서 서기관으로 특진했고, 1978년 12월 부이사관으로 승진해 대전지부 대공수사과장으로 재직하다 퇴직했다. 그가 중앙정보부를 나온 것은 10·26사건의 여파로 '숙정'이 진행된 1980년 7월이다.

의문사진상규명위 조사에서 최 교수를 취조한 다른 중정 요원이나 간부 들이 차철권이 고문에 참여했다고 증언했는데도 그는 철저히 부인했다. 국가 안보를 지키기 위해 공산당과 싸워온 자신을 허무맹랑하게 모함하고 있다고 주장했다. "머지않아 저승에서 최종길 교수를 만나게 될 터인데, 형사처벌 시효가 끝난 이제 뭐가 두려워서 거짓말을 하겠냐"고도 항변했다.

그러나 이성희의 진실규명 요청 건에 대해 진실화해위에서 조사받았을 때는 고문 여부에 대한 답변 자세가 조금 달라졌다. 전면 부인에서 '몰지각한' 고문은 하지 않았다로 바뀌었다. 고문하는 수사관도 있지만 자신은 어디까지나 시늉만 했다는 것이다. 울릉도 사건에 대한 그의 변명은 이런 식이다.

> 지난 번 의문사위원회에서 나에게 '고문 안 하느냐'고 물어봐서 '고문 안 하는 사람이 어디 있느냐. 잠을 안 재우고 하는 방법도 고문이다. 몰지각하게 때리고 하는 고문은 안 한다'는 답변도 했다. 수사기관에서 고문 안 한다는 것이 말이 되느냐. 어떤 경우에 고문을 하느냐 하면 피의자가 자백하긴 했는데 뭔가 더 있다는 것을 알 때 한다. 고문도 하는 사람마다 다 다르다. 물고문도 눕혀서 하는 사람이 있고, 의자에 앉혀 놓고 하는 사람이 있고, 뭐 정말 후려 패거나 물에 쳐 박는 수사관도 있지만 내 경우에는 패는 시늉만 하지 진짜 패지는 않았다. 의자에 앉혀 고개를 뒤로 젖히고 수건을 코와 입에 덮은 후 주전자로 물을 한두 번 이마에 부어서 겁만 주는 정도는 했다. 만약 입에 물을 부으면 숨을 못 쉬게 되므로 말을 안 할 수가 없다.

차철권이 이좌영을 잡아넣기 위한 조사에 들어간 것은 적어도 1972년 10월로 거슬러 올라간다. 신한교역의 재일동포 직원 양동수가 서울로 출장 왔다가 돌아가는 날 김포공항에서 중앙정보부에 연행됐던 때다. 신한섬유의 사장인 최길하도 연행돼 차철권의 조사를 받았다. 최길하는 이좌영의 막내여동생과 결혼한 사이다. 최길하는 주로 양동수의 서울 행적이나 이좌영의 동태에 관해 조사를 받고 풀려났다.

그는 풀려난 뒤에도 몇 달에 한 번씩은 차철권을 만나 이좌영, 이사영의 동태를 보고했다고 한다. 무슨 사연이 있었는지 차철권과 최길하는 협력관계에 들어갔다. 차철권은 진실화해위의 조사에서 최길하를 '협조자'로 활용해 성과를 많이 올렸다고 인정했다. 최길하가 육군 32사단에서 근무할 때 차철권이 참모부 장교로 있었다고 한다.

최길하가 중앙정보부에서 조사받았을 때 작성한 진술서에는 "1972년 10월 18일 중앙정보부의 부름을 받아 이좌영의 모든 진상을 폭로하게 됐다. …… 그동안 이좌영에 편의를 제공해준 것이 본인으로서는 이좌영이 공산주의자인 것을 모르고 한 것이라 중정에서 선처해준 것으로 믿고 그 후부터는 더욱 마음가짐이 새로워져서 적극적으로 이번 사건에 협조했다"고 돼 있다.

차철권은 이좌영에 대한 내사 공작과정에서 특별한 대공 혐의를 찾아내지 못했다. 그런데도 이좌영을 주모자로 하는 간첩단 사건이라는 큰 그림을 그려냈다. 울릉도 사건이 발표되자 최길하는 이혼했고, 신한섬유는 그의 소유가 됐다. 신한섬유는 1978년 1월 1일 자로 장안교역으로 상호를 변경했다. 이좌영은 신한섬유에 투자한 자신의 지분이 몰수당하자 일본은행에서 받은 융자를 갚지 못해 결국 파산했다. 그리고 세상을 떠날 때까지 최길하에 대한 원망을 감추지 않았다고 한다.

"고문에 견딜 수 있다는 사람 뵙고 싶다"

이좌영은 울릉도 사건이 발표된 후 모친과 형제 사촌들이 겪는 고초가 떠올라 눈물이 절로 나오고 잠을 이루지 못했다. 1975년 4월 울릉도 사건에 대한 상고가 기각돼 사형수 세 명을 포함한 관련자 전원의 형이 확정되자 이좌영은 한 달 뒤 '재일한국인 정치범 가족협의회'를 결성해 회장을 맡았다. 그는 자신의 친족들뿐만 아니라 모든 정치범의 석방을 요구하며 정면 돌파를 시도했다. 그의 운동 방식은 박정희 정권과의 충돌을 피해 개별적인 '탄원'을 벌이던 일본인의 구명운동에 충격을 주었다. 정치범 석방을 민주화투쟁과 결합시켜 요구하는 방식이 점차 석방운동의 주류가 됐다.

그는 1977년 6월에는 '재일한국인정치범을 지원하는 가족교포회'로 확대 개편해 오랜 기간 회장 상임고문을 맡았다. 그는 자신의 사재를 구원운동에 쏟아 부었다. 1970, 80년대 간첩 혐의로 사형선고를 받은 재일동포들이 계속 나왔으나 결국 아무도 집행되지 않고 일본에 돌아올 수 있었던 것은 그가 벌인 운동에 힘입은 바가 크다고 할 수 있다. '재일한국인 정치범을 지원하는 가족교포회'는 〈재일한국인 정치범을 구하기 위해서〉라는 소식지를 정기적으로 발행한 것을 비롯해 다양한 자료집을 냈다. 유엔인권위원회 등에 가족 대표단을 보내 국제 여론을 환기시키는 데도 주도적으로 참여했다.

이좌영이 당시 어떤 심정으로 운동을 전개했는지는 잡지나 주간지에 실린 기고문에서 엿볼 수 있다. 《신일본문학》 1976년 3월호에 실린 '재일한국인 간첩 조작의 배경'은 표현이 격렬하다. 자신의 일가, 지인 등이 당한 고통에 대한 반감이 작용했겠지만, 1975년 4월 인혁당 사건 사형수들의 전격 처형이 몰고 온 충격의 여파가 컸을 것으로 보인다. 사형이라는 것이 언제라도 집행될 수 있다는 현실로 다가왔기 때문이다. 몇 단락을 보자.

> 박정희 일당이 군사 쿠데타에 의해 정권을 탈취하고 나서 15년이 되지만 그가 독종 모습을 발휘하기 시작한 것은 물론 훨씬 이전으로 거슬러 올라간다. 민족이 일제의 식민지하에서 도탄의 고통에 신음하고 있던 때 자신

의 입신출세를 위해 종주국의 충복을 자임하고 나선 것과 합쳐 생각하면 무엇이든 새삼스러울 것도 없지만, 이것만으로도 그는 뛰어난 민족 반역자로 단죄받아 마땅했다. 게다가 일제가 붕괴하자마자 발꿈치를 돌려서 애국자 대열에 숨어들어 새 주인에 충성을 서약하는 증좌로서 자신의 동료를 비롯해서 마침내는 자신과 피를 나눈 형까지 팔아버리고 살아남아 대통령의 지위에까지 오르고 나서 15년간 민족에 공공연히 도전하고 있는 것은 악당이 아니면 할 수 없는 돌변이다.

스파이로 강요된 재일한국인의 다수가 KCIA의 발표대로 자백하고 있는 점에 대해 우리 가족들에게 의문을 던지는 사람들도 적지 않게 있지만, 문제는 이런 자백이 어떤 상황 아래서 행해진 것이냐는 것이다. 일제 유산인 잔인무도한 고문기술을 그대로 이어받은 위에 나치의 파쇼식, 다시 미국의 '과학적'을 합쳐 집대성한 KCIA의 고문 앞에서 정신적으로도 육체적으로도 견딜 수 있다고 말할 수 있는 사람이 있다면 뵙고 싶다. KCIA의 세례를 받으면 사안의 진위와는 아무 관계없이 단지 그들의 각본대로 자공自供하도록 만들어지는 것이다.

우리 재일한국인 정치범 가족은 지금 박정희 일당으로부터 자신들의 육친을 되찾기 위해 싸우고 있지만, 이 투쟁은 결코 우리만의 투쟁이 아니다. 우리 가족을 진정으로 구할 수 있는 것은 조국에 자유와 민주주의가 실현되고 나서야 비로소 가능하다는 것을 우리는 스스로의 체험과 역사를 통해 아프도록 교훈을 얻고 있다.

이좌영은 재일정치범 석방운동의 고삐를 오랜 기간 늦추지 않았다. 그 자신의 표현을 빌리면 "박정희가 구원운동을 할 사람을 계속 만들어 주었으니까" 고생하지 않았다고 한다. 그가 이끌던 〈재일한국인 정치범을 구원하는 가족교포회〉는 1993년 7월 '한국인권기금국제센터'로 바뀌었다. 언제 처형될지 모르기 때문에 촉각을 곤두세우던 사형수들이 일단 풀려난 것과 관련 있다. 최종심에서도 극형이 확정된 사형수 가운데 이철, 김철현(1988년 10월 3일), 강우규, 강종헌(1988년 12월 21일), 최철교, 진두현, 백옥광(1990년 5월 21일)이 순차적으로 가석방으로 풀려났기 때문이다. '비전향 재일동포 정치범'의 상징처럼 됐던 서승도 1990년 2월 28일 특사로 나왔다.

이좌영이 세상을 떠나고 나서 2개월여가 지난 2008년 3월 29일 도쿄의 가쿠시學士회관에서 추도회가 열렸다. 재일정치범 운동에 깊이 관여하던 요시마쓰 시게루 목사, 사사키 히데노리佐佐木秀典 전 사회당 의원, 한통련의 곽동의 상임고문과 김정부 의장, 사형수였던 최철교, 이철 등이 참석해 추모발언을 했다. 최철교는 자신이 살아 돌아온 것은 '이좌영 선생 덕분'이라고 말했다. 이좌영의 사망으로 그를 간첩으로 몰아갔던 정보기관과의 오랜 싸움도 막을 내렸다. 중앙정보부에서 국가정보원으로 이어지는 정보기관은 그가 간첩이라고 주장했을 뿐 구체적 증거는 제시하지 못했다.

이좌영의 장남으로 현재 니혼대학 이공학부 기계학부 교수로 있는 이화수는 1970년대 초 고등학생 시절에 한국을 방문한 이후 다시 고국 땅을 밟지 못했다. 40년 넘게 사촌들조차 만나지 못한 것이다. 울릉도 사건이 발표됐을 때 그가 다니던 시바우라공업대학에서 그를 지키자는

2008년 3월 도쿄에서 열린 이좌영 추도회. 곽동의 한통련 상임고문이 추도사를 하고 있다.

모임까지 있었다고 한다. 김대중 납치 사건의 여파로 중앙정보부가 일본에서 무슨 짓을 할지 모른다고 경각심이 높아졌기 때문이다. 그는 구원회 활동에 관여하기는 했지만 도쿄도립대학원에 들어간 이후 연구자의 길만 걸었기 때문에 부친의 활동에 대해서는 상세히 알지 못한다고 했다. 아들의 입장에서 본 이좌영의 모습을 드러내기 위해 그와의 문답을 일부 소개한다.

- 한국에는 언제 가 보았나?

= 소학교와 고등학교 재학 때 두 번 가 보았다. 아버지는 신한섬유 사업이 잘 되면 가족 모두 한국으로 돌아가고 싶다고 생각했다.

- 부친이 한민통에 재정적 지원을 한 것은 아닌가?

= 모르기는 하지만 그렇지는 않을 것이다. 한민통이 아니라 정치범 석방

운동 관련해서는 엄청난 돈을 썼다. 전 재산을 정치범 구원운동에 투입하다시피 했다.

- 한국 정보원이 일본에서 이좌영을 미행, 감시한다고 느낀 적이 있나?

= 구체적으로는 없다. 하지만 예를 들어 전두환의 방일 일정이 있으면 사전에 일본 경찰이 집으로 찾아와 어떻게 지내느냐고 묻고 가기는 했다. 어머니가 경찰을 상대하지 말라고 하지만 아버지는 차나 한잔 하자고 집으로 불러들여 얘기했다. 그렇지만 우리가 알아차리지 못하는 곳에서 정보부원들이 감시했다고 생각한다.

- 정보부가 왜 그렇게 이좌영을 노렸다고 생각하는가?

= 나도 중앙정보부에 물어보고 싶다. 아버지가 이리농림학교 출신이고, 선후배 가운데 정계, 재계, 학계에서 활동하는 사람들이 많았다. 아버지가 한국을 자주 왔다 갔다 했으니 사건으로 만들기가 좋지 않았을까 하는데 모르겠다. 나는 이용됐다고 생각한다. 내 멋대로 추측하면 누구라도 상관없었던 것이 아닐까. 당시 반군사독재정권 학생운동이 한국에서 한창 벌어졌으니 그것을 억지하기 위해서는 큰 사건을 만들어낼 필요가 있었다. 그런데 국내에 있는 사람을 간첩이라 할 수 없고, 일본에 있는 사람이라면 수수께끼가 되니까 아버지가 선택된 것이 아닐지 모르겠다.

- 한국에 가보고 싶은 생각이 없나?

= 아버지가 돌아가셨으니 기회를 봐서 한번 가고 싶은데 꺼림칙한 기분이 남아 있다. 우리 집안은 그 사건으로 엉망이 됐다. 작은 아버지(이사영)가 무죄를 받고 일본에 와서 만났다.

12

일본의 구원운동과 한일 시민사회의 만남

평범한 목회자의 길을 가던 요시마쓰는 어떻게 해서 재일한국인 정치범 구원운동에 뛰어든 것일까? 도미야마 다에코와의 만남이 그의 인생에서 전기가 됐다. 전쟁에서 부상한 베트남 어린이를 돕기 위한 운동에 참여한 것이 두 사람 사이를 잇는 징검다리가 됐다.

서승 면회 와서 흐느낀 일본인 여성화가 도미야마

1995년 7월 어느 날 서울 공덕동의 〈한겨레신문〉 본사에 한 일본 여성이 찾아왔다. 저명한 언론인이자 아시아 굴지의 시민운동가인 마쓰이 야요리松井やより다. 자신의 눈으로 한겨레신문사를 보고 싶다며 사전 약속 없이 홀로 방문한 것이다. 맨주먹으로 시작해 시민의 힘으로 성금을 모아 일간신문을 찍어내는 한겨레의 성공사례는 일본의 일부 지성인 사이에 부러움의 대상이 됐다.

마쓰이는 무엇보다도 2000년 12월 8일부터 12일까지 군대위안부 문제를 다룬 '여성국제전범법정'을 도쿄에서 개최한 주역으로 유명하다. 국제형사기구처럼 국제법적 구속력을 갖는 것이 아닌 민간 법정이기는 하지만, 군대위안부의 강제동원 등 전쟁범죄를 저지른 혐의로 '천황'과 일본 정부를 기소해 유죄판결로 심판을 받게 했다. 여성국제전범법정이 2000년 말에 열린 것은 마쓰이가 1998년 4월, 20세기가 끝나기 전에 여성에 대한 전쟁범죄자를 심판하자고 제안했기 때문이다. 그는 2000년 12월 10일 '세계인권의 날'을 전후해 민간 법정을 개최할 수 있도록 전 세계의 여성이 단결하자고 호소했다. 일본 사회에서 천황의 전쟁책임을 공개적으로 거론하거나 요구하는 일본인은 우익 행동대의 테러 위협을 감수해야 한다. 아시아·태평양전쟁을 일으킨 히로히토 천황이 패전 후 '인간 선언'을 하기는 했지만 천황은 여전히 신성불가침의 존재로 남아 있기 때문이다.

양친이 모두 목사인 마쓰이는 1961년 〈아사히신문〉의 공채시험을 통과해 기자 생활을 시작했다. 동기생 50명 가운데 홍일점이었다. 어디서

나 비주류 소수파집단에 속하던 그는 때로는 '마녀 기자'라는 비아냥거림을 듣기도 했지만, 일본 사회에 만연돼 있던 차별과 부조리에 정면으로 맞섰다. 싱가포르 특파원으로 부임했을 때는 동남아시아 전역을 활동무대로 삼아 일본의 공해산업 수출, 자원 남획, 선진국 남성의 섹스 관광, 여성의 빈곤문제 등을 고발했다.

그가 아사히에서 근무하던 시절 신문사 편집국의 구성원은 대부분 남성이었고, 기사 가치의 판단 기준도 정형화된 남성의 시각이었다. 마쓰이가 다루자고 발제하는 차별·여성문제나 저개발문제는 신문사 간부들의 주요 관심사가 아니었다. 그가 기사를 써도 지면에 게재되지 않는 것들이 있었다. 그래서 한 사람의 시민으로서 신문사 바깥에서 여성·시민운동을 동시에 벌여나가면서 인간으로 살아가기 위한 노력을 최대한 기울이는 수밖에 없다고 생각했다. '아시아여성자료센터', '전쟁과 여성에 대한 폭력 일본네트워크' 등의 시민단체를 세워 일본의 전쟁책임을 추궁하고 평화운동을 벌였다.

1994년 33년간의 기자 생활을 마무리하고 정년퇴직했다. 본격적으로 시민운동에 매진하던 그는 2002년 12월 갑작스레 간암 진단을 받고 세상을 떠났다. 타계 소식이 알려지자 동남아시아의 여성단체들을 중심으로 애도 성명이 쏟아질 만큼 그는 아시아의 여성·시민운동에 큰 발자취를 남겼다.

마쓰이는 1995년 한겨레신문사를 찾았을 때 자신의 방한 목적 가운데 하나가 도미야마 다에코富山妙子의 첫 한국전람회 참가라고 말했다. 도미야마 다에코는 유학생 간첩 사건으로 장기간 수감됐던 서승의 저서 《옥중 19년》에도 등장한다. 도미야마가 서대문구치소로 면회 온 것이 기술돼 있다.

> 재판이 시작되자 가족 외에도 친구 지원자들의 면회가 허용됐다. 1971년 9월 21일 도미야마 다에코가 찾아왔다. 동행한 태륜기 변호사는 "일본에서 너의 일이 큰 문제가 돼 많은 사람들이 걱정하고 있다. 검사에게 부탁해 함께 왔다"고 설명했다. 도미야마는 먼저 나의 건강상태를 묻고 나서 일본인의 식민지 지배에 대한 죄책과 재일조선인에 대해 말하는 사이 울음을 터트려 말을 잇지 못했다. 오열하는 그녀를 태 변호사가 부축해서 나갔다. 1970년대 초반 일본의 조선 식민지 지배와 해방 후의 분단 책임문제를 이성과 감정으로 이해한 일본인은 적었다. 도미야마 화백은 그런 소수자의 한 사람이었다.

서대문구치소로 서승을 찾아와 식민지 지배 책임 등을 얘기하며 흐느끼다 돌아갔다는 도미야마 화가는 1921년 고베에서 태어났다. 소녀시대를 다롄과 하얼빈에서 보낸 그는 1938년 하얼빈여학교를 졸업했다. 일본으로 돌아와 여자미술전문학교를 다니다 그만둔 이후 화가의 길에 들어선 그는 일본의 전쟁책임, 피억압자, 여성 등을 주제로 유화 슬라이드 등을 제작했다. 1960년대에는 규슈의 대표적 탄광지대인 지쿠호에 징용으로 끌려왔던 조선인 광부들을 그렸고, 1970년대 초반에는 김지하의 시나 칠레 쿠데타의 학살을 작품으로 다뤘다.

그는 한국에서조차 군대위안부 문제가 본격적으로 거론되기 전에 위안부 연작을 내놓았다. 그에게 군대위안부 문제나 1970년대 일본인 남성의 기생관광 문제는 본질적으로 같았다. 한국 여성을 오로지 성의 노

자신의 작품 앞에 선 화가 도미야마 다에코

리개로 삼아버리는 일이 일본 역사에서 되풀이되고 있는 것에 대해 참을 수가 없었다.

그는 인도네시아 발리를 찾았다가 조상들이 살아 있는 후손들에게 돌아온다는 가르간 축제를 보고 영감을 얻었다. 칠흑 같은 어둠의 바다에서 들려오는 파도소리 속에서 전쟁이 끝났어도 고향에 돌아가지 못하고 남쪽바다를 헤매는 원혼의 소리를 들었다. 그래서 꽃다운 나이에 일본군 위안부로 끌려와 수십 년간 침묵 속에 방치돼온 한국 여인의 한을 풀어주기 위해 무당 역을 자임하며 그림을 그렸다. 이 작품을 토대로 1987년 5월 말 도쿄 쓰키지에 있는 절 혼간사의 경내에서 〈바다는 울고 꽃은 모이고〉란 공연을 했고, 다음해 9월에는 영국 가톨릭국제관계연구소의 초청을 받아 〈바다의 기억〉을 제작했다. 1980년 신군부의 광주 학살극이 벌어지자 광주민중항쟁을 소재로 한 판화 연작 〈정복된 사람들에게 바치는 기도〉도 만들었다.

한·일 현대사의 비극적 사건에 누구보다도 아파하며 공감을 표시한 도미야마의 작품은 오랜 기간 한국에서 공식적으로 소개되지 못했다. 박정희 독재정권의 행태를 두려움 없이 비판한 그의 사회활동에 한국 정부는 '반한적'이라는 낙인을 찍고 입국비자 발급을 거부했다. 김영삼 정권이 들어서고 나서도 한참 뒤에야 작품소개전이 서울에서 열린 것은 그런 사정이 있다. 그의 광주항쟁 판화 연작은 광주비엔날레 창설 20주년을 맞아 2014년 8월 8일부터 3개월간 열린 특별 프로젝트 '달콤한 이슬-1980 그 후'에서도 주요 작품으로 전시됐다.

요시마쓰, "나를 가장 잘 아는 것은 중앙정보부다"

일본에서 재일정치범 구원운동을 얘기할 때 빼놓을 수 없는 사람 가운데 요시마쓰 시게루 목사가 있다. 도쿄 기타北구의 오지王子에서 수십 년째 작은 교회에서 시무를 하고 있다. 80대 고령인데도 그의 목소리에는 박력이 넘쳐난다. 자신을 가장 잘 아는 것이 한국의 정보기관 KCIA일 것이라는 말도 서슴지 않는다.

재일정치범 석방운동에 끈질기게 매달린 연유를 물으면 자신의 부모 얘기를 반드시라고 할 정도로 꺼낸다. 도쿄 아사쿠사의 '시타마치下町'(서민들이 모여드는 상점가)에서 뼈가 굵어 누군가에게서 도움을 요청받으면 거절하지 못하는 기질이라고 했다. 그래서 자신은 무슨 일을 당해도 흔들리지 않고 활동할 수 있었다고 한다. 공안기관이나 보수적인 교계 일부에서 '폭력 목사', '아카(빨갱이)'라는 중상을 퍼부어대도, 일본 운동권의 고질인 '당파 대립'이 격하게 벌어져도, 그가 구원운동의 현장을 떠나지 않고 자리를 지킨 것은 의리를 중시하는 기풍을 물려받았기 때문이라는 것이다.

평범한 목회자의 길을 가던 요시마쓰는 어떻게 해서 재일한국인 정치범 구원운동에 뛰어든 것일까? 도미야마 다에코와의 만남이 그의 인생에서 전기가 됐다. 전쟁에서 부상한 베트남 어린이를 돕기 위한 운동에 참여한 것이 두 사람 사이를 잇는 징검다리가 됐다.

요시마쓰 목사는 1932년 11월 괴뢰 만주국에 속하던 다롄에서 태어났다. 부친이 일본 병원과 군부대를 상대로 세탁소를 운영해, 일본이 패전하기 전까지는 큰 고생 없이 자랐다. 학교에서는 철저한 군국주의 교육을 받았다. 학교마다 천황의 사진을 걸어놓은 봉안전奉安殿이 있어 그 앞을 지나가는 사람은 교사든 학생이든 고개 숙여 절을 해야 했다. 다롄 소학교 4학년 때 방과 후 친구들과 장난을 치다가 봉안전을 그냥 지나쳤는데 운 나쁘게도 선생에게 들켰다. 요시마쓰는 혼날 것이 두려워 그대로 집으로 도망갔다. 하지만 그걸로 끝나지 않았다. 그 교사가 집까지 쫓아와 학교로 데리고 가서는 꾸짖고 때렸다. 요시마쓰는 두 번 다시 불상사를 일으키지 않고 '충량한 신민'이 되겠다고 서약했다. 그의 희망은 다른 사내아이들처럼 대일본제국의 군인이 되는 것이었다.

일본이 항복하자 생활 기반이 순식간에 무너졌다. 패전 얼마 뒤 팔로군이 들어와 집을 수색했고, 그의 부친은 다롄육군병원과 거래했다는 이유로 인민재판을 받기도 했다. 소련군 점령 치하에서 가재도구와 옷을 팔아가며 연명했다. 그의 가족이 화물선을 타고 다롄을 떠난 것은 1947

요시마쓰 목사

년 3월이다. 세탁소에서 일하던 중국인 직원들이 도와줘 손수레에 짐짝을 싣고 집결 장소로 갔는데 값이 나갈 만한 것은 화물검사를 하는 소련병사들에게 모두 빼앗겼다.

그의 가족은 규슈의 하카타에서 하선해 귀환열차를 타고 도치키현의 고야마로 가 방 한 칸을 빌려 정착했다. 요시마쓰는 도치키중학 3학년에 편입했으나 1947년 8월 모친이 숨졌고 3년 뒤에는 부친마저 세상을 떠났다. 졸지에 고아가 된 그는 학교를 그만두고 실의에 빠졌다가 1950년 크리스마스 때 교회에서 세례를 받았다. 성직자의 길을 가겠다고 결심한 그는 일본복음교단 신학교를 다니며 도쿄 기타의 오지에서 전도를 시작했다. 낮에는 의약품회사 영업이나 운전 등의 일을 하고 밤에 전도해야 하는 고단한 일상이었다. 일본복음교단의 신비주의 성향이 마음에 들지 않아 1960년 일본기독교단(일본그리스도교단)으로 옮긴 뒤에도 오지에서 목회활동을 했다.

교회, 전쟁책임을 고백하다

1967년 요시마쓰 목사 인생에 큰 영향을 끼치는 두 사건이 있었다. 교회의 전쟁책임 고백과 베트남 전쟁에서 부상한 어린이돕기운동이다. 요시마쓰가 속한 일본기독교단은 1941년 6월 신교 33교파가 함께 만든 합동교회다. 전시 중 정부의 전쟁시책에 교단 차원에서 적극 협력했다. 전쟁을 맹목적으로 지지한 데 대한 교단의 반성은 1967년 3월에 나왔다. 당시 교단 총회의장인 스즈키 마사히사鈴木正久 명의로 발표된 '제2차 세계대전에서 일본기독교단의 책임에 대한 고백'은 주요 종교단체 가운데서는 처음 나온 것으로 큰 반향을 일으켰다.

이 고백은 "'세상의 빛' '땅의 소금'인 교회는 그 전쟁에 동조하지 말아야 했다"고 말하고 "우리는 교단의 이름으로 그 전쟁을 시인하고 지지하고 그 승리를 위해 기도하는 것을 안팎으로 성명했다"고 참회했다. 고백은 또 "조국이 죄를 범했을 때 우리 교회도 그 죄에 빠졌으며 우리는 파수꾼의 사명을 소홀히 했다"고 인정했다. 고백은 "깊은 아픔으로 이 죄를 참회하고 주의 용서를 바람과 함께 세계, 특히 아시아의 각국, 그곳에 있는 교회와 형제자매, 또한 우리나라 동포에게 마음속에서부터 용서를 빈다"고 밝혔다. 스즈키 목사는 독일 유학 중 나치에 저항한 독일 '고백교회'의 투쟁에 깊이 감명받았다고 한다.

이와나미서점에서 내는 월간지 〈세카이〉 1967년 5월호에 메이시대 고등아동연구소 소장 W 페퍼가 베트남전쟁 어린이 피해상황에 대해 작성한 보고서가 실렸다. 민간인 사상자 6명 가운데 4명이 어린이며, 어린이 사망자가 25만 명, 부상자가 75만 명에 이른다는 충격적인 내용이었다. 미에현 구와나桑名 교회의 하라사키 기요시原崎清 목사의 발기로 '베트남 전상아戰傷兒에 의약품을 보내는 운동위원회'가 결성돼 각지로 파급됐다. 학교 시민단체와 가톨릭교회도 참여해 "베트남에 평화를! 상처 입은 아이들에게 의약품과 치료를!"이란 구호를 내걸고 가두모금을 벌였다. 도쿄, 지바, 사이타마, 가나가와 등 수도권 교회와 목사들은 1968년 3월 '도쿄위원회'를 결성하고 모금에 나섰다. 운동의 3원칙으로 △전쟁부상 어린이의 실태를 알려서 베트남전쟁의 비참함을 호소하고 △일본 정부의 미국 전쟁 가담에 반대하며 △베트남 민족자결의 원칙을 지지하기로 결의했다.

모금이 목표액에 도달하자 의약품과 의료기기를 사서 '긴급필요도'에 따라 북베트남, 남베트남 해방전선지구에 배분하기로 했다. 목사 두 사람이 현지에 가서 전달하기로 했는데 요시마쓰가 뽑혔다. 그는 1968년 12월 말 나고야 항에서 의약품을 적재한 화물선을 타고 가다 뱃멀미가 심해 홍콩에서 내렸다. 며칠 쉬며 체력을 회복한 뒤 다음해 1월 초 항공편으로 프놈펜에 들어가 북베트남 대사관과 해방전선 대표부에 전달하고 남베트남을 방문해 임무를 마쳤다. 전쟁의 참상을 직접 목도한 그는 귀국길에 이제부터는 결코 전쟁에 가담하지 않으며 착취와 수탈, 차별과 배외주의 등의 불의에도 가담하지 않겠다고 결심했다.

김지하의 저항정신에 반해 구원운동 나서

1968년 1월말 귀국한 요시마쓰는 매스컴에 자주 등장해 유명인사가 됐다. 화가 도미야마가 그에게 연락해서 얘기를 듣고 싶다고 했다. 도미야마는 도쿄 이케부쿠로에 있는 자신의 아틀리에에서 지인들과 정기적으로 사회 현안을 논의하는 공부 모임을 열고 있었다. 지식인 10명 내지 15명 정도가 참여하는 '도미야마 그룹'은 역사학자 하니 고로羽仁五郎의

문제의식을 계승하는 사람들이었다. 이론물리학자로 일본 패전 후 잡지 《사상의 과학》을 창간한 다케타니 미쓰오武谷三男 등이 나왔고, 재일동포도 있었다.

요시마쓰가 공부 모임에 두세 차례 나왔을 때 김지하라는 이름을 처음 들었다. 재일동포 시인 강순姜舜이 김지하 구원운동을 벌이지 않으면 안 된다고 말을 꺼냈다. 1918년 강화도에서 태어나 1930년 일본에 온 강순은 《오적》, 《황토》, 《비어》 등 김지하의 시집을 몇 차례 번역했다. 나중에는 신동엽, 김수영, 신경림, 조태일 등의 시도 소개했다.

강순이 번역한 《오적 황토 비어 김지하 시집》이 1972년 아오키서점에서 나오기 전에 《긴 어둠의 저편에》라는 김지하 시집이 1971년 주오고론사에서 나왔다. 역자는 시부야 센타로澁谷仙太郎라는 희한한 이름으로 표기됐는데 실제는 공산당 기관지 〈아카하타〉의 기자인 하기와라 료萩原遼였다. 1950년대 중반 오사카 덴노지고등학교 야간부를 다닐 때 제주도 출신의 한 재일동포 학생을 만난 것을 계기로 조선인과 한반도 문제에 관심을 갖게 된 그는 일본의 국립대학 가운데 전후 처음으로 1963년 조선어학과가 개설된 오사카외국어대에 들어가 조선어를 배웠다.

1969년 아카하타에서 기자생활을 시작한 그는 김지하의 처녀시집 《황토》를 읽고 이대로 가면 김지하가 박정희 정권에 의해 죽임을 당할 것으로 생각했다. 그는 공산당 본부에서 일하는 자신이 섣불리 움직이면 오히려 김지하를 사지로 몰아넣을지도 모른다고 고민한다가 김지하의 시 4편을 주오고론사의 편집자 미야타 마리에에게 건넸다. 미야타는 시를 읽어본 뒤 그 자리에서 번역시집을 내자고 말했다고 한다. 하기와라는 1972년 5월 〈아카하타〉의 평양특파원으로 부임했으나 1년도 되지 않아 1973년 4월 추방됐다. 1960년 '귀국선'을 타고 북한으로 간 고교 시절의 조선인 친구를 찾으려고 나선 것을 북한 당국이 '스파이 활동'으로 여긴 것이다. 그는 〈아카하타〉에서 나온 뒤에는 '북조선 귀국자의 생명과 인권을 지키는 모임' 등에서 활동했다.

평소 연극이나 영화에 관심이 많았던 요시마쓰는 김지하의 강렬한 저항정신에 매료됐다. 김지하 구원운동에 나섰고, 극단 '민게이民藝'가 김지하의 희곡 〈구리 이순신〉, 〈진오귀〉 등을 상연하는 일에도 가담했다. 그는 김지하의 작품을 통해 한국의 민주화투쟁, 분단 상황, 민족통일의 열망을 알게 됐다. 1972년 8월 15일 민단 도쿄본부와 총련 도쿄도본부가 센다가야의 도쿄체육관에서 7·4성명지지 동포대회를 열었을 때 요시마쓰는 연출가 요네쿠라 마사카네米倉齊加年, 도미야마 다에코 등과 함께 행사장 앞에서 김지하 구출전단을 돌렸다.

요시마쓰는 일본에서 김지하 구원운동이 도미야마의 아틀리에에서 시작됐다고 믿는다. 한편으로는 김지하 구원운동을 조직한 이로 주오고론사에서 38년간 편집자로 일한 미야타 마리에를 꼽는 사람들이 많다. 누가 주도했든 김지하는 일본에서 일약 명사가 됐다. 아사히신문사에서 내던 화보 주간지 〈아사히그라프〉(1923년에서 2000년까지 발행)에도 등장할 정도였다. 김지하의 구원운동에 참여하는 사람들이 속속 늘어 '쏠림 현상'도 두드러졌다. 요시마쓰는 주로 토론을 벌이는 도미야마 아틀리에의 '지식인 분위기'가 점차 마음에 들지 않았다. '입으로 하는 활동'은 자신의 기질에 맞지 않는다는 것이 그의 지론이다. 김지하 구원운동은 확 번져나갔지만, 재일한국인 정치범 석방운동으로 관심이 이어지지 않는 것이 마음에 걸렸다. 그 무렵 한 재일동포가 찾아와 한국에 수감돼 있는 재일정치범 석방운동을 벌여달라고 부탁했다.

한국인 여성 3인과의 운명적 만남

요시마쓰가 처음 한국을 방문한 것은 1973년 10월 중순이다. 포항제철소 건설과 관련해 기술자문을 해주다 간첩 혐의로 구속된 김철우 박사의 재판을 방청하고 '믿을 수 있는' 변호사를 구하기 위해서였다. 그가 처음 가본 재일한국인 정치범 구원집회는 1971년 가을 도쿄 신주쿠에서 열린 서승·서준식 형제 구원모임이었다. 구원회 대표인 쇼지 쓰토무 목사의 요청으로 참석한 것으로 기억한다. 일본 신문에 화상으로 일그러진 서승의 얼굴 사진이 크게 보도되던 무렵이다. 요시마쓰는 서승의 처참한 사진을 보고 충격을 받았다.

요시마쓰는 첫 방한 때 앰네스티 일본지부로부터 재야지도자 함석헌, 김재준, 안병무를 면담해달라는 부탁도 받았다. 김대중 납치 사건으로 중앙정보부 요원들이 일본에서 활개치고 다녔다는 것이 드러난 직후여서 일본인 활동가들은 한국에 들어갈 때 상당한 위기감을 느꼈다. 요시마쓰는 한국 실정에 어두운 데다 현지에 지인도 없었다. 고민에 빠진 그에게 같은 교단 소속으로 한국에서 전도활동을 하던 사와 마사히코澤正彦가 떠올랐다. 도쿄대 법학부를 나와 목사가 되려고 도쿄신학대에 들어간 사와는 재일한국인 목사로부터 "한국을 식민지로 만들고 괴롭힌 일본인이 지금도 재일한국인을 차별하고 있다. 한국을 사랑하고 좋은 이웃이 되는 사람은 없는가?"라는 말을 듣고 벼락을 맞은 듯 충격받았다고 한다. 그는 연세대 신학대학원에 들어가 공부했고, 1973년에는 전후 최초의 일본인 선교사로 다시 한국을 찾았다.

요시마쓰 목사의 회고록《재일한국인 '정치범'과 나》가 출간된 것은 그의 첫 방한 이후 14년이 지난 1987년이었다. 책의 서문에 이런 단락이 있다.

> 처음 방한했을 때 변호사 선임과 재판 방청 때 통역해 준 K씨의 일을 잊을 수 없다. 그의 여동생은 중증의 심장병을 앓고 있으면서도 두 번에 걸쳐 옥중생활을 했다. 자매의 어머니는 양심수·정치범의 구원과 그 가족들의 생활 지원에 이르기까지 노심초사하는 나날을 보내고 있었다. 나는 세 한국인 여성과의 만남을 통해 구원운동에 미력이나마 모두 쏟아 부을 것을 결의하고 귀국길에 올랐다.

요시마쓰가 김포공항에 도착했을 때 사와 부부가 마중 나왔다. 그는 지옥에서 부처님을 만난 느낌이라고 썼다. 그가 이름을 밝히지 않은 자매의 어머니는 김한림이다. '양심수의 대모'로 불린 김한림은 1932년 부산의 기독교계 학교인 동래일신여학교(현재의 동래여고)를 졸업하고 도쿄 가정전문학교에 유학했다가 돌아와 모교와 동덕여고 등지에서 교사를 했다. 야당 당수를 지낸 박순천, 윤보선 전 대통령의 부인 공덕귀가 동래일신여학교 출신이다. 해방 후 문필가 김소운과 결혼한 그는 홀로 1남 2녀를 키우다시피 하면서 교사와 여전도회 일을 했다. 1965년에는 한일협정 반대투쟁을 벌이다 내란음모 혐의로 수배 중인 서울대생 김중태를 집에 숨겨주었다가 구속돼 한 달 만에 선고유예로 풀려나기도 했다.

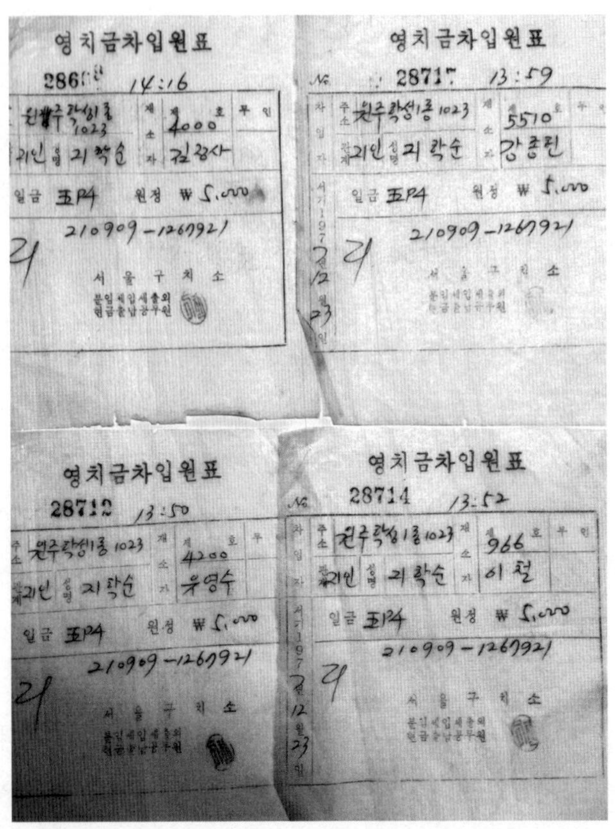
영치금차입원표
2861 14:16
주소 원주학성1동 1023 | 제소자 4000호
관계 괴인 성명 지학순 | 제소자 김정사
일금 五千 원정 ₩5,000
210909-1267921
지
서울구치소
분임세입세출외 현금출납공무원

영치금차입원표
No. 28717 13:59
차입자 주소 원주학성1동 1023 | 제소자 5510호
관계 괴인 성명 지학순 | 제소자 강종헌
일금 五千 원정 ₩5,000
210909-1267921
지
1977년 12월 23일
서울구치소
분임세입세출외 현금출납공무원

영치금차입원표
28712 13:50
주소 원주학성1동 1023 | 제소자 4200호
관계 괴인 성명 지학순 | 제소자 유영수
일금 五千 원정 ₩5,000
210909-1267921
지
서울구치소
분임세입세출외 현금출납공무원

영치금차입원표
No. 28714 13:52
차입자 주소 원주학성1동 1023 | 제소자 966호
관계 괴인 성명 지학순 | 제소자 이철
일금 五千 원정 ₩5,000
210909-1267921
지
1977년 12월 23일
서울구치소
분임세입세출외 현금출납공무원

지학순 주교 영치금.
서울구치소에 '간첩' 혐의로 수감된 재일동포 유학생들에게 1977년 성탄절 직전 지학순 주교가 영치금을 넣었다는 증서. 일본 가톨릭 등에서 보낸 자금을 당시 구속자 지원운동을 벌이던 김한림, 정금성(김지하의 모친), 조정하(박형규 목사의 부인) 등이 서울구치소를 방문해 지 주교 명의로 넣은 것으로 추정된다

두 차례나 투옥됐다는 딸은 1974년 민청학련 사건 때 홍일점으로 구속된 김윤이다. 당시 서강대 영문과 4학년인 딸이 군사법정에서 7년형을 선고받자 김한림은 "사형선고를 받은 다른 학생들 보기가 미안하다.

죽이든 살리든 같이 하라"고 절규했다고 한다. 딸의 구속을 계기로 다시 민주화운동에 뛰어든 그는 '가족민주화운동'이라는 새로운 장르를 만들어냈다고 평가받는다. 그는 어렵게 대학을 보낸 자녀들이 투옥돼 실의에 빠진 구속자의 부모를 위로하는 일에 앞장섰다. 공덕귀, 박형규 목사의 부인 조정하, 김지하의 모친 정금성 등과 함께 '구속자가족협의회'를 만들어 총무 역을 자임했고, 생활형편이 어려운 구속자 가족을 도왔다. 그는 시국선언문 초안을 숨겨 갖고 다니며 전달하는 '연락책' 역할까지 했다. 중앙정보부에 수십 차례 불려 다니면서도 움찔하지 않고 운동을 계속했다.

요시마쓰가 K로 표기한 사람은 김한림의 장녀 김영이다. 연세대 신학과 재학 중 서울로 유학 온 사와 마사히코를 만나 결혼했다. 두 사람 사이에 태어난 이가 일본에서 싱어송라이터로 활약하고 있는 사와 도모에澤知惠다. 사와 도모에는 1971년 가와사키에서 태어나 두 살 때 서울에 와서 여섯 살 때까지 지냈다. 외할머니 김한림에 대한 기억은 수감된 이모 김윤을 면회한다고 구치소에 계속 데리고 다닌 것과 경찰이 찾아오면 할머니의 신호로 집안에 있던 누군가가 숨었다는 것이다.

김한림 일가에는 안타깝게도 세상을 일찍 떠난 사람들이 있다. 사와 마사히코 목사는 미국 프린스턴대에서 2년간 유학을 마치고 1979년 서울로 돌아왔으나 설교 내용이 반정부적 내용을 담고 있다는 이유로 두 달 만에 가족과 함께 국외추방명령을 받았다. 일본으로 돌아간 그는 1989년 쉰 살이 채 되기 전에 숨졌다. 막내 딸 김윤은 심장 인공판막수술을 받고도 농민 여성운동을 하다가 2004년 2월 쉰한 살의 나이에 세상을 떠났다. 1981년 남편을 잃은 김한림 자신은 1993년 8월 타계했다.

요시마쓰는 서소문의 서울지방법원 청사에서 열린 김철우 박사의 첫 공판을 방청했다. 그는 공판이 끝난 후 법정 밖 마당에서 기다리다가 김철우가 교도관들에 의해 끌려나오자 달려가 "선생, 일본에서 왔습니다. 잘 견디십시오"라고 일본어로 외쳤다. 요시마쓰의 눈에는 깜짝 놀란 김철우의 얼굴에 생기가 돌아온 것으로 비쳤다.

요시마쓰는 김한림의 소개로 김철우 담당 변호사에 태륜기를 선임했다. 전임 변호사 권일은 의혹이 많은 사람이라고 회고록에 썼다. 민단 단장을 역임한 그 사람이다. 요시마쓰의 말로는 권일이 변호사 착수금을 받았는데도 재판 상의하러 가겠다고 연락하니 사건을 맡을 수 없다고 거절했다고 한다.

요시마쓰는 첫 방한을 포함해 1년여 동안 다섯 차례 서울을 찾았다. 모두 재일동포 정치범 구원운동과 관련된 일이었다. 그의 방한 활동은 줄곧 정보부의 감시를 받았던 것으로 보인다. 1974년 11월 24일 그는 여섯 번째로 방한했다가 김포공항에서 강제송환 조치를 당했다. 갈수록 수상한 사람들이 미행, 감시하는 것 같아 동행한 한 청년에게 대통령에게 보내는 구원서명이나 재판관계 중요서류를 맡기고 따로 탑승했다. 만일의 사태에 대비해 김포공항에 도착해서 한 시간이 지나도 자신이 나오지 않으면 따로 서울 시내로 들어가도록 미리 약속했다.

그가 입국심사를 통과해 나가려 하자 건장한 남자 여럿이 나타나 공항 경비실로 끌고 갔다. 책임자로 보이는 남자가 취조하겠다고 해 요시마쓰는 일본대사관 직원의 입회를 강력하게 요구했다. 그는 "한국 정부에 바람직하지 않은 인물"이라는 입국거부 사유를 통보받고 두 시간 뒤 일본항공 여객기에 태워져 귀국했다.

그가 다시 한국 입국이 허용된 것은 1998년 2월이니 23년 3개월만이다. 김대중 대통령의 취임식에 초청받아 온 것이다. 이보다 앞서 그는 1996년에 한국을 찾았다가 또 거절됐다. 전두환·노태우 정권이 끝나서 문제가 없으리라고 기대했는데 어긋난 것이다. 〈한겨레〉 1996년 7월 17일 자에는 수감 중인 재일동포 정치범 여섯 명의 석방을 요청하는 일본 국회의원 130명의 연대서명서가 7월 16일 세종로 정부종합청사 민원실에 접수됐다는 1단 기사가 실렸다. 요시마쓰 목사는 입국이 거부됐지만 동행한 다른 석방운동 관계자가 서명서를 제출한 것으로 보인다.

요시마쓰가 1년여 재일정치범 재판을 방청하고 한국의 재야인사들에게도 도움을 요청하며 다니면서 느낀 것은 반응이 별로 우호적이지 않았다는 점이다. 재일동포의 특수한 사정을 호소하려 해도 거리를 두며 피하려는 사람들이 많았다. 경위가 어찌 됐든 실제로 북한에 갔던 사람들도 있어서 국가보안법으로 당해도 어쩔 수 없다는 반응이 상당히 있었다. 꽤 알려진 인권변호사 가운데서도 자신과는 상관없는 일이라고 말하는 사람도 있었다.

요시마쓰로서는 서운한 일이었고, 분단사회의 장벽을 절실히 느끼는 계기가 됐다. 몇 사건의 재판을 방청해보니 도저히 공정한 재판이라고는 생각할 수 없었다. 간첩 혐의를 받은 피고 본인의 증언이나 피고 쪽의 증인 요청은 거의 인정되지 않았다. 요시마쓰는 재일동포 사건에서 일부 '악덕 변호사'의 폐해를 뼈저리게 느꼈다. 이들이 피고석에 선 사람들을 방어하는 게 아니라 오히려 정보기관이나 권력의 앞잡이 노릇을 했다는 것이다. 이들은 국내 사정에 어두운 일본의 가족들에게 침묵하도록 강요하고, 돈을 써야 감형이나 석방을 이끌어낼 수 있다고 속여 거액을 뜯어냈다. 그래서 요시마쓰는 신뢰할 수 있는 변호사를 선임하는 게 무엇보다도 중요하다는 점을 깨달았다고 한다. '악덕 변호사'가 선임돼 있다면 그들을 해임하는 것이 구원운동의 첫 투쟁이었다고 그는 말했다.

재일동포 정치범 지원운동을 하면서 요시마쓰는 재일한국인의 존재를 처음으로 인식하게 됐다. 그전에는 보려하지 않던 일본 사회의 구조적 차별 등 어두운 구석에 눈을 돌리게 됐다. 또한 한국 정보기관의 간첩조작 사건에 일본의 정치권력과 공안경찰이 얼마나 관여돼 있는지도 그의 관심사가 됐다.

재일한국인 정치범을 지원하는 모임 전국회의 결성

1976년 6월 20일 도쿄 오차노미즈의 YWCA회관에서 '재일한국인 정치범을 지원하는 모임 전국회의(약칭 전국회의)'의 결성 총회가 열렸다. 한국에 유학 사업 또는 친지방문 목적으로 갔다가 간첩 혐의로 실형을 선고받은 재일한국인 사건에서 개별 구원회나 지역단위의 연락 모임이 있기는 했지만 전국적인 모임은 처음이다. 약 200명이 참가한 결성 총회에서 국제법 전문가인 미야자키 시게키 메이지대 교수가 대표에, 사무국장에는 요시마쓰 목사가 선출됐다.

요시마쓰가 전국 모임 결성을 추진한 것은 재일한국인 정치범 사건이 당사자의 가족, 친지, 지인 들만의 문제가 아니고 일본인 전체 문제로 다뤄야 한다고 생각했기 때문이다. 그는 한국의 독재정권을 비판하는 것만으로 문제가 해결될 수 없다고 봤다. 한국의 재일정치범 탄압을 암묵적으로 지원하고 있는 일본 정부에도 책임이 있는 만큼 일본 민중의 책임 차원에서 문제에 접근해야 된다는 것이다. 전국회의 결성에는 반대 의견도 적지 않았다. 도쿄에서 구원운동을 일률적으로 지휘하려는 것은 적절치 않다든지, 개별 구원회의 활동을 오히려 강화해야 한다든지 등의 이견이 제기됐지만, 일본 정부를 상대로 싸우려면 중앙조직이 필요하다는 쪽으로 의견이 모아졌다.

전국회의는 활동 목표로 △모든 재일한국인 정치범의 생명과 인권을 지킨다 △정치범 가족을 지원한다 △인도·인권옹호의 입장에서 사상·신조의 차이를 극복하고 함께 싸운다 △일본 정부로 하여금 인권구제의 구체적 조치를 하게 한다 △일본 국내외에서 국제적인 구원 여론을 환기한다는 것을 내걸었다.

당시만 해도 재일정치범에 대한 일본인의 관심은 낮은 편이었다. 전국회의는 총평이나 일조日朝국민회의 등 노동조합과 시민단체를 찾아다니며 구원운동에 동참할 것을 호소했다. 대중단체를 통해 서명운동을 벌여 일본 정부가 재일한국인 정치범의 '인권 구제'에 나서도록 해야 한다고 여론몰이에 나섰다. 전국회의가 재일정치범 가족 모임에 강력한 연대의사를 표명한 것은 의지할 데 없는 가족들에게는 큰 버팀목이 됐다.

재일정치범이 몰려 있는 간사이 지방에서는 고교, 대학시절의 일본인 동창생들이 개별 구원회를 조직하고 거기에 노동조합 활동가들이 가세했다. 개별 구원회의 연계조직인 '11·22재일한국인유학생·청년부당체포자를 구원하는 모임'이 결성돼 구와바라 시게오桑原重夫 목사가 사무

 국장을 맡아 이끌었다.

잇단 사형 판결에 총리 부인 찾아가 구명 호소

1975년 4월 8일 2차인혁당 사건 구속자들의 상고가 대법원에서 기각된 뒤 다음날 새벽 사형수 8명에 대한 형집행이 전격적으로 실시되었다. 이는 일본의 구원운동 활동가들에게도 큰 충격이었다. 박정희 정권이 위기에 몰리면 세계 여론은 아랑곳하지 않고 사형수를 처형한다는 게 만천하에 드러났기 때문이다.

이 무렵을 전후해 재일동포 관련 사건에서 극형 판결이 쏟아져 나오기 시작했다. 민청학련 사건이 터진 1974년 4월 보안사령부에 체포된 사업가 최철교는 그해 10월 1심에서 반공법 국가보안법 위반 혐의로 사형선고를 받고, 1975년 5월 대법원에서 상고가 기각돼 형이 확정됐다. 체포에서 사형 확정까지 일절 국내 언론에 공개되지 않았던 최철교 사건과 달리 보안사령부는 민단 도쿄본부 부단장 진두현 사건은 1974년 11월 요란하게 발표했다. 민단 요직에 침투한 간첩으로 포장된 진두현은 1975년 4월 1심에서 사형이 선고됐고, 1976년 2월 대법원에서 형이 확정됐다.

'11·22사건'으로 구속된 20대 젊은이들에게도 극형 판결이 나왔다. '11·22사건'에서 주범으로 발표된 백옥광과 부산대 여학생 김오자에게는 1976년 4월 1심에서 사형이 선고됐고, 2차 '11·22사건'으로 검거됐으나 언론에 공개되지 않았던 고대 대학원생 이철과 서울대 의대생 강종헌에게도 그해 5월과 7월 1심 선고공판에서 사형이 떨어졌다. 이중 김오자는 항소심에서 무기로 떨어졌으나 다른 사람들은 사형이 확정됐고, 재심 요청도 번번이 기각됐다.

먼저 사형이 확정된 최철교와 진두현의 사형집행을 막는 것이 가장 시급한 과제였다. 요시마쓰는 최철교의 부인 손순이, 진두현의 부인 박삼순과 함께 안타쿠 쓰네히코安宅常彦 의원을 비롯한 사회당 의원들을 찾아다니며 호소했다. 하지만 사회당 의원은 국회에서 정부를 상대로 질의는 할 수 있으나 한국 정부에 압력을 가할 수 있는 현실적 수단은 없었다.

요시마쓰에게 뜻하지 않은 원군이 나타났다. 1975년 7월 14일 도쿄 젠덴쓰全電通노동회관에서 열린 사형집행 저지집회에 한 여성이 나타났다. 〈아사히신문〉에 실린 집회 예고를 보고 찾아 왔다고 했다. 그 여성이 당시 총리 미키 다케오三木武夫의 부인 무쓰코睦子를 소개해줘 요시마쓰는 두 사형수 부인과 함께 사저로 찾아갔다. 무쓰코 부인은 손순이, 박삼순에게 실망하지 말고 힘내라고 위로한 뒤 무엇을 해주기를 바라는지 물었다. 요시마쓰가 한일의원연맹에 참가하고 있는 자민당 중·참의원의 서명을 받을 수 있도록 해달라고 하자 그 자리에서 모리 마쓰헤이毛利松平 의원에게 전화를 걸어 협력을 당부했다. 모리 의원은 당시 한일의원연맹의 사무국장이었다. 그 무렵 사회당 의원은 한일의원연맹의 구성원도 아니었다. 사회당 의원은 1994년 2월에야 처음으로 가입했지만 그것도 일부 의원이 개인 자격으로 한 것이다.

요시마쓰는 모리 의원의 사무실을 찾아가 의원연맹의 회원 명부를 받아 의원 사무실을 돌아다녔다. 자민당의 아주 보수적인 매파 의원들까지 서명해주었다. 재일정치범 구원운동 역사상 자민당 의원들이 대거 동참한 것은 이때가 처음이자 마지막이었다. 그해 9월 26일까지 의원연맹 소속 101명의 서명을 받았다. 요시마쓰는 이 연대서명서가 한국 쪽에 전달되도록 협조를 요청하기 위해 당시 대장상인 오히라 마사요시大平正芳(후에 총리)의 부인을 찾아갔다. 며칠 뒤 서명서는 의원연맹 한국 쪽에 넘겨졌다. 요시마쓰는 미키 총리 부인 등을 소개해준 여성에 대해 회고록에서는 익명으로 처리했으나, 그가 아시아의 유학생 지원활동을 하던 고마쓰 히데코小松秀子라고 확인했다. 구세군에도 있었던 고마쓰는 '국제친선의 모임'을 운영하며 명사들과 친분이 두터웠다고 한다.

한일의원연맹 소속 자민당 의원들의 서명 제출은 반작용을 불러오기도 했다. 요시마쓰는 한일의원연맹 회장 대리인 후나다 나카船田中 의원 사무실에 불려가 "앞으로 일절 의원연맹 회원사무소에 출입하지 않도록 회장으로서 요구한다"는 통고를 받았다. 후나다는 중의원 의장 등을 역임한 자민당의 중진이었다. 내막은 확실치 않으나 한국 쪽의 반발이 있었던 것으로 추측된다.

사형수 가족과 구원회 관계자들의 노력이 쌓인 결과 1976년 1월 31일 중의원 예산위원회에서는 여야 합의로 일본 정부에 사형집행 중지를 요청하도록 하는 인권구제 요청이 채택됐다. 재일정치범에 대한 첫 인권구제 요청이다. 이날 예산위원회에서 고바야시 스스무小林進사회당 의원이 사형수들의 구명을 요청하자 미키 다케오 총리는 "한국내의 문제이기 때문에 간섭할 수 없다"고 넘어갔다. 전년에도 사회당의 도이 다카코 의원과 안타쿠 쓰네히코 의원이 외무위원회와 예산위원회에서 각기 거론했지만 정부쪽 답변은 같은 수준이었다.

이번에는 자민당의 아라후네 세이주로 예산위원장이 관심을 보여 사정이 달라졌다. 아라후네 위원장은 예산위원회 이사회에 협의를 요청하고 방청석에 앉아 있던 손순이, 박삼순을 회의장으로 불러내 격려까지 했다. 중의원 예산위원회가 여야 합의로 인권구제를 요청하자, 이데 이치타로井出一太郎 관방장관은 "위원장의 요청에 대해 될 수 있는 한 협력한다"고 답변했다.

요시마쓰는 박정희 대통령이나 김종필 총리에게 메시지가 직접 전달될 수 있는 창구를 찾으려고 노력했다. 그는 최철교 부인 손순이와 함께 아라후네 의원의 후원회장을 찾아가 시나 에쓰사부로椎名悅三郎가 박정희 또는 김종필에게 전화로 얘기해줄 수 있는지 협의했다. 아라후네가 시나의 측근이었기 때문이다. 요시마쓰는 후에 후원회장으로부터 바라던 대로 됐다는 연락을 받았다. 실제로 시나가 박정희 등에게 전화했는지 확인할 방도는 없다.

극우 자민당 의원에게는 '정치범 석방' 선물

중의원 예산위원회가 여야 합의로 최철교, 진두현에 대해 인권구제를 하도록 일본 정부에 촉구한 것이나 한일의원연맹의 연대서명서 전달은 당시 한국 언론에 보도되지 않았다. 반면 자민당에서 가장 보수적인 의원이 한국에 대한 '내정 간섭'을 중지하라며 아라후네 예산위원장을 비난한 발언은 크게 보도됐다.

다마키 가즈오玉置和郎 참의원 의원은 1976년 4월 26일 참의원 예산위원회에서 진두현과 최철교는 간첩 혐의로 대법원에서 사형 판결을 받은 사람인데 중의원 예산위원회에서 일부 야당 의원이 이들의 구출을 정부에 촉구하고, 아라후네 예산위원장이 노력하겠다고 한 것은 한국의 주권과 사법권을 침해한 것이라고 비난했다. 그는 일본이 무역대금 지불을 연체하고 있는 북한에게는 약한 태도를 취하면서 한국의 주권을 침해하는 것은 잘못된 것이라며 일부 의원들과 정부는 각성해야 할 것이라고 주장했다. 이에 대해 미키 총리는 한국에 대한 사법권 간섭은 있을 수 없는 일이라고 말하고, 미야자와 기이치 외상은 중의원 예산위원회의 결의를 한국 정부에 비공식적으로 설명했을 뿐이라고 해명했다.

다마키 의원은 당시 자민당 내 극우 소장의원의 모임인 '세이란카이青嵐會'의 '망나니'로 불리던 인물이었다. 후에 도쿄도지사를 지냈고 한국이나 재일동포에 대한 망언을 되풀이하던 이시하라 신타로石原愼太郎도 이 모임에 속했다. 다마키 의원의 발언은 〈동아일보〉 1면에 5단 기사로 실렸고, 〈경향신문〉에는 1면에 4단 크기로 다뤄졌다. 제목도 '북괴에는 저자세, 한국에는 고압적'이라는 식으로 달아 다마키 의원이 일본 의회의 잘못된 자세를 지적한 것으로 전했다. 극우적 사고의 정치인이 '친한파' 정치가로 포장된 것이다.

다마키 의원의 행동은 그해 연말 한국 정부로부터 '보상'을 받았다. 방한한 그는 12월 27일 수감돼 있던 '간첩' 세 명을 데리고 일본으로 돌아

在日僑胞및 日本人 間諜事犯中 特赦減刑者 現況

連番	姓名	犯罪事實	審級別刑量 1審	審級別刑量 2審	審級別刑量 3審	特赦	備考
1	澤本三次 (66才) [illegible](株) 社長 東京都 中野区 中央3-45-18	○67.8.2 모스코바經由 入北 間諜教育및 指令 받음 ○71.8.4 東伯林 經由, 2次入北 間諜教育및 指令받음 ○72.8.4 國內에 潛入, 經濟界 및 軍部人士等 接觸, 軍事機密 探知等 暗躍 ○73.3.6 被檢	無期懲役 73. 7.24	抗訴棄却 73 12.27	上告棄却 74 3.26	刑執行停止 76 12.27	出國 76 12.27
2	夏谷進 (60才) 貿易業 [illegible] 中野町 106	○69.2 [illegible] 北傀工作員 김영의에게 包攝 ○74.4 모스코바 經由 入北 間諜教育및 指令 받음 ○71.8~72.10間 2次國內에 潛入, [illegible], 地下鐵 建設狀況等 情報蒐集 ○72.11.20. 2次入北, 間諜教育 및 指令받음 ○73.7.7 經濟土台 構築目的 潛入 ○73.7.7 被檢	無期懲役 73. 11.23	抗訴棄却 74. 6.3	上告棄却 74 5.26	刑執行停止 76 12.27	出國 76 12.27

56

간첩 사건에 연루됐던 재일동포와 일본인에 대한 특사 감형 자료.
일본에 귀화한 사와모토 산지, 나쓰야 산지의 이름이 보인다

갔다. 이들은 재일한국인이 아니라 귀화한 '한국계 일본인'이었다. 이들은 중앙정보부가 1973년과 1975년 사이 북한이 귀화일본인까지 포섭해 국내 침투를 노렸다고 개별적으로 발표한 사건의 당사자였다.

가장 먼저 검거된 사와모토 산지澤本三次(한국명 한삼차)는 1973년 7월 1심에서 무기를 선고받았고, 나쓰야 스스무夏谷進(한국명 전주진)도 그해 11월 1심에서 무기를 받았다. 이토 겐타로伊藤玄太郎(한국명 이동현)는 1975

년 9월 1심에서 사형선고를 받았다가, 2심에서 무기로 떨어져 대법원에서 그대로 확정됐다. 무기 등의 중형을 받은 '간첩'이라 해도 정치적 고려에 따라 2~3년 안에 풀려날 수 있음을 보여준 사례다.

다마키의 본색은 1986년 9월 후지오 마사유키藤尾正行 망언이 터졌을 때 두드러지게 나타났다. 당시 문부상인 후지오는 일본의 한국 강점에 대해 "한일합방은 양국의 합의 위에 설립된 것으로 한국 측에도 책임이 있다"고 발언했다가 파면됐다. 나카소네 야스히로中曾根康弘 총리는 후지오의 망언이 한일 간의 주요한 현안으로 부각되자 자진사퇴를 유도했다. 그러나 후지오가 응하지 않자 결국 파면조치를 취했다. 보수정당들이 통합돼 자민당이 1955년 발족한 이후 현직 각료가 파면된 것은 처음이었다. 나카소네 내각에서 총무청장관을 한 다마키는 후지오의 발언이 일관된 신념에서 나온 것이라고 오히려 옹호하고 나섰다.

여권 없는 가족들, 적십자사 신분증명서로 재입국 허가 받아

재일정치범 가족과 구원운동을 벌이는 단체들은 1978년 말부터 유엔을 비롯한 국제무대에서 한국에 수감된 재일정치범의 실상과 사형집행 저지문제를 호소하기로 방침을 정하고 준비에 나섰다. 이 분야의 일에 경험 있는 사람이 전혀 없어서 국제단체에 접근할 수 있는 방안을 알아보며 제출할 자료를 준비하기 시작했다. 유엔 인권위원회에 대표를 내고 있는 나라의 도쿄주재 대사관을 찾아다니며 접촉해서 우호적인 반응을 얻었다. 상당한 경비가 드는 기획이기 때문에 '가족유엔파견기금'도 모으기 시작했다.

가장 큰 장애물은 정치범 가족에게 여권이 없는 점이었다. 한국 정부는 여권 발급을 정치범 가족의 길들이기에 사용했다. 가족이 무죄를 주장하고 석방운동 집회에 나가 '시끄럽게' 하면 여권을 주지 않았다. 가족이 수감자 면회를 위해 여권을 신청하면 혐의를 인정하고 수감자가 '전향'하도록 설득한다는 조건을 달아 여권을 발급했다.

일본의 출입국관리령과 시행규칙에 따르면 재일외국인이 출국해 돌아오려면 본국정부 발행의 여권이나 그것에 준하는 증명서를 제출해야 했다. 일본 정부는 여권을 소지하지 않은 재일한국인에 대해서는 해외 출국을 허용하지 않았다. 정치범 가족모임과 이들을 지원하는 활동가들은 여권이 없는 상태로 출국할 수 있는 방안을 모색하기 위해 외무성, 법무성, 일본적십자사 등을 찾아다니며 호소했다. 여권이 없는 재일외국인이 해외에 나가려면 입국관리국(약칭 입관入管) 국장증명서와 재입국허가서를 받아야 한다. 일본 정부는 한국 정부와의 마찰이 빚어질 것을 우려해 석방운동을 벌이는 정치범 가족에게 입국관리국 국장증명서와 재입국허가서를 발급하기를 꺼렸다.

정치범 가족은 한국대사관에서 여권 신청서류 접수조차 거부당하자 일본적십자사에 신분증명서 발급을 요청해 발급받았다. 정치범 가족과 구원회는 이 적십자사 신분증명서로 일본 정부를 압박했다. 법무성은 외무성과 협의를 거듭한 끝에 출국 목적이 정치보다는 인권문제이고, 재입국 허가가 한국과의 관계에서 외교상의 이익을 해치지 않는다는 판단에 따라 1979년 12월 14일 정치범 가족 일곱 명에게 재입국을 허가했다. 1972년 중일국교 수립 이전의 재일중국인이나 조선적 재일조선인이 일본적십자사 발행의 신분증명서로 재입국허가서를 받은 적은 있으나 여권이 없는 재일한국인의 경우는 처음이다. 일본 정부의 재입국허가서 발급은 본국 정부의 여권이 없는 재일동포에게도 해외여행의 자유를 인정했다는 점에서 큰 의미가 있다.

유엔 인권위에서 인권문제 호소

1차 유엔파견 대표단은 정치범 가족 여섯과 요시마쓰 목사 등 지원활동가 둘 등 모두 여덟 명으로 구성됐다. 대표단에는 울릉도 사건의 이좌영 부부를 비롯해 사형수였던 최철교, 백옥광, 강우규의 가족들이 참여했다. 이들은 1980년 1월 7일 일본을 떠나 31일 귀국할 때까지 뉴욕과 주네브 등지에서 활동을 벌였다. 수감자의 석방을 촉구하는 40만 명의 서명을 담은 마이크로필름을 뉴욕인권위원회 연락사무소에 제출하고, 워싱턴에서는 케네디 상원의원 등을 면담했다. 주네브에서는 유엔인권위, 국제적십자사, 국제법률가협회 등을 찾아다니며 관심을 기울여줄 것을 호소했다.

유엔인권위가 운영되고 있는 방식을 파악한 것이 큰 소득이었다. 유엔인권위는 해마다 2월과 3월 주네브에서 6주간 본회의를 여는데 의제는 전년 8월 인권소위에서 선정됐다. 전 세계에서 수많은 의제들이 인권소위에 쏟아져 들어오기 때문에 국제적십자사 국제사면위원회(앰네스티 인터내셔널), 국제법률가협회, 퀘이커본부 등 유엔인권위에서 발언권을 갖고 있는 '비정부조직(NGO)'의 협조를 얻는 게 무엇보다도 중요하다는 것

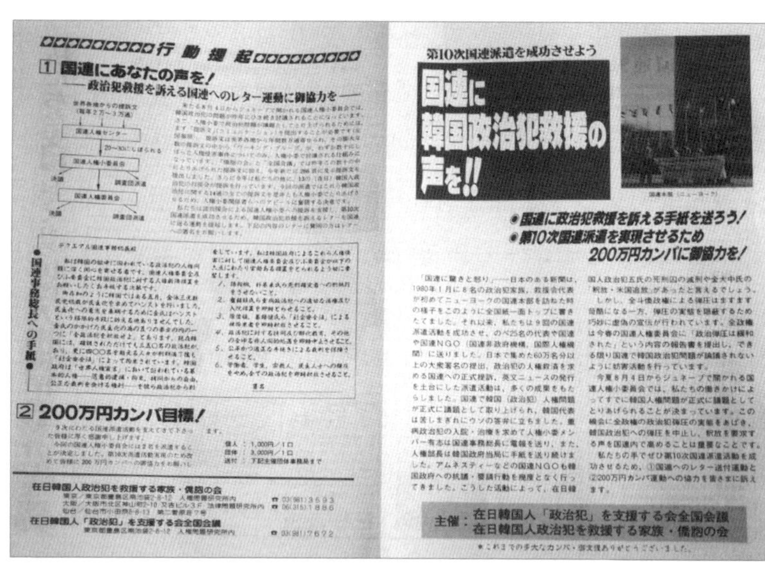

行動提起

1 国連にあなたの声を！

——政治犯救援を訴える国連へのレター運動に御協力を——

●国連事務総長への手紙●

2 200万円カンパ目標！

個人：1,000円／1口
団体：3,000円／1口
送付：下記主催団体事務局まで

在日韓国人政治犯を救援する家族・僑胞の会

在日韓国人「政治犯」を支援する会全国会議

第10次国連派遣を成功させよう

国連に韓国政治犯救援の声を!!

●国連に政治犯救援を訴える手紙を送ろう！

●第10次国連派遣を実現させるため200万円カンパに御協力を！

「国連に驚きと怒り」——日本のある新聞は、1980年1月に8名の政治犯家族、救援会代表が初めてニューヨークの国連本部を訪ねた時の様子をこのように全国紙一面トップに書きたてました。それ以来、私たちは9回の国連派遣活動を成功させ、のべ25名の代表や国連や国連NGO（国連非政府機構、国際人権機関）に送りました。日本で集めた60万名分以上の大衆署名の提出、政治犯の人権救済を求める国連への正式提訴、英文ニュースの発行を土台にした派遣活動は、多くの成果をもたらしました。国連で韓国（政治犯）人権問題が正式に議題として取り上げられ、韓国代表は苦しまぎれにウソの答弁に立ちました。重病政治犯の入院・治療を求めて人権小委メンバー有志は国連事務総長に電報を送り、また、人権部長は韓国政府当局に手紙を送り続けました。アムネスティーなどの国連NGOも韓国政府への抗議・要請行動を幾度となく行ってきました。こうした活動によって、在日韓国人政治犯五氏の死刑囚の減刑や金大中氏の「釈放・米国追放」があったと言えるでしょう。

しかし、全斗煥政権による弾圧はますます苛酷になる一方、弾圧の実態を隠蔽するため巧妙に虚偽の宣伝が行われています。全政権は今春の国連人権委員会に「政治弾圧は緩和された」という内容の報告書を提出し、できる限り国連で韓国政治犯問題が論議されないように妨害活動を行っています。

今夏8月4日からジュネーブで開かれる国連人権小委員会では、私たちの働きかけによってすでに韓国人権問題が正式に議題としてとりあげられることが決まっています。この機会に全政権の政治犯弾圧の実態をあばき、韓国政治犯への弾圧を中止し、釈放を要求する声を国連内で高めることは重要なことです。

私たちの手でぜひ第10次国連派遣活動を成功させるため、①国連へのレター送付運動と②200万円カンパ運動への協力を皆さまに訴えます。

主催：在日韓国人「政治犯」を支援する会全国会議
在日韓国人政治犯を救援する家族・僑胞の会

＊これまでの多大なカンパ・御支援ありがとうございました。

재일동포 정치범 문제를 유엔인권위원회 등 국제인권단체에서 호소하기 위해 대표단 파견을 지원하자는 모금 팸플릿

을 알게 됐다.

이후 가족교포 모임과 전국회의는 유엔에 대표단을 열한 차례 파견했다. 대표단은 재일정치범 문제의 실상을 담은 슬라이드 자료를 만들어 유럽의 주요 도시를 돌며 현지 인권단체의 협력을 얻어 여론을 환기했다.

일본 공안 차별의식 뼛속 깊숙이 박혀 있다

80대 고령의 요시마쓰 목사는 자신에게 인생의 보람은 두 가지라고 한다. 하나는 베트남 아이들에게 의약품을 가지고 간 것이고, 또 하나는 재

일한국인 정치범 구원운동이다. 전자는 '단기 결전'으로 끝났지만 후자는 30년 가까이 했다. 정치범 구원운동에 대한 열정은 지금도 식지 않았다. 그는 "구원운동이 자칫하면 독재정권의 탄압에만 중점을 두기 쉬우나, 오히려 일본 정부의 독재 지원이야말로 모든 악의 근원"이라고 잘라 말했다. 재일동포에 대한 일본 공안의 차별의식은 뼛속 깊숙이 박혀 있다고 했다.

그에게 1987년에 나온 회고록《재일한국인 '정치범'과 나》의 내용을 보완해 후속판을 낼 계획이 없느냐고 물었더니 곤란하다고 답했다. 요시마쓰는 자신이 광범한 구원운동에 관해 쓰려고 하면 "그것은 우리 분야니 건드리지 마라"는 요구가 구원운동 한 쪽에서 반드시 나온다고 말했다. 그는 일본의 운동권이 순수하다고 하면 듣기에 좋을지 모르나 자기들의 영역을 지키려고 점점 틀이 작아지고 있는 것이 안타깝다고 했다.

13

일본인 구원활동가들은 누구인가

”

다무라가 재일한국인 정치범 문제에 뛰어들게 된 것은 함께 일하는재일동포 노동자의 형이 한국에 유학을 갔다가 구속됐기 때문이다. 그는 사연을 듣고 동료들과 구원운동에 나섰다. 그렇게 해서 시작된 재일동포 정치범과의 인연이 지금도 이어지고 있다.

10여 만 대학생이 노동현장에 들어간 '단카이 세대'

60대 중반인 그는 몸이 불편하다. 젊었을 때 노동현장에서 일하다 몇 차례 쓰러진 뒤 마비가 왔다. 그런데도 극우시민단체인 '재특회(재일특권을 허용하지 않는 모임)'가 중심이 돼 오사카의 재일동포 밀집지역인 쓰루하시鶴橋역 인근에서 혐한 시위를 벌이려 하면 그는 오랜 동지들과 함께 가 '카운터'를 한다. 카운터는 대항 시위를 말한다. 재특회 회원들이 외치는 구호는 듣기에 섬뜩할 정도로 인종차별적이다. '조선인은 바퀴벌레', '조선인 한국인을 모두 죽이자', '조선인을 쫓아내자'라고 대놓고 외친다. 그런데도 아베 정권은 표현의 자유를 훼손할 우려가 있다는 핑계를 대며 이들의 행동을 단속하는 데 미온적이다.

혐한주의자들이 스스로의 존재를 과시하기 위해 선전무대로 삼고 있는 장소가 도쿄에서는 신오쿠보新大久保역 주변이고, 오사카에서는 쓰루하시역 일대다. 대항 시위를 하는 것은 쉬운 일이 아니다. 재특회의 시위 계획을 온라인 등을 통해 계속 추적해야 한다. 재특회는 카운터 진영을 교란시키기 위해 허위 시위계획을 고지하거나 며칠씩 연속집회 신고를 한 뒤 어느 특정일에 집중한다. 재특회 쪽의 야비한 전술에도 불구하고 그는 혐한 시위가 있으면 언제, 어디에서든 그것을 압도할 수 있는 규모의 카운터를 조직해 대항하려고 한다. 어떤 날은 재특회 쪽 참가자가 10명 미만이었을 때도 그의 모임이 긴급소집한 대항 시위에는 약 250명에서 300명이 나오기도 했다. 자이니치와 연대해서 싸우는 것도 오사카 쪽 대항 시위의 특징이다. 그는 재일동포 밀집지역에서 벌어지는 '헤이트 스피치hate speech'는 자신의 삶에서 도저히 용인할 수 없다고 했다.

그의 이름은 다무라 고지田村幸二. '일한문제를 생각하는 히가시오사카東大阪시민의 모임(이하 히가시오사카시민의 모임)'의 대표를 맡고 있다. 히가시오사카시는 오사카부府에 소속된 도시 가운데 오사카시, 사카이堺시 다음으로 인구가 많다. 럭비로 유명한 오사카조선고급학교도 이곳에 있다. 다무라가 요즘 공들이고 있는 것은 히가시오사카에 사는 외국인 노동자와 교류하며 함께 살자는 의식을 지역사회에 확산시키는 것이다. 그래서 해마다 '히가시오사카국제교류페스티벌'을 벌이고 국제공생네트워크 등도 운영하고 있다.

1948년생인 다무라는 대학생 출신의 노동운동가였다. 일본이 패전한 이후 '전후 민주주의 교육'을 받고 자란 '단카이團塊 세대'에 속한다. 단카이 세대는 1947년부터 49년 사이에 태어난 1차 베이비붐 세대를 가리키며 약 800만 명에 이른다. 이들은 유럽에서 '68혁명'이 벌어진 1968년부터 일본의 대학가에서 학생운동을 주도한 '전학공투회의全學共鬪會議(약칭 전공투)' 세대이기도 하다. 이들은 베트남전 반대 평화운동, 미일안보조약 갱신 반대운동, 오키나와 반환운동 등을 벌이면서 보수진영은 말할 것도 없고 기존의 공산당 노선을 비판하면서 뉴레프트 계열의 흐름을 형성했다.

단카이 세대의 사회 경험은 한국의 같은 세대에 비해 사상적으로 훨씬 급진적이었다. 당시 선진국의 대학가를 휩쓸던 베트남전 반대운동 열기는 한국에서는 정치·사회 구조적 이유로 일어날 여지조차 없었지만, 일본에서는 미일안보조약 폐기운동과 겹쳐 격렬하게 번졌다. 주일미군은 미국이 베트남 전쟁을 수행하는 데 주요한 후방기지였다. 오키나와주둔 미 대형폭격기들이 베트남 북쪽에 대거 동원되고 있었다. 1970년은 미일안보조약이 10년간의 기한만료로 폐기되느냐, 아니면 자동 연장되느냐의 분수령이 되는 해여서 일본 전역에서 '반전평화 대중운동'이 전개됐다. 사회당 공산당과 총평 등 노조가 중심이 되어 벌이는 행동의 날에는 전국에서 참석자가 100만 명에 육박할 정도로 시위가 거셌다.

고도경제성장에도 불구하고 노동현장의 열악한 상태에 분노한 전공투 세대의 일부는 대학교를 중퇴하고 노동현장에 들어갔다. 다무라는 1970년부터 1972년 사이 노동현장에 들어간 대학생 규모에 대해 정확한 집계는 없으나 12만 명에 이르는 추정치가 있다고 말했다. 전태일 분신사건 이후 1970년대 중반부터 한국 대학생들이 집단으로 공장에 들어간 경험과 비슷한 면이 있다. 오사카가쿠게이學藝대학(현재의 오사카교육대학)에 다니던 그는 자이니치와 함께 땀 흘려가며 일본의 미래를 만들어 보자고 결심했다. 간사이에서는 많은 학생이 빈곤층 막노동자가 몰려 있던 오사카의 가마가사키釜ヶ崎로 들어갔으나, 다무라는 1972년 재일동포의 집단 거주지인 이쿠노의 금속 가내공장에 들어갔다. 중소영세기업이 몰려 있는 이쿠노 지역은 하청 재하청을 하는 곳이 많았다. 공장 노동자도 90퍼센트가 재일동포였다. 그가 일하던 조명기구 공장의 종업원은 80명쯤이었는데 대부분이 재일동포였다.

노동운동 현장에서 재일동포 정치범 문제 직면

1965년 한일기본협정은 식민지배관계를 제대로 청산하지 않은 불평등조약이었지만, 경제교류 측면에서도 많은 문제를 불러왔다. 중소기업을 포함해 일본 기업이 속속 한국에 진출함에 따라 이쿠노의 기업들도 한국에 공장을 세웠다. 노조운동가들은 한국 현지공장의 한국인 노동자와 어떻게 연대해서 노동조건을 개선해 나갈 것인지를 구상하기도 했지만, 일본 기업들은 이쿠노의 공장을 도산시키거나 폐쇄하려고 했다. 1974년 다무라가 다니던 공장에서도 '노동자 합리화'라는 명분으로 20명에게 해고통지를 하자, 그는 노동조합을 결성해 총평 전국금속노동조합에 가맹했다.

일본의 노동운동계에서 '일한연대'가 아니라 '일조日朝우호'가 주류인 무렵이었다. 남조선이라는 용어가 일반적이었고, 한국이라고 할 때는 앞뒤에 괄호를 쳐서 쓰던 시절이다. 박정희 정권은 군사독재를 하는 세력이라고 대중적 인상은 좋지 않았으나 그 정권 아래서 핍박받고 있는 노동자를 지원해야 한다는 의식이 노동계에 있었다. 일본의 사양산업이나 공해산업을 한국에 이전하는 행태를 반대하는 운동이 벌어진 것은 그런 의식에서 나온 것이다. 재일동포를 포함한 아시아의 민중과 교류하며 연대해 사회 전체의 삶을 바꿔 나가야 한다는 생각이 노동운동가 사이에 자리 잡고 있었다.

다무라가 재일한국인 정치범 문제에 뛰어들게 된 것은 함께 일하는 재일동포 노동자의 형이 한국에 유학을 갔다가 구속됐기 때문이다. 그는 사연을 듣고 동료들과 구원운동에 나섰다. 그렇게 해서 시작된 재일동포 정치범과의 인연이 지금도 이어지고 있다. 간사이 지역 정치범의 모임인 양심수동우회 회원들과 친분이 두텁다. 그는 사형수였던 이철, 강종헌 등과는 같은 세대에 속하고 있어 '동시대성'이 있다고 말한다. 그는 자이니치 청년들이 군부독재 정권인데도 유학을 결심한 이유는 자이니치에 대한 일본 사회의 심각한 차별에 있다고 본다. 그들이 소극적이 아니라 적극적, 민족적 자각으로 조국과 만나기 위해 유학 갔다가 고난을 당한 것은 높이 평가되어야 한다는 것이다.

다무라가 처음에 구원활동을 벌인 사람은 이동석이다. 그와 한 공장에서 일하던 이동해의 형이다. 이동석은 1975년 11·22사건의 2차 연행자에 들어간다. 외대 프랑스어과 3학년에 다니던 그는 중앙정보부가 유학생 간첩망을 요란하게 발표한 11월 22일 보안사로 연행됐다. 그의 사건도 연행에서 형 확정까지 언론에 일절 보도되지 않았다.

이동석, 고교 때 조선고 학생에게 우리말을 배운 죄

효고현 이즈시에서 재일동포 2세로 태어난 이동석은 소학교에서 고등학교까지 일본학교를 다녔다. 소학교 다닐 때 선생이 '이승만 라인'을 얘기하며 일본 배들이 고기 잡으러 들어가지 못한다고 말하자 반 아이들이 고개를 돌려 자기 얼굴을 쳐다본 것이 기억에 남아 있다. 후세고등학교에 진학하고 나서 정체성에 대한 고민이 깊어졌다. 길을 가다 자위대 모집 공고를 보면 이런 것도 일본 사람이 아니니 못하겠지라고 생각했다.

우리말, 우리 역사를 하나도 모르면서 어떻게 민족적 긍지를 갖고 살아갈 수 있을까를 걱정하던 그에게 어느 날 조선고교의 포스터가 눈에 띄었다. 쇼와 천황이 살아 있던 때라 그의 생일 4월 29일은 휴일이었다. 일본학교는 그날 문을 닫지만 조선학교는 수업을 한다. 포스터는 그날 학교에 견학오라는 내용이었다. 3학년인 그는 학교가 쉬는 날이라 부모에게는 얘기하지 않고 혼자서 오사카조고를 찾아갔다. 학교 시설은 아주 초라했다. 간단한 환영행사를 하고 수업 견학을 한 후 참석자들이 모여 자기소개를 하고 얘기를 나눴다. 재일조선인 문제에 관심이 있는 일본인 교사들이 많았다.

자기소개를 하는 순서가 돌아와 이동석은 고민하다가 일본 이름으로 얘기하고 일본학교에 다닌다고 밝혔다. 참가자 중에는 조선인이지만 일본학교에 다니기 때문에 창피하게도 일본 이름을 쓴다는 학생도 있었다. 그는 혹시 일본학교 다니는 재일동포 학생들이 있으면 나중에 얘기해달라고 했다. 그는 같은 고교의 동급생이었다.

이동석은 이런 자리에서조차 조선인이라는 것을 밝히지 못했다는 것에 자괴감이 들었다. 모임이 끝난 후 그 학생을 만나 자신도 조선인이라고 말하고 나중에 얘기 나누자고 했다. 조선고교 견학을 다녀온 후 조청(조선청년동맹)에서 일본학교에 다니는 조선학생들을 불러 토요일에 토론회를 하니 나오지 않겠느냐는 연락을 받았다. 그래서 몇 차례 가보기는 했지만 거부감이 약간 들었다. 김일성의 항일투쟁이나 북한 체제를 선전하는 듯한 내용이 끼어 있었기 때문이다.

그러던 차에 후세고교 동급생이 집으로 찾아와 학교에서 조선문화연구회를 만들고 '본명 선언'을 하자고 말했다. 이동석은 좋은 생각이라며 바로 찬성했다. 두 사람은 학교 게시판에 "우리는 조선인이고 앞으로 조선 이름을 쓰겠다. 조선문화연구회를 만들어 활동하겠다"는 알림을 붙였다. 일본인 교사가 조선문화연구회 고문을 맡아주었다. 후세고교 재학생 대여섯 명이 모였는데 우리말을 배우려 해도 방법이 없었다. 할 수 없이 조선학교에 찾아가 가르쳐 줄 수 있는 사람이 있으면 보내달라고 부탁했다. 오사카조고 학생이 와서 '가갸거겨'부터 가르쳤다. 고등학교 3학년 10월에 시작해 두 달 정도 배우고 끝났다. 졸업이 다가왔기 때문이다.

일본 대학에 진학할 생각이 없었던 이동석은 1971년 봄 고등학교를 졸업하고 나서는 바로 모국 유학길에 나서 재외국민연구소에서 어학 공부를 마치고 그해 말 일본에 돌아갔다. 공부를 계속할지 일본에서 살아야 할지 정리가 되지 않았다. 6개월 동안 아르바이트를 하다가 아무래도 우리말을 더 배워야 할 것 같아서 1972년 10월 다시 서울로 와 연구소에 등록했다. 1주일도 되지 않아 유신쿠데타가 시작됐다. 대학교에는 휴교령이 떨어졌지만 다행히 어학연구소는 문을 열어 공부를 계속할 수 있었다.

그는 1973년 봄 외국어대 프랑스어과에 입학해 연극반에 들어갔다. 우리말을 배우는데 도움이 될 것 같아서였다. 영화배우 안성기가 연극반 2년 선배였다. 이동석은 공연 연습에 열심히 참가했으나 발음이 좋지 않다고 무대에 오르지는 못했다. 그는 3학년 가을 공연에서 처음 무대에 오르게 됐다. 대사가 없는 배역이 주어져 연습에 박차를 가했다.

개막을 1주일 정도 남긴 11월 22일 아침 하숙집에서 잠을 자고 있다가 보안사 요원들에 의해 연행됐다. 얇은 옷을 입고 세수도 못한 채 끌려 나간 그는 보안사에서 40일 동안 구금됐다가 12월 31일에야 서울구치소에 수감됐다. 아들이 방학이 됐는데도 돌아오지 않자 이상하게 여긴 모친이 다음해 2월 찾아올 때까지 그는 갈아 입을 속옷 하나 없이 추운 겨울을 보내야 했다. 긴급조치로 구치소에 수감된 외대 학생이 그의 딱한 사정을 알고 치약, 칫솔을 몰래 보내줘 겨우 지냈다.

이동석에게 죄가 있다면 고등학교 때 우리말을 배우고 싶어 조선고교

학생들과 접촉한 정도다. 그는 검사 취조를 받을 때 그냥 풀려나는지 알았다. 1심에서 징역 8년이 선고되자 모친이 법정에서 쓰러졌다. 2심에서 징역 5년으로 떨어져 상고심에서 기각됐다. 그는 만기가 얼마 남지 않은 1980년 8월 15일 가석방으로 풀려났다.

히가시오사카 시의회, 세 차례 석방 결의

다무라는 1976년 이동석의 출신학교인 후세고교의 교사와 동창, 고다 사토루合田悟 겐지가오카교회 목사, 이쿠노 지역의 금속노조 활동가들과 협의해 이동석구원회를 발족했다. 지역에서 민족차별이나 인권문제를 다뤄온 시민단체 활동가, 지자체의 공무원들도 합류했다. 다무라는 이동석구원회 활동을 하면서 대중의 공감을 얻으려면 운동의 저변을 확대할 필요가 있다고 느꼈다. 이동석이 왜 일본에서 태어났는지, 그의 부모가 왜 일본에 살고 있는지, 이동석이 왜 분단체제의 희생양이 됐는지 등은 한국과 일본의 관련 역사 속에서 생각하지 않으면 일반인이 이해하기가 쉽지 않다고 생각했다. 개별 구원회로는 시민들을 대상으로 한 공부 모임이나 강연회를 조직하기가 어려웠다. 그렇다고 일조우호협회 같은 단체가 배후에서 움직이고 있는 듯한 인상을 주면 한일연대운동을 벌일 수가 없다.

그래서 고다 목사의 제청으로 1977년 '일한문제를 생각하는 히가시오사카시민의 모임'을 만들었다. 1955년 목사 안수를 받은 고다는 1964년부터 겐지가오카교회에서 시무를 해왔다. 겐지가오카교회는 이 지역

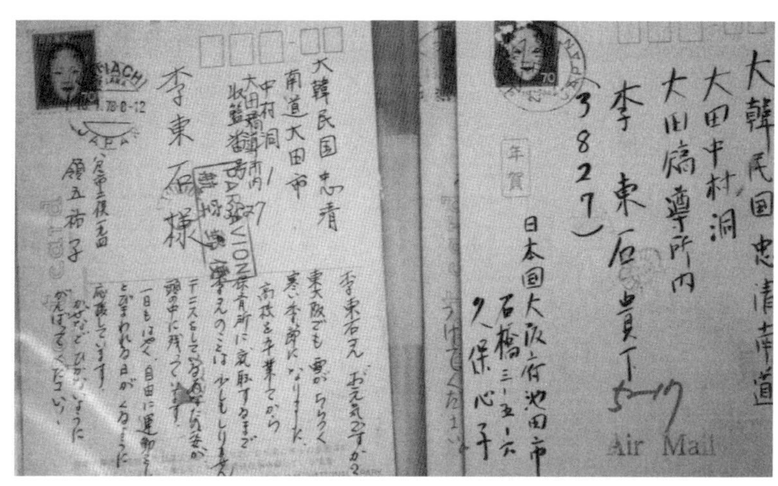

일본인들이 옥중의 이동석에 보낸 격려 엽서

에서 오랜 기간 반전평화운동과 재일동포를 포함한 외국인의 인권옹호 운동을 벌여온 중심지였다. 1960년대 교회에 나오던 한 한국인 청년이 불법체류 혐의로 강제송환된 것이 운동의 출발점이 됐다고 한다. 고다 목사는 경제적 이유로 한국에서 밀항 온 사람들을 지원하는 사업을 했다. 또한 학교에 가본 적이 없는 재일동포 1세 여성들의 교육을 위해 '우리서당'을 운영하기도 했다. 그는 재일동포 할머니를 만나면 자신의 고향이 제주도라고 농담하곤 했다. 배우러 오는 할머니의 대부분이 제주도 출신이기 때문이다.

지문날인 거부로 곤경에 처한 재일동포 지원운동도 적극 벌이던 고다 목사는 1989년 7월 28일 김포공항에서 오사카행 비행기를 타기 전에 안기부 요원에 의해 연행됐다. 고다 목사는 당시 방북한 임수경 등이 내세운 '한반도종단 평화대행진'에 호응해 판문점으로 가려고 시도했던 것으로 알려졌다. 그는 5일간 조사를 받고 8월 2일 '입국목적 외 활동' 혐의로 강제 퇴거당했다.

히가시오사카시민의 모임이 출범하자 노조, 부락해방동맹, 시민단체들이 대거 참여했다. 이동석이 수감된 한국의 교도소로 찾아가 면회를 신청하거나 차입물을 넣는 것은 개별 구원회가 할 수 있지만, 일본 정부에 재일한국인 정치범 구원을 위해 행동에 나서라고 요구하거나 가두서명을 받는 것은 히가시오사카시민의 모임이 훨씬 강력한 힘을 발휘했다. 평범한 일본 시민이 정치범 구원운동에 참여함으로써 자국의 현대사를 새롭게 배우고 침략과 식민지 지배의 한·일 관계사에 눈을 돌리게 되는 계기가 만들어졌다. 시민 모임에서 주최하는 강연회나 학습회를 통해 정규 교육과정에서 다루지 않는 일본의 현대사를 배우게 된 것이다. 다무라는 그런 과정을 통해 구원활동의 내용이 훨씬 다양해지고 풍부해졌다고 말했다.

히가시오사카의 시민 활동가들이 오랜 기간 국제연대, 인권운동 분야에서 축적해온 경험은 시의회가 재일동포 정치범 석방을 요구하는 결의를 세 차례나 만장일치로 채택하게 하는 성과로 이어졌다. 보수적인 자민당이나 민사당 등 모든 정파가 찬성했다. 결의 내용은 일반 시민에게 배포되는 '시정 소식지'에 게재됐다. 결의안 통과 소식이 퍼져가자 석방운동에 협력해주는 시민의 수도 크게 늘었다.

지자체의 시의회가 재일한국인을 위해 석방 결의를 한 것은 히가시오사카의 사례가 유일하다. 1976년 6월 '이동석씨의 조속한 석방에 관한 요망결의'가 채택된 데 이어 1980년 7월 '이동석의 석방과 조속한 귀일歸日을 요망하는 결의'가 있었고, 다시 1985년 7월 '윤정헌 씨의 조속한 석방을 요구하는 요망 결의'가 나왔다.

윤정헌, "당해보니 조작이란 게 무엇인지 알겠더라"

윤정헌은 이동석과 후세고등학교 동기생으로 뒤늦게 유학 갔다가 간첩 혐의로 구속됐다. 수신자가 내각총리대신, 외무대신, 법무대신, 중·참양원의장으로 돼 있는 윤정헌 결의의 뒷부분을 보자.

> 그러나 윤정헌 씨의 간절한 무죄 호소에도 불구하고 신문기사나 티브이 뉴스, 호텔 팸플릿 등으로 국가기밀을 수집했다며 누구나 갖고 있는 카메라나 가위를 물적 증거라고 해서 징역 7년이라는 중형 판결이 내려진 것은 의외라는 생각을 금할 수 없다. 일본 정부는 양친을 비롯한 가족은 물론 친구, 지인이 하루도 맘 편할 날 없이 불안과 슬픔의 나날이라는 것을 충분히 고려해 실로 인도·인권주의의 입장에 서서 윤정헌 씨가 조속히 석방돼 하루라도 빨리 가족에게 돌아올 수 있도록 대한민국 정부에 손을 쓰도록 강력히 요망한다. 이상 결의한다.
>
> 1985년 7월 2일 히가시오사카시의회

결의에 나오는 가위는 윤정헌이 보안사 장지동 분실에서 취조받을 때 고문에 견디지 못해 "국내 신문기사를 스크랩해 일본에 있는 공작원에게 넘겨줬다"고 허위자백하자 보안사 수사관들이 서울 동숭동 집에서 압수한 것이다. 그는 서울 유학 중 본국 여성과 만나 결혼하고 살림

집을 차렸는데 그 집에서 쓰던 가정용 가위가 간첩 행위의 유력한 증거로 둔갑한 것이다. 그는 신문 스크랩을 했다는 것 자체가 조작이라고 했다. 국내에서 여행다니며 찍은 사진도 '국가기밀'을 수집한 행위로 만들어졌다. 사진 인화를 한 동네 사진관의 주인도 보안사로 끌려와 구타를 당했다.

오사카에서 출생한 동포 2세인 윤정헌은 소학교부터 줄곧 일본학교를 다녔다. 이동석과 후세고등학교를 같이 다녔지만, 서로 아는 사이는 아니었다. 그는 1973년 4월 교토대학 농학부 축산학과에 입학했다. 고등학교 다닐 때 일본인이 아니라는 걸 밝히고 우리 이름을 쓰고도 싶었지만 용기가 없었다. 그러다 대학 입학원서를 쓸 때 본명을 썼다. 새로운 생활을 시작하니까 그간 고민하던 것을 정리하는 좋은 기회라고 생각했다.

입학하자 조선문화연구회와 한국문화연구회 양쪽에서 신입생을 환영한다고 연락이 왔다. 교토대학에서 조문연은 역사가 길고 동아리 방이 따로 있어 회원이 많았다. 한문연은 동아리 방이 따로 없어 토요일 오후에 방을 빌려서 모임을 했다. 교토대학의 한문연, 조문연 학생들은 서로 알고 있었고 다투거나 갈등을 빚지는 않았다. 윤정헌은 우리말과 역사를 배우는 데 도움이 될 것으로 생각해 조문연 모임에 나갔다. 조문연에는 민단계 학생도 많았다. 교토지역의 대학생 모임이 토요일 오후에 도시샤대학에서 1시간 정도 열렸다.

교토대학에서는 해마다 11월에 2학년 학생 중심으로 축제가 열렸다. 2학년인 그는 재일동포 작가 김석범을 초청해 강연회를 열기로 했다. 4·3사건의 비극을 다룬 〈까마귀의 죽음〉, 〈화산도〉 등을 쓴 김석범은 교토대 미학과 출신이었다. 그러자 선배들이 총련을 비판하는 사람이라며 제동을 걸었다. 김석범은 〈까마귀의 죽음〉이 단행본으로 나온 1967년께부터 총련에서 나와 남북을 다 비판했다.

선배들이 계속 못하게 막으면 조문연에서 나가겠다고 윤정헌이 반발하자 유학동의 교토본부 간부가 와서 그럼 하라고 말했다. 그 일을 겪고 나서 윤정헌은 조문연이 아무래도 맞지 않는 것 같아 더 이상 나가지 않았다. 그는 1977년 3월 졸업하고 나서 도쿠시마에 있는 오즈카제약에 입사했다. 당시는 그렇게 큰 기업이 아니었는데도 연구개발부에 석, 박사급만 20명 정도가 있었다. 2년 정도 근무했으나 학사 학력으로는 전망이 밝지도 않고, 부친이 한국에 가서 일하는 게 좋지 않겠느냐고 권유해 사직하고 유학길에 나섰다. 1979년 4월 입국해 재외국민교육원과 연대 한국어학당에서 우리말을 배운 뒤 고대 의학부 예과에 2학년으로 편입했다. 본과 1학년 때 결혼까지 했다. 그가 부친이 마련해준 연립주택에서 자취하며 장보러 다니는 것이 안쓰럽다고 이웃 아주머니가 소개해주었다고 한다.

별일이 없었으면 국내에서 의사로 정착했을 그는 본과 3학년 때인 1984년 8월 27일 보안사로 연행되면서 당초의 꿈이 뒤죽박죽됐다. 구속영장이 발부된 것이 10월 8일이니 43일간 불법구금 상태에서 조사받은 것이다. 보안사 요원의 강압 수사는 만경봉호를 타고 북한에 갔다 왔다는 '자백'까지 하게 만들었다. 보안사는 10월 13일 별개로 수사해오던 허철중, 조일지, 조신치 등 재일동포 유학생들과 한데 묶어서 6개 망 간첩 여섯 명을 검거했다고 발표했다. 수십 년 뒤 재심에서 다 무죄를 받은 사람들이다.

2012년 10월 19일 보안사에서 자신을 고문했던 수사관을 고발하는 기자회견을 하는 윤정헌(오른쪽)과 김정사. 왼쪽은 동석한 조영선 변호사

윤정헌은 그해 11월 16일 최연희 공안검사에 의해 기소됐다. 그나마 다행인 것은 당초 선임된 황산성 변호사가 1970, 80년대 인권변호로 유명하던 홍성우 변호사를 합류시킨 것이다. 홍 변호사는 이제 걱정할 것 없으니 용기를 내서 아닌 것은 아니라고 말하라고 격려했다. 윤정헌은 법정에서 방북이나 간첩행위 등을 모두 부인했다. 최후 진술에서도 "전혀 하지 않는 것을 조작한 것이다. 검사 앞에서 증언을 번복하면 시멘트로 채워서 바다에 버리겠다고 취조관이 위협해 어쩔 수 없이 했다"고 폭로했다. 1985년 4월 3일 1심 선고공판에서 재판부는 검찰의 징역 15년 구형에 대해 징역 7년을 언도했다. 그리고 항소심과 상고심은 모두 기각됐다. 그는 약 3년 10개월의 형기를 마친 1988년 6월 30일 가석방으로 풀려났다.

윤정헌은 일본에서 직장생활하다 유학을 결심했을 때 불안감이 없지는 않았다. 일본 신문에서 이따금 유학생 간첩 사건이 비중 있게 보도된 것을 보면 조작인지 아닌지 판단이 잘 서지 않았다고 했다. 구원회에서는 다 조작이라고 하는데 아무것도 없는데 저렇게 발표할 수 있나 하는 생각이 들기도 했다. 그래서 자신은 지령을 받거나 한 일이 전혀 없으니 아무 일 없을 것으로 생각해서 유학한 것이다.

그는 간첩 혐의가 씌워져 징역살이까지 하면서 잃은 것도 굉장히 많지만 얻은 것도 많이 있다고 했다. 그에게 얻은 게 무엇이냐는 물었더니 이렇게 답했다.

> 한 마디로 진실이다. 간첩 사건은 대부분 조작이다. 우리끼리는 진짜 간첩은 감옥에 들어오지도 않는다고 얘기한다.

다무라 고지, "기사 하나로 내 인생은 보답받았다"

1983년 노동운동과 사회운동에 열중하던 다무라는 뇌혈관이 막혀 쓰러졌다. 30대 중반의 한창 나이였다. 만성적인 수면 부족에 건강을 돌보지 못한 탓이다. 2년간 입원해 있었지만 경영자가 복귀해도 좋다고 해 다시 일을 시작했다. 왼쪽 발과 왼쪽 손으로 운전할 수 있는 장애자용 개조차를 구입해 공장에 다녔다. 그는 이쿠노의 공장이 "일반기업과 같은 노사관계가 아니어서 덕을 봤다"고 말했다. 그는 재일동포 정치범 구원활동을 하면서도 재판 방청이나 면회를 위해 한국에 가보지는 못했다. 주일

한국대사관과 총영사관에서 그와 같이 활동하는 사람들 명단을 따로 만들어 입국비자를 주지 않았기 때문이다.

그는 고다 목사의 겐지가오카교회에서 구원회 활동을 이끌었다. 1989년 7월 말 방한한 고다 목사가 안기부로 연행되기 전에 다무라와 국제전화로 통화했는데 전부 도청됐다. 다무라가 교회에서 일을 보고 있는 사이 그의 집에 낯선 사람이 찾아왔다. 일본 공안경찰은 집 근처 이웃이나 담배가게에 들려 동정을 살피지 직접 찾아오는 일은 없었다. 집에 있던 가족 얘기로는 발음이나 억양으로 보아 일본 경찰이 아니었다고 했다. 나중에 한국 정보기관에서 고다 목사의 배후에 극좌 활동가가 있다고 흘렸는데 그는 그것도 완전 조작이라고 말했다. 그가 처음으로 한국 땅을 밟은 것은 2001년 8월이었다. 1988년 10월 풀려난 이철이 김수환 추기경의 도움으로 첫 모국방문을 할 때 동행했다. 그는 많은 재일정치범이 수감됐던 옛 서대문구치소 터도 둘러보았다.

다무라는 산업추세의 변화로 이쿠노의 공장이 문을 닫아 청년시절부터 수십 년 간 살던 이쿠노를 떠나 히가시오사카의 원래 거처로 돌아왔다. 거동이 힘들어 자택에서 컴퓨터로 출판 관련 작업을 하면서도 시민단체 활동을 멈추지 않고 있다.

2014년 11월 3일 산노제공원에서 19회 히가시오사카국제교류페스티벌이 열렸다. 편협한 민족주의를 배제하고 다문화공생사회를 추구하기 위해 시작된 행사다. 히가시오사카시의 인구는 약 51만 명이며 60개국에서 온 외국인이 1만 7000명에 이른다. 외국인은 재일동포와 중국인의 비율이 아주 높다. 행사장에서는 '코러스 무궁화', 조선초급학교 기악부, 세이비成美고교 중국문화구락부 등이 공연하고 한식을 비롯해 중국,

필리핀, 베트남, 아프리카 등의 요리가 선보였다. 페스티벌에 참가하는 아시아인이 해마다 6000명에 달한다.

다무라는 '단카이 세대'가 한국의 양심수를 만나 활동한 것이 현재 이런 다문화공생운동으로 이어지고 있다고 말했다. 그와 함께 재일동포 정치범 석방운동에 참여한 노조원, 시민단체 활동가, 교사, 공무원 등 일반 시민이 지금도 인연을 유지하며 더 인간적인 사회를 건설하기 위해 손을 잡고 있다.

다무라는 1970년대 구원운동에 참여하던 활동가의 열기는 대단했다고 회고한다. 지금은 도저히 상상이 가지 않을 정도로 시민의 호응도 적극적이었다. 1976년 12월 25일 오사카역 광고탑 앞 광장에서 '죄 없는 재일한국인 유학생 석방을 요구하는 48시간 단식투쟁'이 시작됐다. 전국적으로 40여 개가 되는 구원회 가운데 '11 · 22사건' 2차체포자의 5개 구원회가 중심이 돼 이끌었다. 이철, 강종헌, 양남국, 조득훈, 이동석의 개별 구원회가 힘을 합쳐 연대운동을 벌인 것이다. 25일 오후 1시에 시작해 27일 오후 1시에 끝난 단식투쟁의 결과 시민 서명 3000여 명, 모금 26만 6637엔의 성과를 올렸다는 것이 당시 구원운동 소식지에 기록돼 있다.

사회변혁을 위해 중도에 대학을 그만두고 노동현장에 들어가 노동운동, 재일동포 정치범 석방운동, 다문화공생운동을 끈질기게 벌여온 다무라는 이제 60대 후반에 들어섰다. 그에게 자신의 삶은 무엇이었을까? 그는 '인생의 보물'이라는 것을 보여주었다. A4 용지에 인쇄된 글이다. 자세히 보니 〈한겨레〉 2013년 11월 23일 자 토요판에 실린 기획기사다. 김민경 기자가 이동석의 재심 두 번째 공판 방청을 위해 자비로 방한한 일

2013년 11월 20일 이동석 재심 공판을 방청하기 위해 서울고등법원을 찾은 일본인 구원회 활동가들. 오른쪽에서 네 번째가 이동석 ⓒ 강재훈

재일동포 정치범들을 구원하는 일본인들의 활동을 다룬 〈한겨레〉 기사 '혼자가 아니야, 일본인 친구들이 있잖아'를 들고 있는 다무라 고지.

본인 활동가들을 소재로 삼아 재일동포 간첩 조작 사건의 내막과 재심 현황을 다룬 것이다. '혼자가 아니야 일본인 친구들이 있잖아'라는 제목이 달린 장문의 기사는 국내에서 철저히 외면당한 재일동포 간첩 사건에 일본인이 어떻게 해서 관심을 갖고 구원활동에 나섰는지를 소개했다.

다무라는 이 기사의 존재를 재일동포 이헌치가 이메일로 보내줘 알았다고 했다. 삼성전자에 근무하던 이헌치는 1981년 보안사에 체포돼 간첩으로 만들어져 1심에서는 사형을 받았다. 항소심에서 무기로 떨어져 15년을 복역하다 석방된 그도 2012년 10월 재심에서 무죄가 확정됐다. 다무라는 인터넷 번역기의 도움을 받아가며 이 기사를 철야로 번역하면서 눈물을 흘렸다고 했다. 당시 재일동포 정치범은 옥중에서도 국내의 양심수와 차별되는 대우를 받았는데 그들을 돕는 일본인이 지역에서 활동하고 있었다는 것을 한국의 독자에게 알려줘 크게 감동했다는 것이다. 다무라는 "이 기사 하나로 자신의 인생은 보답받은 것"이라고까지 말했다. 그는 이동석 재심 선고공판에는 꼭 같이 가보자는 주위의 간청에 2014년 1월에는 불편한 몸을 이끌고 방한했다. 서울고법은 1월17일 이동석에게 무죄를 선고했다.

'무죄'라는 말 직접 듣고 싶다며 재심 법정에 나타난 일본인

이철구원회는 규모나 활동 면에서 다른 구원회에 비해 유별나다. 지역별로 조직이 결성돼 가장 규모가 컸고, 이철이 석방돼 일본에 돌아온 이후에도 다른 구원회와 달리 해산하지 않았다. 이철 구원회 회원들은 지금

2014년 12월말 이철 재심법정에 방청하기 위해 항공대란을 뚫고 입국한 3명의 일본인.
왼쪽부터 나카모토 하루오, 안노 가쓰미, 야마다 다카쓰구.

도 이따금 만나 석방운동을 벌이던 시절을 되돌아보고 친목을 다진다.

양심수동우회 회장인 이철의 재심은 다른 유학생 정치범에 비해 늦게 시작됐다. 2013년 2월 재심결정이 나온 지 1년 9개월 만에 1차 공판이 2014년 11월 14일 열렸다. 네 차례 심리를 거쳐 다섯 번째 공판이 되는 재심 1심 선고공판은 2015년 2월 9일 서울중앙지법에서 열려 무죄가 선고됐다. 이 선고공판을 보기 위해 이철 구원회 활동을 하던 일본인 10여 명이 방한했다. 이철의 출신 고교인 히토요시고교 동문에서만 세 명이 왔다. 1년 후배인 남성과 1년 선배와 5년 후배가 되는 여성 둘이었다. 이들은 정식으로 무죄가 선고되기까지는 구원활동이 끝나지 않은 것이라고 입을 모았다. 무엇보다도 재판장으로부터 '무죄'라는 말을 직접 듣고 싶어서 왔다고 했다.

재심 1심의 결심은 이보다 앞서 그전 해 12월 29일 열렸다. 공판 검사는 공소유지가 어렵다고 판단한 듯 "법과 정의에 따라 해달라"는 말로 구형을 대신했다. 세월호특별조사위 위원장을 맡게 되어 더 이상 사건을 담당할 수 없게 된 이석태 변호사는 그 당시 중정 수사관이나 검사 등 수사를 담당한 사람들조차 모두 당황했을 것이라고 무리한 수사를 지적하며 변론을 풀어갔다. 이 변호사는 최소한의 물적 증거가 없는 상태에서 사건을 배정받은 중정 수사관은 그냥 고문하라는 것으로 받아들였을 것이라고 말하고, 실제로 고문을 좋아하는 수사관이 있겠느냐고 반문했다. 그는 사건 송치를 받은 검사도 공익의 대변자로서 실체적 진실을 밝혀야 하는데 당황했을 것이라고 말하고 법원 역시 힘든 상황에 있었을 것이라고 지적했다.

결심공판에는 일본에서 구원회 관계자 세 명이 왔다. 선고공판 때와 비교하면 적지만 연말이라는 특수한 사정을 고려하면 많이 온 것이다. 일본은 신정을 쇠기 때문에 일반회사는 12월 30일부터 1월 3일까지 연말연시 휴가를 준다. 토, 일요일이 겹치면 연휴는 7일까지 늘어나며 직장에 따라서는 12월 29일부터 쉬기도 한다. 우리와 마찬가지로 민족대이동이 이뤄지고 해외여행을 가는 사람이 많기 때문에 이 기간에 항공권을 구하는 것은 지난한 일이다.

두 사람은 오사카에서 왔는데 서울행 비행기표가 없어서 한 사람은 오카야마공항으로 가서 출발했고, 한 사람은 제주도로 들어가 국내선으로 바꿔 타고 김포에 도착했다. 오키나와에 살고 있는 나머지 한 사람은 그곳에서 출발했다. 서울행 비행기표를 구하기 어렵게 되자 구원회에서 형편 닿는 사람이 가보자고 독려했다고 한다.

나카모토 하루오, 오키나와 출신이라 박해받는 사정 바로 이해 돼

나카모토 하루오仲本晴男 오키나와현립 종합정신보건센터 소장이 이철구원운동에 관여하게 된 것은 구마모토대학 의학부 자치회(학생회) 활동을 하던 무렵이었다. 히토요시고교 출신 재일동포 유학생이 한국에 유학 갔다가 스파이 혐의로 체포됐다고 하니 학생회에서 관심을 가져달라는 부탁을 받았다. 이철의 고교 동창생이 자치회에 도움을 요청한 것이다. 나카모토는 이철과 전혀 모르는 사이였으나 그 요청을 받아들였다.

구마모토대학 의학부는 미나마타병을 주도적으로 다룬 경험이 있어 학생회도 사회문제에 폭 넓게 발언하는 전통이 있었다. 손발이 저리고 중추신경이 마비돼 죽음에 이르게 되는 희귀질환이 1956년 구마모토현 미나마타에서 처음으로 보고됐다. 신일본질소비료 공장에서 나온 메틸수은화합물이 어패류에 축적됐고 그 어패류를 먹은 사람들이 발병을 일으킨 것이지만, 처음에는 원인규명이 되지 않아 풍토병으로 인식됐다. 주로 어민 사이에 나타난 이 질환은 발생지역의 이름을 붙여 미나마타병으로 명명됐다. 구마모토대학 의학부는 1959년 7월 유기수은을 원인물질로 파악해 공장 책임자에게 연락했으나 발표하지 못하도록 압력을 받았다. 결국 메틸수은화합물에 의한 것이라고 공식 발표된 것은 1968년 9월이었다.

이철구원회는 오사카, 도쿄, 나고야, 기타규슈 등 여러 지역에서 만들어져 활동했다. 도쿄와 오사카는 교사 등 고교 동창이 많았고, 나고야는 기독교 성공회가 움직였다. 기타규슈는 노조가 중심이 됐다. 지역의 구원회는 독자적으로 움직였지만 서명운동은 함께했다. 당시 이철구원회 전국연락회의 사무국이 구마모토대 의학부 사무국에 설치돼 나카모토가 사무국장 역할을 담당했다.

나카모토는 이철의 원심 재판에는 한 번도 방청할 수가 없었다. 후쿠오카 한국총영사관에서 비자를 주지 않았기 때문이다. 그는 중앙정보부 요원이 구원회 활동을 염탐하기 위해 구마모토까지 왔다고 말했다. 재심이 시작되고 나서 1, 2차 공판은 오사카와 도쿄에서 구원활동을 하던 사람들이 방한해 방청했으나 그 자신은 직장 일 때문에 떠날 수가 없었다. 3차 공판은 비행기표 구하기가 어렵다고 하고 자신이 마침 휴가 중이어서 오키나와에서 바로 인천공항으로 들어왔다.

나카모토에게 구원회 활동은 무엇이었을까? 그는 전혀 모르던 사람들이 한 사람의 생명을 지키기 위해 전국적으로 구원단체를 만들었는데 그 감동은 정말 컸다고 회고했다. 30여 년이 지났어도 사이좋게 지내고 있으며 오사카에서 모여서 술을 마시곤 한다고 말했다. 그는 어떻게 조작 사건이라고 생각했느냐는 물음에는 "도와달라는 사람들이 찾아와서 한 거니까 여러 가지 정보를 접했던 것은 아니다"고 말하고 "처음부터 원죄冤罪사건을 어떻게 지원할 것이냐의 문제였다"고 밝혔다. 공판을 지켜본 소감에 대해서는 "한국어를 모르니 내용은 통하지 않았지만 분위기의 긴장감은 전달돼 왔다"고 말하고 검찰 쪽이 일절 반론하지 않아 그냥 끝내겠다는 느낌을 받았다고 했다.

손유형구원회를 이끈 야마다 다카쓰구

제주를 경유해 서울로 들어온 야마다 다카쓰구山田隆嗣는 다무라 고지와 마찬가지로 도중에 대학을 그만두고 노동운동을 하다가 재일정치범 구원운동에 뛰어들었다. 규슈 후쿠오카에서 태어난 그는 중학생 시절부터 간사이에서 자랐다. 고등학생 때는 베트남 반전시위, 미일안보조약 반대 시위에 학우들과 함께 참여했다. 도시샤대학에 입학해서는 '아시아문제연구회'란 동아리에서 활동했다.

이 학생 서클에서는 밀항해온 한국인 피폭자의 지원, 재일화교 2세인 쉬추이전徐翠珍의 지원운동을 벌였다. 1947년 고베에서 태어난 쉬추이전은 취직과 공무원 채용 시의 차별철폐를 요구하고 지문날인을 거부하는 등 화교의 처지에서 일본 사회의 구조적 차별과 싸우던 사람이다. 그의 투쟁을 지원하던 사람들 사이에 재일외국인이 몰려 사는 오사카 니시나리西成구, 이쿠노구에 들어가 일자리를 구하고 지원운동을 계속하자는 움직임이 일었다.

야마다는 당시 대학가에 '자기부정'이라는 말이 유행했다고 회고했다. 고도성장의 부작용으로 일본 사회의 각 분야에서 모순이 분출하던 시기에 대학교를 졸업해 '사회의 엘리트'로서 살아가는 것이 과연 올바른 길이냐에 대한 자문자답이 끊임없이 제기되던 시기였다. 그는 센난泉南의 섬유기업에 취직했다가, 1976년 이쿠노의 약전弱電공장(전기회로 등 약한 전류를 사용하는 전기제품 제조)으로 옮겼다.

그는 1978년 총평계 금속노동조합을 결성했고, 이동석 등 재일동포 정치범 구원운동에 관여했다. 2013년 9월, 36년간 몸담은 회사가 도산하여 실직자가 된 그가 고용보험의 '구직자 급부금(실업급여)'을 받으며 제2의 인생을 모색하고 있을 때 이동석의 재심공판이 그해 10월에 열린다는 소식을 들었다. 양심수동우회에서 회원들의 재심 작업을 도와달라고 부탁하면서 항공료의 절반을 부담하겠다고 해 그는 기꺼이 응했다. 얼마 되지 않는 실업급여를 써가며 이동석 첫 재심공판 이후 재심 법정의 단골손님이 됐다.

그는 오랜 기간 손유형구원회의 활동을 이끌었다. 1980년 8월 석방된 이동석이 다음해 3월 일본으로 돌아와 한시름을 놓는가 했는데, 이쿠노에서 사업하던 손유형 사건이 터졌다. 안기부는 1981년 6월 9일 손유형이 민단으로 위장 전향했으며, 마카오와 자카르타 등지에서 북한 공작원과 접촉했다는 혐의로 체포했다고 발표했다. 손유형은 그해 4월 말 교포계 금융기관인 오사카흥은 주최의 국내골프여행에 참가했다가 연행됐다. 남편과 합류하기 위해 늦게 입국했던 부인 부신화도 연행돼 조사를 받았다. 수사관은 부신화에게 남편이 밀입북 혐의를 받고 있으니 일본에 돌아가 집에 있는 옛 여권을 찾아 황이라는 사람에게 주면 의혹이 풀릴 것이라고 말했다. 부신화가 오사카의 집에 도착한 직후 황을 자처하는 사람이 전화를 걸어와 다방에서 만나 여권을 건넸다. 나중에 이 여권은 재판에서 손유형이 동남아 등지에서 공작원을 만났다는 증거로 제출됐다.

손유형은 구속 당시 52세였기 때문에 유학생 사건처럼 구원운동을 벌여줄 학교 동창들이 없었다. 지역의 노동조합 중심으로 구원회를 만들게 돼 당시 '총평 이쿠노지역협의회' 임원을 맡고 있던 야마다가 중심역할을 하게 됐다. 그는 1982년 10월 손유형의 파기 항소심을 방청하기 위해 방한했다. 손유형의 차남 손명홍과 방청석에 함께 앉아서 재판을 지켜봤다. 손유형의 부인 부신화와 장남 손명원은 안기부 발표 때 '간첩 방조자'로 규정돼 입국조차 할 수 없는 형편이었다. 손유형은 대법원에서 사형이 확정됐다가 무기, 징역 20년으로 두 차례 감형된 후 1998년 김대중 대통령 취임 특별사면으로 풀려났다. 17년 가까이 수감됐던 그는 일본에 돌아와 양심수동우회 고문을 하다가 2014년 6월 24일 숨졌다.

야마다는 손유형구원회를 하면서 우리말을 열심히 배웠지만 별 진척이 없었다고 했다. 일본말이 통하는 한국인이 아니면 사귈 수 없었던 것이 유감이었지만, 손유형 사건을 담당했던 태륜기 변호사, 이철의 장모 조만조의 소개를 통해 한국 내 지인을 넓혀갈 수 있었던 것이 큰 즐거움이었다. 당시 일본인 구원활동가가 한국에 들어오면 반드시라고 할 정도로 찾아간 사람이 조만조였다고 한다. 그를 만나서 공판 현황, 옥중 양심수들의 상태, 한국 민주화운동의 흐름 등에 관한 소식을 들었다.

야마다는 2013년 10월 이후 재일동포 정치범 재심공판에 개근하고 있다. 이동석, 김순일, 조득훈, 이철 등의 공판을 지켜봤다. 우리말 실력은 여전히 답보상태지만 재판장의 발언 가운데 '무죄'라는 말을 들을 때마다 그의 가슴은 고동친다.

안노 가쓰미, 차입물 넣기 위해 대전 전주 광주교도소 하루에 돌기도

오사카에서 서울행 비행기표를 구하지 못해 오카야마로 이동해 입국한 안노 가쓰미安野勝美는 오랜 기간 이즈미사노泉佐野시의 공립중학교에서 사회과 교사로 재직하다 퇴직했다. 소학교에서부터 대학시절에 이르기까지 재일동포 친구가 많았다는 그는 자이니치 교육문제에 관심이 많으며 민족교육네트워크, 이즈미사노재일외국인교육연구회, 오사카일본어벌룬티어네트워크 등 다양한 단체에서 활동했다. 지금도 중학교에서 비상근강사로 일하며 교육계를 떠나지 않고 있다.

교육문제에 대한 안노의 유별난 관심은 오사카시립대학 야간부를 다니던 1975년 12월 '오사카부 동화교육연구협의회'에 사무국 직원으로 채용된 데서 비롯됐다. 그를 제외하고는 모두 소학교, 중학교의 교직원으로 구성된 동화교육연구협의회의 주요한 연구 주제는 '부락민' 차별이었다. 우리의 백정에 비유될 수 있는 부락민에 대한 차별은 시대가 바뀌어도 끈질기게 지속됐다. 동화교육연구협의회에서는 차별이나 편견이 부락출신 어린이에게 끼치는 영향, 학력저하, 취업애로 등의 실태를 조사해 교육을 통해 문제를 해결해나가는 방도를 모색했다. 동시에 장애인, 재일조선·한국인 여성에 대한 차별을 어떻게 교육으로 해소해갈지도 주요한 과제였다. 그는 1980년 3월 동화교육연구협의회에서 나와 피차별지역의 어린이회 지도원을 하다가 교사 임용시험을 통과해서 1982년부터 중학교 사회과 교사로 오랜 기간 근무했다.

안노가 재일동포 정치범 문제에 관여하게 된 것은 1975년 11·22사건 직후다. 구속자 가운데 최연숙이 오사카시립대 동문이어서 지인의 부탁으로 최연숙구원회에 참여하게 됐다. 와세다대 동양사학과를 나온 최연숙은 오사카로 와서 오사카시립대학 2부에 등록해서 《저개발경제론의 구조》 등의 저서를 낸 경제학자 혼다 겐키치本多健吉 교수의 강의를 들었다. 한국에 유학을 가기 전 그의 이론을 배우고 가는 것이 도움이 되지 않을까 생각했다고 한다. 최연숙은 유학 간 첫해 재외국민교육연구소에서 어학교육을 받다 체포돼 국내 대학에는 입학조차 하지 못했다.

이철이 1977년 3월 8일 대법원에서 상고 기각으로 사형이 확정됐을 때 11·22사건 구속자들의 재판은 거의 마무리가 됐다. 사형수를 제외한 기결수들은 각 교도소로 흩어졌다. 안노는 1977년 봄부터 11·22사건 구속자를 지원하는 포괄적 구원회의 사무국 활동도 맡게 됐다. 그해 4월 방한해 재일동포 정치범들이 수감돼 있는 교도소를 찾아다니며 차입물을 넣었다. 그들이 옥중에서 의기소침해 있지 않도록 일본인이 잊지 않고 있다는 메시지를 전달하기 위해서였다. 당시 대전교도소에 수감돼 있던 최연숙을 그의 가족과 함께 면회할 수 있었다. 한국으로 떠나기 전 혼다 교수의 주선으로 같은 대학의 가와쿠보 기미오川久保公夫 교수의 소개장을 받았다. 가와쿠보 교수는 앰네스티 일본지부의 부이사장을 맡고 있었다.

안노는 1977년부터 80년까지 해마다 서너 차례 방한했다. 말이 잘 통하지 않아 이철의 장모 조만조를 찾아가 도움을 받는 게 정해진 일정이 됐다. 당시만 해도 교통편이 좋지 않아 짧은 일정 안에 교도소를 돌려면 택시를 대절해야 했다. 오전 9시 전에 대전교도소에 들어가 일을 보고 택시로 전주교도소에 갔다. 택시기사와 교섭이 잘 되면 광주교도소까지 가기도 했다. 하루에 교도소 세 곳을 도는 일이 자주 있던 것은 아니지만, 그래도 일본에 비해서는 택시값이 훨씬 쌌던 것으로 기억한다.

안노는 1980년 5월 김대중을 만나 재일동포 정치범 문제에 대한 협조를 요청하려고 한국 입국비자를 신청했으나 거부당했다. 그 후에도 몇 차례 발급이 거부됐다. 1981년 봄 그는 다시 비자를 신청하면서 영사와 꼭 만나서 얘기하고 싶다고 요구했다. 그는 시큰둥해하는 영사에게 자신이 재일동포 등에 대한 차별을 없애기 위해 어떤 활동을 하는지 끈질기게 설명해 비자를 받아냈다.

그런 진통을 거쳐 입국해 만난 사람 가운데 강철순의 가족이 있다. 강철순은 일본에서 알려지지 않은 재일동포 관련 간첩 사건의 수감자였다. 안노는 11·22사건으로 구속됐다 일본에 돌아온 김동휘로부터 그의 존재를 듣고 조사에 나섰다. 제주도 출신의 강철순은 태평양전쟁이 끝난 후 일본에 와 간사이외대 2부를 졸업해 조선학교 소학교 교사를 하다가 1964년 4월 가족과 함께 귀국했다. 주한 일본기업에 근무하던 그는 1972년 7월 체포돼 무기징역을 선고받고 복역 중이었다. 그의 네 자녀 가운데 유일하게 대학에 진학한 강희설은 1989년 6월 임수경의 평양 청년학생축전참가 문제로 구속되기도 했다. 당시 성신여대 총학생회장인 강희설은 서총련 평양축전준비위원장을 맡고 있었다. 강철순은 1990년 3·1절 특사로 석방됐다.

안노는 서대문구치소에 수감된 정치범들에게 차입물을 넣어주러 갔다가 희한한 경험을 하기도 했다. 차입물 창구에서 이철에게 차입한다고 하니 옆에서 기다리던 사람이 "아, 이철에게 하느냐"며 반갑게 말을 걸어왔다. 그 사람이 민청학련 사건의 주동자인 이철로 오해한 것이다. 그는 점심식사를 같이 하고 나서는 면회소에 가보지 않겠느냐고 말했다. 안노는 그 무렵 서대문구치소의 면회소를 구경한 일본인이 거의 없어서 흥미로울 것으로 생각해 따라나섰다. 나중에 알고 보니 그는 마약거래상이었다. 일본인에게 마약을 판 사실을 숨기지 않고 태연히 말해 놀랐다고 했다.

11 · 22사건 계기로 대중적 석방운동 벌어져

일본에서 재일정치범 석방운동은 서 형제 사건에서 시작됐지만 대학교수나 목사 등 저명한 사람 중심으로 움직여 대중적으로 확산되지는 않았다. 대중운동으로 확산된 것은 역시 11 · 22사건 이후였다. 그전에는 특정 '섹트(정치당파)' 또는 일부 유명한 사람끼리 했지만 이때부터는 학교 동창생이 앞장서서 움직인 것이 계기가 됐다. 기존의 사회운동을 해오던 사람들은 2선, 3선으로 물러났다. 정치적 색깔로 비치지 않기 위해서였다. 학교 동창생 위주로 석방운동이 전개되는 것에 반대하거나 방해하는 세력이 있었던 것도 사실이지만 흐름을 바꾸지는 못했다. 그래서 그전까지의 운동과는 달리 교회도 들어와 활동하면서 사상이나 이념과 관계없는 대중운동으로 번져갔다. 오사카에서는 개인별로 구성된 구원회가 매달 한 차례 모여 연락모임을 갖고 정보를 교환했다. 방한 활동을 자주 할 수 있는 형편이 아니어서 담당하고 있는 정치범이 같은 교도소에 수용돼 있으면 서로 차입물을 부탁하기도 했다.

안노는 오사카의 정치범 석방운동이 일본인 주도로 움직인 것이 큰 의미가 있다고 평가했다. 그전에는 자이니치가 부탁해오면 모금한다든지 서명에 참가한다든지 하는 식으로 수동적으로 움직였다. 자이니치가 "36년간 식민지 지배를 어떻게 생각하느냐", "현재 일본사회의 차별을 어떻게 생각하느냐"고 문제를 제기해오면 마음에 부담이 생겨 뭔가 하지 않으면 안 된다고 생각했다는 것이다. 그래서 일본인은 자이니치가 요구한 것은 하지만, 요구한 것 이상은 하지 않았다고 말했다. 일본인이 스스로 나서서 뭔가 해야겠다는 식의 발상이 없었기 때문이다.

안노는 당시 석방운동을 하면서 자이니치와 어떻게 연대할지도 주요한 문제였다고 말했다. 그래서 자이니치가 놓인 여러 가지 정치 상황과 일본의 상황을 어떻게 극복해나갈 것인지 일본인이 자신의 문제로 생각해서 말하기 시작했다는 것이다. 1976년 이후 석방운동 관련 집회가 시작되면 오사카 민단의 간부와 청년들이 찾아와 격렬히 항의했다. 이들은 구원운동 활동가에게 "너희들은 36년 식민통치를 잊었냐. 식민통치를 반성한다면 이런 집회를 할 수가 없다. 스파이로 잡힌 사람들을 돕는다는 것은 당치도 않다"고 시비를 걸었다. 활동가들은 "식민통치에 대한 반성이 있기 때문에 구원집회를 한다"고 반박했다. 집회장 입구에는 젊은 사람들로 방위대를 편성해 만일의 사태에 대비해야 했다. 민단 내부에서도 박정희 정권을 지지하는 체제파와 비주류의 대립도 격렬했다. 오사카 민단본부와 한국청년동맹(한청)은 주차장을 끼고 붙어 있었다. 정치범 구원회 연락모임이 한청 사무실에서 열리면 긴장된 분위기가 연출됐다고 한다.

안노는 이철의 재심공판을 본 소감을 묻자 "재심을 청구하지 않았으면 전부 묻혀버렸을 텐데 역사의 한 단면이 법정의 서류로 남게 됐다"고 평가했다. 그는 "과거의 역사뿐만 아니라 현 사회를 이해하는 데도 크게 도움이 된다"고 지적하고 "노인보다는 젊은 사람들이 많이 와서 공판을 봤으면 좋겠다"고 말했다.

나오는 글

원고를 쓰면서 많은 사람들에게 신세를 졌다. 인터뷰 요청을 피하지 않고 악몽 같은 기억을 되살려 얘기해 준 피해 당사자들, 이제 노인 대열에 들어서기 시작한 일본인 구원회 활동가들에게 감사드린다. 또한 김대중·노무현 정권 아래서 출범한 각종 과거사진상규명위원회에서 진실을 드러내기 위해 묵묵히 일하며 보고서를 작성하던 김영진 등 조사관들의 노고를 상기하지 않을 수 없다. 그들의 탄탄한 조사 작업이 없었다면, 이 책의 내용은 훨씬 빈약했을 것이다.

책을 쓰게 된 과정에는 작은 사연이 있다. 2014년 봄 나는 인권변호와 시민운동을 폭넓게 해온 이석태 변호사로부터 재일동포 유학생 간첩 사건들을 정리해 책으로 내달라는 부탁을 받았다. 세월호참사특별조사위 위원장을 맡고 있는 이 변호사는 수년 전부터 심재환, 조영선, 장경욱, 이상희, 송상교 변호사와 함께 재일동포 유학생 사건 재심변호인단을 구성해 수십 년간 어둠 속에서 방치되어온 사건들을 끌어내 억울한 누명을 벗겨주는 작업을 벌였다. 변호인단의 노력으로 20대 젊은 시절 조국을 찾았다가 간첩으로 낙인찍힌 재일동포 피해자들의 재심 신청이 하나

둘씩 받아들여져 무죄판결이 꼬리를 물고 이어졌다.

이 변호사와는 원래 친교가 있던 사이는 아니다. 2008년 '포럼 진실과 정의'를 출범시킬 때 함께하면서 알게 됐다. '진실과 정의'는 이명박 정권이 들어서자마자 권위주의 체제 아래서 자행된 학살, 의문사, 인권탄압 등 과거사에 대한 정리 작업을 모조리 후퇴시키는 것에 위기의식을 느낀 사람들이 모여 조직한 시민단체다. 포럼 활동을 통해 이 변호사의 진지함, 성실성, 열정의 한 면을 접하게 된 나로서는 그의 거듭되는 간곡한 요청을 뿌리치지 못하고 결국 수락했다.

내가 선뜻 받아들이지 못했던 것에는 나름의 변명 거리가 있다. 나는 1992년 2월 〈한겨레신문〉의 도쿄 특파원으로 일본에 가 3년 동안 근무했다. 특파원 재직 중 쓴 기사 가운데 스스로 보람이 있었다고 생각하는 것 중에 '재일동포 그 격동의 현주소'라는 특집기사가 있다. 1993년 5월 21일 자에서 시작해 열두 번 연재한 이 기획물은 재일동포 사회를 정체성 갈등, 교육, 결혼, 귀화, 공생 등 다양한 측면에서 분석한 것이다. 연재분 가운데 하나는 '분단의 희생양 정치범'이란 제목으로 재일동포 간첩 사건을 다뤘다.

내가 망설였던 것은 당시 취재하면서 조금이나마 들여다봤던 재일동포 정치범과 그 가족들이 입은 깊은 상처의 내면을 다시 응시하고 싶지 않은 마음도 작용했다.

재일동포 시리즈 '분단의 희생양 정치범'에서 내가 언급한 사람 가운데 한 명은 실명으로, 또 한 명은 성만 소개했고, 나머지 한 명은 아예 이름을 밝히지 않았다. 실명으로 나온 사람은 13장 '구원운동을 벌인 일본 시민들'에서 나온 손유형이다. 주오대 재학 중 총련계 공작원에 포섭된 혐의로 1975년 11월 구속됐다가 오랜 법정 공방 끝에 다행히 무죄로 풀려난 장아무개는 4장의 말미에 나온 장영식이다. 비극적인 죽음으로 삶을 마감했다고 익명으로 처리한 사람에 대해서는 이렇게 기술했다.

> 특히 1970년대 초반부터 80년대 초반에 걸쳐 수사기관들이 재일동포를 상대로 '간첩잡기' 다툼을 벌이던 시기에 터무니없는 곤욕을 치르고 두 번 다시 조국을 쳐다보지 않는 사람이 적지 않다. 이들 중에는 직접 재판에 회부되지는 않았더라도 수사기관에서 가혹행위를 당하고, 철저한 '입막음' 위협과 함께 풀려난 사람이 상당수 있다.
>
> 72년 서울대에 입학했던 한 동포의 일은 매우 비극적인 사례다. 75년 11월 재일동포 간첩단 사건이 잇달아 발표되던 무렵에 수사기관에 끌려간 그는 고문 때문에 정신착란을 일으켜 일본에 버려지듯이 송환됐다. 일본에서 병원생활을 1년쯤 하다가 부모가 사망하고 형도 경제적으로 감당을 못하게 되자, 정신이 온전치 않은 상태에서 선술집, 라면집 등에서 일을 하며 전전하다가 80년께 한 아파트에서 쇠약사했다. 그의 연인이었던 한 동포여성은 기자의 취재 요청에 이제는 아무것도 떠올리고 싶지 않다며 거절했다.

고문 후유증으로 정신질환을 앓다가 세상을 떠난 이 사람은 박정기다. 1951년생으로 1971년 입국해 재외국민교육연구소에서 우리말 연수를 마치고, 1972년 서울대 외교학과에 들어갔다. 평탄하던 그의 모국 유학은 1975년 가을 정보기관에 연행되면서 끝장났다. 그의 말년을 지켜본 한 재일동포는 그가 사실상 아사했다고 말했다. 그의 마지막 거처를 찾아가보니 먹을 만한 것이 전혀 보이지 않았다고 했다.

굶어죽다시피 한 박정기의 사례에서 보듯 재일동포 유학생 사건의 피해자들은 구속 기소돼 장기간 감옥에 수감됐던 사람들에 그치지 않는다. 정보기관에 끌려가 무자비한 고문을 당하고 재판에 회부되지 않은 채 풀려난 사람들, 수사관의 가혹행위와 회유를 이겨내지 못하고 누군가의 이름을 대야 했던 사람들, 검찰 쪽 증인으로 법정에 불려나와 조작 사건의 피고에게 불리한 증언을 해야 했던 사람들, 자신의 친구와 동료가 간첩으로 몰려 나락으로 떨어지는 것을 보고도 못 본 체하며 침묵을 지켜야 했던 사람들, 이 모두가 피해자다. 이들이 입었던 정신적 상흔을 어루만져주고 위로해주어야 한다는 의식은 우리 사회에 오랫동안 존재하지도 않았다.

재일동포 유학생 사건의 피해자가 광범위하게 걸쳐 있는 점을 감안하면 이 책은 그야말로 시각장애인이 코끼리를 더듬는 듯한 시도에 지나지 않을 것이다. 굳이 이유를 갖다 붙이자면 내 능력 부족, 검증의 어려움에다 편집상의 제약 요인도 크다. 재심을 통해 무죄가 선고된 사람이나 사건을 중심으로 한정된 공간에서 얘기를 펼쳐야 했기 때문에 인터뷰나 취재를 하고도 생략할 수밖에 없었던 것들이 상당히 있다. 재심 수속이 전혀 진행되지 않았거나 구속 당시 유학생 신분이 아닌 사람들의 얘기는 아쉽지만 대부분 빼야 했다.

예를 들어 1974년 4월 보안사에 연행돼 대법원에서 간첩 혐의로 사형이 확정된 최철교가 가족의 얼굴을 처음으로 본 것은 6년이나 지나서였다. 최철교가 연행된 뒤 지바현 마쓰도의 자택에 "조용히 있으면 풀려날 것"이라는 괴전화가 몇 차례 걸려왔다. 그의 부인 손순이는 고등법원에서도 사형판결이 유지되자 1975년 3월 도쿄에서 남편의 사건을 알리는 기자회견을 한 뒤 어린 5남매를 데리고 도쿄 유라쿠초 스키야바시數奇屋橋공원에서 시한부 단식투쟁을 벌였다. 최철교가 구속되던 해 중학교에 입학한 장녀 최종숙은 1980년 구원회 활동을 하던 일본인 두 명과 함께 서울구치소를 방문해 아버지를 면회했다. 중학교 1학년 때 헤어진 아버지를 대학 1학년이 되어서야 창살을 사이에 두고 대면한 것이다. 모친 손순이는 간첩 방조 혐의를 받고 있었고 동생들은 어렸기 때문에 최종숙은 그 후에도 1년에 한두 차례 혼자서 아버지 면회를 다녀야 했다. 최철교는 6년 만에 마주한 큰딸에게 일본에 있는 자택의 주소와 전화번호를 말하고 맞느냐고 물었다. 최종숙이 그렇다고 하자 자신의 기억이 맞는지 확인하고 싶었다고 말했다. 그러고 나서는 자식 5남매의 이름을 하나씩 댔다. 최종숙은 아버지의 말을 가만히 듣기만 했으나 나중에 생각하니 아버지가 고문 후유증으로 기억능력이 손상된 것은 아닌지 확인하려고 했던 것 같았다고 말했다. 모국을 찾았다가 사형수가 돼 수갑을 찬 채 징역을 살면서 6년 만에 장녀의 얼굴을 보게 된 사람의 심경은 어떻게 헤아려볼 수 있을까? 1990년 일본에 돌아가 가족과 합류한 최철교는 2013년 4월 숨을 거둬 저세상 사람이 됐다. 그의 사후 가족이 재심을 신청해 2019년 1월 서울고법에서 무죄가 선고됐다.

취재를 하면서 과거의 기억이 너무도 쉽게 풍화되어 가는 것을 절감했다. 예전에 사형수에게 24시간 수갑을 채운 것이 어떤 법적 근거로 시행된 것인지, 언제 그 행형제도가 폐지됐는지, 폐지한 이유나 계기는 무엇이었는지 법무부 관련 부서에 조회해달라고 법무부·검찰 출입기자에게 부탁했다. 열흘 정도 지나 돌아온 법무부의 답변은 아무리 찾아도 관련 문서가 전혀 나오지 않는다는 것이었다. 그리고 나이든 교도관들의 얘기로는 옛날에 그런 제도가 있기는 있었던 모양이라는 정도였다. 김영삼 정권 시절 '역사 바로세우기'의 하나로 군사반란과 내란 및 뇌물 수령 혐의로 구속기소된 전두환이 1996년 8월 26일 1심에서 사형을 선고받았을 때 '전직 국가원수'에게 수갑을 채울 것이냐를 놓고 논란이 있었다는 보도가 있었다. 그때까지만 해도 수갑을 채우는 제도가 있었던 셈이다. 조금 더 세월이 흐르면 사형수에게 상시 수갑을 채웠다는 주장은 공문서로 입증되지 않으니 신뢰할 수 없다는 식으로 잘못 정리될지도 모르겠다.

1970년대 일본 지식인 사회에서 김지하 구원운동의 핵심인물이던 출판편집자 미야타 마리에는 이렇게 회고했다. 항의집회를 하고 있는데 한 젊은 여성이 세 살쯤 되는 아이와 함께 지나가다가 헌금함에 돈을 넣었다. 그러자 아이가 "엄마, 돈을 왜 넣어"라고 물었다. 아이 엄마는 "돈은 물건을 사는 것만이 아니란다"고 답했다고 한다. 요즘의 한일관계를 보면 과연 그런 시절이 있었는지 의심이 갈 정도로 꽉 막혀 있다. 두 나라 시민사회의 건강한 연대활동에 관한 기억을 되풀이해서 후대에 전달하는 것도 중요하다.

결국은 기억을 둘러싼 싸움이다. 이 책에서 언급된 조작 사건 피해자들이 당한 고통과 좌절과 흘러간 세월은 어떤 방식으로도 보상되지 않는다. 그런 비극이 되풀이되는 것을 보지 않으려면 진상을 밝히고 기억하는 작업을 잠시라도 소홀히 해서는 안 된다.

추천의 글

이석태
전 4·16세월호참사 특별조사위원회 위원장

1970, 80년대 간첩 혐의로 중형을 선고받은 재일동포 피해자들의 재심 사건을 처음 맡게 된 때는 2010년이었다. 그해 여름 작고한 재일동포 재심 피해자 가족으로부터 변호인 선임계를 받으러 도쿄에 가서 며칠 머무르게 되었는데, 그 과정에서 100여 건 가량의 재심 사유가 있는 사건 피해자들이 일본에 거주하고 있다는 사실을 알게 되었다. 이 중 상당수는 연락이 되지 않았고, 겨우 연락이 돼도 도쿄와 오사카를 중심으로 여기저기 흩어져 살면서 과거에 받은 유죄의 멍에를 벗을 생각은 꿈도 꾸지 못한 채 어렵게 생활하고 있었다.

그래서 우선 거주지 파악이 가능하고 소송 의사를 가지고 있는 재일동포 피해자들을 찾아 재심을 제기하는 것이 필요하다고 생각했다. 다만 이는 여건상 혼자 할 수 없어서, 서울로 돌아와 형사사건 재심 법리에 밝은 민변 동료 변호사들에게 재일동포 재심 피해자의 처지를 설명하고 도움을 요청했다. 이렇게 해서 2010년 말 편의상 '재일동포재심변호단'이라 부르는, 재일동포 간첩 조작 의혹 사건의 재심을 전담하는 법률가 조직이 처음 만들어졌다.

나는 이 변호단 소속 동료들과 함께 2011년 3월 후쿠시마 지진이 막 발생한 무렵 일본 오사카에 가 10여 명의 재일동포 재심 피해자와 그 가족을 만나 상담하고 재심을 의뢰받았다. 그때부터 지금까지 변호단 소속 변호사들은 도쿄 또는 교토나 오사카 등 여러 곳을 거푸 왕래하며 재일동포 피해자와 그 가족을 만나 재심을 준비하는 한편 이를 바탕으로 수십여 건의 재심을 제기했다. 30년 또는 40년 넘은 과거의 유죄 사건에 대해 재심을 준비하고 그 절차를 진행하기란 쉽지 않았다. 그러나 변호단 소속 동료 변호사들의 헌신적인 노력 덕분에 우리말이 서투른 재일동포라는 특수성과 피해자들이 여전히 일본에 거주하고 있는 점 등 여러 어려움에도 불구하고 재심 절차는 큰 난관 없이 진행되었고, 그 결과 대부분 종전 판결을 파기하고 무죄 판결을 받는 등 일정한 성과를 거두게 되었다.

다만 재심이 무죄로 종결되었다고 해서 재일동포 피해자들이 수사 중 당한 고문이나 장기간 계속된 수감생활로 인한 고통이 해소된 것은 아니었다. 이들이 입은 뿌리 깊은 내상은 변호인에게도 그 일부가 이심전심으로 전달되어 마음이 아팠다. 나 자신이나 동료 변호사들은 물론 이 피해자들의 사건에 연루된 지난 시기의 사법부 구성원은 아니었지만, 우리 또한 과거에서 면면히 이어져 온 한국 사법부의 잘못된 역사에서 자유롭지 못한 이상 우리의 도덕적 책임 역시 어느 정도 피할 수 없다는 자책감이 떠나지 않았다. 그래서 그 책무를 이행하기 위한 작은 실천의 하나로 상당수의 재심 재판들이 마무리된 이 시점에서 이들의 억울한 내용을 여러 사람에게 알리고 공유하는 것이 필요하다는 생각이 들었다. 이를 위해서는 5년 가까이 진행되어 온 재일동포 피해자의 재심 경과를 정리하여 한 권의 책으로 묶어내는 것이 좋겠다고 여겼다. 여기에는 재일동포 피해자의 구체적 처지와 당시 이들을 둘러 싼 일본과 한국의 구조적 문제 등 여러 정황이 포함되어 서술되어야 했다.

그런데 이는 평소 재판만을 주로 해 온 법률가들에게는 능력 밖의 일이었다. 그래서 부득이하게 평소 존경해 마지않는 김효순 선생님께 거듭 어려운 청을 했고, 마침내 승낙을 받았다. 내가 아는 한, 과거 〈한겨레신문〉 도쿄특파원을 지낸 김 선생님은 일본의 정계나 시민사회 사정에 두루 정통했고, 더불어 평소 재일동포들의 여러 문제에 대하여 깊은 이해와 문제의식을 가지고 있었다. 김 선생님은 이 책 집필에 착수하게 되자 기왕에 해오던 다른 저술 계획을 뒤로 미루면서까지 이 책을 쓰는 데 몰두했다. 그 결과 한국 사회에서 처음으로 재일동포 조작 간첩 피해자들이 당한 억울한 사정과 이들을 그렇게 몰아간 당시 군사 정권의 어두운 그늘과 부도덕성이 낱낱이 드러나게 되었다.

나는 이 책을 통해 재일동포 피해자들이 비로소 아무에게도 말하지 못하고 속으로 감내할 수밖에 없었던 자신들의 고통스러운 역사를, 한때 더할 나위 없이 사랑하고 애정을 갈구했으나 결국은 이를 이루지 못하고 오히려 자신들을 버린 조국의 구성원들, 우리 사회의 보통 사람과 나누는 대화의 창을 가지게 되었다고 생각한다. 오늘날 이와 같은 사건들이 다시 반복될 가능성은 과거와 비교하여 현저히 낮아진 것은 틀림이 없다. 그러나 국가보안법이 엄존하고 분단 체제가 유지되는 현실에서 이와 유사한 사건이 되풀이 되지 않을 거라는 보장은 아무 데도 없다. 이 책이 재일동포 피해자들이 겪은 고통을 조금이나마 위로하고 치유하는

데 보탬이 될 것으로 믿는다. 재심 재판에 참여한 우리 또한 이 책을 읽으면서 재판 과정에서는 미처 알지 못한 여러 숨겨진 진실들을 알게 되었다. 평소 바쁜 사정에도 불구하고 이 책을 써 주신 김효순 선생님께 다시 한 번 심심한 감사의 말씀을 드린다.

01 〈조국이 버린 사람들〉 초판 간행 2개월 뒤인 2015년 10월 서울 프레스센터에서 ‘11 · 22사건 40주년 토론회’가 열렸다. 11 · 22사건의 의미를 처음으로 본격적으로 조명한 행사에 유학생 사건의 희생자와 구원활동가가 참석했다. 왼쪽부터 강종헌, 김정사, 한 사람 건너 김원중, 마쓰모토 유리.

02 도쿄 출판기념회에서 강연을 하고 있는 김효순.

03 오사카 출판기념회에 참석한 재심변호인단. 오른쪽부터 심재환, 이상희, 조영선, 이석태, 장경욱 변호사.

04 2018년 11월 22일 도쿄 릿쿄대 강당에서 열린 일본어판 출판기념회. 추천의 글을 쓴 다나카 히로시 히토쓰바시대 명예교수(뒤줄 왼쪽에서 4번째) 등 많은 인사들이 참석해 성황을 이뤘다.

在日韓国人子弟の留学生

ソウルで連行相次ぐ

【ソウル十一日古野特派員】ソウルの大学に留学している在日韓国人子弟が韓国の当局に連行されたり、空港で出国にストップをかけられる事件が相次ぎ、在日韓国人留学生の間にショックを与えているという。駐韓日本大使館も十一日までに、この情報をつかみ、強い関心を持っているが、連行の理由はわかっていない。

日本大使館や関係者の話を総合すると、在日韓国人（僑胞）の留学生が連行される事件は九月下旬から始まったとみられる。十月下旬になって留学生間で"僑胞学生連行"が話題になりはじめ、姿を消した学生の関係者から日本大使館へ連絡してきたり、日本に向け出国しようとして足止めを食ったケースについての情報が入っていたという。これまでのところ、ソウル大を中心に大学、大学院の留学生（女子留学生を含む）数人が連行され、その他にも取調べを受けたものがかなりあるといわれる。

日本大使館としては、在日韓国人子弟の問題であるため、慎重に取り扱うことにしているが、どのような事件に関連したものかつかめておらず、大阪府立A高校の社会科学グループ出身の留学生が多いともいわれている。

船内食？41人が食中毒

グアム観光団

【アガナ（グアム島）十一日U

05

06

05 대표적 유학생 간첩 조작 사건인 11·22사건 발표보다 열흘 앞서 〈마이니치신문〉이 1975년 11월 12일 유학생들의 잇단 연행을 특종 보도했다. 기사를 쓴 후루노 요시마사古野喜政 서울특파원은 바로 연행돼 정보의 출처에 대해 엄중한 추궁을 당했다.

06 3년 간의 서울 특파원 임기 중 한국의 반유신민주화운동을 적극적으로 보도했던 후루노 요시마사는 1976년 김포공항에서 출국할 때 정보기관원들에게 취재노트, 자료 등을 대부분 압수당했다. 일본에 돌아온 후 김대중 납치 사건 진상규명을 '필생의 작업'으로 추구해왔던 후루노는 와병 중임에도 불구하고 2018년 11월 오사카 출판기념회에 휠체어를 타고 참석했다.

07 양심수동우회가 2018년 12월 3회 '민주주의자 김근태상' 수상자로 선정됐다. 수상식에 대표로 참석한 이철(왼쪽), 민향숙(가운데), 김원중.

08 2016년 8월 서울 서대문형무소 역사관에 재일동포 양심수들의 고난을 담은 전시실이 문을 열었다. 개막일에 현장을 찾은 일본인 구원활동가들.

09 간사이 지역 구원운동의 중심 인물인 다무라 고지의 환갑을 맞아 양심수동우회가 2008년 마련한 축하 모임. 앞줄 오른쪽부터 야마다 다카쓰구, 이철, 안진자(다무라의 처), 다무라, 손유형.

참고문헌

단행본

김병진, 《보안사》, 소나무, 1988

김효순, 《가까운 나라 모르는 나라》, 한겨레신문사, 1996

문명자, 《내가 본 박정희와 김대중》, 월간말, 1999

박진목, 《지금은 먼 옛이야기》, 경희출판사, 1973

《내 조국 내 산하》, 창진사, 1976

이기동, 《남산 더 비하인드 스토리》, 시사문화사, 2011

정지아, 《김한림》, 민주화운동기념사업회, 2006

조일제, 《역사 앞에서》, 문지사, 2012

지구촌동포연대, 《조선학교 이야기》, 선인, 2014

창정 이영근저작집간행위원회, 《조국통일로의 이 한길》, 통일일보 출판국, 1992

최창남, 《울릉도 1974》, 뿌리와 이파리, 2012

한승헌, 《위장시대의 증언》, 범우사, 1974

홍성우, 한인섭, 《인권변론 한 시대》, 경인문화사, 2011

가와베 고쿠로, 《拉致はなぜ防げなかったのか》, 筑摩書房, 2004

가와세 슌지, 곽진웅, 《知っていますか? 在日コリアン》, 解放出版社, 2014

가타야마 마사히코, 《ここに記者あり!》, 岩波書店, 2010

강상중, 《在日》, 集英社, 2008

강신자, 《ごく普通の在日韓國人》, 朝日新聞社, 1990

강종헌, 《死刑臺から教壇へ》, 角川學藝出版, 2010

구와바라 시게오, 《日韓連帯への道:在日韓國人政治犯救援運動から》, 유니우스, 1980

김찬정, 《在日, 激動の百年》, 朝日新聞社, 2004

노다 히로나리, 《公安調査廳の深層》, 筑摩書房, 2008

마쓰모토 시게오, 《自衛隊 '影の部隊' 情報戰秘錄》, 아스페쿠토, 2008

모로오카 야스코, 《ヘイトスピ—チとは何か》, 岩波書店, 2013

吳己順さん追悼文集刊行委員會, 《朝を見ることなく》, 1980

서승, 《獄中19年》, 岩波書店, 1994

손성조, 《亡命記》, 미스즈, 1965

한국민족자주통일동맹 유지일동, 《政治詐欺師 李榮根の歩んだ道》, 1973

아오키 오사무, 《日本の公安警察》, 講談社, 2000

오기노 후지오, 《特高警察》, 岩波書店, 2012
요시마쓰 시게루, 《在日韓国人政治犯と私》, 連合出版, 1987
정재준, 《金大中救出運動小史》, 現代人文社, 2006
하기와라 료, 《北朝鮮に消えた友と私の物語》, 文藝春秋, 1998
후쿠오카 야스노리, 《在日韓國·朝鮮人》, 中央公論新社, 1993

자료집

《과거와 대화 미래의 성찰 국정원 진실위보고서》, 국가정보원, 2007
《국방부 과거사진상규명위원회 종합보고서》, 국방부 과거사진상규명위원회, 2007
《대공삼십년사》, 국군보안사령부, 1978
《대공활동사 1》, 국군보안사령부, 1987
《분단조국의 희생양, 조작간첩》, 천주교 조작간첩진상규명대책위원회, 1994
《진실화해위 조사보고서》, 진실화해를 위한 과거사정리위원회, 2006~2010
《진실화해위 진실규명결정사건 재심판결문 모음집, 재일동포 및 일본관련 간첩사건》 1~5, 4·9통일평화재단 서울대학교 공익인권법센터, 2013~2014

《家族·僑胞の會の13年をふりかえて》, 在日韓國民主人權協議會, 1990
《同じ空の下に》, 鬱陵島事件關聯者を救援する會, 1984
《徐さん兄弟救援報告》(합본 1호~50호), 徐さん兄弟を守る會, 1995
《我生きんと欲すれど》, 李哲さんを救う會全國連絡會議編, 1978
《이좌영추도식자료집》, 李佐永を偲ぶ會, 2008
《在日韓國人政治犯を救うために〉(축쇄판 창간호~69호), 在日韓國人政治犯を救援する家族·僑胞の會, 1985
《在日韓國人政治犯救援運動記錄集》, 在日韓國人政治犯を救援する家族·僑胞の會, 1993
《鐵窓に光を》, 在日韓國人政治犯を救援する家族·僑胞の會, 1977
《崔哲教さん救援運動記錄集》, 崔哲教さん救う會全國連絡會議編 JCA, 1978

〈국회속기록〉 (한국) 국회회의록시스템 http://likms.assembly.go.kr/record
(일본) 국회회의록검색시스템 http://kokkai.ndl.go.jp

연속간행물

《경향신문》

《동아일보》

《말》

《11 · 22通信》, 11 · 22在日韓國人留學生 · 青年不當逮捕者を救援する會

《民族統一新聞》

《徐君兄弟を救うために》, 徐君兄弟を救う會

《世界》

《新日本文學》

《아사히신문》

《아사히저널》

《朝鮮研究》, 日本朝鮮研究所

《슈칸 포스트》

《濁流に抗いて》, 11 · 22在日韓國人留學生 · 青年不當逮捕者を救援する會

찾아보기

이 책 출간에 도움을 주신 분들

민청학련 동지회
민주화운동기념사업회
마당(서울대학교 문리대 72)
서울대학교 민주동문회
이화민주동우회
재일한국양심수동우회
주일본 대한민국 대사관
주권자전국회의
(재)눈비산마을

강상원
강성구
강영원
강종건
강종헌
강창일
고율선
김도형
김말숙
김병순
김석규
김선영
김순진
김영림
김영희
김원중
김은혜
김은희
김재규
김종태
김지용
김천근
김한영
김혜란
김희정
나상기
마복주
문국주
민춘기
민향숙
박경옥
박남정
박미자
박미진
박보경
백운학
서성수
손명홍
손현미
송경평
송무호
송수황
송우남
송운학
송재덕
송지인
송헌수
신철영
안김정애
원길식
원남숙
유경숙
유숙경
유시춘
유안나
유영수
유은미
윤영우
이계천
이광일
이규웅
이덕희
이도훈
이동석
이미경
이상권
이상익
이옥분
이우성
이원희
이윤근
이인복
이종수
이창식
이철
임규영
임상우
임상택
장영달
장하진
전영의
정명기
정승연
정연실
정환춘
조정진
조태상
주형철
진형대
채수일
최기설
최부혜
최성룡
최영희
최종순
최철
한옥자
황경선
황인성
황진신

다무라 고지
마쓰모토 유리
스미타니 아키라
야마다 다카쓰구
오카우치 가쓰에
오토 히로시

예스24 그래제본소 펀딩에 참여해주신 분들(가나다 순)

lover7476
갈상돈
강다현
강성호
강영선
강혜린
고성배
고은아
고주형
고진숙
권기현
권오범
권혜진
기명성
김건세
김경은
김도영
김미경
김미란
김민균
김성현
김수아
김양은
김언경
김원민
김원호
김인숙
김일신
김정연
김종승
김지선
김지원
김한동
김현희
김형진
김홍윤
남의영
문지현
문지후
문현숙
박래군
박민희
박선희
박성순
박성준
박세정
박옥희
박정미
박천우
박태숙
박혜선
박효준
배시환
백명기
백미순
백창화
변성현
변장섭
변혜선
부성남
서종구
송보람
송치중
신성규
신승대
신안진
신창기
심민호
심송희
안은정
양성욱
양유정
엄지윤
여주현
오리라
오현정
유한글
윤석인
윤성조
윤혜영
이가은
이규호
이동륜
이상덕
이상란
이상춘
이성균
이성재
이유진
이은경
이은정
이일규
이재성
이정오
이정진
이지원
이창국
이현숙
이현우
이효민
임선명
임종업
임준형
임지영
임혁백
임흥순
장미경
장민규
장수경
장철원
정동환
정의삼
정진아
정혁
조부희
조용열
조은희
조지은
조홍섭
주강현
주상진
진수지
차재혁
책방바이허니
최경락
최권행
최영선
최재호
최지영
평화를품은책방
하다효지
하현봉
한기석
한연숙
한원주
한이슬
현경호
홍지연
황영수

그 밖에 이름을 밝히지 않은 분들까지 총 235분께서 참여해주셨습니다. 고맙습니다.